グループの中に
癒しと成長の場をつくる

葛藤を抱える青少年のための
アドベンチャーベースドカウンセリング

ジム ショーエル／リチャード S. メイゼル[著]
坂本昭裕[監修]
プロジェクトアドベンチャージャパン[訳]

Exploring
Islands
of
Healing

Exploring Islands of Healing
Project Adventure, Inc., Beverly, MA 01915
2002 © by Project Adventure, Inc. all rights reserved.

Printed in the United States of America
by J. Weston Walch, Publisher.
ISBN 978-0-934387-15-6

Japanese translation rights arranged through Project Adventure Japan (PAJ), Tokyo

『グループの中に癒しと成長の場をつくる』の出版に寄せて

難波克己

PAとの出会い

　初めて、プロジェクトアドベンチャー（PA）の本部に行ったのは1985年アメリカに留学中のことだった。マサチューセッツ州にある大学院でOutdoor Leadershipのクラスを受講した際、社会見学としてPA, Inc.の本拠地を訪ねたのだ。ケンタッキー州ルイビルの大学から大学院に進むために約1,450kmの距離を中古のVWビートルに満載の引越し荷物を積んで、ひたすら16時間以上走り続けた末の行き先だった。結局、この年はこの距離をいつエンジンが止まるかわからない愛車ビートルで2往復半することになる。

　アメリカ・ニューイングランドの地域にはPA本部が近いせいかチャレンジコースが多く建てられていたが、もちろん現在ほど数は多くはなかった。そして私の通う大学の保有するキャンプ場の森の中にも建てられていた。その当時からFreshman Camp、日本でいうところの新入生オリエンテーションを始め、授業の一環で使われていた。ケンタッキーでの大学生時代（1980年代）、YMCAの楽しいサマーキャンプからアウトワードバウンドなどのOutdoor Educationの中に、まだ今のようにチャレンジコースは普及していなかった。少なくとも南部地域にはコースと言える程の環境はなくて、見よう見まねで木々の間にロープを張り巡らしたものだった。チャレンジコースはPAの本部がマサチューセッツ州ボストンから1時間半ほど北にあるハミルトンが発祥の地であるために、東海岸の地域から普及が始まっていた。

　最初にPAを知ったのは1980年に在籍していたルイビル大学留学時代。私はレクリエーションセラピーと野外教育のインターンシップで関わったProject ID（ケンタッキー州ルイビルの教育委員会所属の野外環境教育プログラム）に

おいて野外教育のインストラクターをしていた。現在のアメリカでは「クラシック」本とされる「Cowstails and Cobras」や「Quick Silver」などの本をはじめ、イニシアティブゲームなどの活動で知られていたPAプログラムの存在を知ったのは、この頃だった。1970年代から80年代は現在のようなワークショップが全米において始まった時期だと記憶している。また、学生の立場で受講できるものもなく、ケンタッキー州からかなり遠方にあるマサチューセッツ州まで受講しに行くことなど考えもしなかった。1970年代に始まったPAの活動自体はまだ全米に行き渡るまでには普及していなかったが、初期の出版物は出回っていた。キャンプ、野外教育、環境教育に関係する人達の間では画期的で唯一手に入れられる出版物だと評判だったと記憶している。私は、その内容が面白そうなので、本を読みながら自己流に使っていた。

その10年後の1995年にまさかの日本で、PAと出会うことになる。友人の紹介で、プロジェクトアドベンチャージャパン（PAJ）を設立した林さんと出会い、熱い想いに触れて1996年春には日本で初めてのPAトレーナーとなるためにアメリカ（ボストン郊外ハミルトン）に旅立った。ここから本格的にPAへの関わりが深くなる。

「Kat（私のニックネーム）は、なぜPAに関わったのですか？」と当時よく聞かれた。その答えとして「出会いがあり、まだその当時、誰もやったことのないこと、アドベンチャーだから……」と言っていた。アドベンチャー教育？今では自分は意識してこの用語を使うが、その当時は聞くこともない単語だった。その頃一番答えに困ったのは、「ご職業、職種は？」だった。「体験教育、アドベンチャー教育、人と人をつなげるコミュニケーションの……」と、なかなかひと言で説明出来る職業ではなかったが、それは今でも変わらない。

1996年の春、PAトレーナーとして実績を積むために本場アメリカのPA本部を訪れた。ワークショップというスタイル自体がまだ一般的でなかったので、そのトレーニングのあり方は日本では経験したことのないものだった。何と言ってもファシリテーターのプレゼンテーションスキル、スタイル、話術などは驚きだった。そこでカール・ロンキ（Karl Rohnke）をはじめユニークな人材と出会った。そしてチャレンジコース。今では森の中、あるいは公

園施設に木材でコースが作られている場合が多いが、当時は森の中で15〜20m以上の高さの太い木々にワイヤーロープが張られていた。まさにオランウータンの気持ちに近づける体験だった。

グループワークを通しての学びは新鮮だった。そして、なんとも楽しいのである。15名ほどのさまざまな職業を持つ人たちが全国各地から5日間のワークショップを受講しに来る。初めて会った人でもほんの数時間のアイスブレーキングでなんとも旧友のような気持ちの距離に変化する！　一体これは何だ？　と心が躍った覚えがある。人との出会いが嬉しくなる、そんな雰囲気を創り出す環境が新鮮だった。

Jimとの対話

アメリカで実習中にいくつものワークショップを受講しては、日本で展開するうえで特別に考慮すべき点、文化的な違いから考慮すべき内容などについてプログラム分析をしていた。アメリカで人種・文化的に多様な参加者を対象に行われているワークショップの内容そのものを日本で提供したらどうなるのか？　文化的な背景を無視しての開催は普及においての大きな壁になることが予想された。

しかし、この心配は杞憂だった。ワークショップを担当するPAJのスタッフ、通訳とPAからやって来たアメリカ人トレーナーたちの見事なチームワークによって文化適応がなされたために、何も問題は生じなかった。

私がPAトレーナーになるための実習を始めた1996年にはまだレジェンドと呼ばれたトレーナーによるワークショップが開催されていた。それらのユニークなトレーナーからファシリテーションの技を盗もうと積極的にワークショップに参加した。確かに、トレーナー（ファシリテーター）は、自分の持つ独自のキャラクターを十分に発揮していた。その一方で、個性の強いトレーナーをいくら真似ても、それは自分に出来る技ではないことに気づいた。

PAのトレーナーには共通な点があった。それは各自の経験が豊かで、専門分野をしっかり持っていて、その領域でPAの真髄を生かしていることだった。そのことは教育に限らず、精神保健、医療、ソーシャルワーク、組織心理、地域社会教育、青少年更生、社会的擁護、社会福祉、教育経営等広

い領域にPAが応用可能な事を示していた。したがってワークショップに参加する人たちも多様な職業領域から参加していた。

　そんな時期にメンターとしてついてくれていたジム・ショーエル（Jim Schoel）のABC（アドベンチャーベースドカウンセリング）に出会う。Jimは当時ABCのワークショップを担当していた。彼のワークショップは大人気で、ABCの手法を直接Jimから学びたいと各地から受講者が集まって来ていた。

　彼に言い続けられた言葉がある。
　日本でいよいよPAの普及をと準備していた自分にJimがくれたアドバイスは「自らが実践の場を持つこと」だった。これは、実際にグループファシリテーションをする事からABCを実践していく事が必要というメッセージだった。これは改めて考えると日本の武道の修行で言うところの「守破離」に当たる言葉だった。PAの普及にはトレーナーがその哲学と実践法を忠実に伝える役割を果たさなければならないが、人を、集団を対象にするのだから、哲学や実践法をフォーマットをすることが目的ではない。個人とグループのあり方と変化に対応しながら目標の達成を支援することが大事な点である。そして、それらの経験を積みながら自分独自の個性を生かしたファシリテーションスタイルを見出していくことを意味していた。
　PAJ創設者である林さんといつもこう話していた。
　「Jimの目力（めぢから）はすごいね!」。彼の目の奥から響いてくる、聞こえてくる声、「今ここにいるか?」「いつも自分のベストを尽くしているか?」「人と生きているか?」。彼の目線こそがまさに「フルバリュー『アイ（愛）』コンタクト」そのものだと、今でも思っている。そして、常にあの目力が私の脳裏に浮かぶ。
　今の自分にとって、そしてきっとこれから50年生きて自分の人生を振り返っても言えるだろうことは、「人生に必要なことの全てはPAから学んだ」である。それくらい大きな宝物を見つけたと思っている。その箱の中にはPAを通して出会った輝く人たちが存在する。

　自分がよく使わせてもらう言葉のひとつに「人が学ぶべきことは、学べるまで何度もやってくる」というのがある。私は今、この世の中の変化の速さと共に、人の心に大切なものをキャッチさせることなく、素通りさせてしま

う「コンビニ文化」を危惧している。

　しかし、そのWant-Getの世の中で、この本は図書館の棚にしまわれる一冊ではなく、雑誌の横に「自分と人のため」というセールスタグがついて棚に並んでいる一冊になっているかもしれない。そんな日が来ることを望んでいる。いや、待て、あと数年か10数年したら、ウェアラブルな書物になっていて、常にいつでもどこでも読めるディバイスができているに違いない。

　"Bring the Adventure Home" も "Bring the Adventure anywhere" になっていることだろう。

　Welcome to the Project Adventure!

　今までPAJを支えて頂いた皆様に深い感謝の気持ちを込めて

　　　　　　　　　　　　　　　　　　　　　　　　PAトレーナー、Katman

日本語版刊行にあたって

　本書はプロジェクトアドベンチャー（PA）という体験教育手法をカウンセリング分野に適用してきた著者ジム・ショーエルらが学校や青少年更生プログラム、ファミリーカウンセリングなどで実践してきたことをもとにして書かれています。『Islands of Healing』（『アドベンチャーグループカウンセリングの実践』、1997年、みくに出版）の続編です。

　1995年にPAJ（プロジェクトアドベンチャージャパン）設立以来、PAは日本の学校や野外教育施設などで活用されてきました。PAはさまざまな分野で応用することができます。カウンセリング・心理療法（セラピー）分野も適用分野のひとつです。まだ日本ではあまり使われていない分野ですが、この本の出版を機に、カウンセリングなどの分野でも活用されることを願っています。

　著者ジム・ショーエルはプロジェクトアドベンチャー創設に大きく関わったトレーナーであり、カウンセラーです。東日本大震災後にはアドベンチャー活動を使ったワークショップを宮城県内で行いました（この活動の記録については巻末をご覧ください）。

　日本語版刊行に際しては、クラウドファンディング（ネット上で寄付を募る方法）に挑戦をし、多くの方からのご支援をいただきました。ありがとうございました。サポーターの皆さまのお名前は本書の最後にあります。

　グループのちからを活用しながら一人ひとりの成長を促す手法として、日本の皆さまにもジムらの取り組み・実践を紹介したいと思い日本語版を刊行いたします。

プロジェクトアドベンチャージャパン

ご注意

①本書はPAに関するある程度の経験や知識のある方を対象としているので、プロジェクトアドベンチャー（PA）の用語の説明をしていません。はじめてPAに触れる方は巻末で紹介している本を参考にしていただくか、プロジェクトアドベンチャージャパン（PAJ）主催の講習会等にぜひご参加ください。

②本書の原書（Exploring Islands of Healing）は2002年に出版されました。本文中の内容はその当時のものです。

③本文中のアクティビティ名は太字斜体で示してあります（アクティビティ一覧を除く）。日本語で馴染みのあるものは日本語表記、あまり使われていないものは英語表記のものがあります。

④本文中に「オルタナティブスクール（alternative school）」「オルタナティブプログラム（alternative program）」が出てきます。「代替教育機関」「フリースクール」等の訳語にせず、カタカナ表記をしています。

⑤「アドベンチャーベースドカウンセリング」は本文中の多くの箇所で「ABC」と表記しています。

グループの中に癒しと成長の場をつくる

葛藤を抱える青少年のための
アドベンチャーベースドカウンセリング

[目次]

『グループの中に癒しと成長の場をつくる』の出版に寄せて ……… **03**

日本語版刊行にあたって ……… **08**

序章 アドベンチャーベースドカウンセリングとは **21**

アドベンチャーベースドカウンセリング（ABC）とは何か? ……… **23**
この本の構成 ……… **26**
 ❖理論の基盤（ベッドロック）　26
 ❖アセスメント　26
 ❖活動の選択　27
 ❖アドベンチャーウェーブ　27
対象となる読者 ……… **27**

第1章 アドベンチャーベースドカウンセリングの小史 **29**

治療を目的としたキャンプ（セラピューティックキャンプ） ……… **31**
アウトワードバウンド ……… **32**
プロジェクトアドベンチャー ……… **33**
 ❖評価　34
アドベンチャーベースドカウンセリング（ABC） ……… **34**
治療を目的としたセラピューティックプログラムの発展 ……… **36**
「アイランズ・オブ・ヒーリング」とアドベンチャーモデル ……… **38**
アドベンチャーベースドカウンセリング（ABC）の現在 ……… **41**
ABCの中心的な概念 ……… **42**
 ❖アイランズ・オブ・ヒーリング（治癒の島）の比喩　42
 ❖フルバリューコントラクト　43

- ❖ チャレンジバイチョイス、チャレンジオブチョイス　47
- ❖ GRABBSSアセスメントツール　47
- ❖ アドベンチャーウェーブ　48

まとめ　**49**

第2章 基盤(ベッドロック)　51

下地づくり　**53**
アンブレラ：グループ理論のもとで　**54**
アクティビティベース（活動をベースにする）　**56**
まとめ　**57**

第3章 アドベンチャーにおけるA-B-C　59

A-B-Cトライアングル　**61**
- ❖ 感情（Affect）　63
- ❖ 行動（Behavior）　72
- ❖ 認知（Cognition）　75

まとめ　**80**

第4章 フルバリューと行動　81

フルバリュー行動　**83**
- ❖ 人格に関する学びの領域　83
- ❖ フルバリュー、葛藤の適応と至高体験　85
- ❖ フルバリューのバランス　86

フルバリューの構成　**86**

- ❖「今ここに（Be Here）」　86
- ❖「安全に（Be Safe）」　91
- ❖「目標に向かう（Commit to Goals）」　97
- ❖「正直に（Be Honest）」　101
- ❖「手放して前に進む（Let Go and Move On）」　104
- ❖「自分も他者も大切にする（Care for Self and Others）」　111

まとめ ······ **114**

第5章 アセスメント　　**117**

GRABBSS：アセスメントに向けた包括的なアプローチ ······ **120**
- ❖GRABBSSの焦点　121
- ❖GRABBSSの用途　123

まとめ ······ **123**

第6章 インテイクアセスメント　　**125**

個人を対象にしたインテイクアセスメント ······ **127**
- ❖背景情報　127
- ❖弱みと強みのレッテル　128
- ❖多重知能とアセスメント　130
- ❖対面での面接　132

アセスメント・プロフィールの構築 ······ **133**
- ❖GRABBSS個人を対象にしたインテイクフォーム：強みを見つける　135
- ❖サムに関するまとめ　141

DSM-Ⅳ（精神障害の診断と統計マニュアル）に基づく行動上の問題 ······ **143**
- ❖サムの行動・態度に関する問題を分類から見る　145
- ❖まとめ　146

アセスメントとABCグループの形成 ······ **146**

- ❖ グループ形成の土台としての個人アセスメント　146
- ❖ 心理的な深さのアセスメント　150
- ❖ 教育から治療へのスペクトラム　151
- ❖ 自発から強制のスペクトラム　153
- ❖ グループ構成の決定　153
- ❖ GRABBSSグループのインテイクフォーム：強みを見つける　154

まとめ　160

第7章 進行中のグループアセスメント　161

グループの発達段階　163
- ❖ タックマンのライフサイクル　164
- ❖ シンプソンの「コントロール―エンパワーメント尺度」　166
- ❖ ライフサイクル、コントロール―エンパワーメント尺度、フルバリューをグループに応用する　169

質問をする　169
- ❖ GRABBSS進行中のグループアセスメントフォーム：強みを見つける　172
- ❖ GRABBSSの視点　181

進行中の個人アセスメント　202
- ❖ 進行中の個人アセスメント　204

まとめ　210

第8章 リーダーシップアセスメント　211

リーダーシップボイス　213
- ❖ 自分自身の「声」を見つける　214
- ❖ 自分自身を知る　218

GRABBSSを使ったリーダーシップアセスメント　219
- ❖ 目標（Goals）　219

- ❖ レディネス（準備）(Readiness) 222
- ❖ 感情 Affect 224
- ❖ 行動・態度 Behavior 228
- ❖ 身体 Body 231
- ❖ 背景（Setting) 233
- ❖ 発達段階 235

GRABBSSを持ち帰る ……………………………………………………… **237**
まとめ ………………………………………………………………………… **240**

第9章 活動の選択と決定について Decision Tree **241**

デシジョンツリー（The Decision Tree・選択のための樹形図）…… **244**
- ❖ 1. 何を観察するか？（GRABBSSアセスメント） 246
- ❖ 2. グループに何を学んで欲しいのか？（フルバリュー行動） 246
- ❖ 3. 適切な活動は何か？（活動の選択） 247
- ❖ 4. 活動そのものが示唆する意味（比喩的な活動の構成）は？ 250
- ❖ 5. 活動にどのような意味を持たせたいか？
   （フルバリュー行動とのつながりと比喩的な物語の構造・枠づけ） 254
- ❖ 6. 適切な活動の流れ（フロー）は何か？
   （アセスメントのための活動、シークエンス） 257
- ❖ どこにデシジョンツリーを当てはめるか？ 258

まとめ ………………………………………………………………………… **260**

第10章 アドベンチャーウェーブ **263**

カウンセリング・オン・ザ・ラン ………………………………………… **266**

第11章 ブリーフィング　269

アドベンチャーの土台を作る：基礎とは何か? ……… 272
- 説明と期待　273
- グループの土台を作る —— シナリオ　278

アドベンチャーを枠づけ（フレーミング）する：
「アドベンチャーを日常生活にどうつなげるか?」 ……… 280
- 比喩の導入　281
- 比喩的な関連づけに対する3つのアプローチ　285

フルバリューの構築 ……… 289
- 内側と外側の考え方　289
- その他の規範づくりの活動　291
- 本来持っているよいものと価値を損なうものを具体化する　298

ビーイングを行動に表していく ……… 301
- ビーイング、ビレッジの目標　302
- 目標設定とチャレンジバイチョイス　304
- 目標設定の周りにある不安を小さくする　305
- 誰の目標なのか?　306
- グループの目標へのコミットメント　306
- 個人の目標へのコミットメント　313
- スパイラルゴール（らせん状の目標・転換と転移）　317

まとめ ……… 323

第12章 実体験（doing）　325

土台づくり ……… 327
- トラストフォールのスポッティングのシークエンス（流れ）　328
- 活動のリーダーシップ　332
- 比喩の扱い　336

再枠づけ（リフレーミング）と介入 ……… 343

目次　17

- ❖ 再枠づけ（リフレーミング） 343
- ❖ 介入 344

デシジョンツリー（The Decision Tree、選択のための樹形図）を使った
「実体験（doing）」の例 ………………………………………………………… **347**
- ❖ 活動のシークエンス1 347
- ❖ 活動のシークエンス2 357
- ❖ 活動のシークエンス3 361
- ❖ 活動のシークエンス4 366

読みもの、神話、ファンタジー ………………………………………………… **370**
- ❖ 読みもの（リーディング） 370
- ❖ 神話とファンタジー 372
- ❖ 読みもの（サンプル） 373

まとめ ……………………………………………………………………………… **380**

第13章 ディブリーフィング（ふりかえり）　**381**

ディブリーフィングにつなげる ………………………………………………… **384**

機会と問題 ………………………………………………………………………… **386**
- ❖ 反発に対処する 386

活動（アクション）とイニシアティブとしてのディブリーフィング …… **388**
- ❖ 活動（アクション） 388
- ❖ イニシアティブ 389
- ❖ 意思決定 390

ディブリーフィングのスキル …………………………………………………… **390**
- ❖ 自分自身が明瞭であるか 390
- ❖ 参加することと指導すること 392
- ❖ 関連づけ：聴いたこと、観察したことから行動（doing）する 394
- ❖ 土台づくりと枠づけ（フレーミング） 394
- ❖ グループをエンパワーする 396
- ❖ 確認（チェックイン） 397
- ❖ グループコール 398

ディブリーフィングの組み立て ················ 403
- ウォームアップ　404
- 「何が?」(What?)　405
- 「だから?」(So What?)　407
- 目標に立ち返る　412
- 「それで? (Now What?)」　418

話し合いを深める ···························· 421
話し合いへのカッティングオフ ················ 422
新しいバリエーションと活動の計画 ············ 424
「コンセクエンス（結果責任）」 ················ 425
- 治療的な「コンセクエンス」の種類　426
- 段階で仕切る方法　428

ディブリーフィング（ふりかえり）の活動 ········ 430
- 輪になる　432
- 体験を採点する　433
- 役割　435
- シンボル（象徴）　438
- 2人、3人、小グループ、ベースチーム、エキスパートチーム　447
- 感情　448

フィードバックのマネージメント ················ 450
- I（アイ）メッセージに関する4項目　454
- フィードバックの基本原則　455
- フィードバックに取り組む　457
- フィードバックのプロセスをシンプルに保つ　458

グループの終了 ······························ 458
- 自分自身を受け入れる（終了の活動）　462
- 贈りもの　462
- グループの終わりのディブリーフィング　463

まとめ ······································ 464

巻末付録 **466**
　　GRABBSS個人を対象にしたインテイクフォーム：強みを見つける　466
　　進行中の個人のアセスメントフォーム　471
　　GRABBSS進行中のグループアセスメントフォーム：
　　　強みを見つける　478

参考文献 **486**

あとがきにかえて **493**
　　「バンブーレジリエンス」の歩み　495
　　互いにケアし合える場をつくること　496

バンブーレジリエンスにおけるフルバリューコントラクト **499**
　　❖ 今ここに（Be Here）　499
　　❖ 安全に（Be Safe）　499
　　❖ 目標に向かう（Commit to Goals）　499
　　❖ 正直に（Be Honest）　500
　　❖ 手放して前に進む（Let go and Move on）　500
　　❖ 自分も他者も大切にする（Care for Self and Others）　500

プロジェクトアドベンチャー関連書籍 **501**

サポーター一覧 **502**

序章
アドベンチャーベースドカウンセリングとは

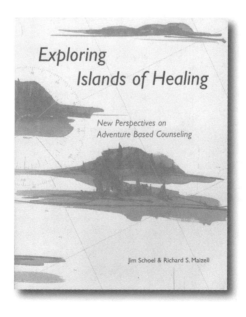

本書はPAの刊行物であり、Project Adventure, Inc.とアドベンチャーベースドカウンセリング（ABC）の考え方と理念から生まれたものである。多岐にわたるコンサルティングとトレーニングを提供する団体であるPAは、質の高いアドベンチャープログラムをさまざまな分野（専門的能力の開発、教科教育、地域発展、体育、レクリエーション、セラピー）に発展させてきた。Project Adventure, Inc.は2001年に30周年を迎える。

アドベンチャーベースドカウンセリング（ABC）とは何か?

　ABCはグループカウンセリングモデルのひとつであり、入念に組み立てられたアクティビティを体験することで行動変容を引き起こすことを目指している。ABCグループの参加者は効果的なカウンセリング志向の体験を共有する。ABCを際立たせているのは活動の選択、指導、プロセシングの方法の独自性である。ABCプロセスの中で教えられる活動の多くは教育的な分野（体育や教科教育）やレクリエーションの分野でも使うことができる。しかしABCが他のプログラムと一線を画すところは、参加者の中に効果的な行動変容を起こすという目的を明確にしているところである。
　確かに、行動変容は全てのアドベンチャー活動の中で起きる。しかしABCのカウンセラーが意図的に行うそれとは明確に異なる。ABCのカウンセラーは意識的に行動を起こし、行動に対するリフレクションと反応を引き出す。カウンセラーは参加者のカウンセリングニーズに適切な形で、さまざまなレベルで体験を深める。次に示すようにアドベンチャー活動の使い方についての違いを説明するために、教育から治療までのスペクトラムを作成した。
　それぞれの項目はアドベンチャーが表現する幅広いスペクトラムの中の学びの重要な領域を示している。
　このスペクトラムはアドベンチャー活動の一般的な領域を離れることなく、表現の幅を持たせることができる。リー・ギリス（Gillis, L.）が次のように示している**[図表>1]**。

　リー・ギリス（Georgia College and State UniversityとPA, Inc.）とマイケル・

[図表>1] リー・ギリスによる教育―治療のスペクトラム

	教育	治療
目標	・情報を授ける ・一般的な問題に取り組む、またはグループの焦点から問題に取り組む ・学んだ問題を「現実の世界」に転移する	・行動変容 ・個々のメンバーの特定の問題に取り組む、またはよりグループに焦点を当てて取り組む
扱うのに適切な問題	・コミュニケーション ・協力 ・信頼 ・楽しさ(fun)	・トラウマ ・嘆き・心痛 ・身体・性的虐待 ・物質(薬物)乱用
境界	・「今ここに」焦点を当てる ・体験の中にあるグループに焦点を当てる ・仲間に焦点を当てる	・第一には「今ここに」に焦点を当てるが、グループの過去や、個々のメンバーの過去や現在の関係性にも開かれている
トレーニングレベル	・活動ができる能力と、グループの中の身体的な安全も精神的な安全も守れるように行う。	・活動ができる能力と、焦点を当てている領域についての特別なトレーニング。グループの中の身体的な安全も精神的な安全も守れるように行う。

　ガス(Gass, M., University of New Hampshire)に代表される実践者、教師、倫理学者たちは、上記の違いについて示し、アドベンチャー活動を使ったカウンセリングやセラピーの実践をモデル化したことで草分け的な功績を残した。AEE(Association of Experiential Education、体験教育協会)の治療に関するグループは、このことについて話し合うためのフォーラムを長年運営してきた。ここで行われた話し合いではアドベンチャー活動のプロセスの持つ刺激的な性質とにかく実践することの大切さが明らかにされた。

　『Islands of Healing』(『アドベンチャーグループカウンセリングの実践』1997年，みくに出版)の刊行以来、ABCとアドベンチャーセラピーは介入的なカウンセリング手法として受け入れられてきた。適切なトレーニングとリソースを使うことによって、ABCは参加者の人生に重要な力を生み出す。それはアメリカ国内だけでなく、コロンビアから日本、ニュージーランド、オランダなど、海外でも同様である。書籍、論文、インターネット検索、専門性を持ったグループなどはこのユニークな手法が広がり、深まっていることを示す証拠である。今となっては30年前では想像もつかなかったほどさまざまなリソースがアドベンチャーの分野にはある。アドベンチャーセラピストは学び手であると同時に、今あるリソースを使って人生をかけて実践していくとい

う役割を担っている。

　こうした状況の変化の中で、この手法の本質を築いてきたPA, Inc.の人々は、自分たちが脇役になることで参加者が成長することを学んだ。これは素晴らしいプロセスとなり、さまざまな実践者たちと一致団結し、論文を共同執筆し、共に新しいテクニックを探索した。そこにはそれぞれの場で実践を積み、自身の専門性を他者と分かち合うことを選んだPAのトレーナーやカウンセラー、教師、セラピストたちの強い思いが集結した。彼らは私たちの専門性のレベルを上げるために新しいアイデアと挑戦を出し続けてくれた。これらのアドベンチャーのプロセスは組織の外部と内部の双方の力によって多種多様になっていった。この本はこのプロセスについての著者の理解を記していて、アドベンチャーカウンセリング全体のことについて語ろうとしているのではない。私たちは読者がこの本であげている理念や実践を試して、自分にとって何が使えるのかを選択していって欲しいと願っている。

　『Islands of Healing』が書かれたとき、アドベンチャーの分野では次々と新しい発見が生まれる段階にあった。精神病院の中のABCグループの参加者のひとり、デビーはこう語った。「みんなが私を喜んでサポートしようとしてくれている。それを行動で示してくれる」。彼女のふりかえりはアドベンチャーの核となるものである。丁寧に組み立てられた活動を通して、支持的で思いやりのあるコミュニティが作られていく。彼女のこの発言は**ブラインドスクエア**という集中力、協力、コミュニケーション、信頼を必要とするイニシアティブに参加した後の面接で語ったものだった。この活動でのデビーへのサポートは、他の参加者が彼女のアイデアを聞くこと、「目隠しした状態でひとりぼっちでいる」と彼女が感じないようにすることだった。

　また高校のオルタナティブプログラムの生徒だったゲイリーは、ジャーナル（日誌）の中で信頼について語っている。「僕は何かが変わったことを知っている。でもそれは昨日の夜の2時になるまで自分には何も起こっていなかった。僕はベッドに横たわり、やらなければならないことや旅行のことを日記に書いていたとき、僕は崖からラペル（懸垂下降）で降り始めようとしたときのことを思い出した。自分はみんなとロープを信じなければならなかったということに気づいたんだ。僕の人生の中で信じることの本当の意味を初めて知ったんだ」。デビーとゲイリーがいたカウンセリングのコミュニティは癒しの土台となった。

　デビーとゲイリーが語ったことは洞察に満ちていた。それはABCの本質

を掴んでいたからだけではなく、PAが治療施設から普通の高校までのさまざまなプログラムを携えて30年以上も続いてきた理由でもある。PAの初期の使命はアウトワードバウンドのウィルダネス活動を通常の学校のカリキュラムに適用することだった。このようなプログラムは今でも現存しているが、PAのプログラムは今日ではより幅広いものになっている。

この本の構成

❖理論の基盤（ベッドロック）

　私たちがすることは何かもとになるものがなくてはならない。土台となるもの、そこにあるための理由が必要である。この本はその基盤(ベッドロック)、ABCの理論的な支援を提供する。

　理論的な基盤から始めるとき、しっかりと情報提供をしながら意志決定のポイントとなるところを順番に見ていく。この意志決定のポイントは理論と相互に作用し、その中で理論が生きてくる。理論を生かすことはこの本の始めから終わりまでを貫いているものである。そこにある意志決定のポイントは基盤(ベッドロック)の全体像を表している。これらの意志決定のポイントを論じることと基盤にある問題はアドベンチャー体験のひとつの表現の形であり、アドベンチャーウェーブを通して深まっていく。

　基盤(ベッドロック)の章では、ABCの理論(感情、行動、認知)とフルバリューについて考察し、これらを見ていきながら多様性についての理解と適用にてついて探求していく。フルバリューは行動の発達に生かされる。

❖アセスメント

　GRABBSSの考え方は『Islands of Healing』で初めて記述されて以来、進化してきた。GRABBSSは目標、レディネス、感情、行動・態度、身体、背景、発達段階の観点から見たアセスメントの視点である。この本ではインテイクでの使用、進行中のアセスメントツールとして、またファシリテーター自身のアセスメントツールとしてGRABBSSがどのように使えるかを説明している。これによって実践者が活動の流れや相互関係の度合いを考えられるようになる。

❖活動の選択

　活動の選択の章ではアドベンチャー活動（アクティビティ）を広く扱ったリストのダイジェスト版を掲載している。「活動の選択チャート」として知られているものを更新したもので PA, Inc. の新しい刊行物にも対応している。読者がアドベンチャー活動を選び、読者自身が関わるカウンセリング集団の抱える問題解決をファシリテートすることを助けることが目標である。実際にABCを使っている場は、学校を拠点としている集団、思春期のグループ、子どもから大人対象までさまざまである。今まで刊行物に載っていなかったものもアドベンチャーの「比喩」の例と共に示している。

❖アドベンチャーウェーブ

　アドベンチャーウェーブの体験もその活用に関する知識の拡大と共に進化してきた。ブリーフィング、実体験（doing）、ディブリーフィングの流れは、強力なアドベンチャーウェーブのイメージであり続けている。私たちがそのプロセスと活用について深く理解をすることが、アドベンチャー活動の実践者がアドベンチャーウェーブを使ううえでのよりよい基礎となる。

対象となる読者

　すでにABC講習会を受けたり、ABCモデルを使ったことがある読者も多いかもしれない。『Islands of Healing』を読み、この本を自身の知識やスキルを深めるための手引書として使おうとしているかもしれない。私たちは多くの読者にABCの経験があり、この本が理論と実践とがどのように結びついているのかをより深く理解するためのテキストとなることを想定している。私たちは単純化しすぎることと、読者に経験があることを前提とすることとの間のバランスを取ろうとしてきた。この本はABCの原理を現場で使ってみたいと思っている大学生、小中学校の先生、カウンセラー、メンタルヘルス専門家などに向けたものである。

　この本を書く中で、私たちにはいくつかの前提があった。第一に私たちはS. ミニューチン（Minuchin, S.）が「介入者」アプローチと呼んだものを採用している。

> 「セラピーは行動志向であるべきだ。セラピーは比較的短期間のうちにクライアントである家族とセラピストとの間で臨機応変にアレンジされるが、その目的は明白でストレスの軽減である」[1]（Minuchin, 1996）

　第二に、アドベンチャーグループのファシリテーターは癒しのプロセスの重要人物であり、意図と能力について思慮深く考えられる必要がある。第三に、ABCとはリスクとミステリーの要素を含む入念に選ばれた活動によって成り立っている。それは必ずしもロープスコースである必要はない。しかし最も力のある活動の一部は小さなグッズではできないものもある。最後に最も重要な前提は自分の持つ能力のレベルを超えてABCを実践しないという信念である。フルバリューコントラクトに沿って（フルバリューについては後で詳細を記してある）私たちはあなたが自分自身やあなたのクライアントになる人の価値を重んじ、危害を加えないことを求める。この本はトレーニングや教育、体験の代替にはならないし、読んだことで何かをできるようになる保証や資格となることはない。

　この本はさらにグループダイナミクスやグループカウンセリングの基礎的な知識の代替にもならない。ABCのコンセプトや出くわすかもしれないようなグループの特徴を詳細に取り扱っているが、私たちはあなた自身が受けてきた教育、トレーニング、資格の能力を超えないことを強く勧める。能力と責任を持つABCカウンセラーになるために、グループダイナミクスやグループカウンセリングのテクニックに重点を置いて書かれている本などを併せて読むことを推奨する。

第1章
アドベンチャーベースドカウンセリングの小史

治療を目的としたキャンプ（セラピューティックキャンプ）

　1900年代初頭の州立マンハッタン東病院の経営者になったところを想像してみて欲しい。病院のベッドには限りがあり、結核の罹患率は頂点に達している。感染していない患者を隔離するために対処しなくてはならない。かなり異例の方法——例えば、病院の広場にテントを張って収容するなど——がその目標の達成になるかもしれない。

　実際、これは本当に起こったことであり、劇的な結果を残した。患者たちの症状には著しい改善が見られた[1]（Lowry, 1974）。後に同病院で、より多くの患者を野外に収容したときにも類似する結果が出た。この記録はアメリカで野外を治療目的に使った事例——シンプルに病気の人々（または不安な人々）を野外に出す——としては最初に文書化されたものと思われる。

　キャンベル・ラフミラー（Loughmiller, C.）は1946年に孤児や貧しい子どものためのキャンプ運営を始めた。このキャンプはSalesmanship Club of Dallasによる資金援助を受け、治療に重点をおいて運営された。ラフミラーはキャンプの参加者に日々の生活の中で、責任を持つこととイニシアティブを取ることを求めた。参加者は森の中で **scraping out an existence** などのチャレンジを乗り越えなければならなかった。そのねらいは参加者が自尊感情を高めることにあった。ラフミラーはこのプログラムの長所は、森の中にいることによって作り出される自然からの直接の影響に関連していると感じていた。参加者は仲間からと自然の力の中で、よい意思決定のスキルと固いチームワークが強化された[2]（Loughmiller, 1965）。

　ラフミラーの「ウィルダネスロードモデル（wilderness road model）」は、Eckerd FoundationやThree Springsの長期間の治療を目的とした自然の中でのプログラムの先駆けとなった。グループは通常、寝食を共にする同性の10人以下の若者と、2人の成人カウンセラーで構成されている。参加者とカウンセラーは一緒に住み、活動し、カウンセラーは参加者の基本的欲求が満たされているかを確認する。これらのキャンプは情緒障害、行為障害、非行または問題のある少年少女を対象とし、集団形成に主眼を置いていた。グループのメンバーは無責任で危険な態度、行動について、丸くなって一緒

に話し合うことを教わる。毎日の終わりには、カウンセラーはパウワウ（訳注：ネイティブアメリカンの集会を意味し、このプログラムではグループで話し合う場のこと）の中で、ふりかえりと締めくくりをする機会を作る。このようなふりかえりは一日の中で学んだことを洞察する力を高めると考えられている。これらのプログラムは生活を共にする形で行われるが、より短い期間で行われるプログラムでは高い効果を得られる体験として、自然の中への遠征を取り入れている。

アウトワードバウンド

アウトワードバウンド（Outward Bound）は、「learning-by-doing（為すことによって学ぶ）」モデルを信念とした体験教育のパイオニアであるドイツ人教育者クルト・ハーン（Hahn, K.）によって設立された。ハーンは1920年代にドイツに設立されたセーラムスクールで、自身のアイデアを実践に移した。彼の哲学では、伝統的な学校カリキュラムを越えた、人間の全体的な成長を提唱した。伝統的な学術面での達成に加えて、セーラムスクールの生徒は下記のことが要求された（モーレイバッジ）。

- スポーツで一定の基準を超える成績を修める
- 海または陸での遠征をする
- 時間のかかる特殊技能や調査研究を自主的に選び最後までやり通す
- 公共奉仕（コミュニティサービス）を行ったことの証明を提出する

ハーンは、教育の最も重要な仕事は、精神、粘り強さ、思いやりを生徒の中に育てることだと感じていた。彼は以下のように述べている。

> 「若者に大人の意見を押しつけるのは魂の罪であるが、彼らがやりたいかどうかに関わらず、若者に健康的な体験をさせないで放っておくのは罪である」[3]
> (Hahn, 1980)

ハーンは、自然の中でのサバイバルとレスキュートレーニングの体験は、

人格と成熟性を育てる機会になるということに気づいた。この2つは今でもアウトワードバウンドや他の多くの自然の中で行うカウンセリングプログラムのカリキュラムの中心にある。

　ハーンの考え方はアドルフ・ヒトラーを囲む情勢と衝突した。ハーンは監禁され、その後1933年にイギリスに追放された。第二次世界大戦中、ハーンは自身のプログラムを若いイギリスの水夫のトレーニング用に再編できないかと打診を受けた。北極圏では若いイギリスの水夫たちが艦船ごと沈没して亡くなったが、彼らよりも年上で経験のある同僚が生き残った。

　それ以来、アウトワードバウンド —— 航海用語で船が港から出発することを意味する —— は体験教育の世界的なプログラムになっていった。
　ジェリー・ペイ（Pieh, J.）は、この体験をより多くの人々に届けたかった。ジュリーは彼の父親がミネソタアウトワードバウンドを設立する手伝いをしていて、そこで生み出てきたものを分かち合っていた。
　その後、マサチューセッツ州にあるハミルトン・ウェンハム高校の校長としてジェリーとその同僚、ゲイリー・ベイカー（Baker, G.）は、アウトワードバウンドのプログラムを公立高校で使うために、連邦教育局に提出する企画書を作った。彼はそのプログラムを、「プロジェクトアドベンチャー」と名づけた。

プロジェクトアドベンチャー

　1971年、補助金によって、アウトワードバウンドの経験を持ったスタッフが雇用された。
　アウトワードバウンドの経験のある教師や経営者は共にカリキュラムの作成と実践を行った。ディレクターであるボブ・レンツ（Lentz, B.）は、体験的なインターンシッププログラムの効果について下記のように述べている。

　　「私たちは、子どもたちが生き生きとし、機敏で知的であり、責任感があるという報告を受けた。プロジェクトに取り組んでいる子どもの見学にいけば、生き生きしていて、機敏で、責任を持って取り組んでいる姿を見ることがで

きる。教師に聞くと、その子どもたちの成績表の評価は"非活動的、無気力、不注意、無責任"だったにも関わらず。しかし、数日間、生き生きと機敏に生活した後にプロジェクトから去れば、彼らは昔の態度に戻ってしまった。このことは、私に"致命的な何かを見落としている"ということを伝えていた」

ボブは「活動的で機敏、責任感がある」子どもたちを学校の中で育てるための助けとなる方法と、その過程（プロセス）をシステム化する方法をPAのカリキュラムの中に見つけた。ジョッシュ・マイナー（Miner, J.）とジョー・ボルト（Boldt, J.）は、1981年、アウトワードバウンドの歴史の中で、「アウトワードバウンドから派生したプログラムで、PAほど画期的な教育機関はない」と述べている。

❖評価

最初にPAに参加した455人に関する最終的な評価では、自己概念（self-concept）において統計的に大きな成果が見られた。自己概念は「テネシー自己概念尺度（Tennessee Self-Concept Scale）」、内的統制は、「Rotter Scale of Internal External Control」で測定した。またPAとの関連は明確ではないが、スポーツテストでもよい結果が出た。このよい評価により、1974年、アメリカ連邦教育局（Federal Office of Education）より全国普及ネットワークモデルプログラム賞（National Diffusion Network Model program status）に引き続き、全国モデル校賞（National Demonstration School Status）が、普及のための資金と共に授与された。

アドベンチャーベースドカウンセリング（ABC）

援助を必要とする生徒に対するアドベンチャー活動の効果は常に認められてきていたが、最初の助成金は全ての生徒のための学校全体のプログラムに与えられた。

当初は2つ候補があり、効果を発揮しそうだった。1つ目は「アクションセミナー」で、これは学校で問題を抱えている生徒にも参加が要求される総合的な4コマの授業である。この混合グループのモデル（問題を抱えている生徒

とよくやっている生徒を半々)は後に、グロースター美術学校と合併したグロースターの公立学校で使われた。2つ目は、マサチューセッツ州グロースターにあるアディソン・ギルバート病院での外来患者の「セラピーグループ」である。この病院のセラピーグループの考え方は、インテイク面接と相談（コンサルテーション）のプロセスを重要視したもので、後にグロースター公立学校で、「学びの活動グループ（Learning Activities Group）」という心理学的なサービスとして行われた。

　ABCのプロセスはハミルトン・ウェンハム高校で教科を横断したカリキュラムの中で発展し、それは、1980〜1983年のマサチューセッツ州立教育局の助成金によって行われた。
　ポール・ラドクリフと（Radcliff, P.）とビル・カフ（Cuff, B.）は、グロースター、ハミルトン・ウェンハム、マンチェスターの職員と共に、インテイク面接、グループ分け、スタッフトレーニング、活動の選択といったそれぞれのプロセスをよりよいものにするために共同作業を行った。この開発助成金によって、もともとPAで行ってきたことと同じ基盤を、援助の必要な障害のある生徒たちと一緒に行えるようになった。詳細な評価を行い（3つの方法で、2年以上）、生徒たちはまた「テネシー自己概念尺度」において大きな進歩があった。

　この評価により、マサチューセッツ州教育局から州のモデルプログラムとして認定された。
　ABCモデルが元来持っていた力を発揮し、その正式な評価も急速に高まった。全国普及ネットワーク（NDN, National Diffusion Network）は、学校だけではなく、全ての教育的なプログラム（キャンプ、青少年センター、診療所の他、教育機能のある場所）へのPAモデルの普及を働きかけた。最初のアドベンチャーベースドカウンセリング（ABC）講習会は、1979年5月に行われ、大きな反響があった。スクールカウンセラー、心理学者、オルタナティブスクールの先生の他、入院施設のある診療所や病院、治療を目的としたセラピューティックキャンプや薬物治療の施設などの関係者が参加した。講習会の後も、ABCの活動はさまざまな場所で応用され、PAはこれらの団体、組織をサポートした。
　1980年代、PAの成長を支えた大きな鍵のひとつは、アラン・セントウス

キ(Sentkowski, A.)によって設立されたアメリカ南部の事務所だった。現在ディレクターを務めるシンディ・シンプソン(Simpson, C.)は、「チャレンジプログラム」と呼ばれる青少年犯罪者のための地域に根ざした6週間のプログラムを立ち上げた。このプログラムはABCの手法をしっかりと取り込んでいた。また、教科教育面での支援、親向けのカウンセリング、キャリアカウンセリング(職業相談)にもABCの手法を取り入れている。このプログラムの評価は1983年から1986年まで、ジョージア州ユースサービス局によって行われ、プログラムに参加した若者の内94%が修了し、再犯率はプログラム修了後の最初の3年は15%だった(通常の累犯率は、50～70%)。「チャレンジプログラム」は今日でも行われており、成功を遂げている。

1985年6月、アランは他への興味のためにPAを去った。その後、シンディが指導的立場を担った。シンディのリーダーシップの下、スタッフとプログラムは急成長を遂げていった。「チャレンジプログラム」という地域に根ざした、画期的で直接的なサービスモデルは、南部事務所の専門分野となった。

PAの事務所がジョージア州コービントンへ移転することにより、包括的な業務を行えるようになった。コストレー判事と理事会のメンバーであるピアース・クライン(Cline, P.)の支援により、シンディは70エーカー(85,700坪)の土地と大きなオフィス用の建物を手に入れたのである。

治療を目的としたセラピューティックプログラムの発展

PAでは、クライアントが要望するようにプログラムを作り上げ、実施することを支援してきた。結果として新たな適応分野を開拓してきた。各クライアントの持つ団体特有の問題やニーズによって、それまでのPAモデルが修正されてきた。こうしたモデルは類似する他の組織、団体によって使われている。このプロセスはABCモデルの普及をうまく後押しした。1980年代、治療を目的としている機関——公立学校から治療を目的としたキャンプ、カウンセリングセンター、居住型の療養施設、精神病院まで——がさまざまなABCモデルを実行してきた。初期のABC導入事例で重要なものは、フィラデルフィアにあるペンシルベニア病院会での取り組みである。1981年、同病院のリック・トーマス(Thomas, R.)を筆頭とするセラピューティック・レ

クリエーション科の4人のスタッフが、ハミルトンで行われたABC講習会に参加した。PAのスタッフであるポール・ラドクリフとジム・ショーエルと密接な作業を行ってきたリック・トーマスのリーダーシップによって、同病院は短期の宿泊型の青少年グループに対してABCモデルを使い始めた。結果は大変素晴らしいものだった。セラピューティック・レクリエーション科では、同病院の臨床スタッフと一緒に、複数の診断を受けた大人の治療グループや薬物とアルコール中毒のグループ、摂食障害のグループなど、他のグループにもプログラムを広げていった。

　これらのグループでは、ABCの活動スケジュールや長さは多少異なるが、全て病院の敷地内で行われており、しばしばロープスコースが使われている。

　リック・トーマスはABCモデルがなぜそんなに病院という場で有効なのかということについて興味深いコメントを残している。

> 「私たちは患者がもっと自立し、無力感を減らし、他の誰かは"幸せの鍵"を持っていて幸せに暮らしているという考え方から離れる手助けをしたいと考えてきました。私たちは患者に病気の原因を探すのではなく、自分たちの長所について教えてきました。私たちが見てきた人々は、違う方法で何かをしてみる経験、違う人としての体験が必要なのです。彼らは洞察する準備ができていません。洞察力を獲得する前に、他の段階に持っていく必要があるのです。彼らにはまず、やりながら学ぶことが必要なのです。彼らは単に抽象的な考え方をする能力を持っていないのです。一般的に、彼らが抽象化する作業をすれば、単に何の感情も伴わない知性を形づくることになる。グラッサーは、"あなたがそうしたいと思っていなくても、違う方法で動いてみなさい"と言っています」[4] (Thomas, 1985)

　リックのコメントは、精神病患者に対するABCモデルが持つ効力について説明する手助けとなる。1980年代、PAと病院や他の居住型の養護施設との取り組みは増加した。

　1989年まで、PAは100以上の病院がABCプログラム（の全体または一部）を行うための手助けをしている。アドベンチャーを用いたプログラムの使用は、精神医学の分野でより広く受け入れられた。プログラムは急速に改良されていった。ABCにとっての画期的な出来事は、1990年、ジョージア州コービントンにある南部事務所のスタッフによる、若い受刑者のための薬物治療

プログラムの発展だった。このプログラムは「チョイスプログラム」と呼ばれ、薬物依存問題で裁判所預かりになっている若者を対象とした治療プログラムに対する連邦の政府助成金によって発展した。「チョイスプログラム」は、ユースサービス局（DYS）から来た若者に対して、レベルシステム（段階に応じた仕組み）を使っている。その中では彼らが「レディネス」を行動で示すと、責任が重く、自由の多い、より高いレベルへと移行していける。最終段階は、地域へ戻るための準備、または適切な場がない場合、我々の持つ自立生活のためのプログラムへと進む。

　1991年から2001年の間に、ジョージア州によって集められたデータでは、「チョイスプログラム」（PAコービントンオフィスで行われていたプログラム名）を出て1年またはそれ以上の者たち（1年目は再犯率が非常に高い）の74.7％は、再犯なし。9.7％は小さな事件を起こしたがプログラムに戻ることはなかった。再犯者の中では、22件の窃盗犯罪、12件の対人犯罪があった。

　少年院関係者や裁判所のスタッフ、警察の関与の減少具合を効果の指針として考えると、「チョイスプログラム」はかなりの成功を収めていた。プログラムを修了した85％近くが、収監されず、DCYS（家族と児童のケアをする部署）の職員の関与の減少、または法的措置を受けなかったため費用がかからず、ジョージア州の納税者に負担をかけなくて済んだのである。

「アイランズ・オブ・ヒーリング」とアドベンチャーモデル

　1980年代初頭、トレーニングやプログラム支援の要請が増える中、ABCの分野に対応するためにPAのテキストの必要性が高まっていた。1985年PAはニューヨーク市のカルペッパー財団から、ABC分野に関する新しいテキストを作るための研究、執筆についての、資金提供の通知を受け取った。『Islands of Healing』（『アドベンチャーグループカウンセリングの実践』、1997年，みくに出版）」は、講習会を受けた参加者全員（ABCモデルを使っている300以上の団体から来た人々）に配られ、この分野での10年以上にわたる成果を分かち合った。

　ハーンが「モーレイバッジ」と呼んでいた「4つの条件」に戻ると、ハーンが信奉していた「癒し（ヒーリング）」の意味を垣間見ることができる。モー

レイバッジは、スポーツ大会や遠征、自身で選んだ研究や技術、公共奉仕活動などの場で自身の技術を発揮した生徒に与えられる。ハーンの考えをABC風に考えれば、「癒しは身体を通して（スポーツ）、目標設定を通して（遠征）、プロジェクト志向型の課題への認知的な試みを通して、公共または地域奉仕での個人としての関わりを通してやってくる」。アウトワードバウンドが提供する課題の性質を見てみると、これらの内容と非常によくあっている。一定の質を保った、身体、認知、感情を使った活動を通して、癒しは達成される。

　上記の定義は「学ぶこと」や「癒しのための変化」という言葉に、置き換えられる。またハーンは、大都市や国境のそばに拠点を設立するという強い願いを持っていた[5]（Miner, 1985）。なぜ拠点の設立なのか？　ハーンは社会の病理と向き合うために「出て行く」ことを意図していた。これはアウトワードバウンドの活動を文化的な紛争地域で活用するということである。彼は正しくないのだろうか？　世界で起こっている困難や病気に直面する必要がないのだろうか？　ハーンは自身のもつユダヤ文化によって、文化的な病気を体験し、ドイツを追い出された。彼にとっての「癒し」とは、全ての治癒への願いを表していた。「癒し」は、精神の力動を意味し、感情の問題はバラバラの精神から生じる。適切な精神のつながりは、人を精神の「ヒーリングサークル（癒しの輪）」へと引きつける。「癒し」の意味の中には、体は傷ついたときにも一番の方法を知っていて、適切な環境が与えられれば、体自身が治ることも含まれる。**Web Wave** と名づけられている活動は、PAが作り上げようとしている「場」と「環境システム」を表している。参加者は輪になって立ち、輪にしたクライミングロープをみんなで持つ。参加者はゆっくりと後ろにもたれる。お互いにバランスを取り合う。このバランスの感覚とグループの中での他者の重要性についての強烈な感覚は、PAプロセスへの扉を開いていく。

　『アドベンチャーグループカウンセリングの実践』はカール・ロンキ（Rohnke, K.）の著書『Cowtails and Cobras II』『Silver Bullets』『Quick Silver』（PAの活動を収めたもの。邦訳未刊行）を他のPAのテキストと同様に完璧に補っている。これらの書籍によってアドベンチャーモデルは全ての実践者から高い信頼性を得ている。

　カール・ロンキについて語らずに活動の流れについて語ることはできない。カールの活動を創り出し、組み立て、アドベンチャー風に仕立て上げる才能

は、素晴らしいだけではなく、極めて重要である。カールと一緒に働いていても、どんな風にアイデアが抽出され、そこからどんな「形」が生まれてくるか誰にもわからない。

　カールの創造性は、PAが初期に行っていたアウトワードバウンドの活動を高校向けに作るとき、当時の標準的な授業時間である40～50分という枠を通して生まれた。「What Are We Going To Do Today?」（今日は何をしようか?）は彼の最初の本の題名であり、これは「どうやってこの授業時間を満たそうか?」を意味している。各日、短時間の生徒との関わりの中で、次のチャレンジの準備ができるように、ストレッチやウォームアップをする必要が出てきた。この最初に行う活動は、競争ではなく、協力的な要素をもって、速く効果的に行わなければならなかった。さらに、生徒たちは、学校でさまざまなことを行っているので、私たちは「グループ」という考え方や、目前にある課題にすぐに集中させる必要があった。最初の頃、私たちは誰も「楽しさ（fun）」についてきちんと考えていなかったが、「楽しさ」は自然に浮かび上がってきた。アウトワードバウンドの元スタッフとして、私たちは厳格であり、参加者に粘り強さを強く求めていた。しかし私たちは高校ではその厳格さを真似ることはできなかった。一番大変な挑戦をしている活動の中でさえ、「楽しさ」が沸いてくる何かがあった。その「何か」とは「構造」だった。40分の各授業の中で、私たちは数週間、日夜を共にする遠征の中で形づくったり磨いたりするような、葛藤や争いにまで深く掘り下げることを望むことはできなかった。しかし私たちはウォームアップの中から生徒たちが協力的に遊んだり、身体を動かす体験を達成したり、一緒に取り組む姿を見た。楽しいウォームアップを通して、生徒たちはグループとして、目前にある課題に取り組む準備をしていた。PAはアウトワードバウンドの経験を置き換えるふりをしたわけではなく、ただ新しいことをしたのだった。「今日は何をしようか？(What are we going to do today?)」への答えとして、PAはPAの活動の本質的な要素である「楽しさ」を発見した。

　カールはこのアイデアがとても好きだった。「楽しさ」は彼を変えてしまったようだった。「自分の中の内なる子どもに触れ合う」は、当時、知られている言葉ではなかったが、彼にとっては、まさにそれが起こったのである。この変化は、彼から過剰な深刻さを取り除いた。これによってもたらされた体験教育分野への効果はすごいものだった。カールは高い挑戦や難しい活動の開発も続けていたが、ゲームや問題解決活動に主眼を置いているようだっ

た。

　PAは信頼性があり、常に変化を遂げている活動を基盤にしていた。ジム・グラウト、シンディ・シンプソン、ポール・ラドクリフ、ビル・カフ、アン・スモーロウ、リサ・ファーロン、マリー・ハントン、バート・クロフォード、マーク・マーレイ、ニッキ・ホール、MB・バックナー、スタン・スミス、ここにあげた人はほんの一部だが、彼らは、カールのアクティビティ（活動）と手法（アプローチ）を受け継ぎ、そこに自分自身のアイデアや調整、比喩、エクササイズを盛り込んだ。体験教育界全体で、同じような手法が発展した。

アドベンチャーベースドカウンセリング（ABC）の現在

　ABC（またはアドベンチャーセラピー、体験セラピーなど）の考え方は、PAの専門領域を越えて広がっている。この本は実例をもとにした価値のある観察結果について書いてある。

　例えば、「プロジェクトクエスト・アドベンチャーアソシエーション」の一部であるニュージャージー州サセックス郡の中学、高校のABCグループがある。裁判所関連のプログラムも参加の意志を示した若者たちと行われている。コネティカット州ノーウォークにあるシルバーヒル精神科などの病院では、さまざまな患者にアドベンチャーを使っている中で、短期間の治療の難しさを抱えている。ABCはニューメキシコ州シップロックにあるナバホ居留地での予防と治療の両方に使われている。ニューヨーク市の学校では、日常的に会う生徒たちを集めて行う「ファミリーグループ」という形でカウンセリングの方法が採用されている。マサチューセッツ州セーラムでは、ひどい扱いを受けている女性を対象にしている（「Help for Abused Women and their Children（虐待を受けている女性と子どもたちを支援するための団体）」）。ABCモデルを使っている団体は、薬物乱用予防から治療、学校から病院、非就学児童のプログラム、服役中の人のためのオルタナティブプログラムとしてなどさまざまである。

ABCの中心的な概念

❖アイランズ・オブ・ヒーリング（治癒の島）の比喩

　前述のように、ABCはグループカウンセリングモデルである。自分自身よりも大きなものの力とつながることができる場を提供するものであり、一人ひとりのために明確な気づかいをもって作られている。「アイランズ・オブ・ヒーリング（The Islands of Healing、治癒の島）」の比喩は、世界という広いコミュニティの中で健全なコミュニティを作り上げることを前提としている。この「アイランズ・オブ・ヒーリング」の考え方を用いたグループでは、個人が広範囲にわたる体験に参加し、健康で安全な環境の中で成長する機会を提供している。私たちは「関係」を必要とする存在であることと、トラウマや不安のほとんどは不健康な関係から来るということから、グループカウンセリングでアドベンチャーの手法を使うことにより、肯定的な人間関係の体験を提供し、丁寧に組み立てられた多面的なモデルを提供している。

　ABCの最終的な目標は、一人ひとりが健康的な関係を見出し、それを作り上げることを働きかけるグループプロセスを創造することである。

　最後に、PAでは個々が他者と関わる中で、それぞれが成長していくモデルを提供している。グループの成長の構成要素について述べたように、私たちは個人のパーソナリティについても心に留めている。

　ABCの本質的な目的は、人々が長所・強みを伸ばすことを願い、人々が自身の体験を健康的な方法で統合し、納得することを助けることである。ニュージャージー州ハドソンの特別支援校や、ワイオミング州のアラパホインディアンの特別居留地でABCのプロジェクトに参加するとき、私たちは回復や治療の過程に参加したいと思う。もちろん社会機構全体に対して取り組むべきだが、ABCの手法はその社会機構の中にある小さな「アイランド（島）」でその力を発揮する。

　この「アイランド（島）」の手法は、セラピーやカウンセリングのグループ構造にも合っている。定義すると、カウンセリンググループは、安全で秘密が守られていて、組織や団体の内部で運営され、期間が限られている。グループの周りには、人生の他の心配ごとや関わりごとがたくさんある。これらの困ったことや人生のいろいろなことは、現実のものであるが、この「アイランド（島）」は、ある種の取り組みや学び、変化が続いていく場所である。ク

ルト・ハーンのいう拠点は、小さなアウトワードバウンドやプログラムだったが、私たちは彼の比喩をもって、それを小さなカウンセリンググループの形に作っていった。

❖ フルバリューコントラクト

　どのようなカウンセリンググループでも、行動規範が必須である。例えば、時間を守る、秘密を守る、非暴力、敬意を表する、よく聞くなどである。アドベンチャーグループワークの中で、規範を作るプロセスを必要とする多くの声によって、1976年、PAはカウンセリンググループの参加者と共に行動規範を作り上げるための模索を始めた。リック・メドリック（Medrick, R.）が考えたものをポール・ラドクリフが「ノーディスカウントコントラクト（no-discount contract）」として紹介した。これは、2つの基本的な約束によって進められる。(1) お互いに尊重する。自分のことも他の人のことも軽視しない・価値を軽んじないという約束。(2) 目標を設定する約束。目標に取り組むためにグループのサポートを使う。目標設定は、成長に関する問題を具体的にする。当初、「ノーディスカウントコントラクト」はグループ内の本質的な成長の問題に向き合う力があるので使われていた。「ディスカウント」は、目先のことしか考えない、無気力、敵対、けなす、人としての価値を下げるような行動を意味する。「コントラクト」とは、同意することとお互いに尊重することを意味する。

　PAはこのお互いを尊重する方法を、高校のオルタナティブ教室で初めて紹介した。後に「ノーディスカウントコントラクト」という形になった。マサチューセッツ州の海岸沿いの街グロースターのある教室では「ノーディスカウントコントラクト」と「目標設定」という2つの考え方について話し合われていた。グループは理解を示していた。子どもたちは目標設定には苦しんだが、「ノーディスカウント」に関しては簡単に受け入れた。「君は2週間も放ったらかしにされているスニーカーみたいには扱われたくないでしょう？」というように、安売りのスニーカーと照らし合わせて話をするのは楽しかった。私たちのグループでは、ディスカウントすることは「悪いこと」になっていき、ディスカウントすることが出てきたときにはいつでも、それをやめる方向で取り組んだ。私たちはプロセス志向の中に巻き込まれていっていることに気づかなかった。それはこれから何年もの間に私たちをさまざまな場所に連れて行ってくれることになる。このコントラクトの初期の実践

例として、下記の体験がある。

> トニアはうちの学校の、口の悪い、怒りに満ちた頭の切れる少女でした。ロッククライミングのとき、彼女はもう登るのをやめたかったのです。私たちは、「自分自身（の力）をディスカウントするな」と強く勧めました。私たちは彼女がクライミングに苦戦している、そのやり取り（罵倒）を録音し、ふりかえりのときに彼女に聞かせたのです。自分自身のことを聞く体験は、劇的なものでした。彼女は自分の言い方がどんな風に聞こえているか驚くばかりでした。彼女は目標を設定し、自分や他の人たちをディスカウントしないということを約束したのです。やり取りの証拠を提示したとき、彼女は何か感じるものがありました。私たちは、単に「おとなしくしなさい、よい子でいなさい、登りなさい」とは言いませんでした。私たちは約束をし、それぞれにその約束を遂行したのです。彼女のコミットメントと録音されたテープによって、トニアは自分自身の態度に向き合うことを余儀なくされました。

　この約束ごとの長所のひとつは、自身をディスカウントする（軽んじる）ことについても語られていることである。行動に関するガイドラインの多くでは、他者に対する行動のみが扱われている。多くの組織や団体の規則は、成長や変容ではなく、命令と支配、管理に重点を置いているように見える。人が他者とのつながりの中で、どのように行動するかということへの行動規範は、対人関係の責任が大切だが、これらのガイドラインでは、対人間の責任について見落とされがち。規則は効果的かもしれないが、内的な決定にはつながらない。

　このような考えから、人がどのように自分自身のケアに取り組むかが大切になってくる。「けなす・軽んじる」という言葉は、他者に対してだけでなく、自分にも及ぶ。他者と自分のどちらが強いかということではなく、相互の関係が作られていく。したがって、PAは自身と他者の両方に取り組んでいる。この組み合わせが自身と他者の責任に焦点を当てるグループ全体の基礎的な力に反映される。

　「ノーディスカウントコントラクト」が守られているかを「確認（チェックイン）」すること自体がPAの活動の一部になっていった。「約束を大切にしているかな？」「ディスカウントするような行動や態度がある？」「ロッククライミングをするとき、ディスカウントしないようにするには何をすれば

いい?」。ABCのトレーニングやその適用は多様であり、PAはこの「約束」により重きを置くようになった。加えて「パーソナルアクションプラン（個人の行動計画）」を使って目標設定に取り組み、セルフアセスメントに時間を取ることになった。この考え方をさらに私たちの活動に取り入れることによって、より包括的な目標が前面に出てきた。それは「安全」についてであり、すでにPAが取り組んできた「ノーディスカウント」ということを包含していった。アドベンチャー活動では安全について確実に大切にしなければならない。アドベンチャー活動の中には明確なリスクがあるが、安全に実行される必要がある。この安全はまずは身体的なものであり、人は誰のことも身体的に傷つけてはいけない。身体的なディスカウントは、手に負えない行動、注意力の欠如、ふざけるなどの行動として、活動の中に現れる。参加者は活動にはリスクを伴うこと、それゆえに、ルールを守る必要があることを理解している。アドベンチャー活動を行うと、安全に関する態度や行動を促進しやすくなる。「安全」の価値は明白である。私たちはさまざまな方法で安全と関連づけて活動を提供している。グループの約束を作っていくのには、最も明らかで、参加者が気になっている部分から始めるのが一番簡単である。「身体的な安全」は、次に「心の安全」に明らかなつながりを持っていく。

　したがって、PAでは以下の考え方を生徒たちに教えてきた。(1) 身体的な安全と心の安全についての「ノーディスカウント」、(2) 目標設定―学びと成長という点で、個人とグループの目標を考える。

　私たちのトレーナーである、ボー・バゼット（Bassett, B.）は、「ノーディスカウント」という言葉を変えようと試みた。Noとdisという2つの否定語を持つため、本来持っている意味を失っているというのである。彼は私たちにもっと肯定的な表現を探すように求め、「フルバリュー（Full Value）」という言葉を提案した。PAのトレーナーたちはこの変更に同意し、投票によって決定した。

　この頃、「直面化」という考え方が導入された。行動や態度について話し合う方法が必要とされていたからである。その話し合いは、明確で、ポイントをついていて、力強いものである必要があった。グループの関わりのモデルが導入されることによって、目標や実践について自分自身や、他者と直面化することができる。私たちが行っている大変なカウンセリングワークの中では、「直面化」は有用な要素となる。しかし、この言葉にはさまざまな定義（肯定的：対面での話し合いと、否定的：反抗的行為を含む）があるため、私たち

の目的に合うように定義しなければならなかった。私たちは成長への強い思いが込められている強い言葉が欲しかった。「直面化」にはグループワークが必須である。成長と変化は簡単ではない。そして成長と変化を拒む大きな拒絶や横道がある。単にアドベンチャー活動をするだけでは、深い問題や言外の意味を探るのに十分ではない。「直面化」という言葉はフルバリューコントラクトの重要な部分となった。そして「直面化」は「フィードバック」という形を取り始めた。

　「フィードバック」はかなり新しい言葉だ。心理学トレーニングの領域にどうやって入って来たかははっきりしない。ステレオコンポ関係で「フィードバック」といえば逆音、つまりおさらばしたいものを指す。しかし、以前は知らなかった、意識していなかったであろうことが自分のところに返ってくるというコンセプトは、学びのプロセスには不可欠だ。だから「フィードバック」はカウンセリングの重要単語のひとつとなった。理想を言えば、フィードバックは再生効果のある成長のプロセスを援けるものであってほしい。リスクは、フィードバックが逆音―つまり、不適切で、痛手を負わせ、タイミングの悪いものになりえるということだ。直面化と似てフィードバックも強い言葉であり、否定的側面の潜在なしというわけではない。この点においてこそ初期段階でのノーディスカウント、あるいは安全へのコミットメントの適用が求められる。安全な環境を保つとは、直面化とフィードバックが支持的に、タイミングよく、慎重な仕方でなされ、逆音的な傷つく体験から守られているということだ。フィードバックは双方向的になりうる。フィードバックを与えている側がこんどは受け取る側になることもある。ひとりとしてグループの中でこのプロセスを免れる者はいない。だからこそ傷つくリスクを負うべきではない。

　フルバリューコントラクトは、PAの活動の核心として使われ続けている。フルバリューの約束に描かれている行動は、プロセスや、グループの成長が起きる道筋として使われている。このグループプロセスは、成長を促進するコミュニティを育てることを意味する。

　フルバリューコントラクトは、行動マネージメントシステムとしても発展してきた。それは治療機関や学校での運営を支える肯定的な構造として使えるものである。

❖ チャレンジバイチョイス、チャレンジオブチョイス

　大自然の中での強制は長い間受け入れられてきた手法だった。安全な環境を維持する必要があるため、指導者中心のグループプロセスが長い間の伝統だった。プログラムに申し込む選択も伝統的に限られていた。参加者は活動にきちんと関わることが期待された。PAスタッフたちは、この決まりきった期待を越えて「チャレンジバイチョイス（Challenge by Choice）」という言葉を作りだした。PAではアドベンチャーの中で参加者は体験によってエンパワーされるため、自分自身のチャレンジのレベルを選べると感じていた。以下の話はこの点を語っている。

> 　ABCトレーニングセッションの参加者であるジェニーは、たった4.5mの高さの木に登ることを決めた。そして降ろしてくれと頼んだ。登って降りてきた後、彼女は前回の講習会では「全てに」登ったけれど、「実際には私は何もしていなかった。私はそこに本当にはいなかった」と言った。彼女は強制されて登ったとふりかえった。今回の彼女の短いクライミングは、彼女のものであり、彼女1人だけのものである。自身でチャレンジを選ぶことで真の達成感を得た。

　チャレンジバイチョイスを実践するファシリテーターは、成功とは全ての参加者が全てのことを達成するということではないということを学ばなければならない。何かをやらないという選択は、何かをやるという選択と同じ可能性がある。チャレンジバイチョイスの出現によって、参加者が活動に関わることから逃げ出すのにチャレンジバイチョイスを持ち出すという苦情を聞くようになった。これは私たちの意図しているところではない。この問題を解決するために、2つの方法がある。1番目は、チャレンジバイチョイスは参加者が挑戦のレベルを選べるということを意味している。これは挑戦から抜け出すことへの許可を意味していない。2番目に、グループによってはPAでは、「チャレンジオブチョイス」という言葉を使っている。少し言葉が変わっただけだが、参加者は挑戦のレベルを選択できるが、挑戦の場に留まらなければならない。

❖ GRABBSSアセスメントツール

　冒頭で説明した通り、PAでは「GRABBSS（目標、レディネス、感情、行動・態度、

身体、背景、発達段階の頭文字）」というABCモデルに特化したアセスメントツールを開発した。ラザルス（Lazarus, A.）の研究をもとに、GRABBSSは、多面的な様相（モダリティ）——それぞれのグループで見つけられる異なる学びのスタイルや状態——に迫る。PAのGRABBSSツールは、インテイクのときと、プログラム中の継続的なアセスメントに使い、個人にもグループにも、そのグループに関わるファシリテーター自身に対しても使える。

❖ アドベンチャーウェーブ

　波（海や信号の送信）の動きとエネルギーは、アドベンチャーの全体的なプロセスの比喩となっている。この波は3つの領域に分かれる。

1. ブリーフィング：活動前の準備（ガイドライン、ルール、安全）と枠づけ（意味づけ）が起こる。
2. 実体験（doing）：実際に活動を行う。
3. ディブリーフィング：グループでやったことを話し合い、つながりが作られる。

　波の中では、動きの見えない静かな部分がある。潮の満ち引きの強さで水の流れができ、優しくて舵を取りやすいところや、細心の注意が必要なうねり、不快で鋭利な三角波、そして、立ち向かうにしても回避するにしても、予期する力と特別なスキルがなければ越えられない大小の嵐が生まれる。
　波は私たちが一生懸命築いてきたグループスキルを使う場である。そこは新しいテクニックを育てる場であり、何かを手放す場でもある。俳優やアスリートのような体験をする。この種の体験への準備は、活動のごく一部分にすぎない。バリー・オームズ（アメリカのバスケットボールの選手）は「そこでは自分の内面に何かが必要であり、そこにアクセスするためにテクニックを使う」と言っている。彼は自発性——人間の状態、つながり、創造性、共通の場、真剣な中での楽しさ（fun）についての反応について言及している。この全ての要素は大きさや量を測ることができないが、そこにあるものであり、アドベンチャーワークの本質的な要素である。この方法の中で、基盤づくり（ベッドロック）は、アドベンチャーウェーブを動かすガソリンとして完璧なバランスを取っている。
　アドベンチャーウェーブ全体が「体験学習のサイクル」である。このサイクルは参加者がアドベンチャー体験から集めた学びのプロセスを表す。そこ

には、「ブリーフィング──実体験（doing）──ディブリーフィング」のプロセスがあり、その活動の中で、リフレクションというアクション（「何が？（What?）」──体験の中で何があったかを説明する）、抽象化（「だから？（So What?）」──体験の解釈）、転移（「それで？（Now What?）」──体験を他の状況へと派生する、学びの応用）へと進んでいく。

まとめ

　私たちが「成熟」という言葉を使うことをためらうのは、私たちの治療的な取り組みに染み込む「楽しむ精神」と相反するからであるが、ABCは過去25年以上、理論と実践に関して成熟してきた。PAはこの間、思慮に富み、とてつもないアイデアやエネルギーを沸かし続ける創造的なスープの中にいた。ABCは介入のモデルとして独自に確立していった。ここでは理論と同じくらい大切な実際の活動を軽視することなく、理論的な基盤（ベッドロック）を探索することが大切である。

　本書の情報の多くは、PAコービントンオフィスのプログラムとこの分野の実践者によって行われているプログラムによって生まれ、試行されてきたものである。長年行われているジョージア州の判決を受けた若者たちのプログラムが、私たちの哲学とテクニックの背景となっている。私たちの現在の取り組みは、長年の経験──PAのスタッフ間のやり取り、カウンセラーや大人、子どもへの各種プログラムの提供、職業団体への参加、そして最も価値のあるリソースかもしれない「Certified Trainer Network（PA認定トレーナーのネットワーク）」との共同作業──によるものである。このネットワークにいる人たちは、日々ABCを実践している。彼らのフィードバックはかけがえのないものであり、ここに記されている彼らの理論と実践への情熱は心温まるものである。

　本書があなたのしていることを支え、思考を誘発し、ときには刺激剤となると信じている。このテキストがあなたの仕事上の成長と実践のプロセスに貢献できることを願っている。

第2章
基盤(ベッドロック)

下地づくり

　「基盤（ベッドロック）」について考えることは、私たちのルーツを考えることにつながる。ABCは「学び（学習）」と「カウンセリング」をそのルーツとしている。これからの章では私たちの活動の基礎的な理論について説明していく。

　本章ではグループセラピーについて、3章ではアドベンチャーにおけるABC、4章ではフルバリューについて説明する。

　ABCでは、「感情（Affect）」、「行動（Behavior）」、「認知（Cognition）」の3領域を扱う。この3領域をベースに見ていくことで、私たちはより深く理解し、さまざまに応用することができる。またフルバリューは、行動変容に適用することができる。ファシリテーターはフルバリュー行動に根ざした、変容のプロセスを参加者と共に作っていくことができる。

　ABCは、参加者がコミュニティに参加することで、個々人の変容や変化を促すものである。参加するコミュニティが短期的なものであっても、与える影響は非常に大きなものになるだろう。一時的なコミュニティの中でも、参加者自身の個性や特性、参加者がコミュニティに持ち込むものが開かれた関係性を築き、さまざまな出来事を起こす。コミュニティの中で起こることが、ABCの「創造的なスープ」を作り出していく。

　グループプロセスの中で個人が変化していくが、その変化はその人の生活やその後の人生の中に入っていく（転移していく）必要がある。私たちの仕事は、さまざまな状況で生かせるスキルを、参加者一人ひとりの中に築いていくことである。

　ABCが他の治療と一線を画している部分は、一時的なコミュニティが、活動に基づいていてその活動を一緒に行う点にある。これが人生の経験とよく似たプロセスを作り上げる。そのプロセスの中で、参加者は土台となる約束（ルール）を守り、グループシステムの中で活動し、ふりかえることができる。

　私たちはこの活動の基礎となる理論的な枠組みを作ってきた。私たちは実際に行っていることと、理論の基礎は対立しないと考えている。実際に双方は補完し合っている。理論に根ざさない行動はよく言えば意味がなく、悪く

言えば害がある。また実用的な応用がない理論は、現実から遊離した空論である。

アンブレラ：グループ理論のもとで

ABCグループの意図とそれに関連した活動は、人間行動のグループ理論モデルに示されている。グループ理論のモデルは、ソーシャルワークの実践でよく使われ、場の理論、社会的交換理論、精神分析理論、一般システム理論を含むいくつかの視点から、概念的な基盤を引用している[1]（Greene and Ephross, 1991）。グループ理論モデルでは、個人とグループ間に違いを見ず、「環境という枠組みの中の、グループの中に、個人が存在すること」を強調している。

> 「グループ理論では、人をグループの一員（メンバー）と捉えている。また自分自身の人生や家族、グループ、自分が所属している社会の一員としての人生を定義するドラマの役者としても見ている。グループワーク理論では、人生をあらかじめ決められたものや年齢や段階で固定されたものとは見ていない。また永遠に続く見せかけだけのものとも考えていない。こうした視点から、人のパーソナリティは、常にプロセスの中にあり、そのプロセスの中で、人は、自分の一部であるグループの成長に影響を与え、また影響を受けている。相互に影響を与え合う関係の中での学びは、生涯のプロセスである。年齢、性別、人種／民族、国籍、ハンディキャップの状態、性的指向などさまざまな違いは、グループの中で、個々の特色として認められ、価値があるものとして受け止められる」[2]（Greene and Ephross, 1991）

個人は軽視されない。個人の心の内的な部分に関することよりも、グループとしての問題が強調される。人はひとりで生きることはできないので、グループや相互関係の中での個人に焦点を当て直していく。

個人の中にある機能障害はグループの中で永遠に繰り返されるようになった脚本（スクリプト）やパターンの結果であることがよくある。これは、非生産的なサイクルを絶たなければ、習慣化し、成長を抑制するものになってし

まう。人か環境のどちらが先かという、鶏と卵の議論は重要ではない。例えばシステム理論ではこのように述べている。

> 「環境は私たち自身であり、私たちが環境である。生まれた瞬間から、環境は一人ひとりにとって大事な部分となり、選択を通して自分の人生を構築していく材料を与えてくれる。同時に個々の中にある機会と足りないものから起こる他者や社会とのやり取りを与えてくれる」[3] (Turner, 1996)

さまざまな社会科学者と実践者たちの考えは、ABCの理論的な構成の発展だけでなく、グループ理論のモデルの中にも統合された。その多くは、バンデューラ、ピアジェ、ユング、キーガン、コールバーグ、ギリガンに加え、マズローやエリクソンより引用されている。

グループ理論のモデル：
- 人のパーソナリティは、他者との相互関係、主に小グループの中で、発展し、成長し、変容し、そして修正される。
- 人がグループの中で得る役割、状況（立場）、体験は、その人の一部となり、他のグループに行くときにも持ち越されていく。
- グループの仲間の影響は、個人の理解、態度、感情、行動に強く作用する。
- 精神的、社会的な健全さは、分析や内省だけでなく、行動や体験を伴わなくてはならない。
- グループに参加してグループの目的を達成することは、民主主義社会の中で問題を解決するための主要な方法のひとつである。同時に、人が人生の意味や目的を見つける方法のひとつでもある。
- 小グループでの意味のある体験を互いにシェアすることは、理解のための架け橋を作り、年齢、人種、民族的な背景、宗教、社会的地位、身体的・精神的障害の状態、性差、政治的信念、性的嗜好など人の多様性を越えて共に活動することを学ぶための、最も効果的な方法である。
- 人が成長し変容していくことを助ける方法としては、弱さに焦点を当てるよりも、強みを知ることの方が有益である。
- 問題解決のプロセスやプログラムの進展の中で、グループはそのグループ自身の構造やコミュニケーションパターン、文化を作っていく。
- グループは、常に出来事が変化するライフサイクルを進んでいく。

- グループは社会の縮図であるため、メンバーはしばしば一般的な文化の信念や価値を表す。
- グループに貢献するメンバーとなり、参加による恩恵を楽しむことは、適応機能に関連している[4] (Greene and Ephross, 1991)。

上記のリストに、人間の行動の生態学的理論から見た以下の基本前提を統合した。この基本前提は環境のあらゆる要素と常にやり取りをしている人類の適応と進化の視点である[5] (Greene and Ephross, 1991)。

- 人と環境は、互いに影響し合う普遍的なシステムを作っている（相互関係を作る）。
- 適合度とは、個人とその個人を育んだ環境との関わりを通してなされる、相互的なプロセスである。
- 人は、目標に向かい、目的を持つ。人は能力を得ようと努力する。環境に対する個人の主観的な解釈が、成長の鍵である。
- 肯定的な変化は、人生体験によってなされる[6] (Greene and Ephross, 1991)。

これらは、「パーソナリティの発達の核は、"環境の中の、グループの中の、個人"である」という私たちの信念に基づいている。グループ理論は健全に適応する力を育て、活動に基づくグループの力を大切にしている。ここで言う健全な成長は長所（強み）・短所（欠けているところ）を対比する視点から生まれたものである。この対比の視点を持つことにより、精神疾患の疾病モデルに当てはめるのを避けることができる。

このグループの視点から、私たちは、問題や症状を個人のものとしてではなく、より大きなシステムで起こっているものと考える。

アクティビティベース（活動をベースにする）

カウンセリングに対する私たちのアプローチは、主として小グループで体験されるグループプロセスによって進められる。行動を表現する第一の手段としてアクティビティベースを使うことは、「今ここ」で起きていることを

題材にし、その後解釈し、一般化し、参加者が今いる、あるいは将来関わる他の社会の仕組みに適応できるようにする。活動そのものは多様な様相（モダリティ）を持つことが要求される。理論的には、ハワード・ガードナー（Gardner, H.）の多重知能がこれを支持している[7]（Gardner, 1993）。ガードナーが特定した多くの能力は、私たちのプロセスの中で取り組まれ、育まれる。それらの能力は、伝統的な知能検査を超えた広がりがある。言語に基づく分析のスキルは、ABCの中で参加者に役立つものであるが、相互関係とそのスキル、空間的スキル、身体的／運動的スキルもまた役立つ。ABCモデルの主な強みは、活動（アクティビティ）、プロセシング、グループダイナミクスにおいて多重知能が扱われる点である。このモデルでは、参加者に伝統的な学びやカウンセリングのモデルを使って強みを認識させるのではなく、支援的な態度で他の知能と共にそれらの強みを築いていく。

まとめ

　私たちの基礎的な理論は、人は相互関係のシステムの中で学び、成長するという信念に基づく包括的なモデルである。これはパーソナリティの発達の「感情、行動、認知」の側面に対して肯定的な特性の変化を想定し、フルバリューが具体化することによって発達することに取り組むものである。それには成長を促進する行動や関係を発達させる、向社会的コミュニティを作ることも含まれている。問題は、活動の選択によって誘発された行動のレンズを通して検証される。

　これからグループ理論を実践に注ぎ込んできたA-B-Cトライアングルとフルバリューの力について話を進めていきたい。A-B-Cトライアングルによって、私たちが体験的なプロセスに接する際に現れる感情、行動、認識の相互作用を考えることができる。フルバリューコントラクトは、行動規範と行動的な要素で構成されていて、グループの行動がコミュニティやより大きな環境において健全に機能するために、不可欠な手法である。A-B-Cトライアングルとフルバリューコントラクトはどちらも、私たちがアセスメントしたり、活動を計画、実行したりする際の助けとなるだろう。

第3章
アドベンチャーにおけるA-B-C

A-B-Cトライアングル

　アドベンチャーにおけるA-B-Cによって、私たちは活動を3方向から見ることができる。私たちは、感情、行動、認知という領域を持っており、それら3つの領域の相互作用には素晴らしい可能性がある**[図表3>1]**。

　感情、行動、認知の相互作用は、グループセラピーの場ではっきりと現れる。感情領域は、感じることを司り、心の健康に関わる領域だ。行動領域は、思考と感情を表現するところで、具体的な行動を決定する領域である。考えることと関連づけることを司っている領域である認知領域は、系統立てたり、適応したり、思考したり、知覚したりする人間の能力や必要性のことである。

　A-B-Cトライアングルには等辺の性質がある。「感情」が経験を統合する役割を果たしているときであっても、ある特定の領域が他より影響力を持つということはない。

> 　中学校のABCグループのメンバーのひとりが、**モホークウォーク**（地面から60センチほどの高さに張られたワイヤーロープを渡っていく課題解決型の活動）から落ちて怒りを爆発させていた。彼はスタート地点に戻らなければならなかった。ファシリテーターはその後のふりかえりの中で、その怒りは彼自身が持つ潜

[図表3>1]

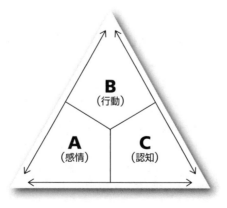

> 在的なパワーであるということを、彼が理解できるように手助けした。怒り
> を吐き出し続けるか、怒りを有効な何かに変えていくか、彼は選択すること
> ができるのだ。怒りは罪ではないという「認知的な理解」を通して、彼は自
> 分自身をこれまでとは違う角度から見られるようになっていた。新しい、コ
> ントロールされた行動を表現することで、彼はメンバーに対して影響を及ぼ
> すことができるようになった。怒りをごまかすのではなく、感じることで、
> 彼は彼自身を受け入れたのだ。

　感情の研究の先駆者であるS.トムキンズ（Tompkins, S.）は、あるひとつの領域による支配に異を唱え、「感情、認知、行動のどれをとっても、人を完全に説明しきれない」と言っている[1]（Demos, 1977）。しかし彼は感情がトライアングルを統合させていると考えた。3つの領域は、ときにバラバラに体験されるが、それらが統合されることでバランスを取ることができる。次のセクションでは、感情、行動、認知の領域について説明をする。
　入念に考えられた活動を使うことで、グループの機能に大きな変化を起こす。そして最終的には新しい人生の「脚本（スクリプト）」にも変化を起こし、個々のグループへの関わり方にも影響をもたらす。

　「脚本（スクリプト）」は人生経験のパターン —— 日常のよくある場面で繰り返される対話、個性、テーマ —— と関係している。そこには感情、行動、認知の要素が含まれている。
　寸劇をやるプログラムでは、グループが作り演じる典型的な脚本がある。脚本は生まれ持った性質と人生経験によって強化される。こうしたドラマの中では登場人物が、思考し、感じ、行動を繰り返している。脚本は健全なものにも、破壊的にもなり得る。例えば、伝統的な日曜日の夕食というのは、家族が集い笑ったり、議論したり、子どもたちを褒めたり、雑談したりという脚本化された体験である。テーブルについている一人ひとりが与えられた役割を持っている。心地よい団らんの時間である。家族が集うという特に目新しくないことも、困難なときには家族のつながりや強い絆を思い出させてくれる。逆に、アルコール依存を助長する身近な人（イネイブラー）は悲劇の家族という脚本を繰り返し演じているのだ。

　ABCでは、参加者全員がそれぞれの人生の脚本をグループの〈場〉に持っ

[図表3>2] 健全な感情と伝染した感情を経験すること

感情の現実	自分自身の感情を経験する	誘発されたか 伝染した感情を経験する
怒り	力とエネルギーを感じる	激怒を感じる
恐れ	防護と分別がある	パニックと狂乱を感じる
痛み・苦しみ	成長と癒しを自覚している	絶望感と抑うつを感じる
恥辱感	謙譲があり誤りやすさを自覚している	他より劣っている、無価値だという気持ち

てくる。その内容に同じものはない。個々の持ち寄った脚本が、新しい活動の光に当たって混ざり合ったとき、新しい健康的な脚本が描かれるだろう。これまで習慣化されてきた脚本を新しいものに変えていくときに、このA-B-Cトライアングルをどのように適応するかということが重要な焦点になってくる。

❖感情（Affect）

　体験に感情、フィーリングが伴うことで、段階的な統合が可能になる。これが何かをまるごと体験するということだ。感情が切り離されていれば関わりも断ち切られうるので健やかではない。つまり健やかな感情を追求することはつながりの体験を追い求めることなのだ。つながる相手が美、真実、より大きな共同体、あるいは精神的な生き方のいずれであれ。私たちは「感情」という言葉を、広く使われている「感じることfeeling」のほかにどんな意味で使っているのだろう。トムキンズは脳を基礎とした感情の研究の中で、7つの「主要な感情」を特定した[2]（Demos, 1977）。それらは、驚き、恐れ、興味、苦しみ、怒り、喜び、防衛的な反応（軽蔑・嫌悪・恥しさ）の7つである。

　『Facing Codependence』（『児童虐待と共依存：自己喪失の病』, 2002年, そうろん社）の中で、P.メロディ（Mellody, P.）は、核となる感情を特定するための質の高いルーブリックを作り上げた。私たちは彼女の感情の研究とトムキンズの脳の研究はつなげることができると考えている。メロディは感情の体験を3つのパートに分けた。第一に「感情の現実」がある。これは実際に生まれた感情の体験である。彼女は感情を、怒り、恐れ、痛み・苦しみ、恥辱感の4つに分けた**[図表3>2]**。感情についての一覧を明示することで、全ての人が感情を持ち、それらの感情は悪いものではないということを伝えること

[図表3>3] アドベンチャーの「核となる感情」の表

核となる感情 (感情の現実)	建設的 (自分自身の感情を経験する)	破壊的 (誘引されたか伝染した感情を経験)
怒り	力(パワー)とエネルギー	憤怒
恐れ	英知と保護	パニックとパラノイア
苦痛	成長	絶望
恥	謙遜／過ちを犯すかもしれないという恐れへの気づき	他者と比べて劣っている、価値がない
罪悪感	価値と修正	不道徳な人格
愛	自分も他者も大切にする	共依存
感謝の気持ち	感謝の念を表す	依存
希望	予見力	妄想的
寂しさ	つながり、区別	孤立と絶望
喜び	癒し、興奮、超越	衝動的、躁病的
勇気	信念に則って行動する	証明したいという欲求 自我の拡張
愛情	関係性	強い欲望とコントロール
プライド	尊重	混乱

ができる。これによって感情について話し合う共通の文脈を持ち、一人ひとりが選択できること、その感情は傷つけるものではないこと、しかし感情にまつわる選択がときには傷つくことになり得ることを認める。

　第二に「自分自身の感情の体験」がある。こういった通常の体験からは健康的な感情が生まれる。第三には「誘引されたか伝染した感情の体験」である。メロディは、「誘引された感情」とは暴力を受けたという個人の人生経験の産物であるとしている。「養育者が虐待をする中で実際に感じたことを拒否したり、放棄しているとき、その感情は子どもの中に流れ込み、養育者が持つ感情によって苦しめられることになる」[3] (Mellody, 1989)

　メロディの研究は、人生の中にある感情に関する体験を健康的に統合しようとする中で、感情についての共通言語を提供してくれる。感情を定義することは感情に疎い人たちにとっても役立つ。「ええと、今、私は怒り、悲しみ、恥ずかしさを感じているんだな」というように、感情がどのようなものであるのかを学ぶことができる。感情を認知することから、それらの感情の意味、どこからそれがやって来るのか、どう扱えばいいのかということについて話すことができる。例えば「怒りを感じたときには、それを私自身のパワーと

して見るように努力しよう。激情にかられた行動に屈する必要はないんだから」と参加者は怒りをどう扱うかを自分で決めることができるのだ。

　もっと広い範囲の体験から生まれる多様な感情を表現するため、私たちはメロディの表を発展させた独自のリストを作った。この新しいリスト**[図表3>3]**はトムキンズの包括的な研究とC.ユング（Jung, C.）の影の研究を組み合わせたものである。

　感情が光と影の両方において、幅広い行動を取り囲むものだとして見ると、自分自身を健康的に受け入れるための基礎ができる。自分自身とはこうしたものの全てのことである。誰もがよい選択もすれば不十分で悪い選択もする。それが共通する人間らしさである。憤怒する現実を認識するということは、例えば憤怒することがよい反応ではないけれども、それがもたらされたものだと認識することである。憤怒するには理由があるのだ。目的は憤怒する理由を認識し、元になっているものと向き合う方法を知り、そうして憤怒をパワーへと変えていくことだ。エネルギーは留まることはなく、動いていくのである。

　「感情」についての共通言語の発展は、感情と行動、認知（A-B-C）をつなげた。感情は重要だが、感情と認知に対する行動的な反応への理解もまた、同じように重要だ。

>>統合と集合的無意識

　感情は恒久的なテーマの中にそのルーツがある。ユングが集合的無意識を仮定したとき、人間が生まれながらに持つ統合の能力と人類が世界共同体の参加者になることへの願いについて述べていた。集合的無意識によってグループカウンセリングやセラピーの潜在力は光り輝く。グループワークでは、物事に納得して感情が融合されていく感覚、世界が動き始めるような感情を体験することができる。世界というコミュニティがグループという小さな世界の中に見られる。グループの動きはグループの行うことに現れる。なぜなら、活動を通した体験は、課題が持ち込まれ、そこに焦点を当て、解決していくという極めて本質的なことであるからである。グループの中で、個々はコミュニティを体験する。

　お互いのことを知らない個人がひとつのグループになり、関係を築いて、よい活動ができるのはアドベンチャー活動のファシリテーターが普遍的な

テーマや体験を信頼しているからである。カウンセリングワークでは、元型や活動、比喩を通してこれらの普遍的なテーマに接していく。

>>元型

　ユングは元型の構造を概念化した最初の人物である。彼はそれを集合的かつ歴史的な無意識、誰もが持つ精神的な本能の型と見ていた[4]（Jung, 1963）。ユングは元型についてこう記している。

> 「元型は、私たちの理性的な理解を超える深い謎を象徴している。元型的な内容は、何よりもまず比喩の中に表れている。いつも未知であり続け、どう組み立てられているか理解できないいくつかの意味がある」[5]（Wehr, 1987）

　S.ベーコン（Bacon, S.）は、アウトワードバウンドでの比喩の活用についてのセミナーで、こう述べている。

> 「元型」の文字通りの意味は原始的な行動パターン、あるいは型である。つまりこれから起こる全ての表現はこの原本のコピーであるのだ。ユングは、この原始的なパターンは全人類の精神に再生され、それは世界が知覚される方法を定義し、描写している」[6]（Bacon, 1983）

　アウトワードバウンドでのベーコンの取り組みに関連するパワフルな元型は、ギリシャ神話に深く根づく神聖な空間である。「これは人が懸命に探求しようとする場所で、そこではパワフルな変化を起こすことができる。もし、純粋な心でこの神聖な空間に近づいたなら、素晴らしい、奇跡的なことを起こすことができる。巨大な悪は正しい状態になり、全社会が救われる」[7]（Bacon, 1983）

　ベーコンは大自然をアウトワードバウンドの聖なる場所として恐れ敬っている。その人の準備が整っていて、体験に対して開かれているなら、変容することのできる場所だ。

> 「全ての「元型」のパワーは、「人類がその元型パターンを世界に見出すとき、無意識の内にその具体的な表れに気づく用意がなされている。鳥が冬に南を

目指して飛ぶことを準備されているように、生徒も荒地を神聖な空間として見る用意がなされているのだ」[8]（Bacon, 1983）

　ABCグループは、フルバリューの核となる「安全に（Be Safe）」に包まれた環境で、人々が問題を探求する機会となる。**アイランズ・オブ・ヒーリング**という輪を象徴に使った活動は、ABCの中の聖なる場所としての元型を表している。ここではイメージを使ったグループ活動を通して、参加者が安全と健やかさを感じる場を提供する。この場は現実のもの、または想像上のものであるかもしれない。参加者がその〈場〉を見つけ出したら、ロープで作られた輪に入ってくるように言われる。自分の見つけた〈場〉を共有したい人はその機会が提供される。これによって参加者にとって安全で肯定的で建設的であると感じられる神聖な空間がグループに浸透し始める。それは参加者が成長や変化の可能性を考え、探求することのできる神聖な空間の中にあるのだ。

　元型は、感情、行動、認知のバランスが取れているとき、健全なグループや個人の統合のための起点となる。意識的に元型を使うことで、今までの、または現在の体験と調和させることができる。それはグループの感情を深く引き出す潜在力を持っている。グループワークはメンバーが自分だけ違うと孤独を感じるというようなことを防ぎ、共通体験を創造するパワーを持っている。アドベンチャー活動の構造、それに付随する比喩は元型的な表現の伝達手段となる。

>> 元型と比喩的な活動の組み立て

　元型は活動の組み立てによって比喩的に表現される。それが参加者自身が発見した自然なつながりでも、ファシリテーターが体験の枠組みの中で作ったつながりであっても、私たちは全てのABCの活動は比喩的であると確信している。つまり比喩的な活動の組み立てというひとつのテーマの中に2つの概念が融合しているのだ。

　先に触れた**アイランズ・オブ・ヒーリング**という輪を象徴的に使った活動では、3つの比喩的な組み立てが働いている。それは、輪と個人、グループである。

　ファシリテーターが「比喩的な活動の組み立て」を学ぶことによって、どの問題に焦点を当てるのか、そのためにどのような比喩が適切かをより理解

することができる。

　ABCにおける元型的な体験のパワーによって、しばしば比喩的な効用は高められる。**アイランズ・オブ・ヒーリング**の活動ではアイランド（島）をみんなにとっての、平和、エネルギー、肯定の感覚をつくり出す場所として使っている（このパワフルなツールについてはディブリーフィングの章で説明する）。ファシリテーターはそれらを有効に使うために、ファシリテーターとしてもひとりの人間としても、神聖な空間やその他の元型を理解し信じなければならない。グループがそれを感じたとき、比喩はより意味を持つものとなる。

\>\>感情の脚本（スクリプト）を書き換える

　感情からの反応は時が経つにつれ習慣になったり、脚本（スクリプト）化する。私たちは適応することもできるし、健やかになることもあれば、自滅的にもなり得る。往々にして、参加者がグループに持ち込んでくる感情的な脚本（スクリプト）は、生き残っていくために必要であったとはいえ、感情の健やかさを保つためにはほとんど役に立たない。新たに"感じた"ベンチマークは、グループプロセスに組み込まれる必要がある。そのベンチマークはグループプロセスの一部として、グループの中でらせんを描いて他の場面でも広がっていく。アートというABCの参加者の体験がその例を示している。

　アートは性犯罪を犯し、自らも性暴力を受けていた14歳の男子で、グループカウンセラーを伴って裁判所に通っていた。アートは、彼と同じような問題を抱え闘っている仲間と共有したパワフルなグループ体験を携えて部屋に入った。彼は不条理なことを受け入れるような苦しい統合の作業を通して強くなっていた。今日の法廷の争点は親権についてだ。どちらの親が勝ったのだろう？

　法廷は法に対する恐れ、彼の過去の恥、彼にのしかかる大人の力に対するフラストレーション、家族の中の争いなど、さまざまな反応を引き起こす。彼の両親が争っているとき、アートは成長の過程で体験した全ての機能不全、崩壊に立ち戻ることになる。廊下を歩きながら、カウンセラーはアートに「呼吸」を思い出させる。それはグループワークの中で学んだテクニックで、感情的になったとき、自分自身を引き戻し、感情をコントロールすることを助けるものだ。

　彼はグループの中で、納得のいく人生を築き上げていくという、長く、困

難な旅で役立つであろう行動を学んだ。入り組んだ感情を統合させていく中で、彼は呼吸を訓練する機会を得た。呼吸することによって、叫び、怒り、破壊し、走り出したいという衝動に飲み込まれるのではなく、感情をコントロールすることができるのだ。彼は意味のある関係性を求めること、自分自身を守ること、自分に対するサポートを信じることを学んだ。そのことで彼を取り巻く機能不全や崩壊に翻弄されないようになる。

　困難なときに助けになる行動を学んだアートは、自身の新しいスキルを実際に使ってみたいと願った。その願いはもっと素晴らしい関係性、絆への憧れである。不安なときには呼吸することや、新しい行動や認知を使うことに対する願いは、統合の感覚への欲求から来ている。そこにたどり着くために、アートは彼に向かってくる否定的な声を克服し、新しい心の習慣を探求するという困難なプロセスに向かわなければならなかった。健康的で統合されているコミュニティのサポートによって、彼はいくつかの否定的な脚本（スクリプト）を書き換えることができた。今、たくさんの否定的行動が起こり得る法廷で、アートは悪い状況においても、彼の新しい脚本（スクリプト）と、獲得した機能（スキル）を使うことができている。

　参加者と活動しているとき、アドベンチャー活動のファシリテーターは、その活動が引き起こす感情について考えている。参加者が**大脱走**（グループが約3.6mの壁を乗り越えるという課題解決活動）で仲間を引き上げているとき、ファシリテーターはそこに起こるフラストレーションや決断、恐れ、怒りを見ている。参加者が壁の頂上にたどり着き、待ち構えるチームメイトの手の中に降りていくとき、ファシリテーターは声をあげ、我を忘れて嬉しがる姿やそっと満足に浸っていたりするのを目撃する。このような感情は、似たような状況の体験から起こっている。提案してもグループに聞いてもらえない、そしてその提案を引っ込めてしまう反応をする子どもは、同じような拒否の体験をしていたり、家族や友人に対して弱い存在になっている。彼は冷え切った絶望感を抱えて、自分の部屋に行くか、夜空を見上げるために玄関の前に座るのだ、アドベンチャー体験の間じっと切り株に座っているように。

　活動のゆるやかな流れを観察し理解することで、ファシリテーターは否定的な反応のパターンを変え、感情の脚本（スクリプト）を書き換える手助けをすることができる。しかしながらファシリテーターは、一見ネガティブに見える反応が、他の状況では必要とされるものであることも覚えておかなけれ

ばならない。

　例えば、両親の罵声を浴びている子どもは、ファンタジーの世界へ閉じこもることで、実は自分を守っているのかもしれない。この種の「ひとりの時間」は、グループでは肯定的な対処の例として説明されている。

　一旦グループが安全であるという基本的な信頼が築かれると、活動の魅力的な力に浸りながら、お互いに感情の脚本（スクリプト）を書き換えることができるようになり、それがグループ活動の重要な要素になる。

>>リスクと不均衡

　罪を犯した若者との体験で、私たちはその中に感情の力を見ることができる。あるABCグループの2回目のセッションでは、参加者はロッククライミングや絶壁の懸垂下降を行った。彼らはお互いを知らない。彼らはファシリテーターのことも知らないし、そのうえ、彼らは権威のある人物を信じていない。ビレイや懸垂下降に使われるエイト環をアイススケートの道具だと思っている。そんな中、参加者は行くのだ。彼らはハーネスを着け、絶壁の縁へと進んでいく。彼らはロープと大人のビレイヤーと仲間を信じる。この状況はリスクを負うことについての彼らの認知的な理解を越えている。それでも彼らは行くのだ。感情的な欲求が、彼らを動かす。信頼への欲求、協力関係への欲求、尊重されることへの欲求、尊敬への欲求。想定を超えていて危険なことに満ちている彼らの経験に対抗するために、それらの全てに向けて飛び立つことは理にかなっている。

　彼らは絶壁に上がり、20mの空中にぶら下がっている。この活動は接着剤のようにグループを団結させる。参加者になぜそんな風になったのか尋ねると、彼らは絶壁を見上げてファシリテーターにこう言うだろう。「なぜって、僕はやり遂げた。あなたの助けがあって。僕は叫び、震え、そして心の中で大笑いしていたんだ」フルバリューのあるグループに支えられた感情の体験の結果、体験した感情と結びついた新しい脚本（スクリプト）が書かれ始めた。

　グループによってはこのような急激なリスクを体験するような方法では、反応せず、もっと緩やかなシークエンスの活動が必要とされる場合もある。しかし、ダイナミクスはどのグループでも同じである。成長には、未知の世界に踏み出すことが必要だ。未知の世界はリスクそのものだ。そしてそのリスクはバランスを失わせ、また新しいバランスへと動かしていくのだ。

>>遊び、楽しむこと、そして退行

　助けを必要としている人たちというのは、気楽に笑えるはずもない理由がある。そのような人たちにとっては、遊んだり楽しんだりすることは、どんなことよりも大きなリスクを伴う。まさにこのことが、意図的でユーモラスなゲームや課題解決の活動が、ABCのグループを機能させる鍵となる理由なのだ。N.カズンズ（Cousins, N.）は「Anatomy of an Illness」の中で、回復の過程での笑いの治癒力について述べている。カズンズは、「笑いのセラピー」が生命を脅かす病気から免疫組織までも癒す助けとなったことを述べている。カズンズは、フロイトがユーモアを「緊張を取り去るもの」として理解していたことを、私たちに思い出させてくれる。カズンズが信じているように、笑いは生物がストレスと戦おうとする基本的なメカニズムであり、健康に必要な身体的、精神的バランスの回復を助けている[9]（Cousins, 1979）。

　グループのメンバーは、10代の若者が仲間をこき下ろすときに使う、否定的で、しばしば皮肉を含んだユーモアに慣れているかもしれない。他の人たちと一緒に、あるいはたとえひとりであっても、笑うことが肯定的で生命を維持する活動であることはしばしば忘れられてしまう。優れたファシリテーターは、ユーモラスな空気のきっかけを見逃さない。メンバーによっては、自分自身が笑えるようになるという目標設定が適切な場合もある。

　例えばニュージャージー州のグレイストーン精神病院の患者が**サムライ**（発泡スチロールの剣で死ぬ真似をしたり、大きな音を立てたり、走り回ったりする）をしていたとき、ある患者の"手放す"ことについての学びは、思いっきり楽しんだり馬鹿なことをやって笑うことをやって来たと感じ、それが彼女にとっての最大の重要な突破口になった。

　遊んだり楽しんだりできるようになるということは、退行を含む感情体験である。エルンスト・クリス（Kris, E.）の有名な言葉、「自我による自我のための退行」はこだわらずに楽しむことについて多く語っている。薬物乱用から回復したボブという男性は、全てのロープスコースのハイエレメントを難なく要領よくこなすことができたが、彼にとってはゲームに参加することが重大なハードルだった。子ども時代を薬物の文化に捧げてしまった人たちにとって、遊びを認めるということは、これまでの人生の脚本（スクリプト）の全てを放棄するということになる。遊びは私たちに、あるとき——それはおそらく子ども時代、世界がもっとシンプルで、信じたり許したりする偉大な能力を持っていた頃のことを思い出させる。「わたしたちは生れながらに

魔法を知っている。旋風を、山火事を、ほうき星を内部に持って生れてくる。鳥といっしょに歌うことができ、雲を読むことができ、砂の粒で運命を知ることができる者として生れてくる。だがやがて、教育を受けることで魔法をさっさと塊の内から追い出してしまう」[10] (McGammon, 1992.「Boy's Life」(『少年時代』, 1999年, 文藝春秋))。

私たちはその退行、戻ることに抵抗する。なぜなら入念に積み上げられた壁を下げ、再建しなければならないからである。遊びと楽しむことは、壁を壊す、素晴らしい武器となる。

❖ 行動 (Behavior)

「行動」はA-B-Cトライアングルでは「実体験 (doing)」の側面である。行動は、感情と認知、感覚と知覚が外に現れたものである。

> ハロルドはグループの活動に参加することを拒否していた。彼が揺れるエレメントに座り、ふくれているとき、彼のグループリーダーは、彼に参加するよう訴えかけるよりも、彼をひとりにさせることを選んだ。グループの残りのメンバーが課題に取り組んでいる最中に15分間、静かにひとりでいた後、ハロルドは何事もなかったかのように、グループに戻ってきた。ハロルドの参加するという選択は行動面での決断であり、目に見えて表せるものだった。

>> **成功と効果**

『アドベンチャーグループカウンセリングの実践』(1997年, みくに出版) では、A-B-Cトライアングルの行動をオペラント条件づけ[11] (Skinner, 1965) の理論に基づいて考察しており行動的なパラダイムがPAのプログラムで使われている。オペラント条件づけは、効果的な手法である。報酬と罰のサイクルは特に仲間意識があるときに有益だ。例えば適切な行動は報酬になり (あるレベルから次のレベルへの前進)、不適切な行動は罰せられる (授業中に生徒が寝たら校庭を走る、あるいは奉仕活動をするなど)。

別の例としてはポイントシステムがある。ABCのグループでは規範がしっかりと守られたらその肯定的な態度や行動を褒めるなどより行動を強化するようなものがある。

グループに対してそれほどプレッシャーをかけるものではないので「君な

らできる」というフレーズはよく使われる条件づけのテクニックだ。これはグループ活動においてかなり大きなインパクトを持つ。

　しかしながら、「人の行動というのは、明らかな条件の結果であり、一度そうした条件を発見すると、私たちはその予測ができ、ある程度まではその行動を決めることができる」[12]（Skinner, 1965）という一般化しすぎた概念に関しては否定するようになった。これは、遺伝子学的、認知的、生物学的、関係的な複雑な絡み合いの中で、あまりに単純すぎるように見えるのである。

　社会行動学者のA.バンデューラ（Bandura, A.）の研究では、スキナーのやや狭い定義を超えた視点を提供している。バンデューラは、自己効力感、モデリング、模倣、代理強化、相互決定の全てがグループで起こる学びに貢献しており、それらはまた、人格形成の要素でもあると考えている。「効力への期待とは、自分には"成果を生み出すのに必要な行動を計画・実行する能力がある"という確信である」[13]（Bandura, 1977）。

　ABCのグループで私たちは、特にいつも失敗ばかりしている領域においての成功体験を促進する環境づくりをする。バンデューラは「遂行経験」は、自己効力感を育てるのに最も効果的な方法であると考えている[14]（Bandura, 1977）。

　遂行経験は、その人自身の個人的な体験に基づいているので、信頼性がある。成功は期待を高める。失敗の繰り返し、とりわけ初期の段階のうまくいかないことは、期待を下げてしまう。成功を繰り返すことによって期待は高められ、失敗に対する否定的な衝撃は減少する。実際に困難に立ち向かっているときの失敗の体験は、動機づけられた粘り強さを強化する[15]（Bandura, 1977）。

　ABCのグループでは、成功とは、「理にかなった試みをすること」と定義される。失敗はその試みを分析し、そこから学ぶことによって成功に変化する。「達成」とは、その結果だけではなく、プロセスも同じくらい重要である。

>>行動の脚本（スクリプト）を書き変える

　バンデューラは、外界からの報酬と罰が行動を決定づけることよりも、人は観察と具体例、つまりモデリングと行動の模倣から学ぶ、と考えている。彼はまた、代理強化も強力な学びの道具になると考えている。肯定的なフィードバックを受け取れる、価値ある他者の行動を観察することで、その行動をよいものとして自分に結びつける。

> 　長距離のボートの旅の途中、アイリーンとドーラは食事と暖を取るためにマーシュ島に上陸することを拒んだ。彼らは長い旅のストレスから怒りを感じ、小さな反抗をしようとその機会を探っていた。先生は、学校で彼らがさまざまな理由をつけて作業を拒否したときにも、何度もそのような行動を見ていた。しかし調理のいい匂いや、ストーブの周りでグループの他のメンバーが元気にしている姿が、彼らを再びグループに入ろうという気持ちにさせたのだった。

　このケースでは、確かに食事が報酬の一部になっている。しかし本当に彼女たちを引きつけたものは、グループの他のメンバーである。他のメンバーも同じように疲れ果てて、冷え切って空腹だったけれど、仕事に取りかかっていた。

　モデリングは行動についての非常に強力な道具だ。参加者は正しい行いをすることで、お互いが進歩している姿を見ることができる。ロールモデルの存在や肯定的な行動の現れによって、アドベンチャーのグループワークの中で、無意識の発展的プロセスが起きてくる。他のグループのメンバーも学んできた肯定的な行動を自然に真似するようになっていく。

> 　ビルは町の慈善事業の資金集めのためのトライアスロン（カヌー、ハイキング、ボートによる全行程約50km）に参加する権利を持っていなかった。彼はどうしても参加したくて、繰り返し繰り返し訴えかけていた。彼が参加したかったのは、その輪の中にいる必要があると感じていたからである。そして自分こそふさわしいと考えたのだ。彼は他のグループメンバーのある行動を同じようにできなかったので、グループに選抜されていなかった。彼は、自分自身をグループに訴えかけた体験、その後の彼の成功を、彼の人生において最も重要な経験であったとふりかえっている。

　肯定的なロールモデルの存在と彼が理解し受け入れられるプロセスがなければ、ビルはこのように努力することはしなかっただろう。

▶▶相互決定論

　バンデューラの相互決定の概念は、彼を認知の領域へと誘った。バンデューラはスキナーとは異なり、認知は行動を決定づける要因であると捉えていた。彼の理論では行動を相互決定の観点で分析している。つまり認知と

環境要因は互いに影響し合っているというのだ。人は簡単に環境に反応しない。その代わり活発に自分自身の環境を創造し、その環境を変化させている。環境の中でどの部分を知覚し、行動するかは、認知によって決定づけられる[16] (Ryckman, 1982)。

　ABCグループで私たちが行う活動は、絶えず新しい反応を起こさせる。課題解決、木登り、ワイヤーロープを歩くなどの「問題・課題」を解決するための方法は、常にひとつだけではない。フルバリューコントラクトや経験を積んだファシリテーターを見本にすることは、バンデューラの概念のモデリングや模倣、代理強化と関連している。ABCグループは、変化を生み出す主体として、その活動の中で健全な家族の姿を映し出す。

　ABCは純粋な行動主義者の観点とは異なるが、グループ内で起こる全ての出来事は行動学的だ。つまりファシリテーターのブリーフィング（グループの準備をする）は、身体面と感情面において活動的であり、そしてディブリーフィング（何を体験したかをふりかえる）を行う。グループのメンバーが沈黙しているとしても、それはグループプロセスに関する感情や彼らが今いる場所について評価したり、視覚化したり、概念化していたりする。このことは表面的には当たり前に見えるかもしれない。人間の全ての試みは行動を伴っている。しかしこのかなりの集中力を要する思考の動きは、日常の活動とは異なっている。ABCのファシリテーターは、グループが新しい理解へ向かっていくことを助けたり、成長を確かなものにするために活動を用いて行動を引き出そうとする。「実体験（doing）」はこのプロセスの成功に不可欠なものである。

　グループ理論の基本的な前提に立ち返ることで、私たちはグループの行動はそのメンバーに重要な影響を与えるという考え方の理論的背景を見出すことができる。それは継続的な行動の作用、モデリングと模倣、役割の理解と強力な仲間の影響がその理論的背景である。フルバリューに含まれる健全な習慣が機能しているグループのニーズは、参加者の健全な行動の規範を作り、維持していくのに役立つ。

❖ 認知 (Cognition)

　A-B-Cトライアングルの3本目の辺は、J.ピアジェ（Piaget, J.）に通じている。彼は認知の発達を、「知覚された環境の組織化、適応化と考えている。"認知の組織化"は、私たちの環境（行動）との相互作用を通して作られるスキー

マと関係しており、私たちは情動(感情)と認知構造のつながりを作っている」[17] (Wadsworth, 1979)。

　認知心理学は、心の中で外の世界をどう表すのかを研究している。人間は現実の生活に対応するために自らを深く組織化する複雑な存在だ。ABCグループはグループ体験や現実の生活での問題を解決するためにルールを決めたり、計画を立てたり、戦略を立てたりする。それによって問題解決のプロセスの潜望鏡の視点が生まれる。ABCモデルは、肯定的に問題を解決するために必要な枠組みを備えている。

>>**認知の脚本(スクリプト)を書き変える**

　相互に脚本(スクリプト)を書き直すとき、参加者はこれまでと異なるより肯定的な決定をしなければならない。またさらに、よい認知の構造を作り出しそれを続けなければならない。グループが努力をして成功するとき、個人も押し動かされる。つまり相互の成功は、個人の成功にもなる。そしてその結果が新しい健全なパターンや、「認知の脚本」となっていく。グループがフルバリューコントラクトに力を注ぐことで、メンバーは力づけられる。フルバリューコントラクトは、ここでは「認知の道具」として見ることができる。一人ひとりがバラバラだとコミットメントできないことが、グループだとできる。グループの約束は、規範、価値、行動の指針となり、グループは進んで行く。

　フルバリューコントラクトという認知を作る例として、**ビーイング**という、行動規範について身体をイメージして作成するものがある。参加者は一枚の大きな模造紙にシンボルか人の体の形を描いたりなぞったりする。なぞったものの内側に、グループが目標に到達するために助けとなる行動を書き、外側にはそれを妨げる行動を書く(バリー・オームズとバディ・オレンジが、ニューヨーク市立高校の生徒に行動規範を手渡すのではなく自ら作成に参加できるようにとこの活動を作り出した)。

　スキーマは世界との相互作用を通して発達し、そして変化して深くなっていくと、ピアジェは述べている。**ビーイング**も、行動とつながっていなければ、なんの意味もない。無視されたものは、色あせ、意味のないものになってしまう。しかしもし意図したものが強化されたら、それらは変化のプロセスの一部になる。

おそらく、最も重要で革命的なピアジェの理論は、子どもは環境に対する行動から、知識を構築するということである。例えば、物理的な知識はものに対する行動を通して構築される。木に対する正しい概念は、子どもたちの木との関わりによってのみ獲得され、精巧に作り上げられる。木の写真、木にまつわる物語を聞く、そして木に関する本を読むといったことは、小さい子どもたちには、木に対する知識を育てるものにはならない。最も重要な構成要素は子どもの行動であって、ものではない。論理的数学的な知識は、ものに対する働きかけによって構築される。数、長さ、広さの概念も、そのことについて聞いたり、読んだりしても構築されない。同じように社会的な判断に関する知識も、子どもたちの行動や相互作用によって発達する。この知識の形成は、言葉やその他のシンボルを通して直接伝えることはできないもので、構築されなければならないものである[18]（Wadsworth, 1979）。

　情報もすでに存在するスキーマに新しい認識が組み込まれたり、調整されたりして分類される。つまり新しい概念がすでに存在するスキーマに適合しない場合には、スキーマを修正したり、それに合う新しいスキーマを作る、というプロセスとして理解される。ファシリテーターはABCにおいて、個人やグループの隠れた成長の力を推し進める方法として、文字通りにあるいは象徴的に、絶えず「木との関わり」を働きかける。これは理論的なことではない。それはその瞬間に起こる「原因と結果」である。**ビーイング**の中で示したように、参加者は活動の背景となる認知の構造をグループに持ってきた。そして、参加者はこれらの認知の構造とねらいとの関係の中で自分たちを評価している。

>>不安定さ、葛藤、認知

　もし真の認知的な成長が活動の中に存在するなら、またもしグループが新しいスキーマを受け入れるなら、必ず不安定さを経験しなければならない。どんな新しいことも、それがグループや個人の生活の隅々にまで受け入れられるまでは、方向を見失いがちになる。不安定さは、多くが活動の最中に起こる葛藤の結果である。葛藤というものについて話すとき、私たちは変化の体験に触れて話をする。

　葛藤は抵抗を前提としている。グループを難しい家庭環境から旅に連れ出すファシリテーターは、参加者がグループと共に体験したことの中で、何が喜びになるのかということと、家庭での困難さの間で感じる不調和から生じ

る葛藤に対応する準備、旅から戻る途中にそれをどう行動に表すかについて学ぶ。

　不安定さは予期しない成功からも起こる。事がうまく運ばなかった経験をよくしている人は、成功を信じたり、認めたりすることができなかったり、混乱したりする。「私はそれをやった（できた）」という言い方を学ぶのにはそうした意味があり、暗示するものを見ることは、葛藤を経験することを含んでいる。

> 　ヨハンソン一家は父親の激情と母親の拒絶に悩まされていた。彼らはアドベンチャーファミリープログラムでの**サークルパス**の途中で、重大な岐路に直面している。優しく、信頼している態度でパスが行われている中で、家族の一人ひとりが体験している明らかな喜びが、母親の涙を引き起こした。その過程の中で、彼女は、こんな感じの家族の行動が生涯続いて欲しいと話した。父親は最初言葉が出てこない。この非言語の活動が彼の家族に与えたインパクトを彼らはわかっているのだ。両親共に不安定さを体験している。彼らははっきりと、彼らの家族生活になかった、素晴らしい構造を見ている。過去の古い激情や拒絶から離れようとしているとき、「私はできたんだ。だからもう一度やる必要があるんだ」。本当の活動（生活）は、彼らが他の選択肢を見つけた後に始まる。
>
> 　彼らはこの信頼と優しさで大切にし合うことを、自分たちの家族の力にしようと決めた。家族のメンバーは、また危機が訪れたらこの体験を思い起こすだろう。

　認知の成長は感情の成長のように、不安定さの結果である。葛藤は生理学的、発達的な成熟において自然に起こる。ピアジェは、不安定さ（葛藤）が成長を引き出すと述べている。なぜなら、人は均衡が取れている状態を求める傾向があり、その均衡は認知的葛藤を解決することによってしか得られない。均衡が取れた状態にたどり着くための融合や適合のプロセスは、ABCグループのプロセスそのものだ。それは、身体的・心理的な安全が確保され、リスクが受け入れられる環境を創造する。よい計画を立てれば、葛藤は例外なく起こる。これら内的、外的な葛藤は、高度に構成された、肯定的なふりかえりで整理される（12章参照）。これはグループの均衡と、新しいチャレンジに向かう能力につながっていく。

>>**感情、行動、認知の融合**

「バランス」はA-B-Cトライアングルの概観を表現するのに最も適している形容詞ではないかと思う。これまでに触れたように、A-B-Cトライアングルは等辺形だ。それぞれの要素は、それを支えている他の要素に頼っている。実際に、これまでにあげたそれぞれの例は、A-B-Cの3つの要素が、他のものの存在を必要としていることの説明となる。ヨハンソン一家は自分たちに欠けている互いを支え合う構造を心で理解する（認知的な気づき）。同時に安全なグループで母親が感情を表したことは、感情面の突破口になる。そして、新しい気づきを強化する肯定的な行動に対して目標設定がなされる。このとき、A-B-Cトライアングルの1つの要素が他の2つよりも強調されるが、3つの要素の統一性とバランスに、そのパワーと現実性が備わっている。

感情、行動、認知の融合は、より大きな共同体、その全体性の体験だ。それはつながりのない事柄に意味を与えていく。健全で成長志向の人は、感情的で気まぐれな思いつきにとらわれない。彼らは感情を健全な行動と認知につなげる。彼らは単に認知だけに頼っている存在ではなく、感情的な体験や行動で示すことなしに、因果関係によって機械的に世界を見ているわけではない。また行動の中で、単に模倣したり、後を追ったり、反応したりしない。彼らは感情と知覚に動機づけられていて、プロセスの中で新しい結果を生み出すことができる。

ジャイアントシーソーでは、感情、行動、認知のバランスを理屈抜きに体験する。参加者は大きなシーソーの台の上に立って、バランスを取るよう求められる。ルールは一度に2人しか前に進めないこと。目標は、台ができるだけ地面につかないように、台をバランスの取れた状態にすることである。これには、認知的な推論、感情（お互いに手を差し伸べること）、行動的な活動（グループダイナミクス）が要求される。バランスがとれたとき、グループは満足のいく合意形成の感覚に到達する。そして誰も動かない。その瞬間ははかなく、しばらくすると、参加者は台から降りて他の場所へ向かっていく。しかし達成し感じたその瞬間は永遠で、取り去ることはできない。

まとめ

　この章では、A-B-Cトライアングルを示して、人間の行動の複雑さについて説明をした。このモデルは、感情、行動、認知の領域を、人の体験を保管する強力な貯蔵庫として使っている。グループのメンバーが持ち込む感情、行動、認知の脚本を紐解き、書き直される。このことは、健康的な自己を発達させる隠れた力となる。3つの領域を融合することによって、それらの相互依存が起こる。相互依存は、次の章でさらに進んで考察していく。次の章では、参加者が識別できるスキルを学ぶ助けとなる、行動の手法について議論する。これらのスキルは全て、A-B-Cトライアングルの領域で作用している。

第**4**章
フルバリューと行動

フルバリューという考え方はアドベンチャープログラムの拠りどころである。ファシリテーターは、フルバリューを使うことによって、グループの規範を確立させることができる。それは適切な行動の発達を助ける。この章では、このフルバリューというツールが持つ理論的な意味について探求していく。それは、フルバリューを実際にグループで使う準備となる。以下は、フルバリューについての非線形のアプローチに関する記述である。

フルバリュー行動

　カウンセリンググループに入る人は、自分の行動のレパートリーを変える必要があると決意してきた人である。ABCはフルバリューコントラクトを使いながら、新しい行動のモデルを示し、教える場となる。フルバリューに組み込まれたものが現実の行動となり、参加者に受け入れられ統合されたら、それは他のグループにおいても健全な相互関係を生むだろう。私たちはこれらの行動が健康的な人格形成と密接に関係し、それを促進していることを発見した。

❖人格に関する学びの領域

　ABCはフルバリュー行動を、成長を目指した、人格に関する学びの領域へとつなげる。これはアドベンチャー教育の進化において重要な発展となった。例えば私たちはグループの中に、安全のフルバリューを作り、維持していくことが、グループがうまく機能するために不可欠であることを直感的に理解している。安全と基本的信頼をつなげることで人格形成の要を扱う。

　非線形で相互に作用するモデルを使う中で、アドベンチャー教育のファシリテーターは、人格を形成する領域は階層的である（ひとつのことが達成されないと、次のことは扱えない）という理論に異を唱えている。

　例えばPAは身体的、精神的な安全の確立はグループの重要な進歩に不可欠なものであると信じているが、安全はその他の有意義な活動をする前に確立するべきものということではない。しかしこれらの成長を促す活動は、グループの安全と信頼が確立されない限り成功への期待をもって試みることはできない。

[図表4>1]

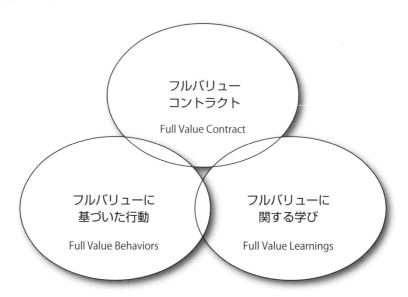

　それぞれの学習領域にはそれぞれが関連する深度があることも強調しておかなければならない。例えば参加者はグループに参加するための信頼は十分かもしれないが、非常に重要な感情を表すほどの信頼はないかもしれない。健全な不信もあるかもしれない。

　「お互いに信頼しているよね、じゃあ目標設定に移ろう!」というように、学習とは身につけたら脇に置いておくような固定された目標ではない。例えば、健康的な信頼の形を感じる能力は、むしろ継続的に見ていくべき質的なものである。信頼は決して極められるものではない。人間のありようを考えると、日常的な注意・配慮や、警戒も必要だ。人はそれぞれの学習領域で、特定の能力（信頼すること、区別すること、コミットすること）と、その能力をいつ応用すべきか見分けるためのリテラシーを発達させる必要がある。

　フルバリューコントラクト、フルバリューに基づいた行動、フルバリューに関する学び（相互、個人間の学びの領域）の相互関係は、**[図表4>1]** によって表すことができる。

❖ フルバリュー、葛藤の適応と至高体験

　フルバリューは変化のモデルであり、葛藤を引き起こす。自分を変えようとしている参加者は、普段通りの行動パターンに対して混乱を経験する。私たちは混乱に居心地の悪さを感じ、脅かされる。それはまた至高体験（ピークエクスペリエンス）にもなる。その体験はそれが楽しくても心地よくないものであっても、個人に危機をもたらす。学びは危機の中で起こるため、変化を受け入れることは人生の至るところに深い影響を与える。そうして危機は自分を評価して進むべき次のステップを決定するための場となる。アドベンチャーカウンセラーの目標は取り扱える危機を引き起こすことである。

　参加者はグループ活動の中で自己を見つめる。この自己評価は混乱を生むこともあるだろう。アドベンチャーカウンセラーの務めは、参加者の発達のニーズに合った活動を提供することである。その結果として生じる危機、問題の解消や見通しを持つことは参加者の力になる。アドベンチャー体験によって引き起こされるものによって、潜んでいる危機は入り口となり、変化への好機になる。

❖ フルバリューのバランス

　最後に人格に関する学びの領域を見るために、能力に関するスペクトラムの全体を考慮しなくてはならない。例えば「一緒にいる能力」（「今ここに（Be Here）」の項目であげられる）について議論するとき、私たちはその反対――ひとりでいる能力を検討する。他者と離れているということは、健全に生きるために不可欠な要素である、健全な内省のためのスペースを作る。ユングは物事の裏側を「影」と表現した。つまり、裏側は「悪」である必要はないのである。対となるものは学びの素である。中国の哲学思想のタオイズム（道教）は、「タオを自己と捉え、全ての反対の出来事を包含する、としている。タオは、正しい道――機会、正反対のものの間にある道で、それぞれから自由であり、自分自身の中にひとつのものとして統合している[1]（Rosen, 1996）。この「反対側」の視点は、3章の核となる感情で詳しく検討している。

フルバリューの構成

　以下では人格を形成する領域と、それらの基本的な構成に関する記述であるフルバリュー行動を説明する。行動というものは、固定的なものではなく、多くの構成要素は相互に当てはまるので、複数の領域で議論される。例えば、リスクは、フルバリュー行動の「手放して前に進む（Let Go and Move On）」の中に含まれるが、「目標に向かう（Commit to Goals）」においても重要な要素である。

❖「今ここに (Be Here)」：一緒にいることとひとりでいること
構成要素：存在すること、参加すること、つながり、FUN・楽しむ

> 　15歳の青年は、ロープスコースでのアドベンチャープログラムへの参加に激しく不満を言っていた。彼はウォームアップゲームを拒否して、広場の隅に立つことで自分の感情を表している。彼の安全を脅かすものがなかったので、ファシリテーターは彼から目を離さないようにしつつも、彼がすねてぶらぶらしているままにさせている。しかし他の子どもたちは、彼にも参加して欲しいと思っている。驚くべきことに彼がグループの一員になるにはそう長い時間はかからなかった。彼がどうやってグループに飛び込んできたかを説明するのは難しい。ほんの一瞬彼はそこにいて、いくつかの難しい活動でリーダーの役割を続けた。もし彼が参加を強制されていたら、彼は危険な態度で反抗しただろう。しかしその場が彼に選択することを許していたため、彼は自らの意志で参加した。彼のカウンセラーは、これが彼がグループに入るきっかけだったと言った。カウンセラーは、彼がこのグループに所属（存在）し続けられるような体験を計画していた。

　「今ここに」に関連する行動は、グループの団結・まとまりと、前へと進んでいくことに不可欠である。一緒にいることへの基本的なコミットメントがなければ、グループは仮の姿のままである。肯定的な関係を持つか否定的な手段で仲間と過ごす、あるいはひとりでいるかを選択しなくてはならないとき、子どもの足をグループに向けさせるものは、人を引きつける肯定的な所属感である。肯定的な所属の価値がわかることでグループは結束する。参加者は

[図表 4>2]

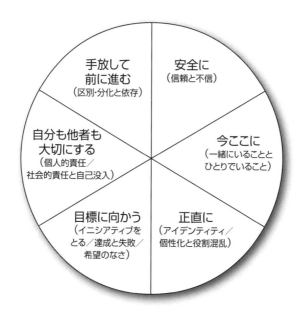

リスクを負い、基本的な協力や参加を超えてより深い関係を作る機会となる。

「今ここに」いるということで、「たとえそれに大きな犠牲や妥協が必要だとしても、具体的な関わりやパートナーシップに向き合うようになり、そうした姿勢が倫理的な強さを育てる」[2] (Erikson, 1963)。

「ひとりでいること」の体験は、「一緒にいること」の裏側である。ひとりでいることは不適切な行動・態度に対して課される結果責任(コンセクエンス)になり得る。それは物理的にそこにいなかったり、感情や認知の面でグループから出て行ってしまっている参加者をひとりにすることである。ひとりの場は、物事を分類したり選択したりするときに行く場所にもなるし、つなぎ直しエネルギーを得る場所にもなる。ひとりでいることは、それに対してどう向き合い、私たちの内なるツールをどう使うかによって偉大な教師にもなるしトラウマ的な経験にもなる。PAのトレーナーであるJ.グランドは、「今ここに」についてこのように言っている。

> 「薬物を使用している10代の若者たちについての最も深い懸念のひとつは、彼らが薬物を強力なつながりと感じていることだが、それは偽物で、みんな本当は"今ここに"いないということである。危険な知覚というのは、彼らが

その影響を受けていると、"よりリアル"になるということである。私が10代の若者たちとアドベンチャーをするとき、一番大切にしていることのひとつは、今ここにいる人たちとの真の関係を築くということである」[3]（Grund, 2002）

>>存在すること

「今ここに」は、参加者が少なくとも物理的・身体的に存在していることを意味する。参加者の中にはそこにいるだけでも大変な人もいる。しかしアドベンチャーグループのプロセスは、参加者をかつてない深いレベルの参加に引き込んでいく。

参加者が完全にそこに存在しているときは、過去や未来に関することに支配されない。過去や未来の問題は、それぞれの人の物語の一部であるため、参加者はそれらとつながっている。つまりそれらの先入観を完全に脇に置いておくという考えは甘すぎる。しかしグループのメンバーは、「今ここに」存在するということによって、今ある現実感（リアリティ）を体験したいと思っている。そうすることで、たとえグループのメンバーが信じられないような複雑さを場に持ち込んできても、彼らは先入観に支配されないようになる。彼らは今ある現実に開かれていくのだ。

多くの人にとって、「今ここに」いることはとても痛みを伴う。その痛みに対応するために、さまざまな対処行動で現状を覆う。「今ここに」の体験が肯定的なものであると保障することは、アドベンチャーのファシリテーターの義務である。

>>参加すること

そこにいるということだけで、参加することが少しだけ求められる。ほんの少しかもしれないし、いやいやかもしれない。でももし体験から何かを学ぶのであれば、温かい肉体がそこにあるというだけでは足りない。とはいえ、ベテランのファシリテーターなら誰でも知っているように、温かい肉体は鋭く周囲を観察していて、参加する方がいいのかしない方がいいのか目を光らせている。「今ここに（Be Here）」の最初の活動は比較的楽しく遊び心があるので、グループとして動いていくことに向けてあたためる機会が持てる。このような活動はやる気のある人ほど参加しようとする。一方、参加を強制されたグループのメンバーは契約によって参加することが決まっているので反抗的かもしれない。

>>つながり

　目一杯「今ここにいる」ということは、人とそれぞれのメンバーを取り巻く活動とを関連づけることである。上で述べたように、「今ここに」の始まりは、そこにいるという行動であることがよくある。私たちは存在の重要性を過小評価するべきではない。たとえ参加者が、関わろうとせず、退屈そうにしていたり、斜に構えていたりしても、自らそこに存在しているということが関係の初期の形を暗示している。スキルのあるファシリテーターは、この段階から積み上げていく活動をする。

　しかし参加に対するより意識的なコミットメントをすること、肯定的な参加に価値を見出すこと、自己中心から他者との関係に向かって踏み込んでいくことに対して、グループのメンバーのプレッシャーもあるだろう。「今ここに」は、破壊的で注目を引く行動、受け身なものではなく、貢献を通して人の存在を理解しようとする活動である。教室は机につっ伏して、意識が別のところにある生徒でいっぱいである。少年院は、自己破壊的な道を進むことを選んでしまった子どもたちを収容している。R.キーガン（Kegan, R.）は、以下のように述べている。

> 「時間、達成、イデオロギー、自己を確立することなどは、青年期後半あるいは成人期前半に獲得する。しかしつながり、一体性（inclusion）、そして潜在するより自立した発達段階と（成人期前期の）アイデンティティ形成の過渡期に現れる高い相互関係の段階は、まだ現れていない」[4]（Kegan, 1982）

　「今ここに」へ向かう健全な能力の要素は、グループにつながること、組み込まれること、グループメンバーの一員として機能すること、力を注ぐこと、明らかにすること、他者のために共に答えを見出すことである。そして「一緒にいること・所属すること」を育てることにつながっている。

　ABCグループの「今ここに」はあらゆる肯定的な行動の中に見られる。グループのメンバーはロープを運び、クライミングのための足場を準備することを求められるかもしれない。励まし、提案やフィードバック、活動でのリーダーシップの役割、あるいは難しいイニシアティブを取り続けることを求められるかもしれない。

　「今ここに」は重要な時間的特性もある。ABCグループのパワーは、生活の中、一瞬の体験に生きることにある。「今ここに」には、抱えている荷物

を重みで押し下げられたり、それに支配されることではなく、その抱えている荷物と関わる努力をすることを含んでいる。グループは過去をふりかえり、そこにはまり込むことなく学んでいく。グループは、諦めや無気力あるいは実行されない計画を導く思考を受け入れることなく、未来の計画を立てることができる。

>>楽しさ（FUN）の要素

　アドベンチャーの大いに注目すべき点は、グループゲームをする楽しさである。そこには、明るさ、気楽さ、自己の受容がある。「今ここに」いなければ、グループで楽しむことはできない。絶望や先入観（とらわれ）への対抗手段であり、楽しむことは、参加者を、今ここへと引き込む。「今ここに（Be Here）」は、とらわれているものからはるか遠く離れたものである。楽しさの要素は、感情の高まり、喜びの感覚を与える。「この瞬間はあなたのもの。あなたの意志で選択し楽しんでいる」という、隠れたメッセージがある。

　ウォームアップとディ・インヒビタイザーは、楽しさの要素を含む、伝統的なアドベンチャー活動のカテゴリーのひとつである。困難で潜在的に打ちのめされるような大変な活動につっ込んでいくよりも、明るさでグループの心臓に呼び水を入れることを勧める。参加者が遊び心あふれる活動でゆっくりとアドベンチャーに引き込まれていけば、後にもっと困難なことに挑戦したいと思うだろう。より挑戦度の高い活動は、身体接触が必要となるため、**エルボータグ**のような偶然の接触のある活動が、トラストやスポッティングのための重要な素地になる。

　楽しさの概念は、アウトドアレクリエーションやセラピーを過酷なウィルダネスサバイバルアプローチを飛び越えるものにするかもしれない。そうした伝統的な活動から来ている私たちにとって、楽しさは私たちが学ばなければならなかったものである。ビレイに注意を払い、ナイトハイクでお互いに気をつけ合うからと言って、遊んだり、笑ったりできないという意味ではない。本来、時間と場所はあらゆることのためにある。

　楽しさには強力な吸引力があるので、参加者は楽しさ（FUN）が彼らの最も困難な障害であることに気づく。薬物中毒からの回復途中のある参加者が「恥ずかしいから私をひとりにして」と冗談めいて言っていた。

❖「安全に (Be Safe)」– 信頼と不信
構成要素：注意と責任、コミットメント、範囲、関係

> 成人の薬物使用の回復グループの10人が体育館の中央に集められている。彼らはパートナーを見つけ、そのパートナーと共に、(1) 自分はどのように扱ってもらいたいか、(2) 他者をどう扱うか、に関する2つの「価値（バリュー）」を考えるように言われる。数分話し合った後、それぞれのペアは自分たちの「価値（バリュー）」を発表する。彼らの選んだ「価値（バリュー）」は、尊敬、尊厳、平等、正直さ、違いを受け入れる、忍耐、信頼性、気づかう、である。「価値（バリュー）」を明確にするための質問の後、ファシリテーターはこのグループでこれらの「価値（バリュー）」にコミットメントすることができるかを尋ね、全員の同意がなされる。**キャッチ、ストレッチパス、ネームトス、グループジャグリング、ハブユーエバー、キーパンチ、2人組のトラスト、ハイビーム**のクライミングとビレイの後、同意した「価値（バリュー）」について確認がなされる。忍耐の問題が話し合われる。レオナルドという参加者は、彼の落ち着きの無さに関してフィードバックを受けた後、**キーパンチ**の達成を待つことが彼にとってどれほど大変なことかを語る。忍耐は彼にとって最も重要な目標で、この活動の中に彼自身の苦闘を見ていた。彼はふりかえりでもグループと共に過ごしていることに対して称賛を受けた。グループは、体験からさらなる価値を生み出すことを決め、「受容」と「リスク」が加えられる。足された「価値（バリュー）」は更生施設に持ち帰られ、施設メンバーが作ったバリューバッグ（過去数ヶ月にわたって生み出されてきた全てのグループの「価値（バリュー）」の保管場所）に加えられるだろう。

　安全に関するいくつかの要素は、価値を生み出す体験の中で浮かび上がってくる。最も重要な構成要素はルールとコミットメントで、次に重要なものは責任とサポートである。

　ABCグループでは、安全には信頼を高めることが含まれている。信頼は、セラピーグループにおいて参加者と効果的に活動するために不可欠である。エリクソン (Erikson, 1963)[5] とマズロー (Maslow, 1970)[6] は、外部の環境が予想可能な一貫した方法で必要なものを与えてくれると個人が感じることが必要である、と考えている。安全な環境では、探求やさらなる健やかな人格形成ができる。しかし盲目的で思慮のない信頼は、グループや個人にとって、全

く信頼していないのと同じくらい危険である。私たちは決して参加者に天真爛漫になってもらいたいのではなく、メンバーみんなや全ての物事に対して心を開いてもらいたいのである。信頼できるようになることは人格形成の本質であるが、その信頼には知恵が含まれる。「信頼するとはどういう意味なのか？」「私はどの段階の信頼を求めているのか？」「健全な境界とは何か？　そして私の境界は何であるか？」「私はグループの何を信頼し、何を信頼していないのか？」、これらの質問は信頼ということを中心的な題目として、グループの中で途切れることなく探求される。

>>**注意と責任**

　細部に注意を向ける、あるいは集中して焦点を当てていくことは、安全に機能することを意味する。安全に関してはたとえ小さな妥協であっても事故を引き起こす。マーフィーの法則はいつも働いているので、ファシリテーターは経験的なレーダー網から「起こるかもしれないこと」を排除しようと努めなければならない。これは身体的安全が求められるときに最も重要である。

　アドベンチャー活動の身体的安全は、長い間、心の安全への橋渡しをしてきた。私たちは活動の間ずっとこの関係に注意を向けている。

　一人ひとりにはステップアップし、参加するチャンスがある。そして参加によって責任を負うようになる。これは責任を引き受けることを含んでいる。ステップアップすることによって責任を受け入れる恐怖を乗り越えることができる。ステップアップするには、注意を向けることと焦点を当てていくことが必要とされる。

　責任はスポッティングで他者を身体的にサポートすることによって最も印象的に示される。全員が必要とされるため、全員が重要となる。この重要さが「責任」ということの本質である。責任ある行動の必要性は仮りそめのものではなく、真に必要とされているものである。

　抱える荷物を分け合うのは責任ある行動である。身体的な損傷を防ぐことも責任ある行動である。**サークルパス**で、参加者を上に上げるときは全員がスポッティングをする。最大限に参加したかどうかはよくふりかえりのトピックになる。誠実なスポッターは「私は全責任を負ったような感じがした」と言うだろう。身体的安全に対して気を配り続けることはグループの規範に

なる。責任ということなしにアドベンチャーグループは行うことはできない。これが学校でのアドベンチャーの体育のクラスが一般的な体育のクラスよりもより安全である理由である[7]（Project Adventure, 1995）。

この身体的なスポッティングのサポートはより深い感情的責任の関係へと引き継がれていく。それは、聞くこと、応答すること、包み込むこと、思いやることを意味する。実際にそれは、グループと個人の発達において、最も影響力があるターニングポイントのひとつである。端的に言えば、クライアントはアドベンチャー活動の中で身体的安全を行動に移していく中で、感情面での行動（聞く、価値づける、応答する）につながる可能性が生まれる。

>>コミットメント

コミットメントはより深い段階に向かって責任を負うことである。例えば参加者は**トラストサークル**で責任を果たし（またプロセスの中でグループの効果を体験して）、グループの外の場に対する責任へと一般化していくのだ。グループや自分自身にコミットメントするために、与えられた一時の状況に対してだけでなく、いつでも支援的な行動を実行することを宣言する。

>>境界（Boundary）

私たちが責任とコミットメントの健全な限界を超えることは安全とは言わない。健全な境界を維持することは、責任やコミットメントが手に負えない状況にならないようにすることである。境界が歪んだり、存在しないとき、共依存が現れる[8]（Mellody, 1989）。境界がうまく機能しないとき、関係性の体験が閉ざされていたり不適切な関係に身をさらされたりする。その結果、彼らの他者との関係は、少なすぎたり希薄すぎたり、深すぎたりすることになる。

アドベンチャー体験は、境界を伴う、探求すべき理想の場であり、試みの場である。

感情面での成長過程にいる人は、体験に対しても開かれている必要がある。身体的なチャレンジを伴う活動、フィードバックのセッション、あるいは困難で情緒的な関係を作っていくプロセスに身を置くことによって、参加者は傷つきやすくなっている。安全はこのような開放性が伴わなくてはならない。

パーソナリティ障害がある人を除いて、誰でもルールの重要さを認識している。そのルールがどうやって決められ、さらに、どうやって使われている

のか、を見ればそのルールの難しさがわかる。ルールというものは、それが自分のものになるまでは、長い目で見れば、ほとんど、または何の効果もない。この自分のものにするという重要なプロセスは、人を元気付けるアドベンチャーのプロセスによって促される。人をリードするときの鍵は、反応せずにルールを使うことであり（効果的な基準を敷けなかったり、すでにあるルールを強制することではなく）、過剰に反応（妥当な議論や懲罰の度を超える）することなく、ルールを使う能力である。

>>**関係**

　安全な場とは、グループのメンバーがありのままの姿でサポートされる場である。サポートは困難や失敗を無視するという意味ではない。それは全員がその存在という贈りものをグループに持って来た人として認められることを意味する。グループのメンバーは代わる代わる互いの個性をサポートすることに同意する。始まりでやる活動**アイランズ・オブ・ヒーリングサークル**ではこのことを強調する。輪の中に自分たちの「安全な場」を持ってくるようにと参加者が求められるとき、カウンセラーの質問は参加者を引きつけている。「あなた方全員が場を汚さない行動を取ることで、お互いの安全な場をサポートし合うことに同意しますか？」

　「インクルージョン（多様性を包み込むこと）」は関係に関する深い階層（レイヤー）を意味し、これは原始の感情の状態である。ここで参加者は、グループワークの内なる活動に入っていく。「排除すること」は混乱や逸脱した行動を引き起こす体験である。受け入れられる、包まれる、内なる活動の一部になることは意味深い体験の表れである。「大丈夫、落ち着いて。あなたを試そうとする人は誰もいません。もし誰かがそうしたらあなたは守られていたでしょう」。「包まれる」という安全の中で人は関係を築き、そこに参加することを学ぶ。

　人格形成における、関係のパワーに関する重要な研究が、ウェルズレー大学のストーンセンターで行われた。そこでの主題は女性の地位向上であるが、その研究はよりホリスティックな視点に影響を及ぼしている。そのセンターの作家であり思想家のJ.ジョーダン（Jordan, J.）は関係の重要性についてこのように述べている。

　　「この視点による「自己へのフェルトセンス」があれば、それは、「ダイナ

ミックな相互関係と切り離せない自己」、「相互的な自己」の感覚である（Miller, 1984）。この間主観的な観点から、関係の動き、相互のイニシアティブと反応は、女性の（おそらく全ての人の）人生において継続的にダイナミクスを編成するものである（Jordan, 1989）。このことから女性は関係性に価値を置くと言える。私たちは人の存在という最も深い感覚は他者との関係の中で継続的に形成され、関係のある動きと解けないように結ばれていることを考えている。一番の特徴は、分離、自立しているということより、むしろ相互の対人関係の中で共感的な反応が増していることである。共感、他者の主観的な体験に関わり、理解するダイナミックな、認知・感情のプロセスはこの中心的観点である（Jordan, 1984）。人と人との共感的な調和の流れによる相互の共感は、主観と客観の間の古典的な境界を変え、体験に基づいた意味深い方法で独立した自己へと変えていく。真の共感では、相互に感情に携わり、感情を動かされ、知り知られ、お互いが主観と客観の両方の役割をしている。対人関係の言葉、相互の共感的な関係では、個人は他者がもっと明快に快く、そして関係の中により深く入ってくることを認め、手助けする。つまり各々が他者を形づくっている」[9]（Jordan, 1997）

若者は、共感的な関係を断つ傾向から、感情が動いていくような競争のないグループに参加することに困難さを持つことがある。S. バーグマン（Bergman, S.）はこのような質問をしている。

「なぜこの断絶・分離が起こるのだろうか？ あるひとつの要素が引き起こしているというより、むしろ"成長"という名のもと、その文化にあるもの全てが断絶を強いている。父親や文化の中の男性のイメージの中で、少年は男性らしくなるために、つながりを断ち切る重圧をかけられる。少年が期待されるのは母親から背を向けることで、母親もそれに与さなければならない。少年が離れようとしているのは、母親そのものではなく、つながりそのものである。少年は"つながりを絶つ"ことの主体となることを教えられるのである」[10]（Bergman, 1991）

後に、バーグマンは述べている。

「私は男性が自己中心ではなく、相互関係があり、関係の中で成長する中に

参加することが可能であると考える。私はここで話している、関係性（協力的で、相互に創造的で、一緒に活動していくということ）の中で証明された創造的な精神——性差のない精神を信じている。男性は、自己との関係の質を心底求めている。それを得られないとき、自分自身を殺したり、他者を破壊する。それは、私たち男性がこのような切望がないのではなく、それが私たちの恐れと結びついているということである。私たちの多くは、競争や比較でものを考えることから、関係のある考え方に変えたいと思っている。その鍵は、相互的、創造的な道を旅すること、関係において自らを創造的にすることで、それは、全ての健全な人の成長に不可欠である」[11]（Bergman, 1991）

　関係性をベースにした発達に関するホリスティックな視点を確固たるものにすることで、私たちは、アドベンチャー体験の中に、男性、女性に共通の場を見出すことができる。もちろん女性と男性は異なるものである。しかし関係的自己の発達の観点で見れば、そうした男女の差異よりも共通点の方が上回っている。

　真に共感することが欠如して関係性が歪むと、男性にとっても女性にとっても、困難が生まれる。この欠如は、真の関係に求められる厳しいギブ・アンド・テイクに向かっていく能力の無さから明らかにされる。噂、陰口、逆機能、絶縁、離婚と暴力は、まさにこの能力のなさの結果である。一連の活動とプロセスを通したアドベンチャー体験は、応用できるスキルを教える力がある。それは交渉することや尊敬、正直さを含む肯定的な関係を築くスキルである。

　アドベンチャーグループの中でのプロセス志向の体験のモデリングを通して、参加者は関係性のスキルを教えられる。そしてより重要なことは、彼らは関係性の中で補い合うこと、健全な交渉とギブ・アンド・テイクすることを学ぶ。幅広い層の参加者がアドベンチャー活動の比喩的表現に引きつけられている。例えば、ビレイロープは、野外の力強さと同様に命綱でつながることに対する、強く、絶対的な象徴である。**トラストサークル**は多様性がある中でも、壊れていない家族を象徴している。

❖ **「目標に向かう (Commit to Goals)」：**
　イニシアティブをとる／達成と失敗／希望のなさ
　構成要素：同一であること、イニシアティブをとる、助けを求める、評価

> 　グループはちょうど**クモの巣くぐり**が終わったところである。ファシリテーターはそれが彼女の習慣であるかのように、**ゴーアラウンド**で活動の中で生まれたであろう参加者の個々の目標を言ってもらう。大柄のイベッテが言う。「グループが私を持ち上げてクモの巣の上の方の穴のひとつに通したとき、私にとってグループのみんなと同じように扱われることがどれほど重要であるか気がついたの。あなたたちが私のために快くそうしてくれたから、私は受け入れられ関わってもらったと感じた。私はこれからの人生の中でも、こんな風に考えるようにしようと思う」。彼女の体験はグループの他のメンバーにも深い影響与えた。

　3つめのフルバリュー行動である「目標に向かう」、は「実体験（doing）」と「リフレクション（ふりかえり）」の重要性と関わっている。「実体験（doing）」は達成の可能性を備えている。達成は自己効力感を築き、それは健全な人格のための重要な積み木になる。「リフレクション（ふりかえり）」は、有効な行動の理解、受容、組み込みの場になる。アドベンチャーのファシリテーターは、アドベンチャーの持つ文脈の中の中心的でユニークな役割を果たす目標設定が実践されている場で、今ここに必要な活動を提供する。

　これはグループの領域の外で実行するための目標設定（スパイラルゴール）の重要性を制限するものではない。しかしながら活動を通した目標設定は、重要な関係のための目標に向かうことのモデルとなり促進していく。

　ABCは慎重に選ばれた活動のシークエンスを通して、「実体験（doing）」と「リフレクション（ふりかえり）」の実践の機会を提供する。目標設定がなければ、活動は秩序がなく、実行することを求められた人生の無数の任務の内のいくつかのことのように見るかもしれない。目標設定によってその人固有のニーズに個別に寄って、それに対して行動を起こすことができる。これによって参加者は計画的となり、自分たちの意志でやり抜き、結果について話し合う。完了した感覚がなければ、参加者は失敗したという感覚、希望のない体験と共に取り残される。

　目標に向かうことには、「活動的に進んでいくために、責任を引き受け、

計画し、課題に"取り組む"こと……」が加えられる[12] (Erikson, 1963)。
　K. レヴィン (Lewin, K.) らが行った研究から人が心理的な達成感を経験するには次の条件が必要であることが明らかになった。

- 目標がはっきりしていること。
- 自分自身が真に求めている目標であり、自分自身の価値観に結びついていること。
- 目標を達成する方法がはっきりしていること。
- 目標が高すぎも低すぎもせず、挑戦していることが自覚できる程度の現実的な望みに基づいていること[13] (Lewin,1944)。

　W. グラッサー (Glasser, W.) の研究は、多くの教育やセラピューティックプログラムへの効果的なガイドとなっている。グラッサーは責任について「他者が必要なことを成し遂げようとする力を奪わないようにしながら自分が必要なことを成し遂げる能力」[14] (Glasser, 1965) と述べている。リアリティセラピストは、参加者に自分自身に必要なことをよりよい方法で満たすことを教えている。よくあるのは具体的な方法のオプションを指示的に示すことである。ABCの実践家も、メンバーが目標の設定やその監視モニタリングに指示的な助けを望んだ場合に似たような方法をとることもある。これは戦略ではないので、ファシリテーターが独断的になりすぎないように注意すべきである。問題を一緒に見つけ出すクライアント中心の方法の方が目標設定には適している。
　また治療的な介入によって得たことを、グループの外にある参加者の生活にどう応用していくかということが、短期間のプログラムや自己充足のための体験プログラムではよく問題とされる。目標設定や約束ごとをベースにした一連のプロセスは、多くのABCグループで使われ、外の世界で参加者がチャレンジに向き合う力をつけられるようにファシリテートする。
　目標志向のアドベンチャーの活動は、参加者に問題を掴ませ、結論に導かせる。達成に向かって奮闘した結果が、真の、明白な効力感である。完璧な挑戦（トライ）を目指すことは、目標設定の重要さや達成するためにリスクを負うことを教えてくれる。この達成に向かう奮闘は、支援的で、安全な環境の中で行われなくてはならない。
　「試してみる機会」は、目標に向かっていくという布に織り込まれている。

モデリング、行動を変えること、リスクを負うこと（リスクテイク）は全て役立てられる。試してみることなしに、次にも同じように使われる鍵となる学びに達することはできない。目的は参加者の内なる動機を育てることである。

　課題解決とイニシアティブの関係性の中で、目標設定は創造的なシナリオや比喩と結びつけやすい。創造力はパワフルな力である。ファシリテーターが、想像力を使えば使うほど、より多くの参加者がそれに答えるだろう。よく構成された比喩は、長い期間にわたるグループの共通の場のコミュニケーションの基礎になる。比喩は参加者がパターンやチャンスを理解できるより大きな状況の中で、具体的な活動の中の行動を引き出し、抽象化や一般化をすることを助ける。ABCグループから参加者が関わる無数の他のグループへ移していく体験に関わる比喩の使い方、その価値については、これからの章で詳細に探求する。

>>同一であること

　クライアントは目標を明確にしそれを自分自身の言葉で言えなければならない。これが目標についてのオーナーシップの土台となり、参加する者が始めなければならないものである。

　目標は現実的でなくてはならない。これは求められている最終的な結果をもたらすために、そびえたつような高い目標を細かく分けたものとも言える。グループや個人が、現実的な目標を確認する手助けは、最初はファシリテーターに責任がかかっている。やる気をそぐことなく、励まし、クライアント一人ひとりが、目標に向かって進んでいくためには、理にかなった段階を踏んでいくことが大切である。

　しかしアドベンチャー活動を使うカウンセラーが現実的であることを仕向けるということは、グループが困難な挑戦やときに不可能な課題に対して落胆させられるべき、という意味ではない。コントロールされた設定の中で達成できなかったということは、重要な学びの素になり得る。

>>イニシアティブ（課題解決）

　全てのPAの活動がそうであるように、ABCグループにおいても、イニシアティブ・課題解決のプロセスを使う。課題を設定しグループに解決法を生み出させる。このことがエンパワーメント、真のセルフコントロールの獲得を育む。これは人生経験の中で無秩序にあふれている問題のある思春期の子

どもたちには惨事を招く行為となる。これらの子どもたちは、判断力に欠け、自分たちの行動が自身や周囲に与える影響についてアセスメントすることができない。グループワークでは、相互関係を育てていくためのガイドラインのもと、彼らにイニシアティブを取る練習をさせる。

　達成とは課題解決をしてきたやり方を実社会で活用させた結果である。アドベンチャーは目に見える測定可能な成果を生み出し、参加者は実際に自分たちがしたことを見ることができる。参加者は他者と比較することで自己を計る必要はない。参加者が定めた達成に向かう一つひとつのステップ、一つひとつの動きが素晴らしいものである。唯一の比較は内面的なものである。達成の喜びは参加者を先の成功の可能性に向けさせていく。活動や課題の達成は課題解決からプロジェクト志向の課題の完了までを含んでいる。課題解決の**クモの巣くぐり**はプロジェクトベースの課題の例である。他の例としては地域サービスがあげられるかもしれない。

　課題解決はアドベンチャーの目標設定の経験の核となるものである。目標が明らかになると、達成に向けてやり抜くためにグループのメンバーに責任が課せられる。その場にいるカウンセラーは、体験を枠づけ（フレーミング）し、グループを励まし、誰も傷つかないことを保障する。その他のことはグループ次第である。カウンセラーがグループに課題解決を体験させ、その結果成功するために、カウンセラーはグループが奮闘しつまづきながら歩けるようにする必要がある。これには時間と忍耐がいる。

　ABCグループで課題解決の概念は多様な意味を含んでいる。グループでの課題解決のプロセスであると同時に、身体的・精神的な安全を保障するという制約のもとで課題に立ち向かうという個々のコミットメントでもある。より広い意味で言えば、イニシアティブは個人の体験に責任を持つ能力でもある。

　エンパワーメントに関する私たちの活動の全ては、イニシアティブプロセスから来ている。グループのメンバーが、アドベンチャーグループのプロセスの網の中にいて、ファシリテーターの介入なしに交渉し課題解決するとき、グループはエンパワーメントの状態になる。グループイニシアティブのプロセスは、行動や態度の問題が出てきたときにも働いている。ファシリテーターは課題志向の活動の中で、計算された方法でコントロールしない。参加者が機能的、向社会的な行動に向かえるようにする。この本の中の活動の多くは、幅広いイニシアティブ／課題解決プロセスに頼っている。

>>助けを活用する

　クライアントやグループは、他者からどんな支援が必要であるかを意識的に見つけなくてはならない。このプロセスは参加者が周囲に支援を求め、互いに頼り合うことが最終的な成功に不可欠であると確信する助けになる。実際に助けを求める能力は、全てのセラピューティックな活動において非常に重要である。

>>評価

　クライアントやグループは、目標に到達したのか、あるいはもう一度組み立て直す必要があるのかを確認する必要がある。評価のプロセスを通して間違った目標が選択されたことが明らかになるかもしれない。それは取り除くべきである。

　目標に向かうとき（コミットするとき）、グループのメンバーを失敗に備えさせるべきではない。失敗は最初の不成功が肯定的な学びに変化して、目標設定に推し進んでいくという、「前に向かって倒れる」という状況に枠づけされなくてならない。クライアントとグループは、自分たちが持っていたもともとの意図と個別の結果を評価する機会を与えられなくてはならない。それによって実行は個人やグループのパワーを築く。

❖「正直に（Be Honest）」：アイデンティティ／個性化と役割混乱
　構成要素：アセスメント、フィードバックと励まし

> 　罪を犯した若い男性のグループがカヌーの旅に出ている。一日の終わりに全員が疲れてカヌーを引き上げているとき、**グループコール**がなされる。あるカヌーではパドルがなくなってパートナー間の醜い言い争いが続けられている。別のカヌーは他のカヌーに遅れてついていけない。そのような問題はすぐに対処されたのだが、簡単にいかないのは混乱状態に陥っている相方のジェフの態度である。彼はその行動で捕まったにも関わらず、まだその行動を続けている。このことはファシリテーターがジェフに目隠しをすることを提案したことにも表れている。グループのメンバーはジェフのことをよく知っていて、「目隠し」がトラブルを起こし、ジェフが孤立してしまうことを知っている。グループは彼の問題に対処できる十分なエンパワーメントの状態にあるので、「君がこういうことを本当に気にしないって知ってるけど、でもジェフ、僕たちは気

> になっているよ。僕たちは今よりもっといいカヌーの旅がしたいんだ」と言う。責任を引き受けるための制限（コンセクエンス）が提案されるがジェフには何も響かないだろう。プログラムの開始時に参加者がサインした契約によって、その契約が守られなかったときは、違反をした者は刑務所に戻らなくてはならない。そしてそれが起こったのだ。興味深いことに、ジェフは自分が罰を受けるに値するということを理解している。おそらく彼は自分がまだ他者と関係を結ぶ準備ができていないことをわかっているのだろう。正直さから来る相互作用には、驚くべきものがある。自分の起こしたことを引き受けるための正直さと勇気がなければ、グループ全体が麻痺してしまうだろう。

　正直さは混乱し妥協した人生に対する解決方法のひとつである。人のアイデンティティの大部分は、社会との相互の関わりの中に反映されている。人は、理由が理解できない困難な要求 ―― 失望の恐れ、関係における報復あるいは喪失を避ける傾向がある。しかし正直さがなくては、自分が何者で、何をすべきなのかという混乱の中に取り残される。「リビングルームの象」のことわざ通り、彼らは前に進む努力をするが人や彼らの生活に最も深く影響する問題を率直に扱うことができない（訳注：It's the elephant in your living room、重大な問題ほど先送りして見て見ぬふりをするの意）。

　正直になるプロセスは、役割混乱からより深いアイデンティティの強化へと向かおうとする動きである。エリクソンは、「自我同一性……は、過去の精神的な同一性と連続性が、他者に対する同一性と連続性が合うということで生じる自信である」と述べている[15]（Erikson, 1963）。それはまた、個性化（individuation）の発達の一助となる。ユングは個性化を「現実を理解し、うまく対処する能力である、それが受容あるいは反対を通してでも。しかし社会的な改革や革新的な活動を促進することになったとしても、自分自身である感覚、完全さと全体の感覚、社会とはっきり区別できる能力である」[16]（Litz, 1976）。ユングによると、個性化は「人格の統合」を含意している。私たちの見方ではアイデンティティは個性化に近いものである。

　アイデンティティと個性化は、世界における自分の場所に対する責任を持つことも含んでいる。声や行動を通して発信することによって、人は意図を超えて行動に動いていくことができる。責任に関係する活動**2人でのシェアリング、ミラーリング、トラストサークル**、クライミングや懸垂下降でビレイし、ビレイされること、あるいは、その人が個人的に参加し、直接的に他

者とつながりを持つ場であるコミュニティサービスはアイデンティティや個性化を促進する。

アドベンチャー教育も、グループのはっきりとしたサポートによって提供される関係を通してアイデンティティと個性化を探求している。

> 「声は本質的に相関的である——つまり、人は自分自身を聞くために鏡を必要としていない。しかし人の声の調子は、関係する音によって共鳴が変化する。その声が聞かれているか、いないかに関わらず、どのように反応するかである」[17] (Gilligan, 1992)

支援的なグループでは、後のより大きな状況に応用できる小さな訓練のステップを踏めるようにしている。

>>アセスメント

自己のアイデンティティを統合している人の特徴のひとつは、強さ、弱さ、本来持っている力や価値を認めることによって自分自身のユニークさに気づいていることである。アドベンチャーグループでは、リーダーシップを取ったり、他者を支援したり、脅かされることなくフィードバックを聞き、ひとりで時間を過ごすことができるようになること、セルフアセスメントの能力とアセスメントしたいという願いを持つことによってこの気づきを発達させることができる。それはまた人生経験はたとえそれが困難で傷つくものであっても、クライアントが相互作用について理解し、その結果、変化の空気を作っていく中で効果的なパートナーになるという洞察を与えるものであるということを意味する。

個人が出したアセスメントは全て事実としてではなく、認識されたものとして理解されなくてはならない。人間は本来間違いに陥りがちなものであるということを心に留めておかなくてはならない。「これは私が感じたことで普遍的な事実ではないので、変える必要はないのですが」というのが、アリゾナ州タクソンのコットンウッド・トリートメント・ファシリティで始められたフィードバックの方法である。

>>フィードバックと励まし

相互のフィードバックは、正直でいることの重要な要素である。おそらく

最も困難なアドベンチャーの事業である長い**ジップライン**の建設がかすんで見えてしまうほどであるが、フィードバックは個々が関わっているコミュニティのリフレクションを生む。フィードバックから学ぶことは、受ける側、与える側の両者にとって素晴らしい機会である。

　フィードバックは、私たちの自我にかかり続けている神聖なベールに染み込む。最も凝り固まった人は、自分の行動について言及されると、それを聞くことが難しくなる。防衛的になり食ってかかるかもしれない。関係が傷つけられるかもしれない。これはフィードバックに関する同意がなされること、フィードバックが肯定的な立場から発しているという確認、それを聞くには勇気がいること、明確に伝えているかの確認が重要となる。このため参加者がフィードバックの仕方、受け方について教わる必要がある。

　「フィードバックの贈りもの」はよく使われるフレーズである。しかし、贈りものが受け取られるには、送り手と受け手の両方が、情報を吸収するためになくてはならないステップを踏む必要がある。可能性の学びに関して考えること、ジャーナル（日誌）を書くこと、目標設定、カウンセラーと共に過ごす時間は、全てフィードバックを統合し、理解することに時間を費やすということである。

　フィードバックの送り手が、最高の受け手になることがよくある。自分自身と戦っている問題によって認識が焚きつけられる。高いレベルで機能しているグループを測る尺度のひとつは、グループのメンバーの認識の相互作用に対して、幅広く、心を開いているということであり、送り手と受け手が互いに学び合うことを望んでいるということである。

　肯定的なフィードバックの方法のひとつは、フィードバックを4つのCの観点ですることである。フィードバックは、caring（思いやりがあって）、concrete（具体的で）、concise（簡潔で）、clear（明確）であるべきである。

❖「手放して前に進む（Let Go and Move On）」：区別・分化と依存
　構成要素：チャレンジとリスク、受容と許し、推移と変化

> 　17歳のアドベンチャーユース隊の「幹部候補生」であるマークは、怒りと激しく戦っている。カウンセリンググループの中で、彼は怒りが人間関係や彼自身に何をもたらしてきたかを語ることができた。グループのメンバーは、**人の字バランス（ハイ）**の活動に参加する（ビレイされた2人の参加者がクライミン

グタワーの安全な場所から、地上約9mの高さに吊るされたワイヤーロープの上を移動する。参加者はそれぞれワイヤーロープに乗っている。2本のワイヤーロープは共通のスタート地点にあるが、ワイヤーロープの先に行くほど参加者は互いに離れていく。お互いに寄りかかりながらできるだけ遠くに進む)。マークはこの体験の間、怒りと向き合うことになる。彼は挑戦させられる。そして彼には相手が必要である。彼は怖がっている。彼はインストラクターから、いつ怒りが出てきて、教師を殴ったのかを考えるように言われる。彼の今のチャレンジとあの体験はどう対応しているのだろう。彼が怒りを克服しその力を強みに変えるために何をすればいいのか？　手放し、前に進んでいくための全ての要素がマークに働きかける。可能性に対して開いていくこと、上に登るリスクを負うこと、誰かとワイヤーロープの上を踏み出していくこと、パートナーの援助を受け入れること、地上やタワーの安全さから離れる（分離する）こと、渡っていくこと（ある場所から他の場所へ移動していくこと）、この体験と新しいスタートを切るための決意を結びつけられるよう自分自身を許すこと。ふりかえりで彼はリスクを負ったことを非常に誇りに思っている。そして彼は暴れて殴るという古くて間違った方法とは異なる方法を関連づけることができる。

　「手放し、前に進んでいくこと」は、参加者を不必要な依存から解放させる。それは参加者が行動、人、あるいは事柄に対して否定的な愛着を持つのではなく、健全な方法で相互依存することを学ぶ。その人の人生経験がどんなものでも分化することができ、自己を違う見方で見ることが可能で、その結果、耐え難いコントロールの関係から解放する。

　古い荷物を置いていくことは健全な人格に必要な要素である。その荷物がグループの中や外での体験で成り立っているとしても、古い荷物を置いていくことができるようになることは、体験を直接的に対処した結果である。トラウマ的な記憶や関係のような問題と向き合うことは痛みを伴うが、私たちを解決へと導いてくれる。

　体験を直接的に扱うことや適切な決定をすることで、参加者は分化の発達的側面を得ることができる。分化していれば、体験の中で自身を個人として見る。しかし体験にコントロールされたり、支配されたりしているわけではない。彼らは体験の一部ではあるが、体験が彼らの現実の全てではない。つまり彼らは自己の核となる部分と体験を分化することができる。例えば分化を学んでいない男性は、妻が大学に入学したり、転職、あるいは新しい政党

を結成したらパニックに陥るだろう。彼のパニックは彼女をコントロールしたいという欲求から現れる。彼は自分の持っている彼女のイメージから自分自身を分化できないので、彼の自己概念を保つために、妻に対するイメージを維持する必要があるのだ。もし彼が彼女の起こしている変化を受け止めるために古いイメージを置いていく方法を学ぶことができたら、彼は分化され彼の投影とは違ったように自己を見ることができる。

AA（アルコホーリクス・アノニマス、断酒に向けての自助グループ）においての分化の例より心を打つ例はないだろう。薬物に対しての無力さを認めるプロセスの中で、回復しようとしている人は「手放し、神に委ねる（Lets go and lets God）」。それが中毒からの分離をするための決意となる。そのことに賛同はしているが、同時に薬物依存から自らの自由を取り戻すのは恐怖でもある。薬物なしの生活は、前もって想像ができない。

「手放す」ということは、否定ではない。もし否定があるなら、体験は徹底的に扱われることにならない。これは全ての事柄が、その人の人生で対処され、解決されるという意味ではない。特に一度に全てのことを解決することはない。それはその人が手放したとき、その時点での全てのオプションは使い尽くされたことを意味する。つまり否定的な体験を続けることは、行動を悪化させるにすぎないだろう。いつかその問題は形を変えて再び表れ、さらに深い課題を与える。

「手放す（let go）」の中で、参加者は精神的な重荷から解放される体験をする。**トラストフォール**では、参加者が何か手放したいことはあるかと尋ねられるとき、もうひとつの現実に踏み込んで行くための象徴的なチャンスが与えられている。共感的なつながりが健やかな関わりにおける分離の発達を可能にする。

> 「ここが共感の逆説的なところだ。他者に結びついてゆく過程で、ひとはその他者についてより明瞭で細やかなイメージを描くようになり、応じ方もより精確ではっきりしたものになる。退行的な融合の結末とはまるで逆だ」[18]（Jordan, 1991）

このうわべには矛盾しているように見えることこそ、「手放す（let go）」ことのうちに起きることの核心へと進んでいく。この自己感覚を生み出すのは自分への愛であり、他者への愛でもある。

トラウマ的な体験は非常に扱いにくい。それらは、うつ、薬物乱用、自傷行為といったあらゆる手段で人をコントロールする。再生や追体験のセラピューティックな活動は、アドベンチャーグループの設定で有効である。課題解決とリスクを伴う活動の組み合わせによるグループへの支援は、熟練した実践者に直面するような取り組みの機会を提供する。

　「手放す (let go)」の例は、DV（家庭内暴力）に耐えている人たちとの活動で見られる。虐待された女性は彼女たちを虐待する者との過剰な同一視に閉じ込められ、生活と人生が分離しているかのように自分自身を理解することができない。彼女たちは虐待とそれによって起こる不安で、しばしば自分自身を理解するとは程遠いところに行ってしまう。カウンセラーの任務は、そうした女性たちが分化し、その結果自己概念を築き始め、不必要な依存から離れて自己をいたわるスキルを発達させる手助けをすることである。自己のいたわりを学ぶために、これらの女性は他者からの肯定的で愛情豊かな心遣いを受ける経験が必要である。この関係性の活動 ── 自己との関係と他者との関係 ── は少人数のグループで行われる。この問題に関して話をする必要性を確認した後、カウンセラーはその問題に合わせた活動を取り出してくるだろう。例えば彼女は個人に焦点を当てると同時に、信頼を引き出す活動に焦点を当てようと決めるかもしれない。**ミラーリング**、話を打ち明けやすい2～3人での対話、**サークルパス**、**トラストウェーブ**、これら全ての活動は、関係性を与えると同時に、個人に焦点を当てるための距離感も提供する。

>>チャレンジとリスク

　挑戦度の高い体験は、「手放す (let go)」の重要な部分である。それはフルバリュー行動の中に存在する。身体的、精神的に要求の高い知覚できるリスクと「不可能に思える課題」は、重要なアドベンチャー活動である。グループのメンバーが、イニシアティブやハイエレメントに参加するときの最初の反応には、「私には絶対できない」ということがよくある。しかしプログラムが適切に計画され進められたなら、グループのメンバーはチャレンジと成功体験、驚き、喜びの機会を得る。

　挑戦することの治療的な面での価値については、H. セリエ (Selye, H.) が述べている。『Psychology Today』という心理学の雑誌に掲載された「On the Real Benefits of Eustress（善玉ストレスの真の効用について）」という論文の中で、「効果的なストレス対処法とは、ストレス反応を引き起こす状況を

避けることではない。それどころか挑戦しがいのある活動を探したり、正しい態度（よい結果を予想するなど）に向き合えば善玉（良い）ストレスが生まれる」と指摘している。善玉ストレスとは、生理学的にバランスのとれたストレスのことで、身体と心の健康によいと考えられている。セリエの考えでは、現代社会の慢性的な悪玉ストレスは、現代人の生活の中で正しく「挑戦」が行われていないこと、つまり「善玉ストレス」が十分でないことがその原因だとしている[19]（Selye, 1978）。

　犯罪を犯す若者たちは、ケンカ、自動車窃盗、放火など、危険な行動の結果、裁判所に送られてくるが、この少年の多くはチャレンジをしていないわけではない。事実はアドレナリンが発生するような過激な活動を頻繁に行っているのである。ただ残念なことに社会的に認められるチャレンジに挑戦し、そこで意味を見つけ、そこから何かを得るという方法を知らないのである。

　ローゼンタール（Rosenthal, S. R.）は危険を伴う活動に関する研究で、乗馬、スキー、飛行機の操縦などのリスクの伴う活動に参加している人が、活動後しばしば強い幸福感を体験していることを発見した。これがいわゆる「ナチュラルハイ」である。この感覚は、同じことを繰り返すような一般的な運動では体験できない。ローゼンタールは現代の青少年に広がっている「うつ状態」の原因のひとつは、リスクの伴う活動を経験する機会が少ないためであると考えている。このうつ状態は、脳の受容体（レセプター）にノルエピネフリン（副腎に影響を与える脳内化学物質のひとつ）が欠如することによって起きる。このノルエピネフリンは危険な活動に伴って分泌される。つまり「うつ状態」から抜け出そうとして、暴力行為や薬物乱用でノルエピネフリンを出そうとしているとも考えられる。

　ABCプログラムでは、「どう見ても危険」な状況を慎重に設定して参加者がストレスを感じるように作られている。そこでただ単にスリルを求める活動ではなく、個人とグループの目標を明確にすることで、自己改善や社会的意義に結びつく活動をしている。グループのメンバー一人ひとりの援助を受けて難しい課題を克服する。目標を達成する喜びの体験が強烈な成功体験として生きてくる。その成功体験は、物事に積極的に「立ち向かう」姿勢を学ぶ機会となる。この姿勢を育むことがABCプログラムの活動で重要な要素のひとつとなっている。

　「人間の最大の自由とは、与えられた状況の中で自分の行動を選べること、

つまり自分自身の生き方を選べるということである」[20]（Frankl, 1963）

　ナチスの強制収容所で生き抜いたフランクルのこの言葉は、獄中、彼が学んだストレスを克服するための方法を要約したものである。困難な状況にも意味を見つけ、自分自身の態度を自分で選択できれば生き抜くことができる。ABCプログラムにおいて多くの参加者は次のようなことに気がつく。「ストレス」は「善玉ストレス」に変えられること、挑戦し続けていれば必ず得るものがあること、そのためには「挑戦」に意義を見出そうとする心の姿勢が重要であることなどである。

　「手放す（let go）」におけるチャレンジの象徴はクライミングの活動である。参加者は安全な場所から離れ、危険なリスクを伴う場所へ動いていくことを求められる。

　スポッティングやビレイがあるとしても、登るという行動は人が予測可能なところから未知の領域へ動いていくことを意味する。比喩的なつながりも明確に作られる。「私は中毒にかかっている。私は依存している。私は真の自由な自己に変わるために自分自身にチャレンジし、リスクを負うことによって依存や中毒から自分を解放している。このことは、**ロープラダー**を登り、角材を渡り、ビレイヤーに降ろしてもらうことによって表される」「私は、クラスや活動の中で足並みを乱してしまうことが怖い……、私は恐れを手放して、新しいことに挑戦したい。この懸垂下降をすることで、はっきり話をしたり、怖いことに挑戦したい」

≫受容と赦し

　「手放す（let go）」ことはたとえそれがよくても悪くても、起こっていることを受け止めることを含んでいる。受容はクライアントが現在に存在することを可能にする。「これが今、現実に起こっていること」と。手放し受け入れることによって、彼女はもっとうまく状況に対処することができる。しかし彼女は現実を否定していない。

　手放すことによって彼女は他者からの助けられることを受け入れられるかもしれない。高さに怯えたクライマーは、ハイエレメントの丸太の上を歩いている間は木の安定性を手放している。しかしまた彼女はひとりでするということにこだわらず、ビレイヤーに確保され励まされることを受け入れている。赦しは他者からの非難、自分に対する非難を取り除くことを含んでいる。

非難を抱え続けることは有害である。確かに対立の状況は対処される必要がある。正直さに内在する勇気の要素は、グループのメンバーに、適切な場合に発言することと、問題に取り組む事ことを要求する。しかし、困難な相互関係や出来事に直面化していても、最初に引き起こされた否定的な感情、罪の意識の両方を持ち続ける傾向がある。おそらくそうする必要があるのだろう。グループが直面化したということは、問題がなくなったという意味ではない。ここで鍵となるのは、過去に荷物を背負わされることなく、未来の可能性に焦点を当てることである。赦しは可能性に関係している。それは対立と違反が相互の体験の一部であったからといって、物事が変化しないことを示すものではないことを意味している。赦しには変化の可能性がある。グループのメンバーは用心深くなるのではなく、慎重になることが必要である。用心深さは影響を与え続けてしまう。

　赦しの中ではグループのメンバーは、自身に手を伸ばし、自分たちの共通の人間性、そして共通の陥りやすさに触れる。それらは失敗を赦す。

>>移行と変化

　人が防御やよろいを手放すとき、その人があらわになる。比喩的に言えば、脱皮の時期のロブスターと同じ傷つきやすさがある。古いものは去り、新しいものもまだ整っていない。AA（アルコホーリクス・アノニマス、断酒に向けての自助グループ）の救いである「今日一日」の祈りの中で中毒者は「私はここにいます。この瞬間に身を委ねます。私のいと高き力に身を委ねます。私は何も持っていない」と言うことができる。それはアドベンチャーの参加者が、ハイエレメントの丸太を渡るというチャンスを得てそれを達成するためには、新しいことやドキドキするような体験に心を開かなくてはならないことに突然気づく瞬間でもある。人生の中であることから他へ移っていくとき、手放した人が向こう側に渡っていくことができる。認知的、感情的の両方から書いたもの全てが壁に貼られ決意がなされ、解放の行為はまだ起きなければならない。橋を作ることによって（たとえ一方通行の道であっても）渡るという象徴が生まれる。

　さらに地上9mの高さに吊り上げられた丸太はよい比喩になる。ファシリテーターはクライアントにひとりではないことを理解させる。それから比喩をつなげる手助けをする。「丸太を渡ることは、あなたが依存を放棄し、自立できることを意味しています」とファシリテーターは示唆する。身体的、

精神的なチャレンジと向き合っているクライアントは、意味づけを考えることも強いられている。橋をかけることは、アドベンチャーのチャレンジの手段であり、ファシリテーターが、クライアントが物事を実行するための新しい方法に移行していく手助けをする場である。

❖「自分も他者も大切にする (Care for Self and Others)」：個人的責任／社会的責任と自己没入

構成要素：バランス、セルフケア、より大きなコミュニティに奉仕する、大いなるもの

> 中学校のカウンセリンググループのカウンセラーであるジャックは、燃えつきを感じている。「私は子守りをしている」「私がしていること全てが争いを招いている」「管理職はいつも私のすることに質問する」というような思いである。「どうして彼らは私を他の専門家と同じように扱ってくれないのだろう？」という思いがいつも彼の中にある。そして今日は彼がグループと会う日だ。彼が話ができると感じている1人の人物―社会の教師がいる。彼女は彼と共にさまざまなアドベンチャーの体験に参加し、彼がしようとしていることも理解し、彼を尊敬している。彼女との昼食を終えて、彼はこんな風に表現する。「私は困難な生徒との状況の中で精一杯やっている。私は子どもたちに責任を要求しないで、1日中活動しようとするのをやめる必要がある。私はこれまでの私たちの成果を記録し、それらを上司に伝える必要がある。この週末は家で仕事をする代わりに、妻と子どもを湖に連れ出して、家族と一緒に好きなことをする。トラブルに価値を見出している子どもたちとではなく」。彼がしていることは、皮肉な態度に乗っ取られるのではなく、専門的、個人的に自分自身をいたわることである。

自分と他者を大切にすることは私たちの最終的な行動である。この領域の成功が不足すると孤立や自己没入になる。至高体験を受け入れる能力、コミットメント、一緒にいること、パートナーシップ、倫理的な強さ、そして犠牲と妥協は、全て気づかう（ケアする）能力を獲得するという文脈の中で試す価値がある。これらのスキルは、個人、社会の両方に対する肯定的な関係を維持し続けるための本質である。

>>バランス

　自分を大切にすることなく、世界を大切にすることは難しい。セルフケアと他者へのケアのバランスがなければ、人は自己や他者に没入して、自己へのより深い体験を避ける。人が自己か他者の両極端に走る必要があるときもある。しかし私たちは元に戻らなくてはならないバランスを知っている。そうすることでケアすることが保たれる。

　深く、信頼のある関係には、持続するための深いエネルギーが要求される。物を作っていく活動にも同じことが当てはまる。他者を中心に気づかうことに没頭し続けると、健全な関係を維持する能力を消耗させる。自分を大切にすることと、他者を中心に大切にすることのバランスに折り合いをつけることで、参加者はケアする本能を再生し、維持していく。

>>セルフケア

　自己中心的という言葉は、私たちの文化では否定的な言葉で、自己権力の拡大、自己宣伝することも意味する。私たちは自己中心的な人について否定的に語り、何かをしまいこんでいたり、気づかいのない人として見ている。しかし自己中心的であることは、生き残るための強い本能と表現することもできる。恵まれない環境、虐待を受けている生活環境にある人は、自己中心的になることの必要性を知っている。壁に押しつけられるとき、私たちは私たちの人生のために戦うことを強いられる。私たちは葛藤の感情をどう理解すればよいのだろう？　「自己中心的＝自分本位」でいることをケアするという文脈の中に置くことが役に立つ。

　ケアすることは健全な関係性の感情を呼び起こす。「自分本位でいること」は、思いやりのある方法で自己へ焦点を当てる能力へとつながっていく。

　共感疲労と二次的なトラウマは、長い間、バーンアウトと呼ばれてきた。他の分野では共依存とも呼ばれる。こうした感情の状態は、私たちの時間とエネルギーの激しい競い合いである。それらに関して重要なことは現実に即しているということである。つまり因果があるのだ。それらは、何かから生じる体験である。そしてもし何かから生じるなら、私たちはその衝撃をやわらげることをしなくてはならない。「少し休んで」「自分を大切に」と懇願される程度では十分と言えない。なぜ人によっては世界の懸案事項の中に自身の不安を置いてしまうのだろうか、ときに危険な方法で。

　メロディの相互依存の研究がここで再び役に立つ。他者が感じた事実に限

定して自己を維持するということは、境界の構築が不十分であることが原因である。こうした不十分な境界は、世の中のトラウマ的な体験の産物である。これは、他者がより深い要求を出しているような自己没入を強いる。文字通り、自己と他者の現実の間に区別がないという現象が現れる。相互依存のサイクルを断つために、トラウマとその影響が何であるか認識される必要がある。そうして固すぎず、しかし弱すぎない健全な境界が引かれる必要がある。その結果として、自己管理あるいはエンパワーメントが生じる。これは簡単なことではなく、そしてセルフケアということでもない。

　一度健全な意思決定の流れが作られると、セルフケアの体験が浸透し始める。物事を実行しそれを大いに楽しめるようになることは、非常に喜ばしいことである。個人の健全さをチェックするGRABBSSを使ったリーダーシップアセスメントは、赤い旗（危険信号）や道路標識となり、考えすぎややりすぎから向き直る手助けをする。

>>より大きなコミュニティに奉仕する

　個人やグループを超えて、問題の責任を負うことによって他者をケアするということが行動で示される。コミュニティサービスなどの活動は、本来ある境界を越えて自己をより深い関係へ運び込む。責任を負うことによって個人の人生経験のユニークさと貢献する能力を明らかにする。

　個人は、洞察や個人の資源を共有することによって、他者に対する責任を負うことができる。ABCグループでは、共有はふりかえりのセッションで参加者互いに向かい合う形態が取られたり、あるいは、活動の最中のアドバイスも含まれるかもしれない。木登りをしているとき、誰かがこう言うかもしれない。「君の左膝の近くにステープルがあるよ。もう少しだけ足を上げてごらん。そう、それ！」、あるいは、「僕もそこですごく怖かったんだけど、深呼吸したら落ち着いたよ。やってみて」参加者のフィードバックを受け入れる心の広さや、グループのプロセスに正直に快く貢献することが増していく中でも、他者への気づかいは働いている。

>>大いなるもの

　精神性は無数の方法で定義される。

　感覚的に自然と一体化しているように見られるのか、他の人との親密なつながりの中で得た深い感情を思い出す、あるいは宗教的な信念によってかき

立てられるのか、それは人間社会に深い影響力を持つものである。哲学者のパウル・ティリッヒは、神を「遠くからの力」と定義した。それは、精神性は、個々の世界の外側から生じるもの、と言えるかもしれない。宗派に関わらずアルコール中毒者のコミュニティでは、「私ではなく神が」というフレーズをよりどころにしている。しかしながら大いなるものに近づくことは、自分や他者を深くケアする能力と密接に関係している。

自分と他者を大切にすることは、輝かしい至高体験とは全く異なる。自己を大切にし、そして他者に手を差し伸べることを実行する能力は、困難さや犠牲と共に現れる。クルト・ハーンは、「健全な自制」について、困難で正しいことを正しいときにする、ときに無報酬の仕事と書いている。

まとめ

フルバリューコントラクトの原理は、PAの基本概念である。フルバリューコントラクトは、ユニークな精神とグループの目的にはめ込まれる。それは共有の創造、グループのメンバー全員が理解できる言葉の発達であり、グループのメンバー全員によって支えられる精神的、身体的に安全な環境を作る。フルバリューコントラクトの全ての解釈は、グループに次のことを問いかける。

（1）安全で大切にできる行動規範を理解する、あるいは作る。（2）グループのメンバー全員によるこれらの規範へのコミットメント。（3）それらの規範を維持するために共有された責任を受け入れる。

フルバリューコントラクトの原理は、全てのPAのプログラムで使われ、またフルバリューを正確に言い表す言葉は常に発展し続けている。グループのメンバーに、自分自身と他者の「価値を下げない」ことを求めることから始まったが、グループの体験の中から最大限に尊重するということを渡したり、受け取るという意味で、より肯定的なフルバリューという言葉に変化してきた。近頃使われているような、フルバリューが何であるか、そしてその言い表し方の具体的なポイントは、グループのメンバーシップと目的が基本となっているかもしれない。フルバリューコントラクトにはさまざまなバリエーションがあり、その改作が発展し続けているという事実は、それが何に

でも使える学びの道具であることの価値と重要さがあるということである。

フルバリューコントラクトは創造を肥やしにして進化してきた。PAの最も初期のアドベンチャー活動は、1971年の夏にハミルトン・ウェンハム高校の裏の沼地のぬかるみを歩くことだった。まだ正式にそれが何であるか、分類や定義もされていなかったが、グループで沼地の探索を支えていたルールは、今、私たちがフルバリューのシステムで作用しているものとして理解している全ての構成要素を含んでいる。

この章で、私たちは重要な理論家とグループに焦点を当てた理論的なモデルをもとに、フルバリューコントラクトとそれに伴う行動について考えてきた。グループ理論を再訪する中で、フルバリューを実践することがその前提に組み込まれた治療のプロセスをどのようにサポートしているのかを見ることができる。グループでのフルバリューは、以下のようなセラピューティックな要素を支える。

希望の構築

この要素はどんなセラピューティックな様相にも起こり得る。メンバーは他のメンバーの進歩を観察し、仲間からの支援を体験し、成功の予感が彼らに影響を及ぼすために、グループはとりわけパワフルである。

普遍性

グループは、メンバーの体験が他のメンバーの体験と類似していることを受け入れる。

情報の伝達

グループはひとりのメンバーの情報に寄りかからない。彼らはグループで活動する人達や他のメンバーから情報を手に入れている。

利他主義

多くのメンバーは、彼ら自身のよりよい感情の発達のために、他者からの援助を受けるのと同様、他者を援助することもある、と報告している。

家族グループの修正的反復

メンバーは彼らと他の家族のメンバーの間に生じているいくつかのダイナ

ミクスがグループのメンバーの中でも現れているのが見えるようになる。したがって彼らの家族の中でも起こる状況に対処するための異なる手段をグループの中で試してみることができる。

ソーシャルスキルの発達
　メンバーはグループ体験の一部としてソーシャルスキルを学び実践することができる。

模倣の行動
　メンバーは他者がある状況にどう反応するかを観察し、それらの反応を最も効果的であると信じて真似ることができる。

対人関係の学び
　メンバーは他者への反応と他者からの反応を、安心していられるグループの中のフィードバックを通して学ぶことができる。

グループの結束
　メンバーは対人関係の中にいることの恩恵を感じている。彼ら自身が価値を見出し、彼らの存在に価値が置かれている。

カタルシス
　グループのメンバーは、感じたことを表現するために互いに助け合うことができる。

実存的な要素
　グループの話し合いを通して、メンバーは人生で本当に大切なものが何であるかを決めるヒントを得ることができる。

　私たちはフルバリューと具体的な心理学的学習領域とを関連づけてきた。この学習領域は、感じる力やグループの中と外側の両方に達し維持される、感情の適応性を決定する能力を司る。これらの能力は、個人やグループの成長、そしてカウンセラーの職業的な発達に不可欠である。

第5章
アセスメント

これから話すことは、私たちの考えのもとになっている理論である。実践する人にとって自分がどうしたらよいのかを知るために、その理論が役に立つからである。自分の実践の中でとても大切な事柄、つまり（1）参加者は誰なのか（グループ、グループの中の個人）、（2）誰が関わっているのか（ファシリテーター、カウンセラー、教師、セラピスト）を知りたいと思うことは至極当然である。こうした情報を正確に得ることによってこそ、お互いを知っている環境を作ることができるからだ。

　『What Are We Going to Do Today？（今日は何をしようか）』はPAから出版された最初の本のタイトルである。当時、私たちは新しいプログラム（アウトワードバウンドの体験を伝統的な高校に組み込んでいくこと）を考えていて、私たちの創造性は最大限になっていた。私たちは、試し、適応し、創造し、意見を出し合い、直感を頼りにしたり、危ないことをやってみたりした。その中で私たちは意識してアセスメントしていた訳ではなかったが、ふりかえってみると「What Are We Going to do?（何をしようか？）」の問いかけには明らかにアセスメントの要素が含まれていた。置かれた状況を吟味することは、新しいことを創造するのに不可欠である。私たちは郊外にある高校1年生と活動していた。体育、社会、歴史、英語、生物学の授業と小グループのカウンセリングにアドベンチャー活動が導入された。それぞれの授業ではやりたいことがあり、それぞれのグループにはそれぞれの文脈（背景）があった。それは先生、生徒、町、家族、警察、町議会議員、そしてボストンのマイノリティのための住宅整備プログラムなどである。さらに、PAのスタッフにもやりたいことや人生があり、それらも置かれた状況のひとつだった。活動を組み立てるとき、私たちがこうしたことを考えることは自然なことだった。

　私たちが考え、計画していたことは、実際にアセスメントの形になっていった。アセスメントは学校の活動から生まれ、上に示した全ての要素に関連していた。誰も完全に客観的にはなれない（なるべきではない）という意味で、このアセスメントは主観的なものだった。私たちの知覚は観察したことからだけではなく、私たち自身が何者であったかということからもやって来る。こうした知覚が結果として新しいことを生み出した。

GRABBSS:アセスメントに向けた包括的なアプローチ

　私たちは、活動（アクティビティ）、書籍、ロープスコース、カリキュラムを生み出していった。こうした取り組みを通してプログラムの内容をまとめていき、他の人たちに教えていった。しかし私たちは自然に行われるアセスメントを補佐するための計画をすることや、教えていることへの包括的なアプローチに関してはやり残していた。

　『Islands of Healing』(『アドベンチャーグループカウンセリングの実践』、1997年、みくに出版）の中ではGRABBSと呼ばれるアセスメントについて書かれている。それはさまざまな経験に応じて、現場でプログラムを進行しながら使うことのできるツールだった。多様な人の体験に対応できるものであった。その本が書かれた当時としては新しい考え方だったので、それほど多く使われていなかったのだが、数年の間に、GRABBSはPAにおける共通言語となった。それは使いやすく、効果があったので使い続けられてきた。アセスメントのプロセスにおいて「背景（setting）」が重要な項目だとわかったので、私たちは2つ目のSを加えて、GRABBSからGRABBSSへと少し修正した。

　GRABBSSはA.ラザルス(Lazarus, A.)の概念である「マルチモデルセラピー（多面的行動療法・マルチモード療法）」に影響を受けており、その概念はBASIC-ID（行動、感情、感覚、イメージ、認知、アイデンティティ、薬物）と名づけられた個人向けのアセスメントの手法を作っている。ラザルスはこれらの領域を「行動の様式（modes of operation）」と呼んだ。それぞれの領域は、他の領域と関連しているものの、かなり異なったものなので、それぞれを分けて研究した。例えば、「行動」は人が何をするかを計る様式（モード）である。「感情」は人の気持ちを表す。「感覚」は刺激に対する身体的反応を指す。「知性」は物事を選び抜いてつなげる能力である。「認知」は理解に関連している。「アイデンティティ」は自分が自分自身をどう見ているかである。「薬物」は対外由来のもので、予想できるような変質をもたらす。それぞれの領域はどれも重要で、カウンセラーがクライアントを深く理解するのに使われる。これらの情報を集約することで、カウンセラーはより詳しく個人に合った診断を下すことができる。これが新しい物事を生み出す核心となる。つまり、人（あるいはグループ）を、それぞれに合った対応が必要な存在として見ることができるようになるのだ。

PAでは、ラザルスの多面的な方法を採用し、私たちの活動に合うように作り直した。ラザルスの最も魅力的なところはそのセラピーが実用的なことである。そのことは、彼が意欲的に多岐にわたる活動やアプローチを提案したことに見てとれる。より詳しいマルチモデルセラピーに関する情報は、彼の著書『The Practice of Multi-modal Therapy』[1]（Lazarus, 1981）から得ることができる。

　GRABBSSは、「スキャニング装置」を必要とするファシリテーターがいつでもグループを「読む」ことができるようするために作られた。スキャニングはファシリテーターが問い方を学べるように質問形式になっている。グループの目に見える行動に基づいて活動を組み立てるとき、これらの質問は非常に価値のあるものになる。質問に答えることとその回答を使うことによって、マルチモデルセラピーは成り立っている。実践家は具体的な質問をすることで、グループ形成とファシリテーターのリーダーシップに関してバランスの取れたアプローチをすることができる。

　（訳注：ラザルスのBASIC-IDに含まれるIは、「イメージ」だが、原文のまま「アイデンティティ」とした）

❖ GRABBSSの焦点

　GRABBSSでは以下の領域を質問する

目標（Goal）
　個人の成長やグループワークに焦点が当たっているか、目的を思い出させる

レディネス（Readiness）
　これから行う活動のスキルがどのくらいあるか

感情（Affect）
　グループや個人が体験した（出てきた）感情

行動・態度（Behavior）
　グループやそのメンバーが取っている行動

身体（Body）
　参加者の身体能力

背景（Setting）
　活動が行われる場所、参加者の生い立ち（文化など）

発達段階（Stage of Development）
　成長の過程において個人やグループが今現在いる場所

　ファシリテーターはこのスキャニングのプロセスを通して、理にかなった決定をすることができる。スキャニングに続けてプログラムを調整することによって、ファシリテーターは融通の利かない決まりきった計画になる罠に陥らないで済む。重要なことは、グループのニーズ、人やお金などの資源、天候、使える施設や器具などに関連した活動の流れを作ることである。また活動の流れの中で、個人やグループのニーズに応えることも重要である。例えば、ファシリテーターがスキャニングをして、目標や計画はカヌートリップを行うことになっているが、レディネス（準備ができているか）と感情（活発さ、グループ内の信頼が少し、あるいは、全くない）が、活動の危険性に対して見合っていないと判断するかもしれない。そのときはカヌートリップに出かける前に、これらの領域に合った活動をいくつかした方がよいかもしれない。

　PAでは多くのファシリテーターに対してGRABBSSの有効性を調査し、GRABBSSへの強い支持を受けてきた。端的に言うなら、GRABBSSは、関心のある特定の領域あるいは様相の見方、そしてこれらの関係を取り入れた計画の立て方を示してくれる。

　多面的なアセスメントの利点は、グループがまさに始まったばかりの状態から終結するまでを通じて活用できる汎用性にある。これらの要素を身につけているファシリテーターは、アセスメントを必要とする全ての状況に、この手法を活用することができる。彼らはそこから、グループの状況に応じたアクションプランを立てることができる。導入の計画もあってファシリテーターはプログラムを自信を持って始めることができる。

　グループが進み出した後にも、ファシリテーターは、計画を変える際にGRABBSSの質問を使うことができる。GRABBSSは個人、ファシリテーターやグループに対しても適用できる。つまり、「正しいこと」をするために追

[図表 5>1]

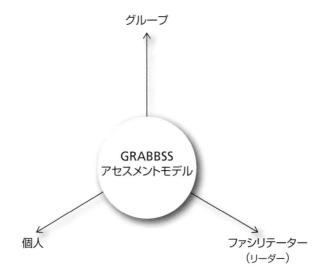

及する中で、ファシリテーターはこの手法を使うことにより多種多様な体験を尊重することができる。

❖ GRABBSSの用途

GRABBSSには3つの用途がある[図表5>1]。

グループになる前のインテイクの段階で、グループのメンバーの個々人をGRABBSSを使って見ることができる。さらにプログラム中も、個々人は「グループの一生」を通してアセスメントされる。グループ自体もファシリテーターも同じようにGRABBSSアセスメントを使うことができる。

まとめ

PAのアセスメントのプロセスは、形式ばらない直感的なものから発展し、グループの始まりから終結まで通して使うことのできる枠組みを持った形式になった。続く3つの章でもGRABBSSの考察を続けようと思う。グループ形成のプロセスを探求しながら、アセスメントについて議論する。具体的に

は、6章のインテイクアセスメントでは、グループになる以前の意思決定について詳しく考察する。7章のプログラム中のアセスメントでは、活動中のグループのマネージメントと、活動を始める意思決定について探る。最後に8章のリーダーシップのアセスメントでは、どんなグループにおいても極めて重要なメンバーであるファシリテーターの仕事について焦点を当てる。アドベンチャー教育では、一人ひとりのファシリテーターの影響が語られることなく、しばしばクライアントやそのニーズに焦点が当てられがちだからだ。

　包括的なアプローチをすることにより、私たちの活動を広い観点から見ることができる。その中で私たちはあらゆる手段を吟味し、計画の立案と現実に合わせた調整をする力量をつけることができる。それは他者の人生に影響を与える者にとって必要不可欠なことである。

第6章
インテイクアセスメント

ABCグループを作るときは、将来グループに入るかもしれないメンバーについて責任を持ってアセスメントを行う必要がある。インテイクの作業では、ファシリテーターはさまざまな情報を知ることができる。また、たとえインテイクの時点でファシリテーターが参加者に関して詳しく知ることができなかったとしても、ここからそれがファシリテーターと参加者の治療の関係の始まりとなる。第一印象が形づくられると同時に、目標が設定される。このインテイクの段階はグループの全員がお互いを知り合う機会になる。

個人を対象にしたインテイクアセスメント

　参加者を迎えるとき、アドベンチャープロセスの力に委ねて、私たちは単に会うだけでいいのではないかと思う。実際に、初めてグループが集まってくるときにカウンセリングはすでに始まっている。参加者についてより多くのことを知ることができれば、よりよい準備ができる。しかしファシリテーターには、最初のやりとりでは評価的でなく、自然体でいて欲しい。もしファシリテーターが参加者を事前に知っていることによって偏見を持つならば、それは参加者との相互関係を曇らせるファシリテーター側の問題であり、知見とは言えない。ファシリテーターは、参加者に関して自分が何を知っていようとも、自由で、開かれた精神を持つことができるようになる必要がある。これは日々の生活に関しても言えることである。グループ内の関係性やグループになる前の情報から生まれた余計な感情や先入観にとらわれないようにしなくてはならない。これは「疑惑の保留」「新しいスタート」「手放す」「無条件の肯定的関心」などと呼ばれている。つまり、もし実際にその参加者と共に活動することになったら、ファシリテーターが、参加者について何を知っていようとも、変容は起きると信じることが必要である。過去の行動がこの先もずっと続いていくという考えに固執してはいけない。

❖ 背景情報

　背景情報を集めるとき、ファシリテーターは参加者がやって来る以前の様子を可能な限り知ろうとする。医学的、精神医学的、社会的な履歴、家庭環

境、地域環境、学業成績、発達上の問題、参加者が最近、別の同じような治療を受けているかどうか、薬物治療をしているかどうかについて知ることは重要である。ファシリテーターは、照会先の専門家、先生、生徒指導員、家族といった参加者の行動をよく知っている人たちと話をしなくてはならない。ファシリテーターは情報源を明かさないように考慮し、プライバシー侵害についても注意を払う必要がある。

　なぜこの全ての手続きを踏むのか。もしかしたら、参加者にてんかんの発作が見つかるかもしれない。参加者はアドベンチャーグループの外で、個人療法や家族療法を受けているかもしれず、ファシリテーターが選択したことが、そのプロセスに反するかもれない。ファシリテーターが支援できる能力を超えた参加者がいるかもしれない。照会された参加者が単にソリが合わないかもしれない——こうした場合、そこには多岐にわたるさまざまな問題がありすぎて、特定のテーマの中に集約できないことがある。そのように判断したときは、その考えを明らかにし、その人の参加を受けないことも必要だろう。

　もちろん、参加者の情報が十分ではないままやって来ることもよくある。これにはさまざまな理由があるが、ここでの私たちの目的はそのことを詳細に書くことではない。情報が不十分であっても、ファシリテーターが参加者を選んでも（あるいは受け入れることを余儀なくされても）、グループ活動の初期の段階で情報を得る方法はある。例えば、参加者は体験参加の期間が与えられ、特定の長所や短所についてアセスメントを受ける。その期間の終わりには、この個人の新しい環境を見つけるために十分な情報が得られるだろう。

❖弱みと強みのレッテル

　参加者にレッテルを貼らなくてはならないのは残念なことである。レッテルを貼ること、それ自体が問題を生み出す。レッテルは弱みに基づきがちである。つまり、レッテルは否定的な傾向がまとめられたものと言える。参加者はレッテルそのものになり、制度がその否定的な傾向を続けさせる。しかし、レッテルは必要なものでもある。「性犯罪者」は、「性犯罪者」である。それが彼らの抱えている問題なのである。彼らには他の側面があるが、治療を受ける理由は他でもなく、彼らの罪にある。もし彼らが治療を受けるようになるのであれば適切な環境がなくてはならない。彼らは犯した罪にまつわるさまざまな問題に対処していかなくてはならない。参加者が複数の症状を

持っていることは非常によくあることである。性犯罪者は、薬物依存に加えて、例外なく家族の問題を抱えている（100％に近い性犯罪者が、自らも虐待を受けている）。「オルタナティブスクールの生徒」というレッテルも、同様にかなりの重みを持っている。

こうした人たちと活動するとき、ファシリテーターは一般的に、これらの生徒は通常のクラスには馴染めず、ファシリテーターが対処するために特別なプログラムや技術を必要とすると思い込む。弱みについての情報は、参加者の社会への適応能力の問題にどのような問題があるかを伝える。強みについての情報は、参加者の人との関わりの成功体験から引き出される。

こうした情報は特定の行動によって分類することができる。こうした行動は昔からある診断名に紐づけられる。ほんの数例をあげれば、注意欠如・多動性障害、行為障害、抑うつ、不安、あるいは心的外傷後ストレス障害がある。こうしたレッテルは医療モデル寄りだが、生徒がよく見せる行動を表している。そのためこれらの情報は誰がグループに参加できるかを決定するのに役立つ。これらは、精神衛生に関連する事項や状態の行動学的な定義を書いている「精神障害の診断と統計マニュアル（DSM-Ⅳ, 1994）」に載っている。アドベンチャーの教育者がこの分類を使用する場合は、個人が抱える病状に焦点を当てるのではなく、整理された情報に価値を感じて欲しい。

強みに関する情報によって、ファシリテーターと参加者は、「強み」に焦点を当て、それを高めたり拠り所にしたりすることができるようになる。また、これらの強みを持つことにより、参加者が弱みと向き合うことができるようになる。第4章で詳細に記述したフルバリューの人格に関する学びの領域は、「強み」を高めるためのフレームワークを提供する。家族の問題・学校・スポーツ・コミュニティの相互関係、法的な問題、仕事とメンタルヘルスと言ったことにまつわる強みと弱みは、全てが混ぜ合わさって「スープ」のようになり、アドベンチャーの参加者の人生経験を作っている。

参加者の行動のレッテルは、もっと重大な機能障害の兆候であることがよくある。ファシリテーターは、治療の中でそうした機能障害へも並行して対応する体験をできる社会環境を用意すべきである。この並行した体験を通して自己や他者との関わりの成功体験を得ることができる。

グループワークを行うには、各参加者は、他の参加者と関わり合わなくてはならない。したがって、これらのいずれかの分類に入る人たちは、他者と

関わり合うことのできる潜在的な力（生まれつきの傾向や技術ではない）を持っていなくてはならない。

❖ 多重知能とアセスメント

　参加者は感情、行動、認知の能力を築いていく。これらは生まれ持ったものや、経験によって獲得した潜在能力が礎となっている。こうした潜在能力に関する固定概念には、言語学的そして、論理・数学的な領域は最も重要で、知性はそれらの領域の能力から成り立っているものと考えられる。今日ではこうした視点を使った学校での知能検査や適性検査を行う業界がある。また重要だとされる教科（数学、言語など）はこれらの能力に基づいており、それらの領域をほぼ完全に扱うようなやり方で生徒に教えられている。「課外の」教科（音楽、美術など）は論述や成果創出の領域から外れているため、それほど重要ではないと考えられている。

　ABCグループでは、参加者はもっと幅広い認知能力を試される体験をする。これが理由となって、多くのクライアント、とりわけ純粋に言葉だけで行われるセラピーのような、他のセラピューティックモデルで成果を得られなかった人たちに、活動を基にしたプログラムが魅力的に映っている。アドベンチャーの実践者として、私たちは、多重知能理論（1993）の創始者で、人は幅広い知能を持っていると提唱した、H. ガードナー（Gardner, H.）の研究に注目している。言語・語学知能、論理・数学的知能の存在と影響力を認める一方で、彼は、視覚・空間的知能、音楽・リズム知能、身体・運動感覚知能、対人的知能、内省的知能と博物学的知能（1996年にリストに追加された）を提唱している。

　アセスメントを行う際には、これらの能力を考慮するだけでなく、いろいろな参加者の強みとして見るのを忘れないことが重要である。例えば下の例のように、「空間的知能」はアドベンチャーの課題解決の活動でパワフルな力を発揮する。

> 10代の若者たちはやる気に満ちて、**大脱走（ウォール）** に向かっていた。最初に体力のある（強い）男性たちが体重の軽い（弱い）女性たちを持ち上げ、壁を越えると意志決定された。結果として、3人のたくましい男性たちが残り、持ち上げる方法がなくて行き詰まってしまった。ジュリーは、活動の中では

> もの静かな参加者だったが、スポッティンググループの背後から優しく意見を言った。「体重の軽い人を最後に送ったらどう？ それで背の高い人を一番最後にとっておくようにすれば？」グループは驚いたものの、そのアイデアを試し、最終的に成功した。ふりかえりでジュリーはどうやってその提案を思いついたのか尋ねられ、彼女は課題を解決する方法として、ただ「それが見えた」と答えた。

　こうしたジュリーの事例に後押しされて、ファシリテーターはジュリーのような活動への参加の仕方を奨めやすくなる。彼女がグループの中で自分の価値を体感したように、幅広い領域で同じようなことが起きるはずだ。
　「身体・運動感覚知能」は、アドベンチャーの活動では大活躍する。ワイヤーロープの上で永久にバランスを取っていられるように見える人、丸太やロープ、揺れるブランコで優雅に飛び跳ねることができる人がいる。これらは強みであり、グループプロセスの中で生かすことができる。
　対人的知能と内省的知能の活用と発達は、おそらくアドベンチャー活動の核となるものである。ガードナーとウォルターによると：

> 「対人的知能は、他者との違いに気づく核となる能力を基にしている。とりわけ、気分、気質、意欲、そして意志の違いに気づく能力である。この能力をさらに発展させると、能力の高い大人は、他者の意図や願望を読み取ることができる。たとえそれらが隠されていたとしても」[1]

　この種の知覚を育むことは非常に大事であり、それによって参加者がグループにいる他者ともっとうまく関われるようになる。思いやりや共感という感情領域の次元が上がるのは、こうした能力が基になっている。内省的知能は、個人の内なる感情につながる能力と、そのつながりを役立てる能力を含んでいる。それは、

> 「……自分自身の感情に触れること、自分自身の情動の振れ幅、そうした情動を区別し、最終的にそれらに名前を付けること。そして自分自身の行動を理解し導く手段として、それらを活用することである」[2]

　これはある意味で、アドベンチャーカウンセリングの根幹となるものであ

る。アドベンチャーの活動とグループワークは参加者の内なる感情への入り口を提供する。ふりかえりで起こるプロセスにより、これらの重要なつながりが作られ、それにまつわる行動が変化する。何人かの参加者は、すでに、この能力を育み、より大きなグループに貢献するだろう。

❖ 対面での面接

　最初に書類審査をした後、参加者は対面での面接を受ける。これは情報を収集するだけでなく、分かち合うための時間となる。ファシリテーターは、そのABCグループがどんな風になるかにまず焦点を当てるべきだろう。活動について話したり、その参加者が知っていそうな参加者について話したり、楽しさとチャレンジ、成長と頑張り、そして他者とのつながりに焦点を当てること ── これらはアドベンチャープログラムの真の「目玉」となる要素である。実際にインテイク面接は、アセスメントの場でありつかみの場でもある。ファシリテーターは、その人が本当にプログラムに参加したいかどうかを見極めなくてはならない。

　面接ではその人の興味の度合いを確認することは大切である。ファシリテーターは、身体的問題に関して目に見えるものと見えにくいものの両方を見るべきである。またストレスの兆候（顔の表情や、アイコンタクトがないことなど）に目を配るべきである。参加に対する抵抗をしているかどうかについても目に見えるものと見えにくいものの両方を探すべきである。そして、ファシリテーターはその人が参加する理由に注目し、参加を決めることになったその人の行動を調べるべきである。参加するということが自分自身の課題にどのように役立つかを知ることを促すことは非常に重要である。その人の行動について事前にわかっていたり、その行動に対するグループの潜在的な対処能力がわかっていたりすれば、誰もからかわれることはないだろう。

　同時に複数の参加者に対してこうしたインテイクプロセスを行うことができる。申し込みのプロセスも、それぞれの参加者との関係が始まるときである。それによって心地よさが増し、グループが作られていくプロセスが少しずつスタートする。もしファシリテーターが以前のグループで会ったことがあり、優れた活動ができると思う人をピア・アシスタントとして招く場合には、その人もこの場に含めるとよい。

この段階で答えを出しておくべき問題は：

参加者は：

- 提示されていること（プログラムの活動）を理解しているか？
- 基準（規範と期待）を理解しているか？
- 起こり得る結果を理解しているか（そしてそれを快く受け入れる意志があるか）？
- 結果を恐れることなく、プログラムに対して"イエス"か"ノー"と、はっきりとコミットしたり辞退したりする能力があるか？

アセスメント・プロフィールの構築
フルバリューの強みに基づいたGRABBSSアセスメント

インテイクプロセスを示すために、サセックス郡テクニカルスクール（ニュージャージー州）で「アドベンチャークエスト（プログラム名）」の実際の生徒だった、サム（仮名）を紹介する。私たちが特殊な事例といえるサムの背景情報を得られたのは幸運で、いつもそうとは限らない。これは面接を通して私たちが知り得た情報である。

> サムは困難な過去を背負ってグループに来ている。彼のことは事前のインテイクプロセスを通して、すでにグループのファシリテーターが知っている。両親は彼が9歳のときに離婚した。両親の関係は、精神的、身体的な暴力によって崩壊し、サムはそのほとんどを見てきた。離婚後は、サム、母親そして4人の兄弟にとって苦難の生活が続いた。家族としての生活は、ほとんどない。サムは自分のことは自分でやっていると言い、「自分しか信じられない。僕のためにいてくれる人なんていない」と言い切っている。サムは薬物を使うことで生活のストレスに対処してきた。

サムは高校3年生で、ABCグループへの参加を自ら申し出てきた。グループに入るときに彼が宣言した目標は、「自分と他者を信じる」ことである。彼を推薦したスタッフは、衝動のコントロールが未熟であること、攻撃的な行動と低学力を第一の懸念事項としてあげている。ここにサムが面接で聞かれたいくつかの代表的な質問がある。それらはGRABBSSアセスメントに関連しているが、全てを網羅しているわけではない。質問とスキルアセ

スメントの分類は、私たちがGRABBSSとグループワークを関連づけてきた経験に基づいている。質問によっては「レディネス」に分類するよりも「行動」に分類する方がよいと感じるかもしれない。ここには厳密なルールはない。ファシリテーターは与えられた場やねらいに応じてこれらの質問の一部あるいは全てを使ったり、または自分たちで項目を作ったりすることができる。質問の言葉は、個人の状況や集団のニーズにより修正してよいし、修正するべきである。

　スキルのランクづけには、リッカート尺度（度合いを測る数値尺度──この事例では学びあるいは、"能力"。参加者のこれらのスキル全般が発達すると、数値は増えていく）を用いる。これらの尺度は、参加者がグループ体験を進めていく中で、成長や変化を視覚的に理解する手段として使われるべきである。

　ここであげた全てのアセスメントの手法は、PAが参加者と一緒に高めていきたいスキルのリストを示している。個人を対象にしたインテイクフォームは独特のもので、ファシリテーターがグループの活動とは関連しない大量の質問を行う唯一の機会となっている。グループ体験の最中のアセスメントは観ることと聞くことが中心となる。ファシリテーターが質問することがあるが、それらの質問は、常に参加者の行ったことや、言ったことに関連するものである。

　同じスキルでも異なる言い方で表しているものがある。なぜならば、個人でもグループでも同じスキルを使うことがあるが、アドベンチャー体験が進むにつれて、明らかに異なるレベルで使われていくからである。例えば、この場に姿を見せるということが、グループのスタート時点での「今ここに（Be Here）」ができているかを確認する指標となるが、ふりかえりで積極的に参加すること、あるいは注意深いスポッティングは、より深いレベルでの「今ここに（Be Here）」を示している。ファシリテーターは、「参加」に関して同じ質問を考えると思うが、グループ体験が進むにつれて高い期待をすべきである。話しながら行うこのアセスメントは、全般的な質問をする。それによって次のことがわかる。

- これからアドベンチャー体験で高めていける強みに関する情報を引き出す。
- アドベンチャーグループの活動を参加者に理解してもらう。

　「積み上げる」はアセスメントのプロセスのキーワードである。参加者か

ら引き出したどんな肯定的な反応でも自己効力感を改善させる出発点になる。弱みも必然的に見えてくる。アドベンチャーグループは、変容するための環境を作るよう導かれていく。変容のプロセスは、グループに参加する参加者の強みをもとに「積み上げられて」いく。

注:GRABBSSの個人を対象にしたインテイクフォームから得られる判断は主観的なものであることを申し添えておきたい。その主観はファシリテーターの体験や知識、スキルから作られている。これまで述べてきたように、この本は体験・知識・スキルに代わるものではない。

❖ GRABBSS 個人を対象にしたインテイクフォーム:強みを見つける

サムに対する「目標 (Goals)」に関する質問

- 「人生に目標はありますか?」と人はよく聞きますが、あなたがそう尋ねられたとき、あなたにとってそれはどんな意味がありますか?
- このグループに参加することは、あなたの目標設定にどのように役立つと思いますか?
- あなた自身が決めた今年の目標をひとつあげられますか?
- あなたは今から2年後 (高校卒業後、大学など) に何をしていると思いますか?
- 目標設定は重要だと思いますか?
- あなたはどのように目標を描き、それを達成しようと考えていますか?

サムの反応の記録　「目標のスキル」／能力のレベル (低―高)

目標設定の意味を理解している。
　　<u>1</u>　2　3　4　5

目標は達成できると感じている。
　　<u>1</u>　2　3　4　5

最初の段階の現実的な目標を持っている。
　　1　2　<u>3</u>　4　5

長期的で現実的な目標を持っている。
　　<u>1</u>　2　3　4　5

目標設定の活動に意欲的である。
　　1　2　<u>3</u>　4　5

目標を達成するためのステップを理解している。
　　1　2　<u>3</u>　4　5

サムは目標設定のプロセスと彼自身の人生を結びつけることができない。彼は目標を持ち、それを達成するために必要なごく基本的なことを話すことはできるが、自分が犠牲者であるかのように振る舞っている。自分に何かが起こると、彼は誰かを責める。彼は意志決定と行動の因果関係を見出すことができない。ファシリテーターはサムの目標設定の能力の所見を作っていく中で、彼はチャレンジに対して開かれた心を持っているが、なぜ彼が目標に向かう必要があるかを十分に理解していないことがわかった。

サムに対する「レディネス (Readiness)」に関する質問

- なぜグループへの参加を申し込んだのですか?
- あなたは参加を楽しみにしていますか? それはなぜ?
- 疲れたり、調子が悪いと感じたりしたときにグループの集まりがある場合、その日をどう過ごしますか?
- あなたの人生にある問題で取り組みたいものはありますか?
- これまでとは違う新しい体験が好きですか?
- グループは10週間にわたって週1回午後に集まります。あなたは全てのミーティングへの参加にコミットしますか?
- 時間を守るのは大切だと思いますか?
- あなたにとって信頼という言葉はどんな意味がありますか? 他者を信頼し、また信頼されることは重要だと思いますか? それはなぜ?

サムの反応の記録　「レディネス」のスキル／能力のレベル (低―高)

グループのメンバーになった理由をわかっている。
　　　1　<u>2</u>　3　4　5

新しい体験に対して心を開いている。
　　　1　2　3　<u>4</u>　5

コミットメントできる能力がある。
　　　1　<u>2</u>　3　4　5

結果を受け入れるということを理解している。
　　　1　<u>2</u>　3　4　5

他者を信頼することに意欲的である。
　　　<u>1</u>　2　3　4　5

信頼することの重要性を理解していることをはっきりと示すことができる。
　　　1　<u>2</u>　3　4　5

サムは質問に答えながら、自分は行動志向の人間であると表明していた。これは、厄介でもあり、またありがたいことでもあった。あまり考えずにリスクのあることを行うためトラブルを招いていた。サムが行動志向であることはありがたいことで、彼は活動をベースとしたアドベンチャープログラムに引きつけられるだろう。構成的な活動とグループプロセスが彼の変容への第一歩になると期待したい。とはいえ、サムの道のりが長いことは確かである。

サムに対する「感情（Affect）」に関する質問

- あなたはグループに参加することをどんな風に感じていますか？
- あなたの普段のムードをどのように表せますか？
- もしグループの人を信頼するとしたら、自分の思いや感情を表現することができますか？
- 対立という言葉はあなたにとってどんな意味がありますか？　対立はよいことになり得ると思いますか？　それはなぜですか？
- あなたのお気に入りの安全で平和を感じる場所を私たちに共有してくれますか？

サムの反応の記録　「感情」のスキル／能力のレベル（低―高）

グループへの参加に対して強い思いを示している。
　　　1　　2　　3　　<u>4</u>　　5

支配している心的状況を理解している。
　　　<u>1</u>　　2　　3　　4　　5

適切な状況のもとで、自己開示することにオープンである。
　　　<u>1</u>　　2　　3　　4　　5

適切な精神状態の中でフィードバックにオープンである。
　　　<u>1</u>　　2　　3　　4　　5

感情のバランスを保つための対処方法を培ってきた。
　　　<u>1</u>　　2　　3　　4　　5

　この領域はサムにとって閉ざされた領域である。彼は自身が抱えている問題に対する感情を話したくない様子でほとんど心を閉ざしてしまっている。彼の返答のほとんどは「はい」「いいえ」で、もっと典型的なものは「わか

りません」である。この場所が自分をさらけ出しても大丈夫な場所だとサムが信頼できるようになるまで、ファシリテーターは、彼を慎重に待つ必要がある。彼の内省能力と、他者の発言の理由を読む能力は、彼の目標設定とグループが焦点を当てる部分に関わってくるだろう。

初期に現れている感情で楽観できるのは、彼の参加に対する熱意である。彼はPAの「売り」に引きつけられている。

サムに対する「行動・態度 (Behavior)」に関する質問

- 集団 (学校、地域、家族) の中の、あなたの行動をどのように説明しますか?
- あなたにとって行動・態度という言葉が意味するものは?
- あなたにとってどんな行動・態度が人生を乗り越えていく助けになると思いますか?
- 成功を体験することによってどんな行動が得られると思いますか?
- 自分が変われるための他者からの提案に対してオープンですか?
- 誰かがあなたにその行動をさせることができますか? どのように? それはなぜ?

サムの反応の記録　「行動・態度」のスキル/能力のレベル (低―高)

グループの中でどんな行動をすれば良いのか正しい理解をしている。
　　　1　　<u>2</u>　　3　　4　　5

適切な行動がわかる。
　　　1　　<u>2</u>　　3　　4　　5

破壊的行為をすることなくやるべきことができる。
　　　1　　<u>2</u>　　3　　4　　5

行動の選択に責任を負うことができる。
　　　1　　2　　3　　4　　5

イニシアティブを取ることに対して積極的である。
　　　<u>1</u>　　2　　3　　4　　5

サムは自分の行為に関して他者を責める傾向がある。今回聞いたような質問に対して彼は、極めて防衛的である。これまで作り上げた私たちと彼との関係を壊す恐れがあるので、今後この種の質問は控えることにする。私たちはサムに最初のセッションに出て欲しい。そして、グループが自らマジック

を起こすチャンスを欲しい。私たちはグループで活動している間に不適切な行動が起こることは、織り込み済みである。管理の度合いの点からみれば、グループの安全な環境を保つためには、サムは多くの指示を受けることになるだろう。

サムに対する「身体 (Body)」に関する質問

- 特定のグループに属していると感じていますか？
- 身体を使った特技で誇りに思っていることはありますか？
- 自分の「見た目」をどのように描写しますか？
- 健康を維持するために何をしていますか？
- 体調のレベルはどんな感じですか？
- 疲れを感じるとき、その疲れを流すことができますか？
- 薬物やアルコールの経験はありますか？

サムの「身体」に関する観察

- サムはアイコンタクトができ、それを続けることができるか？
- サムは身体的に抵抗がないか？　防衛的であるか？
- サムは集中し続けることができるか？
- 質問に関連した返答をしているか？
- サムの体調はよいか？
- サムは警戒しているか？
- 薬物中毒、あるいは依存の可能性があるか？

サムの反応の記録　　「身体」のスキル／能力のレベル（低―高）

他者に直接話しかけることができる。
　　　　1　　2　　3　　4　　5

会話中に身体的にオープンな体勢を維持することができる。
　　　　1　　2　　3　　4　　5

質問やコメントに直接、反応することができる。
　　　　1　　2　　3　　4　　5

体調がよさそうに見える。
　　　　1　　2　　3　　4　　5

警戒している、敏感な反応をしているように見える。
    1   2   3   <u>4</u>   5

薬物に冒されていないように見える。
    1   <u>2</u>   3   4   5

　この領域は、サムにとっての真の強みである。彼の身体能力が彼の元気の源になっている。つまり、これこそが彼の自分自身を肯定する源なのだ。彼は常にトレーニングをしていて、彼の強靭さや体の調子から安らぎを得ている。ガードナーのリストによると、サムは明らかに身体運動感覚知能が高いようである。薬物乱用に関しては、彼が薬物を使用していたという情報をすでに得ている（サムの背景情報を参照）。この問題は、これから注意深く見ていく必要があるだろう。グループはこれから作られていくフォーミングの状態で、実際に薬物を使用している人の問題に関わることができるほど成熟していない。もしかしたら、サムはこのグループには向いていないのかもしれない。サムは手に負えない危険性を抱えているからである。

サムに対する「背景（Setting）」に関する質問

- 学校／仕事への出席はどうですか？
- 興味のあることや趣味はありますか？　それは何ですか？
- 仕事をしていますか？
- ご両親はあなたがこのグループに参加することをどう思っていますか？
- 家庭での信頼関係はありますか？
- 家庭でストレスの原因となることはありますか？　それにどう対処していますか？
- よりどころとしている宗教がありますか？　あるとしたら、それをどう実践していますか？

サムの反応の記録　「背景」のスキル／能力のレベル（低―高）

学校や他の活動に参加しているように見える。
    1   <u>2</u>   3   4   5

他者と関わるための能力について興味関心がある。
    1   <u>2</u>   3   4   5

支援的な家庭環境である。
  <u>1</u> 2 3 4 5
肯定的な変化を支持する思想がある。
  1 2 <u>3</u> 4 5

　私たちが集めた背景情報によると、サムは、悲惨な家庭環境にも関わらず、懸命に生きてきた。しかしながら、彼は多大な犠牲を払って生き残る術（サバイバルスキル）を身につけてきた。それはサムが学校や地域の隅っこで生きることだった。私たちは、サムがグループという安全な環境で、自身の持つ素晴らしい潜在的な力を解き放つ仕組みを味わってほしいと思っている（巻末付録の個人を対象にしたインテイクフォームのGRABBSSを参照）。

❖ サムに関するまとめ

　「**目標**」：サムは安心できる仲間のグループに参加したいと思っている。これは彼がすでに口に出した目標である。

　「**レディネス**」：サムは自ら進んでこのグループに参加してきた。彼は生きてきた。そのことは、どんな苦難が降りかかってもなんとかしていけるという信念を証明している。
　彼は行動志向である。これによって、彼が変容のプロセスに入りやすくなるだろう。

　「**感情**」：信頼が彼の根本的な問題である。彼はよくないことが起こったり、責められたりするようなことがあると、非常に神経質で疑い深くなる。外見は強い怒りがあるように見えるが、その裏には鬱々とした気持ちがあるのだろう。隠れた感受性があるからだ。一度基本的な信頼が築かれれば、肯定的感情でつながるようになるだろう。

　「**行動・態度**」：サムは、かろうじて自分自身をコントロールしている。特に、あまり構成的でなく、体を目一杯使うような活動の中では。彼は攻撃的に見え、すぐに取り乱す。しかしサムはリーダーシップを取る潜在力も見せる。彼は他者に頼っていないので、よい聞き手になったり、助けになったりするだろう。

「身体」: サムは体調も良好で身体能力も高い。薬物乱用の懸念がある。

「背景」: サムには協力的であるが、無力な母親と正常に機能していない家族がいる。両親が離婚する前はアルコール中毒と暴力を目の当たりにしてきた。彼はアウトドア、釣りや狩りが好きだが、学校は嫌いで多くの単位を落としている。彼は木工のクラスが好きである。

「グループの発達段階」: グループの発達段階は不可欠な項目であるが、グループがまだ出会っていないためインテイクアセスメントでは当てはまらない。

　サムと活動を共にしてきたスタッフや他の大人がこれまでに感じてきた難しさは、面接中の彼の防衛的な反応や行動の中に表れている。ファシリテーターは、サムが見るからに他者と情緒的なつながりを持てなさそうなことや、グループに対する悪い影響が気がかりだったが、情緒の欠落と身体的な暴力に満ちた過去があるにも関わらず、サムが何とかしてちゃんとしようとし続けようとしたことに深く感銘を受けた。またサムはまだ完全ではないが「信頼」を自分が取り組みたい問題として捉えていることも評価した。このアセスメントから、ファシリテーターはサムの強み、弱みとグループの活動をつなげることができる。

　サムの反応を振り返ると、初期の段階ではサムが攻撃されやすくなる活動や、依存的な立ち位置に立たされてしまう活動からはサムを引き離す必要がある。

　パワフルな活動は好奇心をそそり、サムの身体能力の高さを示すことになるだろう。しかしグループの安全を守るためには「常軌を逸して」しまいがちな彼の性格を、注意深く観察していかなくてはならない。さらにファシリテーターは、比喩と活動の構成を考えなくてはならない。その比喩や活動の構成によって自分や他者への信頼を構築するというサムの目標を支援していくからである。サムにとっては、「信頼と不信の発達段階」がスタート地点であり、そこに慎重にじっくりとアプローチしなくてはならない。

　サムは「問題のあるグループ」の一員であるにも関わらず、インテイクアセスメントでは、特定のカテゴリーに当てはまらない多くの問題が明らかに

なった。つまり彼は抑えている感情を行動に表す傾向がある。彼は気分障害、薬物と飲酒の可能性、またおそらく家庭内暴力に対するPTSD（心的外傷後ストレス障害）があるということである。他の参加者と一緒になれば、他にもグループのテーマが持ち上がってくる。それらはサムに関連するものもあれば、関連しないものもあるだろう。サムの返答がないままになっている質問もまだ多く残っている。しかし情報は十分に揃っているので、このグループに参加することがサムにとってよいことだと決めることができる。

DSM-Ⅳ（精神障害の診断と統計マニュアル）に基づく行動上の問題

（訳注：DSM-Ⅳは原書出版当時の版である）

　多くのクライアントは、医師の所定の診断書を持ってABCグループに参加する。こうしたことは、病院や治療の施設のような治療目的の場ではだいたい行われる。精神衛生に関わる仕事の全ての分野では、症状をもとにした、あるいは欠陥をもとにしたアセスメントのプロセスを採用している。このようなアセスメントの存在や、ABCへの影響力を無視することは、目的に照らして何にもならない。また参加者についての重大な情報をファシリテーターから奪うことになる。

　また、どの診断領域がアドベンチャーグループモデルに影響を与えるかを知っておくことも重要である。そのため、ABCグループで扱う典型的な行動の分類に関して概観していくことにする。

　分類は、アドベンチャーの教育者がテーマごとにグループを形成する際に役立つかもしれない。この分類は入院患者の集まりや精神衛生センターなどの臨床、病院の場で特に役立つものだが、臨床や病院で使われる医療用語とアドベンチャーで使われる言葉を橋渡ししてくれる。この橋渡しは、非常に重要である。ABCのテクニックが一層受け入れられ、主流の心理療法に浸透していくためだ。伝統的な心理療法を受けているクライアントにファシリテーターが、ABCを補助的に使っていく事例は今後もあり続けるだろう。また主要な治療を行う精神科医、心理療法家、あるいはソーシャルワーカーと、交流を持つ必要があるだろう。専門家はアドベンチャーの活動を他の領域の言葉に翻訳できなければならない。これにはそこで使われている言葉に

[図表6>1] ABCで扱う行動上の問題

行動のラベル	何を見るか
対人に関するもの	
注意欠如・多動性障害	注意散漫、多動、衝動性
行為障害	攻撃性、破壊行為、嘘、窃盗、重大な違反行為
反抗的行為	否定的、敵意や反抗的な行動パターン
物質乱用に関するもの	
薬物乱用	重大な障害、苦痛を引き起こす薬物の使用。触法行為に関わり、社会的制裁を受けても反復する薬物使用
薬物依存	重大な障害、苦痛を引き起こす薬物の使用。高度の耐性、依存性薬物の離脱症状、摂取量増加
気分(感情)に関するもの	
大うつ	うつ状態、日常生活での興味関心の欠落、体重の増加・減少、不眠、過度の睡眠、運動を伴う活動の減少・増加、気力減退、無益な感覚、罪悪感、集中力の低下、死についての反復思考、自殺念慮
躁	周期的に陽気、誇大的、些細なことで怒りやすい状態になる、大げさな自己効力感あるいは誇張を含む行動の問題、不眠、威圧的な話し方、多弁、観念奔逸、否定的な結果を生む可能性が高い活動にのめり込む(強迫感にとらわれたギャンブル)、機能障害
双極性障害	躁状態からうつ状態へのサイクル
不安に関するもの	
パニックの発作	一定の時間継続する激しい不快感を引き起こす身体的・精神的症状。指標としては、心悸亢進、動悸、震え、身震い、息切れ、息苦しさ、コントロールできないことに対する恐怖、もうろうとする感覚、死ぬのではないかという恐怖、がある。
恐怖症	予期、現在の状況、特定のものがきっかけとなり、過剰な恐怖が起こる。
強迫性障害	適応しない、傷となって残る不安を引き起こす衝動、イメージ、思考が継続し、反復される。強迫行動は強迫観念に対抗するもので、強迫観念のストレスが変化したものである。
心的外傷後ストレス	重大なトラウマティックな出来事を追体験する。その出来事に関連する刺激の回避、覚醒の持続的な亢進、機能に重大な障害を与える。
全般性不安障害	過剰な不安や心配。緊張状態が続き、張りつめている。過剰な疲労、集中力、興奮性、筋肉の緊張、睡眠障害に関して問題がある。
摂食に関するもの	
拒食	ボディイメージに対する脅迫観念、体重増加に対する恐れ、拒絶
過食	大量の飲食と嘔吐の症状を繰り返す
性的なもの	
	他者からの性的虐待
適応に関するもの	
	明確なストレスによる感情的、行動的な症状の発展。社会的、教育的、あるいは職業的な機能に影響を与える著しい苦悩。

慣れていくことが必要である。

　注意欠如・多動性障害のような事例では、神経科の医師や神経科系の小児科の医師のアセスメントが唯一の一般的に受け入れられる基準になっている。また、双極性障害のような精神疾患の問題は遺伝子工学に基づくものであり、その主たる治療が、セラピーを取り入れた投薬であることが一般的に受け入れられている。

　この概観が診断を意図するものでないことを心に留めておいて欲しい。これは参加者が持ち込むラベルのついた行動に関する情報を提供することを意図している。記述内容は決して、包括的、総括的なものではない。読者にはこの概観を用いて診断を絶対に行わないよう、厳重に注意をして欲しいし、DSM-Ⅳ（精神障害の診断と統計マニュアル）を参照して欲しい。診断はトレーニングがあって初めて試みるべきものである。

　この表［図表6>1］にあげられた行動上の問題によって、ファシリテーターが医学の用語をより使いやすい言葉に置き換えられる。さらに意思決定や共通したテーマのグループ作りや、テーマを混合したグループ作りにも役立つ。では、これらの行動の分類がサムにはどう当てはまるかみてみよう。

❖サムの行動・態度に関する問題を分類から見る
- 対人に関するもの：敵意、否定的、反抗的
- 薬物乱用に関するもの：反復使用
- 不安に関するもの：集中力の問題
- 適応に関するもの：苦痛、社会的機能の低下

　DSM-Ⅳの全ての診断は行動で表され、その行動には一定の期間と密度があるとしている。サムの行動・態度は、対人に関する項目に含まれる「反抗挑戦性障害」に該当する。サムの薬物乱用の履歴も考慮に入れなくてはならない。集中することに関する問題は、面接での集中力の短さや、ほんのわずかな時間でも授業でじっとしていられないという、教師からの報告にも表れている。こうした情報からは、サムが極めて破壊的な存在と言える。そして、現在も家族の問題を抱えており、それは適応の分野に入る。明らかに彼は家庭で起こっていることに、強い影響を受け続けている。

❖ まとめ

　私たちはサムと会って話した。これまでの情報と合わせて、私たちは彼がこのグループに持ち込んでくるであろう、彼の強みと難しさについて強い印象を受けた。機能していない集団と彼とのこれまでの関わりを見ると、これから起きるであろうグループの構造上の問題が見えてきた。彼の一連の行動と伝統的な診断の観点との関連性も見えてきた。どこからスタートすべきかということについてイメージが浮かぶ。すでに他のクライアントが面接を受け、プログラムへの受け入れが決まっているので、グループの方向性が見えつつある。このグループがより自分たちの力で行動できるようになっていくために必要なリーダーシップの種類、度合い、方向性も見えてくる。今がグループ形成に向かて旅に出るときであり、再びGRABBSSを使ってそのプロセスを導くときなのだ。

アセスメントとABCグループの形成

❖ グループ形成の土台としての個人アセスメント

　サムの個人アセスメントと、やって来るメンバーのアセスメントとの統合が次のステップである。ABCはグループプロセスである。したがってこの2つ目のステップなしに、インテイクアセスメントは完了しない。この段階に進む前に、グループ形成に関する核となるいくつかの要素について簡単に触れておこう。

＞＞テーマが混在しているグループとテーマが共通したグループ

　一般的に、グループには2つのタイプがあり、ひとつはテーマが混在しているグループ、もうひとつはテーマが共通しているグループである。ファシリテーターは、参加者の抱える課題に関する情報と特性に関する情報をもとにテーマが共通しているグループを作ることもできるし、テーマが混在したグループを作ることもできる。(いつもどちらかを選べるとは限らない)

　多くのテーマをひとつのグループの中で扱うことができる。例えば薬物乱用をしている10代の子どもたちは、同じ問題を持った子どもたちと共に参加することができる。テーマが妥当かは、その問題の重大さに関連している。

つまりその問題がどれくらい深刻であるかによる。留置や単独の治療が必要なほど深刻な問題の場合は、特定のテーマでグループを作るのが適しているだろう。テーマには、薬物中毒（薬物の使用に反対するテーマとして）、あるいは刑を宣告される行為（保護観察になる行動に反対するテーマとして）などがある。感情をあらわに出す多くの10代の子どもたちが、不適切な薬物使用を行っていると推測できる。しかし、これは彼らが「12ステッププログラム（回復プログラム）」を必ず受ける必要があるという意味ではない。虐待された女性には、ドメスティックバイオレンスに焦点を当てた共通のテーマのグループが必要である。ファシリテーターがテーマについて考えるとき、それが一人ひとりにどれくらいの影響を与えるか、そしてグループになったときに表面化すると考えられる問題を彼らが対処できるかどうかをよく考えなくてはならない。

> サムは学年の中で学力と行動に問題があると判断された高校2、3年生のグループに入る予定だ。参加者の多くは、サムほど悲惨ではないが、機能していない家族の問題を抱えている。また全員ではないが、薬物使用の問題がある者もいる。中毒症状が出ている者はいない。グループには複数のテーマがあるが、サムに適したグループである。

他のグループ形成のシナリオとしては、こんなこともあるかもしれない。

> 学校心理士の部屋に、生徒会の代表が入ってきて、こう言う。「教師を困らせる14人の生徒がいるのですが、グループを作れますか？」
> あるいは、長期入院患者のことでその患者を監督している精神科医が、ドアから顔をのぞかせてこう言う。「作業療法を受けている患者が、あなたのアドベンチャー活動のことを聞いてきたのだけれど、彼らと活動をしてもらえませんか？」

前者では、ファシリテーターは、これまでにカウンセリングを受けたことのない人たちが集まった、全く未知のグループと接することになる。後者では、ファシリテーターは、すでにグループが形成されていて対人関係があり、おそらくは列挙された課題があるグループに入っていく。そこで注意深いファシリテーターがすべきことは何だろう？

テーマが混在しているグループでは、ファシリテーターはできるだけ全ての参加者に共通する場（土台）を見つけなければならない。グループが始まる前に共通の場（土台）が見つけられない場合、グループプロセスの初期の段階にグループの共通性に光を当てるような活動を行う。このことは、アドベンチャーウェーブの章（10章）で取り上げる。

> 生徒会の代表はドアをノックしてこう言う。「更生施設から戻った8人の生徒にアドベンチャー活動を使って立ち直るためのグループを作ってもらいたいです。これが施設の臨床医の名前（署名付の証明書）と、彼らが参加したAAミーティングのリストと退院に関するまとめです」

これは共通したテーマを持つグループの例である。そこにいる全員が同じような理由を持っている。さらにこれまでの治療のプロセスについての情報は、アドベンチャー活動の計画に生かすことができる。これは、比喩、シークエンス（活動の流れ）、活動のペースを作り上げていくのに役立つ。取り組むべき核となる問題がわかるだけで人生はだいぶ楽になる。テーマが共通したグループを形成するとき、彼ら一人ひとりの潜在的な目標に関連するような、根底にある問題を探してみるのが最も効果的である。そこから共通の目標のテーマに向かって活動していく。目標のテーマは他のGRABBSSの要素と整合させることができる。多くの場合、その場にあるニーズに合わせてテーマを設定し、グループを進めていく。テーマを絞ったグループは、スタート時に明確で的を絞った目的を持つことができ、グループが続く限りそれを追及していく。

臨床患者の集団——つまり医師の診断を受けた参加者には、たいてい背景に関する膨大な情報がある。しかしこの情報だけでは不十分である。ファシリテーターは一人ひとりの参加者への関わりを継続的に行い、それらの情報をもとにしてグループの妥当性を判断する。アドベンチャーファシリテーターは、参加者がアドベンチャー体験からどれくらい学べるかについて、最良の判断ができることを忘れてはならない。参加者を推薦してきた人たちは、アドベンチャーの場で起こることについてぼんやりとしかわからない。彼らはロープスコースを見たことがあるだけか、友人からアドベンチャーの話を聞いただけか、ちょっとしたアドベンチャー体験に参加した記事を読んだだ

けかもしれない。

　見落としがちだが、グループ形成のために最も重要で一般的な要素は、私たちが「消費者を啓蒙する」と呼んでいるものである。ここで言う消費者とは、参加者のことではなくて参加者を推薦してくる大人たちのことである。消費者を啓蒙することによって、プログラムが全てを治す万能薬として錯覚されたり、また解決のできない問題のゴミ置き場として使われたりすることを避けることができる。アドベンチャープログラムのよさを伝え、参加者に対してできることと、できないことを明確にし、このプログラムが学校や他の組織でどのように使える可能性があるのか、という説明に時間をかけることが大切である。この作業をしっかりしておけば、内輪でもめるグループをファシリテーターが預かることはあまりない。

　テーマが混在したグループ、テーマがひとつのグループに共通する、その他の重要な要素は、男女の割合、参加者の人種、民族、文化的な背景、そして性的指向といったものである。ファシリテーター自身が心地よいと感じる多様性のレベルは非常に重要である。ファシリテーターが心地よいと感じ、そして知識があれば、問題が表面化したときに対処できる可能性は高まり、問題を避けることはないだろう。しかしファシリテーターが、心地よいと感じられず知識もないとしたら、間違えたり困難なことが起きてくるだろう。重要なルールは決してごまかさないこと。ごまかせば、状況は悪くなる一方である。不快さや能力の無さを認める方が、何事も起きなかったふりをするよりはましである。人種、ジェンダー、性的指向がファシリテーターと同じ場合、同質性の高い人たちが集まったグループと活動することになり、それがファシリテーターの強みになる。さまざまな人を混ぜることがよい場合や、同質の人を集められない場合には、ファシリテーターでそのような状況を代表するチームを作ってみると役立つ。リーダーシップの問題は、この本の後の章で触れる。

　ようやくグループが作られ、最初のラバーチキン（鶏の形をしたゴム製のおもちゃ、PAプログラムでよく使われる）が投げられる。このときに重要なのは、共通するテーマのグループでも初めはテーマが混在しているグループの様相であると覚えておく必要がある。アルコール中毒の参加者は、憂鬱になったときに自分で薬を服用するかもしれない。暴力を受けた経歴がある参加者は、PTSD（心的外傷後ストレス障害）の反応があるかもしれない。共通したテーマは、

もう一度吟味して作り直す必要があるかもしれない。継続的なスキャニングの道具としてGRABBSSを使うことによって、このようなテーマは浮かび上がってくる。こうしてグループの目標が評価、設定、修正されるようになる。

❖ 心理的な深さのアセスメント

　自分に与えられたアドベンチャーファシリテーターとしての能力（リーダーシップ）で、今ある問題に対処することができるのか？　そのように対処することは適切か？　十分な時間はあるか？　スタッフはトレーニングされているか？　計画された活動は、組織、両親、参加者自身のニーズや心地よさのレベルに合っているか？　活動やスタッフの数という点で、必要な資源は揃っているか？　これら全てを考えていくと、別の懸念が浮かび上ってくる。アドベンチャー体験をどれくらい強烈なものにするべきなのか？　グループはどれくらい深く進んでいけるのか、あるいは進むべきなのか？

　一般的に、学校では深さに限界がある。これはクライアントが行動の問題に取り組んでいる学校ベースのグループに参加すべきではないという意味ではない。拒食や過食の問題の場合、クライアントは同じような問題を持つ人と共通のテーマのグループが必要かもしれない。

　しかしそのようなクライアントが、摂食に関する問題を直接的に扱わない、テーマが混在するグループに参加してもよい。クライアントが複数のグループや心理療法の活動に参加している場合は、それぞれのアプローチは互いに補完することができる。この場合、2人のセラピストは、これまでのクライアントの成長について情報を共有するべきである。

　「深さの問題に関する境界の設定」とは、心理的な強さを把握し、その限界の設定をする能力を意味する。多岐にわたるスキルを持つファシリテーターがいる、かつ、親しみやすくあろうとするアドベンチャーフィールドの中で境界の問題を扱うことは自然なことである。

　アドベンチャー活動は用途が広いために、さまざまな場面で使われている。アドベンチャー活動は、深い反応を引き起こすことができるため、「グローバル」になり、そこで起きた反応を変容のプロセスへとつなげたくなる衝動に駆られる。

　境界を侵してしまう過ちは、私たちが認識している以上に起こっている。ABCのパイオニアであるマーク・マーレイは、境界を侵すことをアドベンチャーの「闇（ダークサイド）」と呼んでいる。

> 無防備なファシリテーターが、グループに**クモの巣くぐり**（ゴム紐が垂直に張られている網の穴を参加者が通り抜ける活動）を体験させている。グループはアドベンチャー体験に参加している男女混合の若者たちである。教育がそのグループの目的で、ファシリテーターはカウンセラーとしては訓練されていない。活動の中で、グエンという参加者は穴をくぐって運ばれている最中に、屈辱的な扱いを受けている。彼女は取り乱していて、泣き出す。この活動を試みたファシリテーターは、みんなで集まってこの問題を解決するようにとグループに言う。グエンは何も話したがらなかった。ファシリテーターは、グエンが体験したこと、そこで彼女がどう感じたかに焦点を当てようとする。彼女のファシリテーションには切羽詰まっている空気が漂っている。グエンはすでに体験に耐えてきているのだが、またグループの焦点が彼女自身に無理やり当てられようとしている。

　この事例に関するファシリテーターの適切な対処の方法としては、何が起こったかを認識すること、安全の問題について話すこと、最小限の話し合いの後に前に進む、ということがあげられる。あるいは、体験が非常に否定的であり、活動は中断されるかもしれない。しかしこのファシリテーターはグループの約束を超えて、ある状況を目指し続けた。ファシリテーターはグエンをグループから離して、何が起こったのかを話し、彼女を落ち着かせるということもできただろう。そしてファシリテーターはグエンの持っている境界に、尊重を表することもできただろう。なぜならグエンは自身の深い問題について取り組むことについてグループと約束をしていなかったのだから。もしこの問題に関してさらに取り組む必要があるなら、ファシリテーターはグエンをカウンセラーへ差し向ける必要があるかもしれない。

❖教育から治療へのスペクトラム

　境界の深さを判断するために役立つスペクトラムに、私たちが「教育から治療」と呼んでいるものがある。グエンの事例では、体験を通して強い反応が引き起こされたが、ファシリテーターは心理療法的な方法で対処できる資格は持っていない。参加者は全員が、「教育的な」活動に参加させられていると理解していて、行動変容を期待してはいなかった。

　もしグエンが成長と変容に目的をおいた治療の場にいたなら、彼女の体験はまた異なったように扱われただろう。まずファシリテーターは治療を行う

ための資格を持っていただろう。グエンの体験は、グループのメンバー一人ひとりの行動を巻き込みながら、もっと大きなものになっただろう。グエンはこのコミュニティの中のそれぞれのメンバーの行動は、治療的なプロセスを考えれば公平であると理解していただろう。グループのメンバーは誰でも**グループコール**（個人やグループのある行動について焦点を当てるよう投げかける行動）をすることができただろう。そしてグエンの体験は変容のチャンスになった。

たとえファシリテーターがその場で現れた心理的な問題に対処する訓練を受けている場合でも、グループの目的は考慮に入れておかなくてはならない。例えばトレーニングや教育のために設けられているグループでは、個人の危機への介入とフォローアップのために計画が必要である。たとえそのグループがセラピストによってファシリテートされるとしてもである。

> ABCのワークショップは、主に「モデル」を教えるようにデザインされている。そこである参加者は空中ブランコのジャンプを成功させた。たいていの参加者は大喜びで降りてくるのだが、彼女は震えて泣きながら降りてきた。彼女はこうささやいた。「私はまだそこにいるような気がする」「もとに戻れない」。彼女はセラピストとしてのトレーニングを受けたファシリテーターのところに連れていかれ、不安障害の治療を受けていること、そしてこの活動が強烈な負の感情を引き起こしたことを述べた。トレーニングをコ・ファシリテーターに任せて、ファシリテーターは落ち着き始めるまで彼女のそばにいて、その後彼女を担当するセラピストと直接会えるようにした。セラピストは、ファシリテーターからの状況説明を受け、彼女を家に帰すという判断をした。その体験はグループでふりかえられ、トレーニングの中に組み込まれていった。家に戻った参加者には、翌日フォローアップの連絡がなされた。

上の事例ではグループのファシリテーターが、トレーニング中に参加者の対応を行うことは賢明ではないだろう。幸運にも参加者についてのアセスメントや照会の計画があった。セラピストが関わっていなくて、参加者が最終的に「降りて来なかった」場合に備えて、ファシリテーターは、助けを確保するために、地域の精神衛生センターを通してか、家族のメンバーを通して助けを得るためにつてを持っておくべきである（今回は持っていた）。

❖ 自発から強制のスペクトラム

　コミットメントの度合い（グラデーション）が、自発から強制へのスペクトラムを作っている。参加者のコミットメントはどのレベルか？　強制的、自発的、あるいはその間なのか？　参加者はグループの一員になることを求めているのか？　参加を勧められているのか？　あるいは参加するか留置場に行くかの選択を与えられているのか？

> 　インテイクの段階でのジョーのフルバリューコントラクトは強制されて書いたサイン（署名）で始まっている。フルバリューに関しては説明を受け、彼はこれに同意して点線で書いてあるものをなぞってサインする。ジョーが全てを理解し、コミットしていると見せかけたいわけではなかったが、彼が青年隊（Youth Corps）に入るためには、コミットメントは不可欠であった。青年隊は、オルタナティブプログラムのため、参加者はプログラムに参加するか、留置場に行くかのどちらかである。問題は明確で、選択肢は2つしかないということである。また、裁判所の役人がジョーに選んでもらいたいと思っている選択肢は明らかで、それはプログラムへの参加だった。したがって彼の選択は強制されたものである。

　強制ではないグループは、ジョーが入ったグループとは全く違った方法で行われる。

❖ グループ構成の決定

　次にグループ構成について考える。これまでの考察について混乱しているようなら、この説明の素地となる論理的なつながりを探すところまで戻ることが重要である。

- 1つ目に、ファシリテーターは、参加者を可能な限り理解すること。
- 2つ目に、肯定的な特性と同様に、欠点に関する問題も含んだ共通のテーマも引き出される必要がある。
- 3つ目に、参加者が決めるコミットメントのレベルに応じて、特定の意図を持ってプログラムを実施できる能力があるか確認されなくてはならない。（参加者がサインするためのコミットメントの用紙には、参加の意志決定に重みが加えられていることが多い）

サムのスキルと難点さは、すぐにグループの複雑な状況に折り込まれていくだろう。ではサムのグループの出発点を見てみよう。そこではサム個人の受け入れのアセスメントで使われたものと類似したインテイクフォームを使っている。個人のインテイクとは異なり、質問項目とスキルアセスメントが組み合わされている。これは参加者にインタビューする代わりに、グループプロセスを観察することから答えが見つかるためである。

　スタートの時点では、グループはごく初歩的な範囲の中で活動していくだろうと想定される。そこではしっかりとコントロールされ、強い制御と明確に指示される。最初のグループのインテイクアセスメントをすることは、グループを集めたばかりの状態を「最良の推測」で見ることである。初めの数回のグループセッションでグループの最初の印象が定まったり、そこで人員構成の変更が少し必要となったり、ファシリテーターのグループプロセスに対する認識が根本から変わったりすることもあるかもしれない。グループを診断する目的で最初の数回の集まりを開くことは賢明なことである。それによってグループ自身がまだ準備できていない領域に進むことがないようになる。より包括的なグループと個人の進行中のアセスメントフォームは巻末付録を参照。

❖ GRABBSSグループのインテイクフォーム：強みを見つける

G：目標設定のスキル／能力のレベル（低―高）

グループは目標設定に関してオープンである。
　　1　2　3　4　5

グループは、目標が達成されると信じている。
　　1　2　3　4　5

グループは個々人の目標を支援することにコミットしそうである。
　　1　2　3　4　5

グループは活動の目的との関連を理解することができそうである。
　　1　2　3　4　5

グループは意味のある目標をはっきりと話すことができそうである。
　　1　2　3　4　5

グループは、与えられた活動に沿った目標設定ができそうである。
　　1　2　3　4　5

> グループのメンバーは、目標を達成した経験を手にしている。
> 1　　2　　<u>3</u>　　4　　5

　目標設定は多くの公立高校で日課になっているようで、そうした高校では、中学校卒業後の進路や、あるいは就職に向けた計画策定を最重要課題としている。

　しかし参加者は皆、目標設定について語ることはできても、A地点からB地点までどのように行けばいいのかをほとんど理解していない。達成したいという思いはあって、その思いはグループのメンバーとの会話に現れている。職業学校では忍耐と献身によってスキルを身につけた人もいるが、これらのスキルが人生の他の問題にも応用できると思っていない。

> R：レディネスに関するスキル／能力のレベル（低－高）
>
> グループは参加の目的を受け入れられそうである。
> 1　　<u>2</u>　　3　　4　　5
>
> グループは信頼の重要性を理解できそうである。
> 1　　<u>2</u>　　3　　4　　5
>
> グループのメンバーはセッションを欠席する必要があるとき、確認（チェックイン）ができそうである。
> 1　　2　　<u>3</u>　　4　　5
>
> グループはフルバリューを理解し始めそうである。
> 1　　<u>2</u>　　3　　4　　5
>
> グループはブリーフィングとディブリーフィング（ふりかえり）に参加できそうである。
> 1　　2　　<u>3</u>　　4　　5
>
> グループは基本的なトラスト活動ができそうである。
> 1　　<u>2</u>　　3　　4　　5

　ほとんどの参加者はそのグループを理解し、その必要性を理解している。アドベンチャー体験に魅了される人もいる。参加を強制されたメンバーがグループの半分いるとしても、そこにはグループへの言語によるコミットメントがある。このコミットメントは繰り返し確認されることになるが、今のところ、ハロー効果を持っている。グループのメンバーは、信頼の概念を友人や家族にも関連するものとして理解している。

```
A：感情のスキル／能力のレベル (低－高)
```

グループは今起こっていることに対して肯定的な感情を示すことができそうである。
　　　　1　　2　　3　　4　　5

グループのメンバーはふりかえりの際に正直な感情を出すことができそうである。
　　　　1　　2　　3　　4　　5

グループに気づかいや支援する環境ができそうである。
　　　　1　　2　　3　　4　　5

正直な感情表現（熱心さ、高揚、悲しみ、怒り、苛立ち、激怒、喜び）が出そうである。
　　　　1　　2　　3　　4　　5

　個人のインテイクアセスメントでは一般的に、参加者は最もよい振る舞いを見せているものだが、そうした振る舞いには過度に張りつめた状態から無気力状態まで幅広い感情が伴っている。何人かは自分の感情を声に出せる人もいて、特に強制参加ではない参加者に多い。強制的に参加させられている人は、体験することや辺鄙なところにこもることに対して不満げで仕方ないことだと諦めている傾向がある。フィードバックや直面化は、必ずと言っていいほど否定的なものとして捉えられている。学校、家族、仲間、地域での信頼（あるいは、信頼の欠落）は、面接を受けたほとんどの人にとって最も大きな問題だった。

```
B：行動・態度のスキル／能力のレベル (低－高)
```

グループは時間通りに来られそうである。
　　　　1　　2　　3　　4　　5

確実に出席できそうである。
　　　　1　　2　　3　　4　　5

熱心そうである。
　　　　1　　2　　3　　4　　5

グループは課題に徹することができそうである。
　　　　1　　2　　3　　4　　5

グループは一緒に活動できそうである。
　　　　1　　2　　3　　4　　5

グループはファシリテーターの言うことを聞きそうである。
　　　1　　2　　3　　4　　5
グループは適切なスポッティングを行うことができそうである。
　　　1　　2　　3　　4　　5

　いくつかのグループが個人のインテイクアセスメントの一部で作られる。多くの参加者は学校や権威者に対して反抗や怒りをあらわにしていた。しかし私たちはこうした彼らの行動を抑え込もうとしなかったので、ファシリテーターが、「あいつら」という言葉でひとくくりにされることはなかった。とはいえファシリテーターは大人である。きっと権威者に対する恨みや腹立たしさを参加者からぶつけられることになるだろう。こうしたものは、参加者が活動から離れたり、故意にサボったりしてグループのプロセスを試すという形で現れる。対立は、ほぼ確実に基本的な安全の問題に絡んで起こってくる。またグループが人の安全を守る身体的安全への関心の度合いを示すことができるかどうかは、その時点ではまだわからない。最初は出席も不定期で、初期のセッションでグループから抜けてしてしまう参加者がいるかもしれない。メンバーの多くは、少なくとも変化に対して興味を持っている。それは変化にはいいことがあるかもしれないと思っているからだ。

B：身体に関するスキル／能力のレベル（低－高）
グループは身体的な活動において妥当なレベルを保つことができそうである。
　　　1　　2　　3　　4　　5
グループは課題に参加するための能力をセルフアセスメントすることができるようになりそうである。
　　　1　　2　　3　　4　　5
グループは健康に関することに反応し、責任を負えそうである。
　　　1　　2　　3　　4　　5
グループのメンバーは互いに進んで身体的なサポートをしそうである。
　　　1　　2　　3　　4　　5

　形成途中のグループの身体の状態や健康状態は多様である。グループのあるメンバーは肥満体で喘息がある。数人は自分の身体イメージを気にして、学校のスポーツに参加したりウエイトリフティングをしていたりする。多く

は喫煙者である。喫煙は確実にグループ内の問題となるだろう。特に計画されている２日間の探検は、学校の課外授業なので喫煙は禁止されている。数人の生徒は薬物とアルコールの経験を自ら認めているか、あるいは噂されている。１人は血糖値や食事に気を配らない糖尿病患者である。

S：背景に関するスキル／能力のレベル（低－高）

グループは活動が行われる環境を心地よいと感じられそうである。
　　1　　2　　3　　4　　5

グループのメンバーは参加に適した服装で来られそうである。
　　1　　2　　3　　4　　5

メンバーはグループの努力を支える強さを表すことができそうである。
　　1　　2　　3　　4　　5

グループは肯定的な変化を支えるシステムを持てそうである。
　　1　　2　　3　　4　　5

グループの外での関係がグループのプロセスに影響を与える可能性がありそうである。
　　1　　2　　3　　4　　5

　学校での関係と学業成績は、ほとんどの生徒が抱えている問題である。これらの問題は彼らに重くのしかかり、こうした感情が積み重なって妬みになる。ほとんどの生徒は家族に関わる仕事や責任（両親が働いているので小さい兄弟の面倒をみる、あるいはひとり暮らしの片親と住む）というような別のコミットメントを抱えている。また故意に参加には不向きな服装（ヒールの高い靴、ドレス）をしてくる参加者もいるだろう。家族の背景もさまざまで、彼らが受けたしつけについて話を重ねる中で、参加者全員がトラウマについて語っている。

スペクトラム
　　教育　　1　　2　　3　　4　　5　　治療

　グループは学校をベースに構成されているものの、治療の面がある。そこにいるのはすでに問題を抱えていて継続的に観察されている生徒たちである。ウェルネスのモデルではない。グループのメンバーが目標設定や問題解決のスキルを高めるための手段を提供することを最重視しているとも言える。そ

うしたスキルは、彼らが現在所属するあるいは将来戻るであろう他の集団にも応用できる、適応して生きていくためのスキル（ソーシャルスキル）である。

```
スペクトラム
    強制   1   2   3   4   5   自主的
```

　グループの約半数が、家庭裁判所の判決を受けてプログラムに参加している。残りは、自主的に参加しているか、学校から送られてきた生徒である。裁判所からの委託の参加は、強制選択である。グループのメンバーがプログラムを拒否した場合には、地域サービスに従事することになる。この選択は強制されている間、留置ほどの困難さはない。つまり本質的には、参加は自主的なものである。

テーマ
　サムのグループは、ほとんど「正常」（ABCの基準では）で、学校のプログラムをベースに参加する生徒によるテーマが混在した集まりである。半分は強制的な参加であるが、ほとんどの参加者は参加の意義を理解している。行動的な問題は深刻であるが、入院や施設収容する必要はない。個人的に心理療法を受けている者はいる。幅広い強みがある：スカウト活動での成功、スポーツ、フィットネス、学校、趣味、信頼する家族、リスクを負う能力、新しい人と出会う能力。

行動的な問題（DSM-Ⅳの表より）
- 対人関係に関するもの（行動的問題の3項目の全て）
- 物質乱用
- 不安に関するもの（全般性不安障害）
- 適応に関するもの

まとめ

　グループにいる人たちと活動するということは、相当な複雑さをもたらす。それは理論からも経験からも避けることはできない。この章は、アドベンチャーセラピーの本質的な活動である、2つのタイプのグループを示し、グループを形成するための手法を示唆してきた。グループの目的、扱う問題の種類、行う活動の深さを考慮に入れたグループ形成を考えるための変数についても明らかにしてきた。私たちは弱みより強みをもとにしたアセスメントの方が、最も有効な情報であると確信している。私たちはグループがスタートする前にメンバー一人ひとりの情報をできるだけ多く集めることを求めてきたが、その情報が間違っていることもあるかもしれないということに気持ちを開いていて欲しい。この章では求める情報を引き出すための質問の領域と有効な質問を示唆してきた。

　グループ形成に関する最終的な決定が、よく考えられ正当であると認められたアセスメントに基づいていれば、ファシリテーターは、グループに誰が適していて、誰が適していないかを的確に判断できる可能性がある。グループにもまた、成功する可能性が生まれる。それが、安全なスタート地点である。

第7章
進行中のグループアセスメント

アセスメントはグループ形成で終わるわけではない。それはグループの一生を通したダイナミックなプロセスである。つまりそれは変化志向であり、成長志向である。全体を振り返ってみればそれは正しいが、毎日の成長と変化になるとあまりにも動きが見えない。進行中のグループアセスメントでは、「今ここに(Here and Now)」を見ることが必要になる。定期的にその場にいて、そして継続的な観察と意思決定によって、場面に応じたアセスメントが行われる。進行中のグループアセスメントのためにサムと彼のグループへ再び入っていく前に、探求すべき2つの概念がある。それらをここで紹介するのは、インテイクアセスメントではなく進行中のアセスメントに当てはまるからである。
　それらは、
- グループの発展を通した、発達段階
- ファシリテーターの指示による活動から、グループ自らによる活動への変化、これらはシンプソンの「コントロール―エンパワーメント尺度」を通してアセスメントされる。

グループの発達段階

　私たちのグループアセスメントは発達段階を判断するために役立つ。これはグループがどの段階にいるかによって、その行動が異なるからである。発達段階の情報によりファシリテーターにとってパズルのピースをもうひとつ持つことになる。
　グループはある特定の段階から始まり、そしてある方向に動いていく傾向がある。たとえ特定の段階を繰り返し行き来することが起こっても、特定の段階に進んでいくということは、グループの記憶に染み込んでいく。例えばあるグループは始まりの段階では行儀よくしているが、一旦親密さが築かれると打ち解けて、そしてもがきながら進んでいくだろう。もしファシリテーターがグループの能力を超えた活動を計画していたら、グループのもがきは激しく、コントロールできないものになるかもしれない。もがくことは重要であるが、それにはグループが安全な場に行くことができる必要がある。この種の、今後起こるかもしれないこと、または起こっていることは、はっき

りしないし、すぐにわかるものではない。

　例えばグループは、ストーム（後述）の段階に入る。それは彼らの発達の段階の後半あるいは、かなり初期の早い段階で起きる。

　その後グループは、かなり明確な規範が隅々まで行き渡っている段階に移るかもしれないし、しかし彼らが自信のない問題につき当たり、フォーミングの様相に戻るかもしれない。

　体験に対するグループの反応をどうやって視覚化し、捉えることができるだろう？　さらには、この段階の情報をどうやってグループと一緒に進行している私たちの作業に活気を与えてくれるだろう？　これに答えるために、グループの段階に関する2つの理論を以下に示している。それぞれの焦点はわずかに異なるが、グループの発達の実際を理解するために役立つものである。

- タックマンのライフサイクル
- シンプソンのコントロール－エンパワーメント尺度

❖ タックマンのライフサイクル

　タックマン（Tuckman, 1965）、シュルツ（Schutz, 1971）、ビオン（Bion, 1961）は、グループのプロセスを人間の誕生から死というライフサイクルになぞらえている。彼らはグループのライフサイクルの中に4つの段階、フォーミング、ストーミング（コントロール）、ノーミング、トランスフォーミング（ターミネーティング）があると考えた。これら4つの段階はウェーバー（Weber）によっても使われたもので、以下に簡単に説明する[1]（Weber, 1982）。

＞＞フォーミング（Forming）

　新しくできたばかりのグループではリーダーシップを巡って牽制し、誰に従うべきかを探っている。そこには混乱や心配もあるが、喜びもある。このグループがどうなっていくのか片鱗をみることができる。これはグループにとって大切な時間で、何かを成し遂げる。参加者はストーミングの段階よりもこの段階での方がお互いやリーダー達を楽しませたいと思っているからである。ここでの確かな手応えと共にすぐに成し遂げことは、今後の礎となる。「でもほら！　前にも同じことをやったじゃないか。あのときは最高の気分だったね。今度もうまくいくよ」

>> ストーミング (Storming)

　この段階はコントロールの段階と呼ばれることもある。ウェーバーは「メンバーにとってもグループにとっても、我慢が必要な、おそらく最も難しいステージだろう」[2] (Weber, 1982) と述べている。まずメンバー同士が親しくなるにつれて否定的な行動が増える。そしてファシリテーターが試され始める。この段階はまさに徹底的に知り合っていく時間と言ってよいだろう。グループのメンバーは行動を通して問いかけている。「このグループは安全だろうか?」「自分は本当にやりたいことをやっているのだろうか?」「ファシリテーターは私たちに対処できるだろうか?」と。まだその時々の状況に振り回されているだけで、主体的な行動や相互依存はほとんど見られない。達成経験や交渉する経験を積むことが大切で、そこから彼らは次の段階に進むためのしっかりとした足場を得ていく。この段階で、アドベンチャーグループでやっていくためのスキルを形にして教えなければならない。そうすると参加者は自分でスキルを磨いていくことができる。

>> ノーミング (Norming)

　この段階では、グループはまとまりのあるユニットとして機能し始めている。自分たちのやっていることに満足し、自分たちの強みを活かそうとする。またファシリテーターたちに頼ることをやめ、イニシアティブを取るようになる。さらにグループが目的を達成することに誇りを感じるようになる。目標や行動ということについてお互いに直面化することを恐れないようになる。

>> トランスフォーミング (Transforming)

　「完結期 (Terminating)」ともいわれる。グループが目標を達成するか、またその前に時間がなくなった場合、必ず行わなければならない手続きである。ウェーバーによると2つの選択肢があると言う。ひとつは「再定義 (redefine)」で、新しいテーマと日程を組んでやり直すというものである。もうひとつは「解散 (disengage)」である。

> 「グループはその将来を決めなければならない。そうでなければグループは満たされない気持ちを引きずっていくことになる……」[3] (Weber, 1982)

❖ シンプソンの「コントロール－エンパワーメント尺度」
（Control-to-Empowerment Scale）

「コントロール－エンパワーメント尺度」（以下参照）は、PAで高い成功を収めているジョージア州、コービントンオフィスのディレクターである、シンディ・シンプソン（Simpson, C.）によって作られた。この尺度は裁判所から委託された青少年向け宿泊型の治療プログラムの中で発展した。この尺度はファシリテーターによる指示的なコントロールから徐々に自発的、自治的な行動へ動いていくことを通して、グループが進歩していく発達的な段階を示している。

全てのアドベンチャー活動にとって最良の結果とは、これらの概念をそれぞれの状況に適用されることによって得られる。ファシリテーターはこのパターンを使って、そのグループのタイプに応じた成長のパターンを発展させることができる。例えば、成人の回復プログラムでは、正直なフィードバック、目標設定とモニタリング、リーダーシップへの意欲、前進し健全なリスクを負うことへの能力などが、1から10の尺度のような形で使えるかもしれない。コントロールのレベルには幅広い差異があり、どの程度のコントロールから始めるかは、グループメンバーが最初のミーティングでに持ち込んでくる問題や状況がもとになる。例えばグループになる前の約束事はあるケースでは全くそぐわないものかもしれない。

```
     コントロール                  エンパワーメント
  1    2    3    4    5    6    7    8    9    10
```

1. ファシリテーターは、「グループになる前」のフルバリューコントラクト（FVC）にサインするように参加者に求める。グループはこれからフォーミングの状態になる。参加者のリーダーシップは明らかではない。グループの成果はわずかにあるかないか。ファシリテーターは全てのグループの機能をコントロールしている。

2. グループの中に親近感がある。すでにいくつかの体験が行われている。ファシリテーターは「確認（チェックイン）」や**グループコール**（グループにフルバリュー行動を求め、グループメンバーに解決のための課題提示（コンセクエンス）についての意見を求め、どんな課題を出すかの指示を出す）をする。

3. グループのメンバーは彼ら自身のフルバリューコントラクト（**クイック・バリュー**またはルール）を作ることが求められる。「確認（チェックイン）」に関する説明（毎朝、必要なときになど）をして、**グループコール**が与えられる。ファシリテーターも引き続きロールモデルとして「確認（チェックイン）」と**グループコール**を続ける。
4. 参加者は、ファシリテーターの助けを得ながら「確認（チェックイン）」をうまく使い始める。**グループコール**はまだファシリテーターがしているが、少なくとも1人か2人の参加者は、その概念を理解している。
5. グループは、フルバリューコントラクトが自分たちにとってどのように見えるか、どのように感じるか、どのように聞こえるかを決定するプロセスに関わる。これは、「最大限の（フル）」、「価値（バリュー）」、そして「契約・約束（コントラクト）」を分けて定義することによって成し遂げられる。これらの言葉は、どう見えて、どう聞こえていて、どう感じるかの観点で模造紙に記述される。グループのメンバーは模造紙にサインをし、それが契約・約束になる。より多くの参加者が**グループコール**を呼びかけ、より多くのグループのメンバーが解決のための課題（コンセクエンス）を出している。
6. グループのメンバーは、毎日「確認（チェックイン）」とフィードバックをしている。12人のメンバーの内、6人から8人が**グループコール**ができ、投票ができる。
7. グループのメンバーはフルバリューのシンボル（**ビレッジ**、**彫刻**）を作るよう求められる。このシンボルには個人の目標設定も含まれている。またコントロールする必要のある否定的な行動が何であり、どうすべきなのかも含まれる。
8. 12人中10人が**グループコール**を行うことができる。目標とルールが含まれたフルバリューのシンボルは契約・約束になる。参加者はこれにサインをする。参加者はセルフアセスメントをし、継続的な目標設定とその再検討に参加することができる。
9. グループのメンバーは、奉仕を目的とするプロジェクトについて理解し、参加できるようになる。
10. グループは、ファシリテーターからの最低限の指示によってスムーズに流れている。グループの中に友情と愛情が明らかに見て取れる。

ファシリテーターは、グループのライフサイクルの中でこれらのチェック

項目を使うことができる。これはGRABBSSアセスメントを使って焦点を当てていくものである。グループのフォーミングは基本的な信頼に基づいているのだろうか？　グループのストーミングは正直さに基づいているのだろうか？　ファシリテーターはどの程度コントロールする必要があるのだろう？　では、以下にあげるサムのグループのシナリオに、タックマンとシンプソンの概念を、当てはめてみよう。

> 　サムのグループは、アパラチアントレイルを進んでいる。水ぶくれができそうな歩き方である。ハイキングはまだ始まったばかりだ。涼しい朝で、学校は休みである。何人かは体調がよいが、その他のメンバーは、溜め込んだ若さのはけ口にタバコを吸いすぎ、飲みすぎていた。バックパックは、非常に重く、柔らかい皮膚に擦れていた。突然、なだらかで舗装された道が終わり、グループは、細く、岩がごろごろして、山に向かってまっすぐ伸びたトレイルを駆け上がっていく。彼らは、これまでと同じ勢いでそのトレイルに向かっていく。背が低くて体格のいい少女、バレリーは、後ろの方に遅れ始める。彼女にとっての運動習慣とはタバコをたくさん吸うことだ。彼女は乱暴な口のきき方をし始め、目にはかすかに涙が滲んでいる。半分登ったところで、彼女はバックパックをはぎ取って茂みの中に投げ込み、大声で言う。「このクソ崖には登らない」。**グループコール**がなされ全員が集まってくる。彼女は息ができないほど、しゃくりあげている。
> 　このグループは信頼関係を構築する活動のシークエンスを重ねながら、8週間を共に過ごしてきた。信頼関係を築く活動は、この瞬間に最高潮に達している。暑さ、16kgの荷物、これから先19kmの行程、グループの強みと弱み——これらは全て、災いのもとか、これまでに積み上げてきた努力を試す場のどちらかである。参加者は笑って、バレリーをタバコ吸いのデブと呼ぶだろうか？　ファシリテーターは介入して活動をコントロールする必要があるだろうか？　ファシリテーターは後ろに控えている。ファシリテーターはこの瞬間のために、このグループをファシリテートしてきたのだ。コントロールか、エンパワーメントか？　ストーミングか、ノーミングか？　その答えを待っている。ジャメイルがリーダーシップを取り、「僕たちが君の荷物をいくつか持ったら続けるかい？」とはっきりした口調で尋ねる。チャックは小声で、誰の荷物も持ちたくないとぶつぶつ不平を言っている。グループの残りのメンバーはチャックを激しく非難する。サムは、「手伝わせて」と言って、手を

> 差し出し、バレリーは、サムの手を取る。荷物は軽くなり、ハイキングは続けられる。

　サムのグループはどの段階にいるのだろう？　タックマンの研究をふりかえると、彼らはフォーミングとストーミングの間で揺れていると言えるかもしれない。ファシリテーターは意識的にプロセスを信じると決めている。ファシリテーターはグループのリーダーシップが現れるかどうかを疑っている。そして、それが起きる。ジャメイルがリーダーシップの役割を取る。残りのメンバーは彼のリードに続き、バレリーの荷物を引き受けるという選択をする。これは少しわかりにくいが、グループはより高い段階である自己犠牲の能力を表し始めている。「コントロール―エンパワーメント尺度」の観点から、彼らは4か5の位置にいるようである。彼らは経験豊かなファシリテーターからの示唆を受けることなく、この問題を自ら解決した。彼らは自己主導性に関する責任感に必ずしも居心地がよくなかったが、ジャメイルが挑戦しようとし、残りのメンバー（の大部分）はそれについていく準備ができている。

❖ ライフサイクル、コントロール―エンパワーメント尺度、フルバリューをグループに応用する

　進行中のアセスメントに不可欠な要素として、フルバリューの概念を心に留めておくことは非常に重要である。上記のシナリオで、グループのメンバーはどのように参加しているだろう？　目標設定のプロセスはどこにあるだろう？　葛藤の中にあっても、グループは安全な場にいるだろうか？　グループメンバーの多くは、バレリーの否定的な行動から前に進むことができているだろうか？　表立った、あるいは隠れた気づかいが自分自身や他者にあるだろうか？　これらのフルバリューの質問に答えることが、アセスメントや活動の選択のヒントになる。

質問をする

　進行中のアセスメントでは、引き続き問うことに重きが置かれている。

ファシリテーターがまず質問から始めないで結論を出そうとするなら、その状況に対して先入観を持っていることになる。質問は格好いいものでも、きれいなものでもないが、質問によって問題の全ての面が現れやすくなる。質問そのものは、答えがあることを約束するものではない。したがって質問にはファシリテーターとしての観察力や考察が求められる。質問することによって、ファシリテーターはグループに何が起こっているかを見て感じ、それが次の戦略的な行動につながっていく。

　質問は「そのときその場で」することが求められる。つまりファシリテーターが何かを見たとき、質問は見たものそのものから作られるべきである。「成長のためにこの体験をどう使うことができるか？」と繰り返し尋ねるべきである。『Gold Nuggets』（詩や短文を集めたPAの書籍、邦訳未刊行）の共著者であるマイク・ストラトン（Stratton, M.）は、クルト・ハーンを好んで引用している。「私たちの障害は、好機である」。否定的な行動がグループに蔓延しているとき、それはグループのメンバーが学び、変化していくチャンスになり得る。もしファシリテーターが否定的な行動を単純に抑制するような対応しかしないなら、アドベンチャーのよさを生かしていない。でも、洞察、学び、そして変化を全てのやりとりに求めているわけではない。ただし、一つひとつのやりとりは体験全体の一部であり、重要で注目されるべきものである。最も些細な出来事が絶好の機会になり得る。「そのときその場で」する質問は「肯定的質問」のアプローチに属するものである。

　GRABBSSは進行中のアセスメントの中で繰り返し使われる。これはファシリテーターがグループと過ごす中で、自らに問いかける質問としても使われる。ファシリテーターの能力が深まり、より多様なものになるにつれて、質問の数は増していく。グループがコントロールからエンパワーメントの方向へ進む、あるいは目標設定が始まる中で、またグループがより適応性の高いあり方を形づくり始めるに連れて、質問の性質と焦点を変えなくてはならない。しかしグループはいつも同じところにいるわけではない。いつもひとつの方向に向かっているわけではない。彼らは常に、いろいろなスキルを行ったり来たりしている。すでに述べたように、信頼とはグループが手に入れたら、そこで終わりというものではない。グループの初期の段階であげられた質問は、今でも極めて重要なものである。ファシリテーターは、最初に尋ねた土台となる質問を決して忘れてはならない。

　グループに焦点を当ててグループが動いているので、提示の順序をひっく

り返す（グループアセスメントで始まり、個々人の視点が続いていくという流れ）ためにはよく考えた選択がなされなければならない。

アドベンチャーの強烈さと複雑さが増しているサムとそのグループに焦点を戻す。ハイキングの途中で荷物が森に投げられた出来事よりずっと以前の、3回目のミーティングにさかのぼって始めていく。

　サムの高校のテーマが混在しているグループの3回目のセッションのことである。メンバーはお互い顔見知りなのですぐに集まってくる。天候の崩れが心配されるため、グループは講堂のロビーにいる。短い導入の活動をいくつかした後、**アステロイド**が始まる。参加者は逃げまどっている他の参加者にフリースボールをぶつける。ウォームアップとしてもよく使われる、非常に楽しくて、活動的なアクティビティである。数人の参加者がボールを持てるだけ持ち、グループのメンバーめがけて至近距離からものすごい力でボールを投げ始める。彼らは囲まれたプレイエリアの周りを大声で笑いながら、狂乱して走り回っている。ファシリテーターは、活動を止め、投げ方の問題を話し合うためにグループを集める。彼は質問から始める。「ゲームの中で何が起こっていた？」「先週作ったバリュー（価値）を私たちは守っている？」ウィリアムが発言する。「先週、僕たちはお互いを気づかうようにしようと言ったけど、今はただお互いに攻撃しているだけだ」彼のその考えにメンバー全員が賛成している。他のウォームアップの活動が続く。

　グループの主な課題には、ハイエレメントをするための導入が含まれている。参加者は2週間後のハイエレメントの体験のための準備に1日を要する。参加者は、ハーネスのつけ方、クライミングギアの扱い方を指導される。ハーネスを完成させるためのロープの巻き方や結び方に苦心している生徒もいるし、スキルの習得に熱中している生徒もいる。サムにはノットの作り方についてのスキルがあるので、グループの仲間に教えている。その他の生徒はふざけて課題をないがしろにし、ハーネスについていかがわしい冗談を飛ばしている。ビレイ（ハイエレメントの活動で参加者の安全を確保するために使われる保護システム）がセットアップされる。ビレイヤー（高所の参加者の安全を確保し、コントロールする責任のある人）の役割を理解した後、2人の参加者がビレイをすると申し出る。彼らは自分たちの責任を極めて真剣に捉えていて、ロープのもう片方の先にいる人に対する偽りのない気づかいを表している。その後、ある参加者が他のメンバーに指導し始める。仲間の間違いを発見し訂正する。グループは

> 簡単なウォームアップとクライミングの練習のセッションを終える。最初はやる気だった数人の参加者が興味を失い始める。グループ全員が彼らと同じように素早くスキルを習得しないことにイライラしている。グループは混乱し始めている。2人の参加者がレスリングを始め、ファシリテーターに止められる。

　形は出来上がっているように思われる。しかしこのケースではグループの活動に関連する質問にのみ注目したい。ファシリテーターの思考を活性化させるためにたくさんの質問のサンプルを提示しているということを心に留めておいて欲しい。多くの質問は特定のグループには適するが、なかには適さない質問もあるだろう。
　サムのグループの3回目のミーティングは、まだグループの初期段階に位置している。これらの参加者のやりとりから何を学べるだろう？

❖ GRABBSS進行中のグループアセスメントフォーム: 強みを見つける

「目標（Goals）」に関する質問：グループ／能力のレベル（低―高）(NR＝not rated, 評価なし)
グループは目標設定のプロセスの知識を使える。 　　1　　2　　3　　4　　5　　<u>NR</u>
グループは目標設定に全力を傾ける能力を示している。 　　1　　<u>2</u>　　3　　4　　5　　NR
グループは一人ひとりの目標を支援している。 　　1　　2　　3　　4　　5　　<u>NR</u>
グループはグループの目標を理解している。 　　1　　<u>2</u>　　3　　4　　5　　NR
グループは活動の体験に基づいてグループ目標に磨きをかけている。 　　1　　2　　3　　4　　5　　<u>NR</u>
グループは否定的な目標を排除している。 　　1　　<u>2</u>　　3　　4　　5　　NR
グループは成功を次に生かしている。 　　1　　<u>2</u>　　3　　4　　5　　NR
グループ自ら目標に向かっている。 　　1　　2　　3　　4　　5　　<u>NR</u>
目標は達成されている。 　　1　　<u>2</u>　　3　　4　　5　　NR

ブリーフィングで目標設定について話し合われている。
　　1　　2　　3　　4　　5　　NR

フルバリューコントラクトを使っている。
　　1　　2　　3　　4　　5　　NR

　3回のミーティングを経験してきただけなので、グループのプロセスは、目標設定を扱うにはまだ未熟な段階である。メンバーは活動の目的は理解しているが、活動が成功するようにやることと、課題解決へのステップをつなげられない。グループの心を掴んでいるのは活動の目新しさだからである。これはロープの扱い方を学ぶことにもフリースボールをジャグリングすることから学ぶことにも当てはまる。このグループでは身体的な安全を確保するためのビレイスキルを学ぶ重要性に関して話し合いしかなされておらず、目標設定のプロセスに入っていく準備が実はできていない。破壊的な行動を止めさせるためにファシリテーターが**グループコール**するときにフルバリューコントラクトを使っている。

目標（Goals）に関する見解：
_____
_____
_____
_____
_____

レディネス（Readiness）に関する質問：グループ／能力のレベル（低―高）

グループのメンバーは時間通りに到着している。
　　1　　2　　3　　4　　5　　NR

グループのメンバーは定期的に出席している。
　　1　　2　　3　　4　　5　　NR

グループは活動に参加するのにふさわしい服装をしている。
　　1　　2　　3　　4　　5　　NR

グループは身体の安全を守る能力がある。
　　1　　2　　3　　4　　5　　NR

課題を理解している。
　　　1　2　3　<u>4</u>　5　　NR
課題とスキルが合っている。
　　　1　<u>2</u>　3　4　5　　NR
グループはフラストレーションを押しのけられる。
　　　1　<u>2</u>　3　4　5　　NR
グループは組織力や自己規律の能力がある。
　　　1　<u>2</u>　3　4　5　　NR
グループのメンバーはばかばかしいと思わずに遊ぶことができる。
　　　1　2　3　4　5　　NR
グループのメンバーは契約・約束をし、それを守ることができる。
　　　1　<u>2</u>　3　4　5　　NR
比喩とその他のつながりを使うことができる。
　　　1　2　3　4　5　　<u>NR</u>
グループは比喩を共に作ることができる。
　　　1　2　3　4　5　　<u>NR</u>
グループはふりかえりの中で、活動とグループのプロセスの間に、適切な関連づけができる。
　　　1　2　3　4　5　　<u>NR</u>
グループは、グループの中での学びとグループの外での体験を関連づけができる。
　　　1　2　3　4　5　　<u>NR</u>
グループは、フィードバックを聞き、肯定的な反応ができる。
　　　1　<u>2</u>　3　4　5　　NR
グループは違いを受け入れている。
　　　1　2　3　4　5　　<u>NR</u>
フルバリューが実行されている。
　　　1　<u>2</u>　3　4　5　　NR

　こうした集団の例に漏れず、すでに数人の参加者がグループについていけなくなっている。しかし中心となる残りの10人は、真剣に取り組んでいる（コミットしている）ようである。おそらく一服するために目立たない場所に行ってきたのだろう。彼らは数分遅れてだらだらと連なってやって来る。ファシリテーターはグループがあっという間に過剰に反応することをちゃんと意識していなければならない。そうでないと、安全の境界や活動の持っている精神の境界を越えてしまう。参加者は、危険が伴うときには指示を聞く

ことの重要さを理解できているようだ。気づかおうとしたり守ろうとする萌芽はある。彼らが他者に熱心に教える姿からわかるように、新しい学びの中で真の自尊心を得る者もいる。ふりかえりの中では、ファシリテーターは参加者と共に語り合ったことではなく、参加者に向けて一方的に話していたことについてふりかえっている。ブリーフィングでは、活動を注意深く設計する必要がある。現時点でグループが持っている、ファシリテーターが伝えたことを理解する能力と目標設定が合うようにしたい。

レディネス(Readiness)に関する見解：
_____
_____
_____
_____
_____
_____

「感情（Affect）」に関する質問：グループ／能力のレベル（低―高）

信頼のレベル（安全と境界）
　　　1　<u>2</u>　3　4　5　NR
他者理解のための傾聴がある。
　　　1　<u>2</u>　3　4　5　NR
グループは共に楽しむことができている。
　　　1　2　3　<u>4</u>　5　NR
グループはやる気がある。
　　　1　2　3　<u>4</u>　5　NR
無気力から熱のこもった、というスペクトラムの中のグループの位置。
　　　1　<u>2</u>　3　4　5　NR
核となる感情への理解がある。
　　　1　2　3　4　5　<u>NR</u>
グループのメンバーはお互いに手を差し伸べている。グループのメンバーは、互いに関わろうとしている。
　　　<u>1</u>　2　3　4　5　NR
こだわらず進むことができている。
　　　1　2　3　4　5　<u>NR</u>

分かち合いがある。オープンである。
　　　1　　2　　3　　4　　5　　NR

他の人の価値を下げることなく、感情が表現されている。
　　　1　　2　　3　　4　　5　　NR

感情の境界が尊重されている。
　　　1　　2　　3　　4　　5　　NR

グループのアイデンティティとなる感情がある。
　　　1　　2　　3　　4　　5　　NR

　グループの感情はその場の至るところに散らばっていて、「くらくらする」から「不機嫌」までさまざまである。彼らは遊ぶことはできるがすぐに収拾がつかなくなってしまう。また思いやりを持って接することはできるが、すぐに飽きてしまう。その場に留まっていられるように、常に強くかき立てることが必要なグループである。グループが完全な集中を保つために、ファシリテーターは、次々とコマ送りしていくMTVのような活動構成をする必要があるかもしれない。一般的に、生徒というのは気取った態度で自分の身を守っている。過度な熱狂や、退屈さ、苛立ちを乗り越えて、本当の感覚や感情を出せるだけの十分な信頼ができるには、もう少し時間が必要だろう。

感情（Affect）に関する見解：
_____
_____
_____
_____
_____
_____

「行動・態度（Behavior）」に関する質問：グループ／能力のレベル（低―高）

グループは活動に参加している。
　　　1　　2　　3　　4　　5　　NR

グループはブリーフィングに参加している。
　　　1　　2　　3　　4　　5　　NR

グループはディブリーフィング(ふりかえり)に参加している。
　　1　2　<u>3</u>　4　5　NR

グループは課題に取り組んでいる。
　　1　<u>2</u>　3　4　5　NR

グループは協力している。
　　1　<u>2</u>　3　4　5　NR

グループのメンバーはリーダーシップを表している。
　　1　<u>2</u>　3　4　5　NR

グループは失敗から素早く立ち直っている。
　　1　2　3　4　5　<u>NR</u>

グループはファシリテーターからの自立を見せている。
　　<u>1</u>　2　3　4　5　NR

グループは責任のある行動を示している。
　　1　<u>2</u>　3　4　5　NR

グループはより深い行動を通して不適切なアクティングアウト(行為化)を避けている。
　　<u>1</u>　2　3　4　5　NR

グループはアクティングアウト(行為化)しないで焦点を当てることができている。
　　<u>1</u>　2　3　4　5　NR

グループはリスクに立ち向かうことができている。
　　1　<u>2</u>　3　4　5　NR

明らかな否定的側面を強さに変えることができる。
　　<u>1</u>　2　3　4　5　NR

演じられている脚本(スクリプト)がある。
　　1　2　3　4　5　<u>NR</u>

他者に物事を教えたいという気持ちがある。
　　1　<u>2</u>　3　4　5　NR

グループのメンバーは役立つ行動と、役立たない行動の区別をつけることができる。
　　1　<u>2</u>　3　4　5　NR

グループのメンバーは価値ある方法で互いに助け合うことができる。
　　1　<u>2</u>　3　4　5　NR

　参加者が活動に集中することでさまざまな行動が表出する。特に身体的安全が危機にさらされるかもしれない活動でそれは起きる。グループのメンバーは、自分たちの行動が活動の成功にどのように影響するかをわかり始め

ている。メンバーは積極的に仲間を援助している。しかし彼らの行動がチームとして活動するという欲求を彼らの行動に反映するには、まだ少し時間が必要だろう。

行動・態度（Behavior）に関する見解：

___

___

___

___

___

「身体（Body）」に関する質問：グループ／能力のレベル（低－高）

グループは互いに身体的なサポートをし合うことができる。
 1 2 <u>3</u> 4 5 NR

薬物治療や麻薬に関わっていることが、グループの遂行能力に影響を与えている。
 1 2 3 4 5 <u>NR</u>

強さや忍耐力、健康的な要素がグループに影響を与えている。
 1 2 <u>3</u> 4 5 NR

グループに参加することと、身体的に良好であることを関連づけられている。
 1 2 3 4 5 <u>NR</u>

グループに参加することと、情緒的に良好であることを関連づけられている。
 1 2 3 4 5 <u>NR</u>

興味関心がボディランゲージに表れている。
 1 2 <u>3</u> 4 5 NR

グループは疲れを押しのけて進んでいくことができる。
 1 2 3 4 5 <u>NR</u>

グループに身体的、精神的な虐待の要素が持ち込まれている。
 1 2 3 4 5 <u>NR</u>

グループは個々人の身体的な制約に気を配り、支援的でいる。
 1 2 3 4 5 <u>NR</u>

　このグループは身体を動かしたいグループである。ビレイの活動は、何人

かにとってはあまりにもじっとしている活動であるが、幸運にもいきなり動き始めるよりも教える役割に関心が向けられている。心と身体の関係については、あまり深く考えられていない。ここでもGRABBSSの領域の慎重な観察から学ぶことがたくさんある。また、もともと運動好きでリスクを好む参加者の性質と、活動を使った体験がうまくいって欲しいと願う。

身体(Body)に関する見解：
___
___
___
___
___

「背景(Setting)」に関する質問：グループ／能力のレベル（低―高）

物理的な環境がグループに影響を与えてる。
　　1　　2　　3　　<u>4</u>　　5　　NR

その活動を完結するために、適切な援助がある。
　　1　　2　　3　　<u>4</u>　　5　　NR

グループは天候に対して備えている。
　　1　　2　　3　　4　　5　　<u>NR</u>

課題を達成するための時間がある。
　　1　　2　　<u>3</u>　　4　　5　　NR

グループ外の問題(家庭、コミュニティ、他のグループ)がグループに影響を与えている。
　　1　　2　　3　　<u>4</u>　　5　　NR

家庭での行動がグループの中で行動に与える影響をアセスメントすることができる。
　　1　　2　　3　　4　　5　　<u>NR</u>

グループ外の問題のうち、グループの中での行動に与える影響をアセスメントすることができる。
　　1　　2　　3　　4　　5　　<u>NR</u>

メンバーはグループ内の類似点、相違点を理解し、行動で示している。
　　1　　2　　3　　4　　5　　<u>NR</u>

多様性の問題がグループの遂行能力（パフォーマンス）に影響している。
1　　2　　3　　4　　5　　<u>NR</u>

　学校での態度と行動が、グループ内でも続く。ファシリテーターは、学校からの物理的な距離とグループの中での正直な関わり合いに明確な関係があることに即座に気がつく。何人かの参加者は学校からお互いを知っている。学校という環境は、これらの生徒に本人たちにとっての安全な場所を提供してしまい、他の生徒と溶け込むことを難しくする。この状況を救うことは難しい。お互いを知っている参加者たちは、お互いの否定的な行動を糧にしている。排他的な仲間集団と他のグループでの体験の架け橋はこれまでのところ存在しない。この架け橋はグループプロセスが時間をかけてはるかに進んだときに起こることだろう。

背景（Setting）に関する見解：

_____
_____
_____
_____
_____

「グループの発達段階（Stage of Development）」に関する質問／能力のレベル（低―高）
コントロール―エンパワーメント尺度での位置
<u>1</u>　　2　　3　　4　　5　　6　　7　　8　　9　　10

　8回目のセッションでサムのグループが行ったハイキング（この章の前半で述べている）を見てみると、このグループは3回目のミーティング以来、明らかに進歩している。3回目のミーティングでは、ファシリテーターは、管理的なリーダーシップのスタイルで、数cm進むことが、数km進むことのように感じられた。

> フォーミング、ノーミング、ストーミング、リフォーミング、トランスフォーミング（ターミネーティング）のどれか。
>
> →フォーミング

　ここでの評価は、シンプソンの尺度と対応している。グループとしてのアイデンティティはなく、活動を完了するための指示が必要。

発達段階 (Stage of Development) に関する見解：
_____
_____
_____
_____
_____

　GRABBSSアセスメントをより深く理解するために、サムと彼のグループの体験を通してGRABBSSのそれぞれの要素を見ていこう。彼らがさまざまなセッションで協力し、互いに関わり合うにつれ、私たちは個別のアセスメント項目を発展させることができる。

❖ GRABBSSの視点
>> **目標 (Goals)**

> 　グループはローエレメントにやって来た。**ヒッコリージャンプ**（地面から約2mの高さの空中ブランコに向かって、参加者がプラットフォームからジャンプする）でのジャンプを待っている間に、サムはマリファナの問題と向き合うことを決意する。サムは目標をグループに宣言し、彼が切り株に立つまでの段取りを確認する。彼は外れた位置にいるスポッターに神経質に指示を出し、「みんな本当に僕を受け止めてくれるんだね？」と言う。メンバーは力強くうなずく。サムはそこにたどり着くまでにさまざまなことをした。グループは、どのように彼をスポッティングするかを話し合い、さらに**ヒッコリージャンプ**をやりたいという彼の願いと、マリファナをやめたいという願いとのつながりについても話し合った。この活動は1人では達成できない活動であり、サムがやりたいと思ったことに重みがある。彼にとって「信頼」は長い間の課題である。

> グループはしっかりとスポッティングをするという目標を設定する。サムはジャンプする。バーを掴むことはできなかったがグループは彼を安全に受け止める。

> グループは目標設定のプロセスの知識を持っている。
> 　1　　2　　3　　<u>4</u>　　5　　NR

　グループに目標設定を求める前に、目標とは何であるかを知る必要がある。アドベンチャーの目標設定のプロセスは「イニシアティブ」の概念が中心に置かれる。私たちは、「イニシアティブ」が、全ての課題解決活動の名称になることを強く主張したい。イニシアティブとは、個人あるいはグループのメンバーが目的を達成するための努力のことである。その努力は特定の活動に向けられる。アドベンチャーの世界においてイニシアティブでは、問題を解決する参加者に焦点が当てられている。問題を解決することを決意することで、グループは課題に立ち向かうために目標に向かった決断をする。グループは、イニシアティブのプロセスに参加し、目標設定をしているだろうか？

　グループ中心のイニシアティブでは、グループがひとつになり、そしてメンバーの一人ひとりがその中にいて、課題を理解し、問題を解決することにコミットメントし、そして課題を達成することが求められる。メンバー全員が問題を解決するための方法に賛同をし、決定したステップに参加しなくてはならない。さらに、彼らはその計画が最も効果的なものであったか、あるいはもっと効果的なことができたのかを評価する必要がある。

　上の例では、サムのグループは、サムのスポッティングの問題を以下のように解決した。

(1) 彼らは、ジャンプすることとスポッティングの課題を理解し、活動とサムの薬物使用と関連づけることができた。
(2) 彼らは言語的、身体的にその課題に全力を傾けた。
(3) 彼らは、サムがどんな風にジャンプするのかを理解し、受け止めることによって課題解決をした。そして、サムが薬物使用に立ち向かっていけるよう、その方法について議論した。

（4）彼らは、サムがジャンプし、それを受け止め、そして彼の思いや気持ちを聞いてそれに答えることでその課題を達成した。
（5）彼らはその活動がどのように行われ、これから先のサムと他のグループのメンバーの体験にどう影響するのかを確認した。

グループは目標設定にコミットする能力がある。
　　　1　　2　　3　　4　　5　　NR

何かをしたいと思うことは、前に進んで実行することとは別のことである。コミットメントするということは、はっきりと決心することを含んでいる。例えば、「私はそれをやらなければならない。なぜなら私はやると言ったから」というように。サムが高い台の上に立つためには、ジャンプしたい、薬物使用と向き合いたいと思うだけでは、不十分である。他に必要なものがある。サムがバーに向かってジャンプするとき、彼はそれを1人でやっている訳ではない。そこにいて受け止める人たちもコミットメントしなければ、サムがケガをしてしまう。

コミットメントの度合いを測るには次のような点を観察する。意思、最後までやり抜くこと、無理強いの必要性、複雑さに対処する能力。ファシリテーターはよく、非現実的な基準を設けてコミットメントはないと決めつけてしまうかもしれない。高いレベルでのコミットメントが実は（出席や協力などのように）、目立たない領域で行われているときには。

目標は達成されている。
　　　1　　2　　3　　4　　5　　NR

サムのジャンプとバーをタッチし損ねたことは、目標の達成なのか、それともコミットメントの失敗なのだろうか？　ここを出発点にして、私たちは個人に対する進行中のアセスメントに入っていく。この活動の中でグループのメンバーが何に向かって力を注いでいたのかという視点で見ると、グループは安全なスポッティングを提供するという目標を設定しその通りに実行した。彼らの注意はサムに向けられていた。彼らは正確なスポッティングの位

置につき、励まし、サムの目標設定のプロセスの中で、彼らの役割を言語化することができた。グループにとってはサムの取り組みを支援するというグループの目標を成功させることができた。サム自身がふりかえりの中で、自分自身の取り組みをどう見ていたかについては今後見ていくことにして残しておく。「完璧な挑戦」というものは、何らかの解決につながらない限り、何もしなかったのと同じである。それは失敗かもしれないし、素晴らしいとは言えないかもしれないが、終わったことなのである。やめたいという気持ちは、何かを完了するときのことを考えると沸き起こってくる。何かが終わると周囲の人がその結果を見ることができる。一方で、もしある人が何かの最中にいたら、それはまだ評価されない。しかしそれが完了すると、その結果が明らかになり、評価される。変容のプロセスの中でそれは脅威である。新しい課題に対して自分がどのように成功するかを予測するのは難しい。評価への恐怖は達成へのコミットメントを困難にする。少なくとも、サムはジャンプした。

フルバリューコントラクトを使っている。
　　　1　　2　　3　　<u>4</u>　　5　　NR

　グループは適切なフルバリューの規範を教えられてきたか？　それに対して必要なコミットメントをしていたか？　グループは規範的な価値を使うことができるか？　フルバリューは、価値のあるアセスメントのツールである。なぜならフルバリューは深く相互に関わるからである。つまりそれはグループによって合意された特定の行動をたくさん含んでいる。こうした行動は、グループとファシリテーター間のやりとりの観点からみると使いやすい。フルバリューコントラクトは、一連の目標で、グループが常に管理をしなければならない。このグループの話の中では、フルバリューは非常に高い効果を発揮する。サムが永遠に丸太の上にいるのではないかと思うくらい行くか行かないかを決めかねているときも、誰も彼を見下したりしない。彼がバーに触れられなかったことを誰も馬鹿にしたりしない。グループの思いやりと真剣さは最も重要な指標である。サムのジャンプを真剣に待っているときの彼らの緊張した表情が全てを物語っている。

>>レディネス(Readiness)

ファシリテーターは、サムのグループに**ステッピングストーン**（参加者が乗れる硬い発泡ブロック使って横断して行く活動）をしようと計画している。それぞれの「石（発泡ブロック）」はグループのメンバーが学校でも続けていくよい行動を表している、という比喩を使った導入をする。グループが「石」を使って渡っていかなくてはならない場所は、「シアトルの都市部の貧困地帯」を表している。ファシリテーターは、グループを迎え入れるときに、2つのことを見つける。(1)新しいメンバーが1人入ってきている。(2)数人はレスリングをしていて、やや手に負えない状態である。活動が始まると、数枚の「石（発泡ブロック）」は、フリスビーにされている。その1枚が生徒の頭に当たり、もう1枚は、丘の中腹近くに飛んでいく。ファシリテーターはグループを落ち着かせようと非常に指示的になる。生徒たちは「石」の上に乗ると、誰を一番に押し出すかの合戦に興じている。彼らは単純にまだ比喩を扱う準備ができていないか、あるいは彼らが一定の時間、集中する準備ができていないかのどちらかである。ファシリテーターはその活動を一旦止めて、後でもう一度やることにし、代わりにいくつかのゲームと象徴的な導入を選ぶ。ファシリテーターは、ふりかえりでグループの行動について話し、特に身体的な安全が欠けていたことに集中しようとしている。しかしグループは押し合い、はねのけること、発泡ブロックを投げることを単なる「遊び」としか見ていない。そうすることは彼らにとって否定的な行動なのではなく、むしろいつもの関係なのである。

課題を理解している。
　　1　<u>2</u>　3　4　5　NR

　グループは**ステッピングストーン**の課題の具体的なやり方を理解している。しかし、それを比喩的な枠づけと関連づける準備はできていない。レディネスのアセスメントは、個人やグループが課題を理解する能力や、それに参加するために必要なスキルを実行する能力を測る。このため、認知の領域が構成要素の中心になる。ときに課題は複雑すぎるものになってしまうことがある。またレディネスはスキルを重視している。スキルにはスポッティングの体験からグループディスカッションの能力まで幅がある。私たちが課題に向

き合うとき、その課題に成功することもあれば失敗することもあるが、いくつもの認知の脚本（スクリプト）によって、課題解決を行う。これまで見てきたように、このグループは課題を扱うことができない。とういことは、彼らは、成功につながらない脚本（スクリプト）を繰り返し使っているからである。

課題とスキルが合っている。
　　　<u>1</u>　　2　　3　　4　　5　　NR

　目標を設定し、その目標に到達するための厳しい計画を立てるというやり方がある。しかし、もしグループがそのスキルを持っていないときには、先に他の問題に焦点を当て、スキルを獲得できるようにすることが重要である。今回の場合、認知能力もコミットメントの度合いも低い。私たちはスキルのアセスメントを「ハード」と「ソフト」に分ける傾向がある。しかし多くの例に漏れず、この考え方はどこでも当てはまるものではない。多くの人にとって「ソフトスキル」（ふりかえり、アセスメント、関連づけ、個別化）は困難あるいはより難しく、「ハードスキル」（ノット、安全に関するクリティカルアイ）は簡単である。ファシリテーターは、次のような質問を考えてみる必要がある。認知のレベルはどれくらいか？　参加者はどのように体験を解釈してきているか？　説明のスキルと安全の能力はどうか？　参加者は自己や他者を危険にさらそうとしていないか？　この活動をしている参加者は、挑戦し、達成する能力を持っているか？　参加者は自身が置かれている場を探索する準備ができているか？

グループは身体の安全を守る能力がある。
　　　<u>1</u>　　2　　3　　4　　5　　NR
グループは心の安全を守る能力がある。
　　　<u>1</u>　　2　　3　　4　　5　　NR

　グループはスキルを持っているかもしれないが、お互いの安全を守るという能力を伴わなければ、そのスキルには意味がない。グループの中の安全はどんな風かをさまざまな段階で尋ねることが重要である。グループは身体的

に（ケガの可能性の観点から）、精神的に（弱っている人を傷つけてしまうという観点から）安全であるか？　サムのグループは、多くの面での能力を秘めているが、メンバーを守るようになるまでには至っていない。

　グループのレディネスのアセスメントでは、ファシリテーターがこのグループに対して負うべきリスクの境界と心理的な深さが決められる。例えばそれぞれの「石（発泡ブロック）」を参加者が学校でも続けていくよい行動と見立てることは当たり障りのない関連づけであるように見えるかもしれない。しかしメンバーによっては重荷になる考えかもしれない。境界と心理的な深さを決定することは重要である。その決定はグループのレディネスの度合いにもよるし、グループの目的にもよる。特定の介入が明らかに必要に見えるかもしれない。しかし、ファシリテーターとグループのメンバーの間には、より深い所へ行くという「約束」がある訳ではない。

> グループは活動とグループプロセスの間に的確な関連づけができる。
> 　<u>1</u>　　 2　　 3　　 4　　 5　　 NR

　この例ではグループは互いのそれぞれのあり方を受け入れる準備がまだできていない。彼らは自分たちの行動が原因で、学校でうまくいっていないかもしれないこと、学校から「救いがたい不良少年」というレッテルを貼られているかもしれないということを受け入れない。前に進む大きな一歩は、グループが物事を違った視点で見ることを助けることである。つまり協力によって結果の成功や、「そういうことか！(aha!)」と思う体験をすることを促すことである。そしてそうした体験では、彼ら自身が関連づけていく。そうすると最終的にこれは別の状況でも現れる行動に発展していく（スパイラルアウトと言う）。しかし、今はまだ早すぎる。

　これは全ての関連づけに深さが必要だと言っているわけではない。始まりはシンプルな「イエス・ノー」の返答で十分なグループもあるだろう。もっと要求を高めることは沈黙とフラストレーションを招く。しかし、この時点でグループは全く関連づけができていない。幸運にもアドベンチャー活動の身体的な性質が役立つ。参加者はすでに何かを達成している。彼らはジャンプし、穴を通り抜け、障害物を越えてきた。彼らはただ関連づける準備ができていないだけである。

> 比喩と他の関連づけをグループに導入できる。
> <u>1</u>　2　3　4　5　NR

　ファシリテーターは意味づけを得意としているかもしれない。しかしグループはその意味づけに対処することができるだろうか？　この例では、グループは「石（発泡ブロック）」の山を見て、概念的な飛躍につなげることができない。このような場合は比喩が比較的シンプルで直接的なものであっても、もっと慎重になること、徐々に積み上げていくことが必要である。グループのメンバーがこうした高いスキルを身につけていくためにどのような教え方やプログラムの並べ方（シークエンス）が必要なのだろう？

>>感情（Affect）

> 　サムのグループの5回目のセッションである。ファシリテーターは前回のセッションで、ほとんど信頼がないことに気づいている。参加者は1人でいたり、馴染みのグループで固まっている。数人の生徒は冷やかされている。ファシリテーターはこのグループセッションのテーマを「信頼関係を作る」に決める。参加者は具体的な行動を好む性質があるため、グループでロープの結び方を含めたビレイの練習から始める。その多くは大切な実践のスキルの重要性に費やされる。「君たちは来週、お互いにビレイをし合う予定なので、これを学んでおく必要があるんだ」と伝える。「信頼」という言葉は使われていないが、信頼の概念はこの練習全体に行き渡っている。それは責任ある関係、今起きていることへの気づき、セルフコントロール、他者の努力を受け入れることという観点で伝えられている。ロープの張りと登り降りの感覚を疑似体験するために、かなり険しい丘の斜面を使う。長時間集中が保たれ、よいセッションとなる。特にビレイヤーが友人とおしゃべりしていて、ロープを緩めすぎたために1人の参加者が滑って落ちるという出来事の後は。グループはビレイヤーに食ってかかる。それは（意図的ではなかったが）その出来事とは不釣り合いな悪意のある激しさで満ちていた。ファシリテーターは、介入して、その不運なビレイヤーに対する攻撃を止めなくてはならない。ビレイの練習の後、グループは、3週間前に作ったバリュー（価値）をふりかえる。グループは「信頼」について身体的な安全と関連づけて話し続ける。しかしまだ、精神的なつながりに取り組んでいる。

```
信頼の度合い（安全と境界）
    1    2    3    4    5    NR
```

　サムのグループは信頼について話すことができるが、信頼と共に生きることは難しい。ファシリテーターはこのことを正確にアセスメントし、認知的なことではなく、実体験をしながら信頼を獲得していくことを選ぶ。ビレイの練習はかなりうまくいき、グループは長い時を過ごすことができるようになる。この段階では、グループは要求の高い厳しい状況で信頼を維持することと、彼らのやる気のない行動との間をつないでいくことが必要だろう。信頼の「実体験（doing）」は、ビレイラインを握ることとノットやハーネス、接続器具を確認することを通して行われ、思いやりの感情、責任の認知、安全の実行という信頼の全ての重要な側面が生まれる。

　ファシリテーターは、行動、ボディランゲージ、ユーモア、参加、リラクゼーションの反応の組み合わせを観察しながら、信頼についてアセスメントする必要がある。もちろん、信頼には深さがある。このグループには、身体的な信頼が必要のようだが、それが感情的な信頼には転移しないように見える。アセスメントの中で、グループの発達段階と同じように、信頼の深さについても測られなければならない。疑うこと（信じないこと）も現実が求めるなら、生きていくために不可欠である。

```
他の人の知覚（感じていること）に耳を傾けている。
    1    2    3    4    5    NR
```

　個人、グループ共に、互いの関係や環境に何が起こっているか気づいているだろうか？　グループのメンバーは互いに聞き合っているだろうか？　感情のアセスメントは、人となりやそのグループの感じ方を表している。注意すべき要因は何だろうか？　ファシリテーターやグループとつながりがあるか？　グループにしっかりと関わっているか？　ビレイの練習で見たグループの関わりの中で、参加者の会話が「正しくやること」──ノットが本結びではなく、縦結びなのを指摘すること──に焦点が当たっているとファシリテーターは気づく。間違いを正すこれらのやり取りは緊急を要し、その問題が正されている、または問題がファシリテーターと共有されていることを確

認する必要がある。

　気づいたことに耳を傾けることは、とても初歩的なことであるが、仲間のあからさまな、または隠された感情サインを無視し続けることに大きなエネルギーを使ってきたグループにとっては大きな前進である。より深く聞くことは、グループの中の関係性に紐づいている個人の感情や、課題や問題とつながっている個人の感情を認めることである。

無気力から熱のこもった、というスペクトラムにおけるグループの位置
　　　　1　　　2　　　3　　　4　　　5　　　NR

　このスペクトラムは無気力（低い、打ちひしがれた）から熱のこもった状態（参加者は興奮していて、コントロールが効かなくなる可能性）に広がっている。

　このスペクトラムの両端は、困難な状態を意味している。したがって適切な意思決定が求められる。片方の端では、エネルギーが必要である。つまり課題に向かって気力を高めていく能力が必要となる。もう片方の端では、身体的にも感情的にも傷つく人が出ないように、コントロールすることと焦点を当てることが必要である。このグループはそれなりの目に見えるリスクがある激しい活動に参加するときに、最善を尽くすように見える。活動が刺激的になりすぎないように明確に線引きをする必要がある。グループのエネルギーはどこにあって、そのエネルギーのために何をするべきか？

核となる感情について理解している。
　　　　1　　　2　　　3　　　4　　　5　　　NR

　核となる感情については3章に書かれている。ここにいる参加者は感情にどのくらい気づいているだろう？　彼らはその感情に関してもっと学ぶ必要があるだろうか？　彼らは感情について話し合うことができるか？　例えば自身の怒りに対処するための方法を見つけることができるようになるということは、感情や行動に責任を持つために必要なことである。ファシリテーターは、参加者が自身の感情に気づいているかどうかだけではなく、それら

の感情が向社会的行動に注がれているかも判断する必要がある。

　ふりかえりでは、丘の中腹での出来事について再び触れる。ファシリテーターの優しい励ましを支えに、ビレイヤーはパートナーを落下させてしまったときの恥ずかしい気持ちを話すことができる。グループの他のメンバーは、今度は見下すことなくサポートする。ここでのポイントは、適切にフィードバックをする手助けをすることである。彼らには共感する可能性が見られる。ゆっくりと進歩している。

分かち合いやオープンさがある。
　　1　　2　　3　　4　　5　　NR

　グループは、親しみや率直な話し合いができる場にいるか？　そうだとしたら、その話し合いは参加者が関連づけをする手助けになり得るか？
　何らかの変化が起こる前には、心を開かなくてはならない。変化は腕組みや反抗ではないものに迎え入れられる必要がある。信頼している瞬間、危機があるとき、誰も否定できない成功を修めたとき、グループや個人の心は開いている。丘での出来事はその機会になる。私たちはこの感情の状態を見い出すために懸命に活動し、それが起きたときに私たちが取る行動は重要である。

>> **行動・態度(Behavior)**

　今日の計画では**トラストシークエンス**（地上で後ろに倒れる活動。お互いを受け止め、守るために、参加者のより強いコミットメントが要求される）をしていこうとしている。グループは少し浮わついている。ファシリテーターがスポッティング（保護する役割）を教えている間、彼らは笑ったり、話したりしている。グループが最初の受けとめる活動をしているとき、ファシリテーターは、彼らの行動にほとんどコミットメントが見られないことに気づく。参加者の1人は、スピーカーを鳴り響かせて走っている最新の車を見ている。もう1人は、パートナーが仰向けに倒れるとき、手を下げるような真似をしている。参加者は**2人組トラストフォール**で、お互いを受け止めるためのコミットメントができない。ある小集団は、プログラムをしている場所の隣にある、低いス

第7章 ❖ 進行中のグループアセスメント　191

チールワイヤーロープの所まで行き、ワイヤーロープに乗ってどれくらい遠くまで歩けるかを試している。その1人がひどい落ち方をし、すぐさま起き上がって「大丈夫だよ」と叫ぶ。彼は足を引きずりながら、みんなの後ろにつく。信頼し、信頼されるレディネス（準備）が不足している行動的なサインが至るところにある。リスクを負う活動が続くが、グループは潜在的なトラブルに向かって揺れながら進んでいる。ファシリテーターはこうした動きを見ながら、グループが次にどこに行く必要があるかを刻々と診断していく。

参加度はどうか？
　　　1　　2　　3　　4　　5　　NR

　グループのメンバーがABCグループへどのようにして参加に至るかは、しばしば友人、家族、学校やコミュニティといったその人の属する全てのグループへの関わり方を反映している。

　何人かはグループの様子を見に来て、決して戻ってこない。たとえ粘り強くおだてたとしても。他の人はやって来て物事があまりに生々しくて現実感が強くなると去る。また何人かは、グループに来てそのまま居続けるが、グループのプロセスには全くつながらないように見える。しかし彼らはじっと見ていて、自身が傷つくかもしれないようなリスクを負うのに十分に安全だと感じる環境を待っている。そして心地よさや健全さをぶち壊すことを使命にしている破壊的な参加者がいる。彼らにとって、心地よさや健全さは恐れや不安を生み出すものなのである。サムのグループのこの一場面は参加に関して、私たちに何を語りかけているだろう？

　参加の度合いは、行動に関する重要なバロメーターである。姿を見せる、あるいは、ここにいるということは、熱心な参加の可能性を表している。真に「ここにいる」ということは、つながり、存在を表す。参加とは集中して取り組むことを前提としているが、その反対が必ずしも正しいとは限らない。参加とは関わり合うことを表し、それは高いレベルのスキルである。参加に向けたスキャニングでは、気が進まない感じや挑戦的な態度が見られる。またやってみたいという意志を見ることもできる。参加の度合いを聞いていると、それがどんなに乏しくても、何かが起こるという希望の感覚が生まれてくる。

> 活動の中に、行動に関する脚本(スクリプト)があるか？
> 　　1　2　3　4　5　　NR

　アドベンチャーの「実体験(doing)」は、習慣になっている行動、これまでになかった行動の両方を誘発する。参加者は習慣的になっている行動パターンをグループにもたらす。また彼らは変化するために新しい行動に挑戦する力ももたらす。肯定的な行動の見通しを持ちながら、それを大きくしていくことが重要である。行動や態度を判断するとき、ファシリテーターはグループのメンバーを全体的な視点から見る必要がある。否定的なことは、この見通しで肯定的なものに変化させることができる。例えばアクティングアウト(行為化)した行動は、エネルギーや自発性を意味し、肯定的な方向性を必要とする。またそれらはサバイバー(生存者)の行動も表している。いつも「正しいことをする」のは、コーピング(対処)メカニズムが働いている。コーピングメカニズムは一度現れると、真に人間的で正統であることを感じ、失敗を受容し、本当の気持ちと決意を受け入れられる。否定的な習慣が概念化されるとそれに代わる方法を作り上げることができる。代替策がはっきりしてくると、否定的な習慣を手放すことができる。「手放すこと」がさまざまな方法で起きてくる。

> 勝手な振る舞いがある。
> 　　1　2　3　4　5　　NR
> アクティブアウト(行為化)がある。
> 　　1　2　3　4　5　　NR

　勝手な行動とアクティングアウト(行為化)を区別することは有益である。勝手な行動は解決すべき問題とつながらないばかげた行動である。
　アクティングアウト(行為化)は、何かの問題がそこにあるからである。つまりその参加者が必要とする治療的な取り組みとつながっている。例えばかんしゃくや反抗として表れた自己破壊的な行動は、参加者の人生経験のひとつである。参加者を手助けする視点からアセスメントするとき、あらわになる行動から何を選り分ければいいのだろう？
　リスクを負うということは、全ての変化を起こすエンジンである。たとえ

それが無謀だとしても、個人が持つパワーのサインでもある。そのパワーが伝わるようにすることは、素晴らしい機会になる。青年期の真っ只中にいるサムのグループのメンバーは、典型的なリスクテイカーである。彼らは、自然に、そして化学的にハイになる方法を見つける。彼らの選ぶリスクの多くは、「愚かなリスク」に分類される。「愚かなリスク」は、大人たちからの拒絶、怒り、恐れ、悲しみ、困惑をもたらす。ここにいる参加者に必要となるアドベンチャーの力とは、その渇望を知的なリスクを負うことにつなげる能力である。知的なリスクとは生産的で成長志向のものである。行動そのもののスリルは別として、自己満足、達成感、そして他者からの承認や肯定といったスリルがある。この承認は、一旦受け入れられると、多くの古い傷を癒す薬になるだろう。

>> **身体（Body）**

　グループはテーブルの周りに集まり、これから始まる遠征──2日間、25kmの行程のハイキング──に向けて地図を研究している。彼らが担ぐパックは大きくて、16kgある。グループのメンバーの多くは喫煙者で、数人は肥満に近い体重過多で、2人は喘息で吸引器を携帯している。タフで引き締まった体をしているのは、ほんの数人だけである。グループはすでに、この旅を成功させることに関する不安を言葉で表現できるところまで達している。グループの身体能力の心配から、調整と妥協についての話し合っている。彼らは一定のペースを守り、健脚のメンバーを後方に置くことに同意する。休憩を取りながら歩き、常に自分の前にいる人が視界に入っているようにすることに同意する。喫煙者は遠征の間はタバコなしで過ごすこと、旅の直前の週はタバコの本数を減らす努力をすることを誓う。個人の能力や限界に応じて活動を調整してもよいことにしていると同時に、グループは自分の体調を自分で診断してよいことにしている。

　セッションが終わりに近づく頃、メンバーの1人が、「男女混合」のテントについて冗談を言う。グループのほとんどは笑っている。ファシリテーターが監視するために一晩中寝ないでいればいいとくってかかっている。バレリーは、いつもはあまり意見を言わないのだが、もし夜に男の子がテントの中にいるなら、母親は自分を参加させないだろう、と突然言う。彼女は、話すにつれ、次第に動揺してくる。ファシリテーターは介入して、男女一緒のテン

トは絶対にないと言う。

グループは個々人の身体的な制約に気を配り、支援的でいる。
　1　　2　　3　　<u>4</u>　　5　　NR

　サムのグループは、この能力を大きく伸ばしてきた。参加者はトレイルでの安全の問題を考慮に入れ、速く歩ける人はペースを落とすという計画を提案し、歩くことと休むことのサイクルに同意した。メンバーそれぞれが自分自身の健康の問題にも最大限の努力を投じている。健康の問題は、ハイキングを成功させるためのグループの能力を損なう恐れがあるからである。

薬物治療や麻薬に関わっていることが、グループの遂行能力に影響を与えている。
　1　　<u>2</u>　　3　　4　　5　　NR

　薬物摂取が医師の処方によるものであれ、参加者の自己判断のものであれ、ファシリテーターは細心の注意が必要である。薬物使用の兆候は、不明瞭な発音、ゆっくりした反応、注意不足、バランスの悪さ、体力や忍耐力の減少がある。また判断や焦点が様変わりする。治療中の人と回復期の人たちは、もう薬物を使用していなくても同じ特徴を見せる。持ち込まれる薬物の具体的な効能を知っておくことは重要である。

　薬物中毒の治療中、回復期の人たちは、深く危険な移行期にいる。特定の物質がその人を支配しているので、その物質以外のものが引き起こす刺激は、いつもと同じ常習性があるかどうか判断するレンズを通して見られる。アドベンチャーの活動はパワフルな比喩になり得るが、それに対抗する薬物中毒のパワーはもっと強いものになり得る。求められる変化は必ずしも永久的なものでなくていい。サムのグループでは明らかな薬物中毒のサインはなかった。薬物使用の問題があがっていたとしても、ハイな状態でグループに入ってくる参加者はいない。しかし身体的な兆候の観察を通して継続的に薬物使用の可能性をアセスメントすることは重要である。万が一、参加者がそのような状態で到着すれば、活動の最中に本当の危険が起こる可能性があるからである。

> 体力や忍耐力、全般的な健康の要素がグループに影響を与えている。
> 　1　　2　　<u>3</u>　　4　　5　　NR

　身体はセルフコントロールを知覚できる領域のひとつである。とりわけ人生の他の領域がコントロールできないように見えるときには。例えばサムはボディビルへの情熱によって、他者との関わりでは普段経験しない優美さとパワーを得ている。身体は大量の情報を伝える。身体の情報は、明らかに見えるものであったり、あるいは捉えにくいものであったり、あるいは他者の記録の中から見つけられることもある。否定的なサインには、落ち着きのなさ、肥満あるいは痩せすぎ、外見からの先入観、怯えや指先でコツコツたたく、そして薬物使用の状態（目の拡張、不明瞭な発音、感情の低迷や高揚）がある。参加者は自分自身の体をどのように理解しているのだろう？　彼女は自身の体の中で「生きている」だろうか？　つまり、そこに心地よさやセルフケアがあるだろうか？　現在、過去に虐待の経歴があるだろうか？　より微妙なサインは、生まれ持った抵抗のサイン（隠されたジェスチャー、にやにや笑う、付け足しの発言）かもしれないし、人に近寄ることを避けてきた過去にあるかもしれない。「私は、今ここにいる、そして夢中にさえなっているけれど、明日はまたどうなっているかわからない！」というように。肯定的なサインは、明らかにそこにいること、参加への意欲、没頭している感覚や注意力として表現される。これらはグループの中の個人の参加の仕方に見ることができる。それはスポッティングが必要なときにそこにいること、意欲的にアイデアを出すこと、意欲的に他者の意見を聞くことである。アドベンチャー活動で関わりを持ちたいという意欲は、身体の問題である。その意欲には物理的にそこにいることが含まれているからである。個別の活動に求められる体力、忍耐力、健康は、明らかなものさしとなる。それはしばしば、活動の激しさこそが気をつけるべきものとなる（例えば、肥満の人はハイキングはある程度できるが、もっと活発な活動をするためには鍛えることが必要かもしれない）。

　遠征の計画を立てているとき、サムのグループは自ら進んで身体的な問題の影響を認識し、話し合うところまで到達している。ここではファシリテーターは最小限の説明しかしていない。このスキルは他の場でもらせん状に広がり始めるだろう。それは自己知覚——そして、身体の問題に関する他者の知覚——が人生におけるさまざまな活動への参加にどのように影響するかを考えるようになる。

身体的、精神的にな障害は重要なチャレンジになる。フルバリューコントラクトを大切にしているアドベンチャーグループの中では、「できないこと」によって与えられた機会は、チームが最大限に機能することによって、一人ひとりにとって豊かなものとなる。

グループに持ち込まれている身体的、精神的虐待の要因がある。
　　　　1　　2　　3　　4　　5　　NR

　身体的、精神的虐待は、体の中に蓄積される。境界の問題（近接、接触）、そして、身体的な接触の影響は特に重要である。多くのアドベンチャーの活動は接触が必要となる。ファシリテーターは心地よさをもたらす要因、気が進まないこと、感情が行動に表れるところを観察するべきである。虐待の加害者を扱うとき、ファシリテーターはその人たちも虐待を受けてきていると想定しておくべきである。彼らは被害者と同じように信頼の問題を抱えているだろう。

　バレリーの熱のこもった発言は、思春期に特有の性に関する関心と恐怖よりもずっと大きいものを意味しているかもしれない。バレリーのいつもと違う激しい表現が警笛を鳴らした。それは彼女らしくなかった。グループの目的によって、またファシリテーターの認識の精度によって、これはこの先の遠征で価値のある問題になるかもしれないし、ならないかもしれない。確かに言えることは、会話が始まる前により多くの情報が集められる必要があることだろう。この問題に関しては、ファシリテーターはグループに対して指示的になるという的確な決断をした。

>>**背景（Setting）**

　午前7時。学校の駐車場は人通りがほとんどなく、屋根から上がってくる朝日の、最初の一筋の光に照らされている。車から参加者と装備が出てくる。グループが集まり始めるにつれ、眠そうに「おはよう」とささやく声が聞こえる。15歳のひ弱そうな青年のボブは、車のトランクから荷物を引っ張り出すのに苦労している。大きさも重さも、彼を超えているようだ。彼の母親がファシリテーターに近づいてくる。ファシリテーターは、母親とは電話で短

く話しただけで会ったことがない。彼女は、息子の枕と大きな毛布とテディベアを抱えている。「うちの子は本当に大丈夫?」彼女の声は小さく、心配そうで、ほとんど憂鬱になっている。「寒いんじゃないかしら? ホームシックになったらどうしましょう?」と心配ごとは尽きることがない。初対面のこのやり取りで、ボブの依存的、対人操作的で、引っ込み思案な行動に納得がいく。母親と息子の共依存は、彼がグループの中で成長できないことと関連するか? おそらくそうだろう。家庭環境に関する事前の情報は、母親が長い間息子を子ども扱いしてきたことを示している。例えば後の会話で、彼女は息子に夕食を食べさせるためにベビーフードをスプーンで与えているともらす。その場で起きていることからわかる参加者の背景に対する洞察は、この参加者を支援する計画を立てるうえで、ファシリテーターの重要な助けになるだろう。

グループの外の問題(家族、コミュニティ、他のグループ)がグループの機能に影響を与えている。
　　　1　　　2　　　<u>3</u>　　　4　　　5　　　NR

　グループ理論モデルを適用すると、影響を与える最も重要な源は「家族」であることがわかる。基本的な信頼は家族の中で深められもするし、なおざりにもされる。家族の影響は、多く見積もられすぎることはない。怒りを爆発させた後にグループにやって来る参加者は、安全な場所でその反応を見せる。
　グループは、「家族のモデル」として、困難な問題を爆発させるのではなく、解決する場所として使われるのか?
　先に示したように、小グループは一番大切な家族グループの正しい縮図となる。メンバーは自分と家族の間で起こっているダイナミクスがグループの中でも起こっているということがわかるようになる。したがって自分の家族の中で起こっている状況に対処する他の方法をグループの中で試みることができる。グループのメンバーは自分自身を家族から「分化する」ことを学んでいるのだろうか? グループのメンバーは自分が生き残っていくために家族の問題を解決しようとする中で、その問題の中に自分自身を巻き込んでいくことがある。分化する方法を学び、そしてまず自分自身の問題を解決することに焦点を当てる方法を学んで、これまでにどんな困難があったとしても

参加者は健全な家族の一員になる力を身につける。

　駐車場でのボブの母親との短い出会いで、非常に多くのことを学んだ。そしてボブのグループとの関係の取り方には何が働いているかをより深く理解した。ボブと母親に対するその場でのアセスメントは、今後のグループセッションの活動を計画するうえで影響するだろう。

　遠征の初日は、デラウェア川をカヌーで19km下る行程が組まれている。快晴で涼しいが、気温は20度、紫外線の日焼け指数は10である。数人は日焼け止めを塗っているが、多くの参加者が日焼けの心配をしない。ハイキングにおいて全身を覆うことや日焼け止めは、悪い体験ではないとファシリテーターが忠告したにも関わらずだ。生徒は全員、救命胴衣を着用しなくてはならない。参加者はそれぞれ個人の持ち物とグループの装備と食料を詰め込んだ荷物を持って、カヌーにどっと乗り込む。ファシリテーターは、荷物をカヌーのシートにくくりつけるだけでなく、食料と衣類は3重に梱包することを勧める。勧めに従う者もいれば、従わない者もいる。川の序盤は穏やかな流れである。数組のペアがカヌーを前向きにするのに苦労しているが、パドルを携え全員が上機嫌である。最初の瀬は小さく、カヌーを転覆させるような岩もなかった。旅が始まって2時間経った頃、グループは主流が半分の幅になる荒々しくて難しい瀬に近づいていく。その流れは1.5mの渦巻く波を作っている。カヌーは流れにつっ込んでいくが、彼らはなかなかそこから出ることができない。

　サムのグループが瀬に入っていく。カヌーはひっくり返り始める。荷物をカヌーに結びつけていなかった生徒たちは、シュラフや荷物が目の前の川に浮いているのを見る。装備を3重に梱包しなかった生徒は、湿ったパンと、キャンプで一夜を過ごすためのシュラフから水が滴り落ちるのを見つけるだろう。彼らはまた空腹でイライラしているグループのメンバーと顔を合わせるだろう。

身体を取り巻く環境はグループに影響を与えている。
　　　1　　2　　3　　<u>4</u>　　5　　NR

　この体験には、望んでいる効果がある。川での体験は自らが選択したこと

第7章 ❖ 進行中のグループアセスメント　199

によって必然的に起こる結果をもたらした。選択したことは、予想可能な結果と予想不可能な結果をグループにもたらす。またそれはグループ機能についての重要なアセスメント情報も提供する。室内と森の峡谷、日射しと雨や寒さ、他の活動が行われている体育館と自分たちだけで使える体育館では、影響する度合いにはっきりとした違いがある。アドベンチャー活動はどこでもできるが、活動をするときに参加者がいる環境が違いを生む。PAのスローガン「Bring the Adventure Home（アドベンチャーを身近に持ち帰る）」の目的は、人が生活する場の中心に、その影響を持っていくということである。しかし学校の校庭で行われるカウンセリンググループは、他の生徒が何をしているか見ることができるうえに、おそらく家とは近すぎる。

　ファシリテーターは選択できるオプションがいつもあるとは限らないので、環境の影響に対処する方法を見つける必要がある。

その活動を完結するために、適切な資源がある。
　　　1　　　2　　　3　　　4　　　5　　　NR

　遠征は仕事量の面でも装備の面でも大変である。またファシリテーターも全員が持っているとは限らないトレーニング経験が要求される。費用もかかる。しかしグループの準備が整い、関連団体の受け入れが可能であれば、遠征はグループの成長にとって豊かな舞台になる。またグループ機能の進行中のアセスメントの素晴らしい機会にもなる。

　グループの意思決定のプロセスを見ると、バラエティに富んださまざまな能力がある。日焼け止めを塗った生徒は、翌日、痛みなく歩く。日焼けすることを選んだバレリーや他の生徒は、重い荷物の肩紐が擦れ、激しい痛みに苦しんでいる。

　アドベンチャー体験ができるかどうかは、部屋の大きさや、カヌーやロープスコースを持っているかによって異なる。アドベンチャー体験の多くは道具がほとんどなくても行うことができる（PA, Inc.のChallenge kitやBack Pocket Adventureで説明しているように）。ドラマティックなアドベンチャー体験ができる状況であっても、小さなスペースで道具をあまり使わない活動をするだけで、信頼や自信の感覚を構築するのに効果的な場合がある。

> グループは天候に対する用意がある。
> 　1　　2　　<u>3</u>　　4　　5　　NR

　サムのグループの事例では、準備することと装備を活用することとは別物である。例えばグループメンバーの全員が、川の水から装備を守るためのゴミ袋と麻紐を持っていたが、全員が使ったわけではなかった。準備とは必要な材料を持ってくると同時に知的な訓練（結果を見越して考えること）をすることである。

　もしグループが野外の環境で活動するなら、メンバーは十分な服を持っているだろうか？　ファシリテーターは当たり前に自分の快適さを確保するが、参加者にはそのような機会はない。予備のセーター、手袋、ブーツ、帽子、ウインドブレーカー、レインコートを集めておくとよいだろう。それらは、リサイクルの箱から出されたものよりも清潔でなくてはならない。そうでなくては、たとえどんなに寒くて濡れていても、参加者は使おうとはしないだろう。

　悪天候や不安定な天候が、屋内にとどまる口実になることがよくある。しかし快適でない状況であっても屋外で活動を続けることは、アドベンチャー活動の挑戦の一部である。有酸素運動やエクササイズで活動的であり続けることで、グループのメンバーは暖かさを保ち、活動を続けることができる。その見返りは大きい。悪天候での活動は気分を高揚させ、活動が成功したり、活動することそのものが成功である。しかし環境があまりにひどい場合（大雨、ひどい寒さ、暑さ）は、グループに対してよくない方に働き出す。ファシリテーターはそれに耐えることができるだろうが、参加者が耐えられるとは限らない。

> 多様性の問題がグループの遂行能力に影響しているか？
> 　1　　2　　<u>3</u>　　4　　5　　NR

　サムの話の中での多様性は、勧められたことに従う意欲があるかどうかに基づいているが、多様性が非常に重要な問題になるグループが多くある。人種差別、性的指向、ジェンダーの問題、身体障害——アドベンチャー活動では、これら全てが意味深い役割を演じている。これは社会経済格差も含んで

いる。例えばたいてい若い人には限られた自立が教えられている。このことが食物や生活必需品に注意を向ける意識に欠けていることにも表れているかもしれない。

こうした背景を持った個人は、簡単に狭い考え方や偏見を抱いた考え方に巻き込まれてしまう。ファシリテーターは、（深い関わり合いや共感的なつながりを使って）多様性の力を体験する機会を提供し、参加者が孤立した殻から出る選択肢を与える。

進行中の個人アセスメント

GRABBSSの観察をより深く掘り下げるとき、グループと個人のプロセスの境界線がぼやけ始める。そしてそうなるべきである。しかし個人の体験がグループの体験とは離れて進んでいるときや環境がある。その理由の一部は自分の外側にある認知、行動、感情の脚本（スクリプト）とつながるためである。GRABBSSによる観察はグループと同じように個人にも応用させることができる。

例えばサムのグループで、人生を変えるようなインパクトがある**丸太わたり**（2本の木の間の、空中の高い位置に渡された梁の上を、つかまるものが何もない状態で渡っていく）の体験をする。

> あらゆる意味で、サムはサバイバー（生き残った者）である。しかしそれには莫大な代償が払われている。サムが持ち続ける核心的な問題は、信頼に関することである。彼は他者を気づかう能力を持って遠くまでこの旅を続けてきた。しかし彼はまだ自分自身が傷つくかもしれないことを受け入れられない。誰も、グループのファシリテーターでさえも、彼のビレイをしたことがない。サムはハイエレメントに登ったことがない。
>
> うららかな春の午後、サムはファシリテーターのビレイで**丸太わたり**に登り、丸太を渡るという目標のためにロープスコースにやって来た。これはサムにとって「旅」の活動である。感情豊かな人生から彼を隔てていたものを振り切り、他者を信頼するという心の安全を見つけるという比喩である。
>
> グループは「静かに見守る」というサポートを求めているサムの下に散ら

ばっている。サムの挑戦と身体的なつながりを持つために彼らはビレイロープに軽く手を添えている。他の参加者がそこにいることをサムが許したのは奇跡的である。それはサムが上に登って丸太を渡るときの恐怖心や不確かさを、グループが見るということを許しているのである。「旅」を終わらせることなく木から降りて戻ってくる、言葉では表せないようなサムの姿を目撃するかもしれない。彼の目標の一部は、失敗のリスクを受け入れることである。

　ビレイがつながれる。全員が交代で全ての装備をチェックする。これはサムがグループに求めたことである。彼は登り始める。最初は勢いよく、そしてだんだんゆっくりと。そして地面から6mのところで止まっている。「ビレイしてくれてる？」とビレイヤーに呼びかけるとき、サムの声は震えている。手は結び目、カラビナ、ロープをなぞっている。「降りようかな」と彼は言う。下ではみんな静まりかえっている。

　そのとき、サムの体の状態に明らかな変化がある。まるで巨大で暗くて通り抜けられない壁に押し付けるかのように、自分自身に集中している。彼は再び登り始め、高所の丸太にたどり着いた。前もって決めていたように、サムは力強い声で目標を宣言する。「僕は、ビレイヤーとグループがサポートしてくれると信じる。それに、心配だ、怖いって言ってもいいんだ！」。下から笑いの波が起こる。

　サムは、安全な場所から前に進み始める。ついに彼は手の長さと数十センチ分、丸太を渡る。呆然とした状態から我に返ったように、彼はまだ立っていることに気づく。彼は堅い決意をした表情で、丸太を歩き始める。彼は反対側にたどり着き、遠くのスタート地点の木を見て座り込んでしまう。歓声や励ましが、自然に湧き起こり、グループに浸透していく。

　サムにとって本当に大変な部分が、今やって来ている。自分で木を降りてくるのではなく、ビレイヤーに降ろされることも目標にしていたのだ。それは「コントロールを手放す」のもうひとつの表現である。

　サムは丸太の中央に戻ってくる。彼が引き返せないポイントに着いたとき、もうひとつのモノローグが始まる。「くそ！　……俺はここで何をしてるんだ？……ここから落とすんだろ……」サムはロープに自分の体重を預けてみる。そうして耳をつんざくような叫びと共に丸太からジャンプし、ゆっくり、優しく地面に降ろされる。グループはハグ（抱擁）でサムに覆いかぶさる。

　彼はふりかえりでグループとファシリテーターに感謝しながら話し始める。彼は静かに、しかし感情を込めて話す。彼はロープスコースのハイエレメン

トにチャレンジするまでの道のりを、家族の経験と結びつけながら話す。彼はそのことをこれまでの人生で体験した最も困難なことで、これまでとは異なる体験だったと言う。彼がその体験について考えるには、もっと時間が必要だろう。しかし彼はいくつかの他のポイントについても、このグループと一緒にもっと語り合いたいと思う。

サムに関するこの短い場面を考えると、個人のGRABBSSアセスメントはどのようになるだろう？

❖ 進行中の個人アセスメント

目標（Goals）

目標は、現実的で、意味があり、関連性がある。
　　　1　　2　　3　　4　　5　　NR

個人目標について話し合いたいという気持ちがあり、提案や代替案を考慮に入れようとしている。
　　　1　　2　　3　　4　　5　　NR

目標の選択が他の人を犠牲にしていない。
　　　1　　2　　3　　4　　5　　NR

目標設定に対して助けを求めている。
　　　1　　2　　3　　4　　5　　NR

目標達成のために、必要な資源が集められている。
　　　1　　2　　3　　4　　5　　NR

目標に対して全力を傾けている。
　　　1　　2　　3　　4　　5　　NR

他者の個人目標を手助けすることに全力を傾けている。
　　　1　　2　　3　　4　　5　　NR

他者の目標達成をサポートするために自身の目標達成が遅れている。
　　　1　　2　　3　　4　　5　　NR

目標（Goals）に関する見解：

_____
_____
_____

レディネス (Readiness)

フラストレーションを克服している。
　　　1　　2　　3　　4　　5　　NR
始めたことを終わらせる。
　　　1　　2　　3　　4　　5　　NR
自己と他者の違いを受け入れている。
　　　1　　2　　3　　4　　5　　NR
グループの他のメンバーと精神的なつながりを持っている。
　　　1　　2　　3　　4　　5　　NR
フィードバックを聞き、それに応える気持ちがある。
　　　1　　2　　3　　4　　5　　NR
知的なリスクと愚かなリスクの違いを理解している。
　　　1　　2　　3　　4　　5　　NR

レディネス (Readiness) に関する見解：
_____
_____
_____
_____
_____
_____

感情 (Affect)

自信を示している。
　　1　　2　　3　　4　　5　　NR

感情を表現している。
　　1　　2　　3　　4　　5　　NR

グループメンバーの感情を手本とすることを避けている。
　　1　　2　　3　　4　　5　　NR

楽しく遊ぶことができる。
　　1　　2　　3　　4　　5　　NR

フィードバックそのものと、フィードバックをしている人を区別することができる。
　　1　　2　　3　　4　　5　　NR

自分の気持ちをグループと共有するとき、「私は……」の形で意見が言える。
　　1　　2　　3　　4　　5　　NR

気持ちを共有するときに正直である。
　　1　　2　　3　　4　　5　　NR

思いやりの能力が表れている。
　　1　　2　　3　　4　　5　　NR

共感の能力が表れている。
　　1　　2　　3　　4　　5　　NR

利他的な能力が表れている。
　　1　　2　　3　　4　　5　　NR

感情（Affect）に関する見解：

行動・態度 (Behavior)

グループの活動に肯定的に参加している。
　　　1　　2　　3　　4　　5　　NR

エネルギーが表に出ている。
　　　1　　2　　3　　4　　5　　NR

ブリーフィングとディブリーフィング（ふりかえり）に肯定的に参加している。
　　　1　　2　　3　　4　　5　　NR

ファシリテーターに協力的である。
　　　1　　2　　3　　4　　5　　NR

参加者に協力的である。
　　　1　　2　　3　　4　　5　　NR

失敗からすぐに立ち直っている。
　　　1　　2　　3　　4　　5　　NR

失敗から学んでいる。
　　　1　　2　　3　　4　　5　　NR

責任ある行動を見せている。
　　　1　　2　　3　　4　　5　　NR

セルフコントロールしている。
　　　1　　2　　3　　4　　5　　NR

リーダーシップの役割を取っている。
　　　1　　2　　3　　4　　5　　NR

教えることに意欲的である。
　　　1　　2　　3　　4　　5　　NR

行動・態度（Behavior）に関する見解：
_____
_____
_____
_____
_____

身体 (Body)

参加の妨げになるような慢性的な健康の問題がある。
　　　1　　2　　3　　4　　5　　NR

十分なセルフケアが見られる。
　　　1　　2　　3　　4　　5　　NR

警戒している様子を見せている。
　　　1　　2　　3　　4　　5　　NR

アイコンタクトをしている。
　　　1　　2　　3　　4　　5　　NR

体調がよい。
　　　1　　2　　3　　4　　5　　NR

身体的なスタミナがある。
　　　1　　2　　3　　4　　5　　NR

栄養状態がよい。
　　　1　　2　　3　　4　　5　　NR

適切な身体接触ができる。
　　　1　　2　　3　　4　　5　　NR

自分の身体に対して快適さがある。
　　　1　　2　　3　　4　　5　　NR

自分の身体能力のレベルを受け入れている。
　　　1　　2　　3　　4　　5　　NR

身体(Body)に関する見解：

_____
_____
_____
_____
_____
_____

背景 (Setting)

服装は適切である。
　　　1　　2　　3　　4　　5　　NR

グループに友だちがいる。
　　　1　　2　　3　　4　　5　　NR

学校に普段登校している。
　　　1　　2　　3　　4　　5　　NR

参加に対して親や保護者が協力的である。
　　　1　　2　　3　　4　　5　　NR

学校外への関心や趣味がある。
　　　1　　2　　3　　4　　5　　NR

グループと過ごすことに心地よさを感じている。
　　　1　　2　　3　　4　　5　　NR

背景(Setting)に関する見解：

_____
_____
_____
_____
_____

発達段階 (Stage of Development)

グループは：
フォーミングの段階である。
　　　1　　2　　3　　4　　5　　NR

ストーミングの段階である。
　　　1　　2　　3　　4　　5　　NR

ノーミングの段階である。
　　　1　　2　　3　　4　　5　　NR

トランスフォーミングの段階である。
　　　1　　2　　3　　4　　5　　NR

「コントロール―エンパワーメント尺度」におけるグループの現在の位置
　　　1　2　3　4　5　6　7　8　9　10

まとめ

　この章では進行中のグループと個人のアセスメントを詳細に見て来た。読者がアドベンチャーの物語を通して、積極的にプロセスに参加する機会になったと思う。タックマンとシンプソンの研究も検討し、フルバリューやグループの発達段階との関連を説明した。私たちはグループのさまざまな発達段階をGRABBSS（目標、レディネス、感情、行動・態度、身体、背景）の観点でアセスメントしてきた。そしてアセスメントのプロセスをグループの生涯の中の個人の体験にも適用することを読者に求めてきた。

　アセスメントは、どんなときもグループの目的に直接的に関連していなくてはならないと覚えておくべきである。ファシリテーターが求めているもの、グループの方向性にそれがどう影響するのかは、いつもグループの意志と関連させるべきである。例えばサムのグループが主に学校の成績に関する目標設定のスキルを身につけることを主な目的に作られたグループだったら、ファシリテーターの質問やまとめは、前述したシナリオ中での質問と答えとは、全く違ったものになるだろう。アセスメントは、アドベンチャーグループで行われる全ての活動——活動の選択から「ブリーフィング－実体験（doing）－ディブリーフィング」のサイクルをファシリテーションすること——を活気づけるだろう。

第8章
リーダーシップアセスメント

この章では、グループに関連するファシリテーターの仕事・取り組みについて探求する。アドベンチャーベースドカウンセリング（ABC）のグループの成功においてファシリテーターのモチベーションとスキルはなくてはならない要素である。GRABBSSを使うことによってファシリテーターは、グループの活動の順調な領域と同様、困難な領域も引き出し、グループの今を理解することができる。

リーダーシップボイス

アドベンチャー活動を使うカウンセラーは、活動を効果的に進めるために、自分自身のスタイルを育てる方法を学ぶことから始めなくてはならない。それには多くのファシリテーターの例が数多くある。他者の効果的なアプローチは自身の活動の中に取り入れやすいのでよい方法である。モデリングと試行は学び方のひとつである。しかし結局のところ、誰もが自分自身の「声」を育てることが必要なのである。この内なる「声」がなければ、ファシリテーターはただ、他の誰かを演じているにすぎない。ファシリテーターの「声」は、ファシリテーターの存在そのものである。

ジョー・シンプソン（Simpson, J.）は、アンデスのサラポ山への初登頂の物語を書いた。この『Touching the Void』（日本では「運命を分けたザイル」（映画））の中で、彼は自分自身の「声」の重要さについて語っている。

> 「まるで2つの感情が私の中に存在し、言い争っているようだった。その声は鮮明で鋭く、私に命令している。それはいつも正しく、その声が話しかけると私はそれを聞いて、決定し実行した。その他の感情は、私が声の指示に従えるように空想する関連のないイメージ、記憶や希望の中に漫然と広がっていた」[1]（Simpson, 1988）

ジョーの場合、「声」は生き残るための力、彼の生きる意志の現れであった。氷河のクレバスに砕けた足をはさまれて、彼は不可能な状況から彼を導き出す「声」に応えていた。熟達した「声」を頼みにすることが問題のあるグループで役立つのはなぜか？ それはファシリテーターが答えを知らない、ある

いは質問さえ知らない状況によく陥ってしまうからである。

　グループの始まりには、パニックや不確かさのような感情があるかもしれない。──「ここで私は何をしているんだろう？　これは単なるゲームにすぎない！　この人たちはどういう人たち？」しかしそれが効果的なプロセスであるからこそ、ファシリテーターはその「空間」に入っていくことができる。その「空間」は、全てが不確かで、自分を疑う気持ちから成っている。ここでは、「プロセスを信じる」が役に立つ！

　それに対して「声」は、「もうひとつの意識」である。「もうひとつの意識は、関連性のないイメージ、記憶や希望の中をあてどなく広がっていく。白昼夢の中にいるかのように」ジョーの「もうひとつの意識」は、彼を横たわらせ、快適さと眠らせることを求めていた。それは彼の不確かさと疑いの声だった。それは希望に満ちた、魅惑的な思考にもなり得る。そう、夢を見ること（そして、疑うこと）は必要なのだ。しかし私たちがプログラムをリードするとき、私たちは行動に出る必要がある。

　ファシリテーターは、ジョーのサバイバルボイスのような声を手に入れるために、このプロセスを内在化しなくてはならない。内在化は、活動やクライアントとの関係、似たような状況、アセスメントなどと共にある個人の体験から起こる。ちょっとしたユーモアからも起こってくる。経験豊かなファシリテーターは、行き先が困難なとき、自信の持てる場所から対応をする。内から引き出される力や明瞭さで。

❖ 自分自身の「声」を見つける

　「声」を見つけるための道筋をここに提示する。この道は、一生探し求めるものである。優れたリーダーシップの神秘を探るためのガイドとして、これらの道筋を示唆していく。

● 個人の体験

　アドベンチャー活動の中で自分の体が運ばれることがどんなことかを知っておくと、自分が似たような活動をファシリテートするときにとても役立つ。同様に、薬物やアルコール中毒者の自助グループのオープンミーティングへの参加は、ファシリテーターがこうした苦悩と戦っている人たちへの理解を深めるのに役立つ。自身の人生の問題との対峙は、自己の活動領域を広げる助けになる。個人的な体験は共感を育てる。

● 活動を使う

　活動（アクティビティ）はファシリテーターの友である。活動を使う準備をすることで、ファシリテーターは融通がきき、魅力的で、効果的になれる。ここでは創造性が不可欠である。ドラム（打楽器）はアドベンチャー関連の活動の本には載っていないかもしれないが、ドラムを作ったり、ドラムのバンドを指揮するなどを活動にすることはできる。

● 安全に対するスキル

　安全に対するスキルは何物にも変えられない。経験の浅いファシリテーターは、適切なトレーニングを頻繁に受け、仲間と実践してみて、そして、少しずつクライアントとの活動の場を踏んでいく。そして、知らないことを知っているようにしてはいけない。

● グループの人たち

　生活環境も含め、グループの人たちについて学ぶことは、極めて重要である。関係を作り、理解を深める努力がなくては、ファシリテーターの声は繰り返しの反響にすぎない。

● 仲間とのプロセス志向のコンサルテーションとスーパービジョン

　信頼し合える仲間と日々の中で確認（チェックイン）し合うことで、ファシリテーターは仲間同士のより深い関わりを作っていくことができる。ファシリテーターは誰でも自分自身の声をよりクリアで強いものにしたいと願っている。しかしずっと変わらない古い戦略にしがみついて、非生産的なサイクルにはまっているとしたら、それは何の役にも立たない。仲間との関係の中で繰り返される問題を認識することで、ファシリテーターはそのサイクルを壊す新しい方向性を学ぶことができる。

● 新しいアイデアとアプローチ

　ファシリテーターは、ひとつのリーダーシップのパターンにとらわれるべきではない。そうなると凝り固まり、人を寄せつけなくなる。それは「声」ではあるが否定的なものである。ここでは実用主義的なアプローチが使われる。ファシリテーターは他者からの意見を聞けるようになることをグループのメンバーに要求する。それは同時にファシリテーターにも求められるこ

とである。これはファシリテーターが参加者と同僚やスーパーバイザーに対して壁を作らないようにさせ、活動やテクニックが正しくないと思うときに、同僚やスーパーバイザーの助けを求めることを意味している。安全に関して妥協することなく指導する方法はたくさんあることを知っておくのは重要である。新しいアプローチに対して前向きであることが、ファシリテーターのスタイルに力をもたらす。

● 直感に耳を傾ける

　直感とは長い時間をかけて発達する重要な判断材料である。私たちが直感に従うとき、基本的な本能が意思決定の要因になる。少なくとも私たちの最初の反応が、誠実なアセスメントの受け皿になる。

● 自分自身を受け入れる

　ファシリテーターは自分の強みと弱みに対して安定的でいなくてはならない。今ある自分を通して考え、自分にないものをくよくよ考えない。変えたいと思うことを見つけたら、その目標に向かってできる限り具体的な行動を起こす必要がある。それぞれの目標は、達成可能で進度が測れるステップに細かく分類させる。ファシリテーター自身が変化について具体的なことがわかれば、本当に望んでいることが明確になる。

● 自分が与える影響を知っておくこと

　アドベンチャーカウンセリングは、グループが中心となるが、ファシリテーターもまた中心にいる。ファシリテーターの存在は常に感じ取られている。ファシリテーターはイニシアティブ活動の準備をすることで、目立たない場所に隠れようとするかもしれない。しかしファシリテーターは常にグループの意識の中にいる。

● 思いやる

　これもまた他の何にも変えられない。ファシリテーターは思いやるということの意味を探求し続けるべきである。アドベンチャーの活動はパフォーマンスではない。今、現実にここにいる人たちの人生と向き合うことである。

● 適切な境界を学ぶ

　グループは最終的に自分たちをモニターすること学ぶ。しかしどのグループでもファシリテーターが焦点を提供し、グループの問題を自分たちに向けられるようにし続けることがかなり必要になってくる。

● 適切な場面での参加

　ファシリテーターが活動に参加することで、ファシリテーター自身が特別でパワフルでつながりのある場に身を置くことができる。

● ロールモデリング

　参加者は、自分たちが学んだことを通して、世界の状況や機能にどうアプローチしていくかを学ぶ。グループのメンバーは最も身近に関わる大人としてファシリテーターを真似る。したがってファシリテーターは適切なリスクを負い、洞察とフィードバックを共有しなくてはならない。このロールモデリングは自然かつ適切なものである。

　A. ラザルス（Lazarus, A.）は、「声」の発達について、以下の要素があると述べている。

> 「私にとって非常に印象的だったのは、それぞれの背景や学派・仕事上の地位に関わりなく、経験豊かなセラピスト、特にサイコ・セラピスト（心理療法家）に、共通した特徴が見られたことである。皆、責任感が強く、柔軟な考え方ができ、他人を尊重する傾向が強かった。基本的に他人を裁くような態度はとらない。またクライアントの権利や幸福を侵害することは決してなかった。クライアント一人ひとりの持つ関心や価値観や尊厳を尊重していた。また、彼らは温かさや遊び心をセラピーの現場に持ち込み、また状況によっては、ユーモアや楽しさを思い出させるように働きかける。彼らからは、次から次に逸話や物語が出てくる。どれも説得力のあるものばかりで、信頼性があり、自己一致をしていて、自己開示にも意欲的だった。
> 　なぜセラピーのテクニカルな側面を説明するのに、このような話を持ち出したのか不思議に思うかもしれないが、それには理由がある。どんなテクニックをどのように使うかという点も重要であるが、セラピーが最終的に成功するかどうかは、誰がそれを行うかによって決まると私は考えている。外科医たちは、メスはふるう人次第で凶器にもなれば医療器具にもなると言っている。

サイコ・セラピーでは、セラピーのテクニックとそのテクニックを用いるセラピスト自身を分けることは難しいだろう」[2]（Lazarus, 1981）

❖自分自身を知る

ラザルスは、ファシリテーターが自分自身について可能な限り知ることの必要性を強く示している。腕がよいのは不可欠だが、同じように一人ひとりのファシリテーターの人としてのありようも大切である。──医は仁術である。

ファシリテーターになるということは、さらけ出すことである。ファシリテーターはグループを作ることが求められ、活動のリソースを使い、活動をリードし、注意を払い続け、賢明なプロセスを提供する。これはとても複雑なものにもなる。自分自身について学ぶためのプロセスを確立することで、ファシリテーターは自身のリーダーシップスタイルを知ることができる。自省は長所を強化し、弱点と対峙することを助ける。人生の中で学び続ける人は、活動する中でこの自省から学ぶ。セルフアセスメントをすることが自分自身について学ぶための実践的な方法になる。

この章では、ファシリテーターが自身に問いかける質問を含めた、セルフアセスメントのプロセスを紹介する。例として載せているものは、目標設定の機会として使うこともできる。

以下はファシリテーターが何らかの決断をする必要があるカウンセリングの状況の例である。この決断はこの先どのようにグループが進むかを予測することができる。

あるABCグループの初期の段階で、参加者は2人一組になって基本的な行動規範について考える。また自分たちの今までについての情報も共有する。グループがまた全体に戻ってきたとき、コ・ファシリテーターは意識的に最初に話し始める──これは場をあたためるという意味合いと、自らが話すことによってほどよい開示、リスク、コミットメントのレベルを定めるためでもある。

1人のファシリテーターが彼の兄弟の精神病についてと、そのことで人を助けることに対して興味を持ったことを語る。また別の人は、学生だったときの大変さといじめや虐待について語る。参加者の話を共有し始めようとするとき、目配せが飛び交い、ペアでもう少し話したいということになる。ファシリテーターが自分を出すという選択をすることが、参加者にも同じことを許すことに

なる。活動の深さとパワーは新しい段階へと進んでいく。これは全ての参加者が深い所まで自己開示を選択するということではないが、場が安全であるということを感じることができるだろう。安全についての感覚は、ファシリテーターが見本になることとグループに対して向き合う姿勢から生まれる。

ファシリテーターによるグループに対するアセスメントと、そのアセスメントをもとにした適切な判断によってこのような自己開示できる場を創造することができる。それはまたセルフアセスメントからももたらされる。例えば、「私は自分についての情報を開示できる。それは、(1) 私の兄弟のことで私の反応の引き金は引かれないし、グループから感情面で離れてしまうこともないとわかるし、(2) 私の境界については、私は開示でき、それを自分の範囲の中に置いておくことができる」などである。

GRABBSSを使ったリーダーシップアセスメント

GRABBSSのどの頭文字から使い始めることができるか順を追って見ていこう。ここにある例の中に、GRABBSSのさまざまな角度からのアプローチが含まれている。リストにある質問項目は私たちの経験をもとに作ったものである。状況に応じて変更が可能である。

❖ 目標（Goals）

ファシリテーターのための自己質問／能力のレベル（低－高）

私は目標設定のプロセスを理解している。
　　　1　　2　　3　　4　　5

私は学びの体験から、目標を生み出すことができている。
　　　1　　2　　3　　4　　5

私はグループが目標を設定したり、目標を明確にすることを助けている。
　　　1　　2　　3　　4　　5

私はグループの目標に応えたり、立ち返ったりしている。
　　　1　　2　　3　　4　　5

私はグループに自分の目標やニーズを投影している。
　　1　　2　　3　　4　　5
私はグループに関わることへの個人的なコミットメントをしている。
　　1　　2　　3　　4　　5
私は余計な首をつっこまないで、グループが自らの目標に向かうようにしている。
　　1　　2　　3　　4　　5
私はスパイラルゴールへのつながりを作っている。
　　1　　2　　3　　4　　5

　目標はグループの効果性を高めることに寄与する。目標設定の成果として達成感、気づき、効力感、明瞭さが生まれる。GRABBSSの各要素は、目標設定に折り重なっていく。なぜなら目標設定は意図的なものだからである。スキャンしたことから見えた問題から他の領域が浮かび上がってきたら、目標設定は適切な対応と言えるだろう。以下に例を紹介する。

>>投影された目標

　グループのほとんどのメンバーは、ハイエレメントに登りたがっている。ファシリテーターは登らせたいと思っている。最後から2番目のセッションであり、彼らにとって最後のチャンスである。しかし、2人の生徒、特にレスリーが強い恐怖を訴えていた。生徒の1人も途中まで登り、泣きながら降りてきた。彼女は再挑戦し、もう少し上まで登ったが途中で降りた。レスリーは恐怖に怯えていたが、彼女はグループの求めに応じて挑戦することを決断した。彼女はエレメントの上で凍りついた。ファシリテーターがレスキューのために登り始めようとしたときに彼女は降りてきた。

GRABBSSスキャン：
　スキャンの結果、ファシリテーターには生徒をハイエレメントに上げたいという最優先の目標を持っていることが明らかになる。

学びの目標：
- ファシリテーター自身が持つクライミングに関係する達成についてのニーズを分析する。

- グループメンバーのクライミングについての目標に対するコミットメントをアセスメントする方法を分析する。
- グループにとっての達成を決定する方法について考える。

ファシリテーターのための自己質問／能力のレベル（低―高）

私は自分の目標、ニーズをグループに投影している。
　　　1　　<u>2</u>　　3　　4　　5

>>いつ介入するのかを知る

> 　ファシリテーターは**クモの巣くぐり**をしているグループを観察している。グループの第一の目標は「正直でいること」である。参加者はクモの糸に触れたかどうかを自分たちで監視している。ファシリテーターは自分が見つけたタッチ（クモの糸に触れる）の回数を言いたいが、「正直になること」が彼らの課題であるため、彼は少ししか言わない。1～2回指摘をしながら、グループの目標について思い出させる。スタートに戻って最初からやることになったとき、苛立ちが起こる。指摘以外のタッチについては、ふりかえり（ディブリーフィング）の中で出てきて、グループの学びについて焦点が当たる。グループメンバーは、自己申告したタッチの数とファシリテーターが伝えたものの差について話し合う。

GRABBSS スキャン：

　ファシリテーターはグループの目標を確認し続けるべきだ。ファシリテーターがプロセスに委ねるとき、グループメンバーが目標について思い出せるようにする。彼はクモの糸に触れた回数のチェックをグループに委ねる。ふりかえりは生産的だったが、自分たちの「正直でいること」の目標のことよりも、ファシリテーターの態度に対するグループの反応についての話に費やされた。その後の話し合いでは、自分に責任を持つことの重要性について生産的な話し合いが持たれた。

学びの目標：

- グループ全体のニーズに焦点を当てる。
- 常に反応やニーズを監視（モニター）する。ファシリテーター自身のニーズが

コントロールされているか確認する。

ファシリテーターのための自己質問／能力のレベル（低―高）

私は余計な首をつっこまないで、グループが自らの目標に向かうようにしている。
　　1　　2　　<u>3</u>　　4　　5

❖ レディネス（準備）（Readiness）

ファシリテーターのための自己質問／能力のレベル（低―高）

私は適切な材料と器具を準備してきている。
　　1　　2　　3　　4　　5

私はその課題をやるためのトレーニングがなされている。
　　1　　2　　3　　4　　5

このグループはその課題をやるためのトレーニングがなされている。
　　1　　2　　3　　4　　5

私の同僚はトレーニングされ、課題をする準備とやる気がある。
　　1　　2　　3　　4　　5

私は全体の安全確認ができている。
　　1　　2　　3　　4　　5

>> **安全確認**

　春になり、ロープスコースを使うのは昨年の秋以来、初めての日である。そのコースは昨年の夏に検査が行われていた。しかしファシリテーターは**バランスウォーク**（Mohawk Walk）の上にある大きな「危険物」（大枝が腐っていて下にいる誰かに当たりそうだった）を見つける。彼は突っついてみて落ちてこないだろうと判断する。彼は自身で確認したことと検査の両方を比べている。そしてその活動をしても安全だろうと判断する。グループは成功を収める。

GRABBSS スキャン：
　見えているもの知っているものがあるのにも関わらず、前に進もうとすることは、事故を引き起こす。大枝が落ちなければよい機会になる。事実そ

れは落ちていない。活動は予定通り終了となる。しかし基本的な安全の原理は遵守される必要がある。人はそのことを見て学ぶ。もしファシリテーターが原理原則を破ったら、トラブルに身をさらすことになる。リーダーシップにおける重大なレディネスの項目として「よい判断をするための意欲」があげられる。

学びの目標：
- 身体的な危険の可能性と、それに対して活動のシークエンスを変更するかどうかを注意深くはかりにかける。

ファシリテーターのための自己質問／能力のレベル (低―高)

私は全体の安全確認ができている。
    1   2   <u>3</u>   4   5

>> グループとファシリテータートレーニング

> 3日間のDeep Healingという名のアドベンチャーセッションの2日目。このプログラムは、中毒からの回復を目指し、自分たちの人生の中で危害を加える人たちと直面化するという長時間のロールプレイの体験に参加することを選んだ人たちである。グループはこの集中セッションに備えるために、10回のカウンセリングセッションを持つ。グループはチームビルディング体験に参加する。これらのセッションの中で、クライアントは境界を侵害することと虐待について学び、否定的な体験が自分たちの行動にどのように影響しているかを学ぶ。この3日間、虐待を象徴する比喩がアドベンチャー活動（ロープスコース）とつなげて使われている。**サークルパスと柳に風（ラビテーション）**の間、カールは子宮に戻ったように感じた。それは安全を感じたからだと打ち明ける。これに皆、号泣する。

GRABBSSスキャン：
　ファシリテーターのレディネス（準備）が整っているからこの活動をすることが許される。彼らは深い癒しの個人的な体験、アドベンチャーを適用した経験、臨床経験と資格がある。ファシリテーターは距離を保つこととコントロールすることを同時に行いながら、感情を抱擁する。カールの感情面の体

験（彼はもはや世界を敵に回さなくてはならないと感じていなくて、自分自身が愛されている、受け入れられているという気持ちを拒否することをもしていない）によって、彼は責任を持ち、治療的なアドベンチャーに入り込む。

学びの目標：
- 感情面のつながりを維持する。
- フォローアップの手順を考える。

ファシリテーターのための自己質問／能力のレベル（低－高）

私はその課題をやるためのトレーニングがなされている。
　　1　　2　　3　　4　　<u>5</u>

グループはその課題をやるためのトレーニングがなされている。
　　1　　2　　3　　4　　<u>5</u>

❖感情（Affect）

ファシリテーターのための自己質問／能力のレベル（低－高）

私は自分が感じていることを知っている。（怒り、怯え、痛み、恥ずかしさ、喜び、愛情、共感、熱のこもった、無気力、平和的、苛立ち）
　　1　　2　　3　　4　　5

私の感情は適切である。
　　1　　2　　3　　4　　5

私はグループの感情的、非言語的なメッセージに応えることができる。
　　1　　2　　3　　4　　5

私は楽しさを持つことができている。
　　1　　2　　3　　4　　5

私は静けさに対して居心地よくいられる。
　　1　　2　　3　　4　　5

私は「共通の場」を作る方向で動いている。
　　1　　2　　3　　4　　5

私は直感を使っている。
　　1　　2　　3　　4　　5

私が重要だと思っていることのための「場」を創造するために動いている。
   1   2   3   4   5

私はグループに対して「今ここにいること」の感覚を運んでいる。
   1   2   3   4   5

>> グループへの対応

　ファシリテーターは陸路輸送や急流も含まれるかなり困難なカヌー旅行に連れ出したいと思っている。生徒たちはカヌートレーニングをたくさんしてきている。ファシリテーターは困難な活動を通して得るものがあると感じている。彼の用心深いコ・ファシリテーターは、細かくてイライラする質問をしてくる。ファシリテーターは怒り始め、生徒はそわそわする。彼は自分の怒りを見つめる。そしてそれを危険信号と捉える。タイムアウトを取り、彼は「自分の思い通りにならないとき、私に対して不愛想になるよね」とコ・ファシリテーターが言うかもしれないと感じたことを認める。このやり取りを経てカヌー旅行計画に話が戻っていく。彼はパートナーに注意深く耳を傾け始める。カヌー旅行がよいアイデアかどうかをグループと共に、みんなで考える。グループは自分たちのスキルレベルではこのカヌー旅行は難しいという合意に達する。

GRABBSSスキャン：

　コ・リーダーシップの利点のひとつは、複数の目、耳、そして今回のケースのように、複数の感情があることである。ファシリテーターは自分のパートナーに、カヌー旅行について強く推した。コ・ファシリテーターが推すことで、ファシリテーターが再考することを後押しした。もし双方が苛立ちの感情が積まれていることを無視していたら、そのまま進んでいて大きな失敗を起こしたかもしれない。コ・リーダーシップには多くの利点があるが、ここで起こったようにファシリテーターがグループのことを考慮せずに、感情的にコ・ファシリテーターに反応するなど難しさもある。

学びの目標：

- グループとその感情についての気づきを絶えず維持する。
- 状況に合わせて対応する。

- グループが開始する前に、コ・ファシリテーターと決定についての確認をする。

ファシリテーターのための自己質問／能力のレベル（低―高）

私の感情は適切である。
    1   <u>2</u>   3   4   5

私はグループの感情的、非言語的なメッセージに応えることができる。
    1   2   <u>3</u>   4   5

>>感情の適切さ

ファシリテーターはとてもよい週末を過ごし、月曜日の朝をごきげんに迎えている。そのため彼は同僚に対してもよい感じでオープンである。彼はその朝、アドベンチャーグループを担当している。彼の感情はグループに持ち込まれる。彼はよくしゃべり、ジョークを言いまくり、クライアントに対してオープンである。彼のよいユーモアはグループを明るくするが、クライアントは自分たちが向き合う必要のある問題に向かっていない。

GRABBSS スキャン：

ファシリテーターは自分の体験に興奮しているかもしれない。しかし彼のクライアントはそのことについて何も知らない。自分の有頂天をグループの状況に持ち込むことによって、彼は興奮を運んだ。しかし彼の焦点はクライアントにではなく、自分自身に向けられている。もし彼が自分の感情を測り、危険信号を見ることができて判断できていたら、彼は適切に機能できたかもしれない。彼が自分の感情をそのまま出していたとしたら、彼はグループのニーズにつながっていない。

学びの目標：
- グループと関わり始める前に、「感情」のチェックをする。
- グループがどこにいるか、適切に反応しているかをアセスメントする。

ファシリテーターのための自己質問／能力のレベル（低―高）

私は自分が感じていることを知っている。（怒り、怯え、痛み、恥ずかしさ、喜び、愛情、共感、熱のこもった、無気力、平和的、苛立ち）
    1   2   3   <u>4</u>   5

私の感情は適切である。
　　1　　2　　3　　4　　5

>>「共通の場」を作る

> 　グループは3回のセッションを一緒にやってきている。みんな中学校で問題を起こした生徒だ。ファシリテーターは彼らがみんな一緒に教室にいたことを知っているので、彼女はグループ形成のためのベースとしてその「共通性」を使おうと考えている。彼らは自分たちの問題をより深く掘っていかなくてはならない時期に来ている。そこで**ジャイアントシーソー**を達成した後、彼らは自分たちが人生のバランスを崩した原因となっている問題を話し始める。家での薬物使用やアルコールのこと、だから疲れたり腹立たしかったりしたまま学校に来ていることをグループの半数が話していることにファシリテーターは驚く。彼女はこの共通の体験をグループ形成とサポートのための材料とする。

GRABBSSスキャン：
　ファシリテーターは共通の体験を使う。しかし彼女はグループに来る前の、あるいはグループの始めの頃の生徒についての情報をもっと集めなければならない。彼女はまた薬物使用がグループの土台として適切かを決定する前にグループの残りの半数の反応を確認する必要がある。彼らに同じような反応を起こすといった体験があるかもしれない。しかしそれにはより詳しい情報が必要になる。

学びの目標：
- グループを始める前にグループについてなるべく多くのことを学ぶ。
- 共通の場を探すときにグループ全体をスキャンすることを忘れない。

ファシリテーターのための自己質問／能力のレベル（低―高）

私は共通の場を作る方向で動いている。
　　1　　2　　3　　4　　5

第8章 ❖ リーダーシップアセスメント

❖行動・態度（Behavior）

ファシリテーターのための自己質問／能力のレベル（低—高）
私はどのように振る舞っているか。（思慮深い、衝動的、よく観察している、コントロール的、エンパワーメント） 　　　1　　　2　　　3　　　4　　　5
私は自分の失敗から学ぶことができる。 　　　1　　　2　　　3　　　4　　　5
私はよい境界を持っている。 　　　1　　　2　　　3　　　4　　　5
私は自分の意見をグループに投影している。 　　　1　　　2　　　3　　　4　　　5
私は以前に関わった個人やグループで見たことを、今の個人やグループに持ち込んでいる。 　　　1　　　2　　　3　　　4　　　5

>>**投影**

　生徒たちはお互いに「悪口の言い合い」（からかい、けなし合い）をしている。1人の大柄な生徒が特に標的になっている。ファシリテーターはグループを呼び、何か問題が見える人はいるかと尋ねる。誰も何も言わない。ファシリテーターは自分の感じたこと――けなされていたり、安全ではないこと――を伝える。グループは「俺たちはいつもこんな風にやっている。それは傷つけるようなことじゃない。これは一緒に大変なときを乗り越えるのに役立っているんだ」グループの話し合いの後、ファシリテーターはグループからの反応がない限り、けなし合っているように見える所見を無視することに決める。

GRABBSSスキャン：

　ファシリテーターは部分的に自分の意見を投影しているということがわかる。彼は全ての明らかな点を押さえている。グループの中には価値を下げることが起きていて、からかいがある。しかし彼は文脈（背景）について考え損ねている。この生徒たちは、お互いのことをよく知っている。そして「悪口の言い合い」は彼らにとって普通のことである。ファシリテーターは正しい。しかし同時に間違えている。もし彼が引き下がらなかったら、彼は参加者た

ちを失ったかもしれない。自分の思いを話した後、彼は今度は丁寧に聴くことを決める。グループ側から見たストーリーを見ようとし、押しを強くしないことを試みる。彼は自分の行動について静かに自分自身に問いかける。

学びの目標：
- グループのことを注意深く観察する。
- 反応する前にグループ全体の文脈（背景）を考える。

ファシリテーターのための自己質問／能力のレベル（低―高）

私は自分の意見をグループに投影している。
　　1　<u>2</u>　3　4　5

私は自分の間違いから学ぶことができる。
　　1　2　3　<u>4</u>　5

>>境界

　ファシリテーターはグループの中で起きているプロセスにかなり興奮している。参加者は深い秘密を分かち合い、自分たちの経験とアドベンチャー活動のつながりを作っている。参加者の1人が自分の父と母のケンカを見ていることがどれだけ辛いかということを話す。彼はグループの中で対立が解消されたことを喜び、彼の両親が同じようになったらいいと思う。ファシリテーターは自分自身が妻との関係に苦しんできて、めちゃくちゃにならないようにどんな風に困難を解決してきたかという話をする。彼はそんな風にできるようになったのは最近のことで、新しいスキルであり、継続的に取り組む必要があることを話す。

GRABBSSスキャン：

　ファシリテーターはグループが安全ではなくなるような、「生の」情報を出した。彼の強い願いは、グループの一員になることである。そしてもっと危険なことに彼らの家族とも。興奮と勢いの中、ファシリテーターは自分自身の問題についての助けを求めるかもしれない。自分のことを出すことは適切な場合もある。しかしグループが取り扱えるかどうかという開示の線引きについては認識しておき、大切にしなければならない点である。

学びの目標：
- グループとの共通の場の体験が、不適切な開示によって混乱を招くことがあることを自覚する。
- グループの目的はファシリテーターの問題をどうにかすることではないということを覚えておく。

ファシリテーターのための自己質問／能力のレベル（低ー高）

私はよい境界を持っている。
　　　1　　2　　3　　4　　5

>>**境界を設定する**

　グループは**柳に風**（または**サークルパス**）の**ラビテーション**のパートを終えている。彼らの4回目のセッションである。このグループは自分たちより若くて、問題行動のある人たちにどのように活動を指導すればいいかということを教えるために作られている。グループメンバーの1人は、グループが彼を地面に降ろしたときのことを、「自分の墓に降ろされたような気分」と言う。

　ファシリテーターにはここで選択がある。彼女は体験を深めるためにその喪失の感覚について質問し、参加者の機能していない領域またはブロックしている領域とつながりを持つことを助けることができる。彼女は参加者にスポッターとのつながりを持たせるかもしれない。そうすることによって彼は全くひとりではないという事実と向き合う。彼は生きていて、大切にされている。彼女は活動を繰り返す。今回は参加者の目を開けたままにし、スポッターの顔が見えるようにする。

GRABBSSスキャン：
　可能なオプションの中で、ファシリテーターはグループの目的に最も適切なものをひとつ選ぶ。深いセラピー目的のグループでは、彼女はその体験に異なる形で関わるだろう。

学びの目標：
- 境界に関するファシリテーターの振る舞いは、ファシリテーターのスキルと

同じくらい、グループの目的に大いに関わりがあることを忘れないでおく。
- その目的でグループをアセスメントし、発達段階的に適切な境界を設定する。

ファシリテーターのための自己質問／能力のレベル（低―高）

私はよい境界を持っている。
　　　1　　2　　3　　4　　<u>5</u>

❖ 身体（Body）

ファシリテーターのための自己質問／能力のレベル（低―高）

私の身体は安定している。
　　　1　　2　　3　　4　　5

私は許容範囲の体調である。
　　　1　　2　　3　　4　　5

私は仕事をしすぎている。
　　　1　　2　　3　　4　　5

私は休息を取っている。（どんな休息か？）
　　　1　　2　　3　　4　　5

自分の依存性や中毒に対して対処している。（どんな依存性や中毒か？）
　　　1　　2　　3　　4　　5

>>限度を超える

　グループは1日中、活発である。ファシリテーターはふりかえりの中で意味のある話し合いを引き出すことができない。彼はずっと眠い。彼は2人組を作ることに決め、グループメンバーはペアで体験を説明する文章を考える。ペアで話し合っている間、いくつかの話し合いに耳を傾ける。ただ聞くということで、彼を眠くさせているパフォーマンスプレッシャー（成果に対するプレッシャー）を手放すことができる。

GRABBSSスキャン：
　身体的な活動から座って話すことへと進むのは調整が難しい。ファシリ

テーターは自分自身の身体反応についての気づきによって、活動をそのまま進めていくための「プランB（代替案）」を立てることができる。彼はそこで各ペアが報告するという新しいアプローチを使う。彼はまたグループとつながりを持つ時間も取ることができ、自分の優先順位に従うこともできる。

眠さはしばしば疲れから来るよりも、その他の兆候であることが多い。それは場面の急激な変化や、何をするのかわからないとき、クライアントに対して受動的な場合、難しい問題を避けるなどがあるだろう。

学びの目標：
- 適切な方法で身体的な反応を扱い続ける。
- 対応できるペースを保つことを学ぶ。

ファシリテーターのための自己質問／能力のレベル（低－高）

私は仕事をしすぎている。
　　1　　2　　3　　4　　5

>> **自分の中にある依存性をコントロールする**

> 回復を目指すグループは、**ムカデウォーク**で悪戦苦闘している。グループは**ムカデウォーク**のボードを回復の場に居続けるという比喩として使っている。グループは長い2本のボードから落ちずに同じ方向に向かせることができない。ジェフは奮闘している。ファシリテーターは起きていることを観察しながら、自身の腰の痛みに気を取られている。ジェフがかんしゃくを起こしたとき、ファシリテーターは満足できる方法で対応することができない。彼は迷いながら決めかねている。1、2分後、ファシリテーターはグループに再び焦点を当て、ジェフがなぜ自分をコントロールできなくなったかという問題についての深い話し合いを生む。

GRABBSSスキャン：

ある未解決の課題が明るみに出たのは、このファシリテーターが指揮をとっているときである。このファシリテーターはここぞという大切なつなぎ目に対応ができずに、クライアント自身が行動について価値あるつながりを生み出すかもしれないときに、クライアントを放ったらかしにしている。

ファシリテーターは再び焦点を当てることができるが、出来事とふりかえりの間で、大切な数分は失われてしまった。この失われてしまった数分が意味するのは、ファシリテーターとグループの双方にとって再び行動と反応を結びつけるのはやや骨が折れるということである。

学びの目標：
- 依存の問題について助けを探し求める。
- 自分に優しくする：私たちは絶えずクライアントから学んでいる。

ファシリテーターのための自己質問／能力のレベル（低－高）

自分の依存性や中毒に対して対処している。（どんな依存性や中毒か？）
　　　1　　2　　3　　4　　5

❖ 背景（Setting）

ファシリテーターのための自己質問／能力のレベル（低－高）

グループを動かしていくうえで、グループが集まる場所の影響がある。
　　　1　　2　　3　　4　　5

私は文化的な問題に対して肯定的な反応ができる。または先入観を持って行動している。
　　　1　　2　　3　　4　　5

私は参加者に作用している場の影響を考慮に入れている。
　　　1　　2　　3　　4　　5

天候の影響がある。
　　　1　　2　　3　　4　　5

>> **集まる場所**

　ABCグループは中学校の体育館で行うことが予定されている。体育館の半面では体育の授業が行われる。ファシリテーターはこのような状況はグループにとってよくないので、参加者を外に連れ出す。体育の授業を受けている生徒はそのファシリテーターがスクールガイダンスカウンセラーなので知っている。グループが外に出ようとしているとき、体育館にいる生徒たちがファ

シリテーターに挨拶をしている。ファシリテーターが自分の生徒を連れて外に出ようとしたが、生徒たちはコントロールできない状態で走っている。なんとか一緒に行かせようとしたが、事件が起きる。

GRABBSS スキャン：

　ファシリテーターがグループを動かしたのは賢い判断である。しかし自分のグループ以外の生徒に反応したことによって、ABCの参加者から注意をそらしてしまった。とても小さなグループで問題を抱えているので、生徒たちは傷つけられた、居場所がないと感じている。彼らはもっと「普通の」クラスにいたいと思っているが、それが不可能なことも知っているし、困っている。彼らは自分たちのファシリテーターが他の生徒に見せた肯定的な反応を見る。彼らの暴走はここから来ている。

学びの目標：
- 事前に調整をしてグループのプライバシーに配慮する。
- ファシリテーターはグループに専念する。

ファシリテーターのための自己質問／能力のレベル (低—高)

グループを動かしていくうえで、グループが集まる場所の影響がある。
　　　1　　<u>2</u>　　3　　4　　5

>>文化的な反応

　不安を抱いている10代の若者たちの混合グループで、参加者数名がふりかえりに参加しない。この若者たちはかなり新しい移民である。何人かは英語に非常に困難があるので、対話には問題がある。彼らは活動には参加して、笑い、楽しんでいる。しかし話し合いやフィードバックになると全く前に出てこない。彼らは輪になって立ち、そわそわしている。

GRABBSS スキャン：

　最近やって来た移民で言語的に難しい場合、静かにしている方がいいと思ってしまう。ファシリテーターはグループのメンバー全員のニーズに合ったふりかえりをしていない。しかし彼は活動のルールについて注意深くコ

ミュニケーションを取っているので、みんながルールを理解している。

学びの目標：
- ふりかえりの別の意味を考える。
- 全てのグループメンバーの能力とニーズについて気づく。

ファシリテーターのための自己質問／能力のレベル (低−高)

私は文化的な問題に対して肯定的な反応ができる。または先入観を持って行動している。
  1 2 <u>3</u> 4 5

❖ 発達段階 (Stage of Development)

ファシリテーターのための自己質問／能力のレベル (低−高)

「コントロール―エンパワーメント」のテクニックを理解し、使っている。
  1 2 3 4 5

私はグループの発達段階を知っていて、考慮している。
  1 2 3 4 5

> 　グループには6回の集まりがあった。各回が短かったため、主にお互いをよく知るための活動に当てられていた。彼らは**クモの巣くぐり**で苦しんでいた。ファシリテーターは時間枠を設定して活動を終えるチャレンジをグループに渡した。グループの各参加者は、クモの糸に触れずに穴を通り抜けなければならない。触れてしまった人は元に戻る。参加者の1人はとても大きい。ファシリテーターがタイムを取ったとき、グループはまだ半分しかできていない。

GRABBSSスキャン：
　誰かが触れたら全員戻るというより難しい課題にすることも可能だが、ファシリテーターは今のグループには難しすぎると判断する。グループは問題解決（イニシアティブ）をやり遂げたことがない。難しい挑戦を与えることによって、厳しいルールに固執してしまい、ファシリテーターはグループのニーズを読み違えてしまうことがある。

学びの目標：
- 難しい挑戦を紹介する前にグループの中での達成を生み出す。

ファシリテーターのための自己質問／能力のレベル（低ー高）

グループの発達段階に気づき、考慮している。
　　1　　2　　3　　4　　5

>> **エンパワーメント**

　ビルは「グループ」（収監された若者のための8週間の介入プログラムの名称）のメンバーである。ビルはジョーンに焦点を当てたがっている。ジョーンは異常に活発で集中できない子である。ジョーンは**トラフィックジャム**（多くのパターンを概念化し、他の参加者とコミュニケーションを取らなければならないグループパズル）を解決するためにグループを引っ張っている。ビルはジョーンを褒めるために**ゴーアラウンド**の中でグループを引っ張る。最後にグループはご褒美として、その日のジョーンの雑用をグループで引き受けることにする。

GRABBSS スキャン：

　この日、グループは成長の一番高いレベルまで到達している。褒めることへの責任を持ち、ご褒美の提供を行うことによって、彼らはジョーンの地位を格段に上げている。ファシリテーターは後ろに下がって起きていることをそのままにしている。さまざまなことが行われベースができたからこそ、グループが今の時点にいることは明らかである。

学びの目標：
- ブレイクスルー（突破口）はいつでも起こるということを覚えておく。
- エンパワーメントの構造が適所にあれば、グループのメンバーは自分たちでステップアップし、パワフルな方法で自分たちの力を発揮することができる。

ファシリテーターのための自己質問／能力のレベル（低ー高）

私は「コントロールーエンパワーメント」のテクニックを理解し、使っている。
　　1　　2　　3　　4　　5

GRABBSSを持ち帰る

　GRABBSSの様相はそれぞれの強調したい目的のために分けて考えられている。以下はホリスティックな視点から探索したセルフアセスメントのシナリオである。

> 　あるオルタナティブスクールの先生は誰かが落書きをしてそのことを誰も告白しないことに怒っている。グループは学期を通してかなりの進歩をしていた。だからこそ、彼はスポンサーになってくれそうな人たちを翌日に招待し、生徒たちが中学生の子どもたちに活動を指導するのを見てもらおうと思っていた。生徒の1人が**グループコール**を呼びかけたが、行き詰まっていた。先生は問題を早く解決して欲しいと思い、生徒たちに対して落胆している。彼は自分の気持ちを伝える。アドベンチャーの活動日は明日に予定されているので、問題を解決する時間は多くはない。

GRABBSSスキャン：

目標：

　グループにそのプロセスをたどらせ、そこには常に行ったり来たりの動きがあることを知らせる。先生は起きているプロセスをそのままにしておくべきである。それはアドベンチャーの活動日よりももっと大切なことである。

ファシリテーターのための自己質問／能力のレベル (低―高)
私は自分の目標やニーズをグループに投影している。 　　1　　<u>2</u>　　3　　4　　5
私は私自身がグループに入り込むことについての個人のコミットメントをしている。 　　1　　2　　3　　<u>4</u>　　5
私は余計な首をつっこまないでグループが自らの目標に向うようにしている。 　　1　　<u>2</u>　　3　　4　　5

レディネス：

　ファシリテーターが感じていることを考えると、グループを集め、その問

題に対処するのに的確な時間か？　グループは自分たちで活動を主導できる準備をするべきだ。ファシリテーターとグループがその活動をする準備が整っているとしても、今日の彼はグループのレディネスを感じ取れていない。

ファシリテーターのための自己質問／能力のレベル（低ー高）

グループは課題を行うトレーニングができている。
　　　1　<u>2</u>　3　4　5

感情：

　なぜファシリテーターはそんなに怒っているのか？　彼は自分が怒ったことに気まずさを持っている。

ファシリテーターのための自己質問／能力のレベル（低ー高）

私は自分が感じていることを知っている。（怒り、怯え、痛み、恥ずかしさ、喜び、愛情、共感、熱のこもった、無気力、平和的、苛立ち）
　　　1　2　3　<u>4</u>　5

私の感情は適切である。
　　　1　2　3　<u>4</u>　5

私は静けさに対して居心地よくいられる。
　　　1　<u>2</u>　3　4　5

行動・態度：

　このファシリテーターの感じていることとしていることは一直線につながっているが、グループが自らチャレンジに向かって進んでいくのを待たずに介入している。もし待っていれば今までの進歩よりももっとよいものになったかもしれない。

ファシリテーターのための自己質問／能力のレベル（低ー高）

私はどのように振る舞っているか。（思慮深い、衝動的、よく観察している、コントロール、エンパワーメント）
　　　1　<u>2</u>　3　4　5

私は自分の意見をグループに投影している。
　　　1　<u>2</u>　3　4　5

身体：

　自分の怒りをあおるような欲求に関して、ファシリテーターに問題があるか？　ことによるとアドベンチャー活動の日を計画することが彼の行動に影響を与えているかもしれない。

```
ファシリテーターのための自己質問／能力のレベル (低―高)
私は仕事をしすぎている。
     1   2   3   4   5
```

背景：

　訪問者があるからといってファシリテーターは披露する必要があるか？訪問者があるという事実によって、グループの行動する方法が変わるか？

```
ファシリテーターのための自己質問／キャパシティのレベル (低―高)
私は参加者に作用している場の影響を考慮に入れている。
     1   2   3   4   5
```

発達段階：

　このファシリテーターは自分の能力の中でコントロールからエンパワーメントをどこで管理できるか？　生徒の1人が**グループコール**をしているが、やや実権を握っている。彼はコントロールからエンパワーメントを育てるために努力している。しかしそれがやって来たとき、彼はプロセスを信じることができない。

```
ファシリテーターのための自己質問／能力のレベル (低―高)
私は「コントロール―エンパワーメント」のテクニックを理解し、使っている。
     1   2   3   4   5
```

学びの目標：

- 介入するのではなく、グループの長所を使う。
- よりよい判断をするために、行動を起こす前にGRABBSSスキャンを使う。

　GRABBSSモダリティ（様相）を組み合わせることによって、体験を全体と

して見ることができる。もしある問いが1つの角度から見て答えが出なかった場合、他の角度から見ればわかるかもしれない。今回のケースでは、招待した人に対してこう振る舞いたいというファシリテーターの欲求が、グループダイナミクスに対するファシリテーターの投げかけを曇らせる。しかし彼は自分自身をGRABBSSスキャンを使ってチェックし、より適切な判断をすることができる。それは究極的な正しい決断ではないかもしれない。でもそれは誰も予測することはできない。判断は防衛している場所からやって来ることがある。もし他の変更をする必要がある場合も、同じような方法で防衛してしまうことがあるかもしれない。GRABBSSを使うことで、直感的にやっているように見えることがしっかりと根づいていくが、十分な練習を必要とする。

まとめ

　この章では、ABCファシリテーターとしての自分の「声」（リーダーシップボイス）を見つけ出していくことの大切さについてと、いくつかの手法について話してきた。セルフアセスメントの継続的なプロセスの大切さと、アセスメントの中心的な役割を担うGRABBSSの使い方について書かれている。ここではGRABBSSの問いがどのように使われるのかということの例を示した。

　ファシリテーターはセルフアセスメントを通して、極めて大切な自己鍛錬を行っている。ファシリテーターは常に方程式の一部を担っている。グループに大きな影響力を持ち、状況に応じて適切に行動する。GRABBSSモダリティからの反応を測ることによって、自分自身を内省へと開いていく。スキルや意志の強さから離れ、ファシリテーターは自分のした行動から学ぶからこそ、落とし穴を避け、未来にある好機に応えることができる。そうすることによって、ファシリテーターはリーダーシップ（ファシリテーターシップ）の「声」を育てていき、情報を獲得し、責任を持ち、変化し続けていく。

第9章
活動の選択と決定について Decision Tree

「選ぶときの苦悩は、むしろ我々に与えられた楽しい瞬間でもある」
—— W. H. Auden

「今日は何をしようか？—— What are we going to do today?」

　PA（アメリカ）の最初の数年間、スタッフは夜中に思いついたり、シャワーを浴びながらひらめいた新しいアイデアを持ってオフィスに集まって来ていた。そしてそれらのアイデアをどんどんフィールドでテストした。聞いたことがあるだろうか？　多くの新しい活動は必要に迫られて発明されてきた。それはとても刺激的なことだった！　幸運にも、私たちはたくさんの経験がある。私たちが新しいアイデアを思い描かなかったら、アドベンチャーの活力は私たちから離れて行ってしまうのはもちろんだが、ありがたいことに、私たちはたくさんの経験の蓄積がある。アドベンチャー活動を指導してきたことで、私たちは十分な経験を積み、活動の計画についてのある程度の予測可能性と秩序をもたらすことができるようになった。私たちはそこに至るまでに選択をしなければならない。ここにアドベンチャーのファシリテーターが使うよくある質問をあげる。

- グループはこの活動をする準備ができているか？
- グループの感じやトーンはこの課題に合っているか？
- もしグループが与えられた課題に対して前向きに努力しなかったらどうするか？
- このグループはどこまで押せるか？
- この活動を信じているか？
- この活動の安全面や効用を十分理解しているか？
- この活動は包括的か？
- グループの発達段階は今どこにあるか？
- 活動のシークエンスは適切か？
- どんな意味づけが可能か？（個人の目標、グループの目標、比喩、転移などを考慮して）

　新人の実践者はベテランのファシリテーターにどんなときにどんな活動を選ぶかをどんな風に決めているかを尋ねる。よくある返答は、「何をする必要があるかは直感が教えてくれる」や「もっとやっていけば、もっとよい選択ができるようになるよ」というものである。もちろんアドベンチャー活動

を指導するために必要なことで、体験に代えられるものはない。しかしこの章では、活動の選択について意味のある論理的な理由を創造することを試みたい。活動の選択に関する考え方は初心者だけではなく、ベテランのファシリテーターの助けにもなるだろう。

　今までの章の中で、サムのグループのアセスメントを例示してきた。この章ではGRABBSSアセスメントが包括的で個別の事例に合わせた計画を立てる助けになっているかを説明している。ファシリテーターが活動を選んで計画を練るとき、自分たちが考えてきたことをまとめていく機会がある。GRABBSSアセスメントに関連したフルバリューの構成要素は、適切な活動を決定するためのものになる。これらのフルバリューとGRABBSSアセスメントのつながりを使って、私たちが生み出したい意味づけの全体像を考えることができる。それは人々が一緒に集まったときに伝わる暗黙のメッセージと同じく、活動や比喩、グループプロセス、目標設定、現実化に本来備わっているメッセージを通して生み出される。

　これらの要素が集められることで、ファシリテーターは、情報に基づく実践をするための馬に乗り込むことができる。

デシジョンツリー（The Decision Tree・選択のための樹形図）

　アドベンチャーセラピーの活動のための比喩を発展させようと集まった会議（Metaphor Potluck at Georgia College, 1996）において、私たちが創り出そうとしてきたことの基盤を作る必要があると感じた。比喩を意味のあるもの、よく考えられた結果のものにしたいと思った。理論を実践につなげていくために、比喩の選択のためにどの判断基準がよいのかを知りたかったのである。これによって参加者に対してよりよい形で比喩を提供できるだろうと考えた。

　そこで考えられたのが、「デシジョンツリー（選択のための樹形図）」である。これはグループに対して活動の選択とリーダーシップについてヒントとなるものである。PAでは常に「理論から実践へ」を活動の原則にしてきた。
　デシジョンツリーを使って、これから関わろうとする個人、グループ、そしてファシリテーターについて詳しく見ながらGRABBSSを使ってアセスメ

ントをする。そしてフルバリューに沿った行動に誘っていく。「フルバリュー行動」は、能力によって分割され、学びの領域によってグループ化される。その中でグループがどのフルバリュー行動を目指すのかを選んだら、その目標に向かって適切な活動を選択する。

　次に大切なのは、活動自体が持つ構成力を認識することである。ここで言う構成力とは、活動そのものが暗示している身体的環境を意味する。注意深く活動の構造・構成要素から分類してみると、実は活動そのものの元型自体が、あることを象徴して意味を持っていることに気がつくはずである。それは言葉で表現しなくても構造的に内在している。したがって、体験自体がメッセージを秘めた構造で提供されていることになる。と言うことは、暗示している意味を強化することによって、ファシリテーターが意味ある体験を提供していけるとも言える。したがって活動の構造が比喩的活動を作っていくうえでの情報源になる。例えばあるグループにとって何かを横断する活動が適切だと判断すれば、それに関する比喩を使ってその問題に焦点を当てる。この過程が次の段階に向けて、ファシリテーターがプログラムの枠組み（フレーミング）や意味を生み出していく土台を作っていくことになる。最後に、効果的な活動の流れ（フロー）を構成するには、入念なシークエンスが鍵を握る。デシジョンツリーのステップとして以下の項目があげられる。

デシジョンツリー：ファシリテーターが自問する質問：
1. 何を観察するか？（GRABBSSアセスメント）
2. グループに何を学んで欲しいのか？（フルバリュー行動）
3. 適切な活動は何か？（活動の選択）
4. この活動が持つ意味は？（活動の構成）
5. この活動にどのような意味づけをするか？（枠づけ）
6. 適切な活動の流れは？（アセスメントの活動; 活動のシークエンス）

　上記の6つのステップは順番を気にせずに使うことができる。アセスメント（GRABBSS）を意識した論理的な活動の選択というものはあるが、デシジョンツリーは、決して「こうでなければならない」という断定的なものではない。ここにファシリテーターの創造性、直感力、本能的な決断が求められる。ファシリテーターがデシジョンツリーを参考に得られる情報をつなげることで、選択そのものに論理的な根拠を持つことになり、その結果、選択する力

が高まるだろう。実践に向けて6つのステップをもう少し詳しく見てみよう。

❖1. 何を観察するか？（GRABBSSアセスメント）

　基本的なGRABBSSアセスメントの質問がデシジョンツリーのプロセスの最初のステップを作る（7章を参照）。人生の問題はきっちりと分類に収まらない。例えばある人はグループが準備できているか（レディネス）について焦点を当て、またある人は目標、感情、行動・態度の領域をさまようだろう。前の章で述べたように、GRABBSSの質問は、グループの構成や発達段階に沿って多様であるべきである。

❖2. グループに何を学んで欲しいのか？（フルバリュー行動）

　GRABBSSアセスメントはグループがどこから学び始めるのかに関してヒントを提供してくれる。この観察プロセスが活動を選択していくうえでの直接情報になる。これはデシジョンツリーのスキーマの重大な岐路となる。「このグループに何を学んで欲しいか？」、まずこの問いかけそのものが、なぜその活動をするのか？という選択時における謎を解明することになる。この問いかけはファシリテーターにとっては不安を感じる瞬間だろう。なぜならばその判断に責任を持たなければならないからである。ファシリテーター自身がフルバリューについて広く理解をしていれば、グループの持つ可能性と能力、そしてフルバリューに則った学びをアセスメントから見通すことができる。このステップは苦労をして目的、目標、結果をグループに要求しながら進めるよりも理解しやすいはずである。

　フルバリューについて考えること自体が活動に意味づけをしていくうえで重要になる。フルバリューを通してアセスメントすることによって、ファシリテーターはどのような意味や価値をグループに投げかけていくかを決断する。例えばグループをアセスメントした結果「今ここに（Be Here）」の必要性を感じ、ファシリテーターが「今ここに」に関連する活動を選ぶことによって、プロセスの中に意味が生まれる。デシジョンツリーにおける選択のプロセスは、決まりきった流れに見えるかもしれないが、新しいことに出会う機会となる。それは例えば、「今ここに（Be Here）」の活動を行っている際に、「安全に（Be Safe）」に関する体験が現れてくることがある。アセスメントと活動の選択の過程ではそこに浮かび上がってくる意味を無視することはない。

- 今ここに（Be Here）（他者といることとひとりでいること）
  [構成要素] 存在感、参加、つながり、楽しさ（FUN）

- 安全に（Be Safe）（信頼と不信）
  [構成要素] 注意、責任、コミットメント、境界、関係性

- 目標に向かう（Commit to Goals）（自発性／達成感と失敗／絶望）
  [構成要素] 同一であることの確認、自発性、助けを利用する、評価

- 正直に（Be Honest）（アイデンティティ／個性化と役割混乱）
  [構成要素] アセスメント、フィードバックと勇気

- 手放して前に進む（Let Go and Move On）（区別と依存）
  [構成要素] チャレンジとリスク、受け入れることと赦すこと、転移と変化

- 自分も他者も大切にする（Care for Self and Others）（個人的／社会的責任と自分への没頭）
  [構成要素] バランス、セルフケア、より大きなコミュニティへの貢献、大いなるもの

❖3. 適切な活動は何か？（活動の選択）

　ここでは、便宜上アドベンチャー活動を選択するうえで、フルバリュー行動を学習領域として活動の例をあげてみた。特定の活動は特定の成果を生み出す。しかし、それぞれの活動は多様な結果をもたらす可能性もあることを覚えておくべきである。ここにあげる種類を考慮に入れてプログラムを系統立って枠づけ（フレーミング）をしていける。

>>今ここに（Be Here）
[活動の例]
- ゲーム、交流：スピードスナップ、スピードホイッスル、ジェスチャーパス、膝（肩）たたき、フープリレー、雨のち晴れ、Ah-So-Ko、キングフロッグ、キャッチ、ジップザップ、ルックアップルックダウン、フラットボール、パラダイムシフト、ファイヤー・イン・ザ・ホール、フィーザの塔、クロス・

ザ・ライン、ピープル・トゥ・ピープル、フィーチシャレード、ボタン工場、ミスマンブル、エルボータグ、スワットタグ、病院タグ、溶接タグ、デッド・アント・タグ、アステロイド、ウォークタグ、アド・オン・タグ、ホットドッグ
- ネーム（名前）系：ネームトス、ワンパム、ピークアフー
- ストレッチ系：ミクロとマクロ、ウィンドミル、デュオシット、グループシットアップ、ストークストレッチ
- 読みもの：「Gold Nuggets」*

*「Gold Nuggets」(1990) はProject Adventure, Inc. から出版された、体験教育・アドベンチャー教育向けの読みもの（物語、名言、詩など）を集めた本。

>>安全に (Be Safe)

［活動の例］

- トラスト系：トラスト・シークエンス：トラストリーン（2人・3人）、柳に風（サークルパス）、ラビテーション（空中浮遊）、トラストフォール、トラストダイブ、ペアトラストウォーク、トラストラン、ガントレット、シェルパウォーク、アイランズ・オブ・ヒーリングサークル、フィーリングマーケットプレイス（感情カード使用）、スポッティング、ビレイ、キーストーン
- 価値観を育てる：クイックバリュー、フルバリュースピードラビット、マインフィールド、エレベーターエア、バリューバッグ、パイチャート（見・聞・感）、ビーイング、ビレッジ（村）、ハンドサークル、ガーディアンエンジェル、ESP、ヤートサークル、ヤートロープ、キーストーン、管制塔員、ブラインドコンパスウォーク、トラストウォーク、人の字バランス

>>目標を持つこと (Commit to Goals)

［活動の例］

- 目標づくり：クオリティコール、ゴールパートナー、ヒューマンカメラ、自然からの贈りもの、彫刻、ストーンヘンジ
- 目標達成のプロセシング：自分を受け入れる、ゴールパートナーとのふりかえり、ジャーナル（日誌）の共有
- 課題解決イニシアティブ（ポータブル）：ブラインド・ラインアップ（背丈、生年月日）、カリキュレーター、グループジャグリング、ステッピングストーン、クモの巣くぐり、みんなのっかれ、トロリー（ムカデウォーク）、フープリレー、クエイル・シューターズ、スターウォーズ、ムーンボール、12ビッツ、大縄跳びと1、2、3＝20、パイプライン、アップチャック、ホグコール、クオリティ

コール、卵救出作戦、ブリッジイット、人間知恵の輪、パスタ・タワー・ビルディング、放射能汚染物処理、フィル・ル・バスケット、グループパズル、トラフィック・ジャム、タングラム、宝探し、ヒューマンラダー、バルーントロリー、トレジャー・ハント、ジェリーロール、アマゾン、Tin Shoe、ダクトテープ、A-フレーム、コンパスオリエンテーリング、グループで太鼓をたたく

- 課題解決イニシアティブ (ロープスコース)：ジャイアントシーソー、川わたり (ニトロクロッシング)、かもめスイング、TPシャッフル、クモの巣くぐり、モホークウォーク、迷路、大脱走、ヒッコリージャンプ

>> 正直に (Be Honest)

[活動の例]

- 自己開示とフィードバック：ハブユーエバー、クイックラインアップ、グループジェスチャー、ピープル・トゥ・ピープル、エレベーターエア、イタリアンゴルフ、巨人・魔法使い・妖精、ミラーリング、ご先祖さま (書く、話す)、ヘリウムスティック (フープ)、ヒューマンカメラ、サムライ、進化ジャンケン、パイプライン、ストーンヘンジ
- ディブリーフィング (ふりかえり)：13章ディブリーフィング (ふりかえり) についての章を参照
- 話す：物語の共有、ひと言解説 (1人ずつひと言で説明する)、一文を書く、感謝の言葉、ふりかえりをインタビュー、一番印象深い体験、3つの視点、パイチャート
- 書く：ゲシュタルトとファスタルトのふりかえり、バンパーステッカー、ヘッドライン (新聞の見出し)、ジャーナル (日記)
- 読みもの：「Gold Nuggets」、短い物語 (テーマに沿って)、ジャーナル (日誌) の共有、記事 (雑誌、新聞、インターネット)
- シンボルでのランキング：親指メーター、目盛り (1―10、楽観的―悲観的など)、よい―悪い、暑い―寒い
- シンボル・オブジェ：モール、粘土、自然の中のもの、色カード、写真、コラージュ、クモの巣状マッピング (感謝やつながり)、描く、ものを見つける、石、アート素材
- シンボル・身体表現：顔の表情、個人・グループの彫刻 (身体、見つけたもの、石、アート素材)、絵を描く

>> **手放して前に進む**（Let Go and Move On）
　［活動の例］
- 解放する：シャウトラン、ゴミ箱、ヤートサークル、ウェブウェーブ（パワーパス）、雨、ドッグシェイク、パンパーポール（プランク）、ヒッコリージャンプ、パラダイムシフト、ヨガストレッチ、ヤートロープ、アンホーリー・アライアンス

>> **自分と他者も大切にする**（Care for Self and Others）
　［活動の例］
- 自己：ヒューマンチェア、グレースノート、自分への手紙、バランスブルーム、ジャーナル（日誌）、個人のプロジェクト
- 他者：コミュニティサービス、感謝のウェブ、リーダーシップ、メンタリング、パニックエバキュエーション、救急法・CPR、友人への手紙、創作

❖ **4. 活動そのものが示唆する意味（比喩的な活動の構成）は？**

　比喩を含む活動の構成については前の章で解説している。活動の中には身体的・感情的な構造が含まれており、活動自体があらかじめ意味づけを持っている。構造とは活動自体が持つ特徴のことで、環境、身体面及び感情面への影響力が秘められている。例えば輪を作るという身体的・感情的な行動が、活動から抽象的な意味を見出す機会となる。言葉で輪（サークル）の意味を話し合う機会にもなるし、またはその形状の比喩的な意味を考える機会にもできる。あるいはファシリテーターは端的に非言語による象徴的意味に頼ることもできる。どちらにしても活動が持っている構造の意味に気づいていることは活動を今よりも意味あるものにしていくためにファシリテーターにとって大変有効である。

　以下は一般的なアドベンチャー活動の構造とその解説である。

● バランス（バランスを取る）
　身体的にバランスを必要とするもの、そして他者からサポートを受けてバランスを取ることは、アドベンチャー活動特有の要素である。例えば、**人の字バランス**を行う際に、足元のワイヤーロープの距離が徐々に離れていく。2人のチャレンジャーは集中してお互いに力をかけ合う、その横と下にはス

ポッターが安全確保のために位置しており、チャレンジャーを支えている。この活動は構造的に「集中」「理解」「他者の重要性」などを担っている。

● **輪になる（サークル）**

　グループが輪になって活動を始めるとき、その形状自体が「コミュニティ」と「平等な立場」を意味している。そこにいるメンバー全員がお互いを見ることができ、同時に一人ひとりが平等に参加する機会が与えられている。一般的に列状に見られるようなヒエラルキー（階級・階層）は存在しない。輪は、「サポート」「独立」「自立」「相互関係」を意味する。輪では誰も隠れることができないのも特徴だろう。

● **クライミング**

　クライミングはアドベンチャー活動の中でもとても独特な構造を持っている。まず知的なリスクを負う場であり、クライミングは自分自身の持つ感情面、認知面の障壁を打ち破る性質がある。クライミングは「限界を打ち破ること」「至高体験（ピークエクスペリエンス）」「知的なリスクテイク」を意味する。

● **競う**

　アドベンチャーグループが持つ協同するという特性を使って必要なスキルを築いていくことを助ける。しかし現実の社会では多くのグループ間で競争が存在している。事実、競争は我々の社会では必須なものとも言える。だからこそ個人やグループの間で競い合うこと、またその力と構造を見直し理解するきっかけになる。これをアドベンチャー活動では面白い方法で行う。同じグループ内でAチームとBチームに分けて行ったり（これによってグループが自分たち自身に対して競争をすることになる）、**4方向綱引き**などを行ったりする。これらの体験の後にグループでプロセシングをしない手はない。ここでの競争は「個人とグループの持つエネルギーとパワー」を意味している。

● **築く**

　「築く」というと、有形のものと結びつけやすいが、ここではグループが自らの能力を継続的に高めていくという概念を示している。グループは、信頼、自己効力感、問題解決、目標設定、コミュニケーション、そしてチームワークなどにまたがった幅広い能力を高めていく。アドベンチャーの分野で

は、実体験（doing）からグループが構築されていく。「築く」とは成果物を必要としない「作り上げていく」活動である。

● 渡る・横断する

　ある場所から他へ「渡っていく」こと、危険を回避することなど。例えば**川わたり**で川に触れるとペナルティ（元の位置に戻るなど）になるなど。この「渡る・横断する」は自分たちが持っているスキルと関係性を駆使して、今いる場所から新しい場所に移動するということである。多くの場合、この活動はグループのパフォーマンスをより高める効果をもたらす。この「渡る・横断する」活動は「現状から離れる」「新しい世界に達する」「新しさ」「つながり」などを意味する。

● 自由を奪う

　この活動は意図的に参加者が本来持つ機能や能力を制限する。例えば目隠しや片足が使えないなど機能的な自由が奪われる。安全を確保するためにお互いに委ね合うことを学ばなければならない。また失ったものを補うために持っている資源を有効に使うことなども学ぶ。このような体験は実際に生活をしているうえで起こり得るものでもあり、「失うこと」「依存すること」を意味している。

● プロジェクトの実行

　グループは共に活動をし、成果は実際に目で見ることができる。この体験は、実際の学校や職場の中での事柄に類似している。これらの活動は地域（コミュニティ）のために行われることが多く、自分自身と他者を大切にするというフルバリュー行動の大切さをふりかえる。グループはボランティアとして道路のゴミを拾ったり、高齢の方を対象にした介助を行ったりする。このプロジェクト型の活動の構造は、「実際に何かを作り上げていく活動」と「コミュニティを巻き込む」ことである。

● グループ

　アドベンチャー教育は多様なグループで行われ、その大きさ、関係性などもさまざまである。例えば、**ペアの目標設定**（個人の経歴や歩みに関して情報を共有しながら、基準を見出していく活動）は2人組で実施される。人数が多いグ

ループよりも少ないグループの方が個人的なことも開示されやすく、話しやすい。ハイエレメントにおいてビレイヤーとチャレンジャーはロープによって安全確保がされ、高所に登っていく過程で言葉がけをしながらつながりを持っていく。グループでの活動の構造は「関係性」「コミュニケーション」「親密さ」である。

● 個性化

　グループメンバー重視のアドベンチャー教育は、変化・変容は、個人がグループに関わることによって起こるということを気づかせてくれる。活動がグループに焦点を当てたもの、個人に対するものに関わらず(**ツリークライム**、**ラペリング**、**ジップライン**)、グループに属する個々のメンバーをエンパワーする。体験そのものはグループの中で経験したとしても、多くの場合、その中身は個人的なものである。したがって活動の個性化とは体験における「個人的な意義」を意味している。

● 旅

　表面的には、「旅」と「渡る・横断する」活動とほとんど同義のように思えるかもしれない。しかし、「渡る・横断する」はグループメンバー個人にとってもグループ全体としても、大きな旅の過程の一部にしかすぎない。この両者は数々の成長を可能にするアドベンチャーウェーブの中にあり、必要とされるときに教訓となる意味ある体験を積み重ねていく。ここで言う「旅」に分類される活動はグループと個人の歴史を「作り上げること」と「共有すること」を意味する。

● 手放す(倒れる)

　ここでいう手放すとは、**トラストフォール**でグループの腕の中に倒れるとき、または15mの高さの木から他のグループメンバーのビレイで降りてくるときのことなどを言う。「手放す」の活動は、「こだわらない」「リスク」「信頼」「寛容」を意味している。自己の成長と変容はこの構成概念に起因しており、前に進むためには、個人の持つ古い筋書きを解き放たなければならない。「手放す」はとてもパワフルな比喩的な活動を構成するものであり、アドベンチャープログラムにおける信頼関係を構築する活動の全てに流れている。

● ごちゃごちゃ

　「ごちゃごちゃ」に関する活動は、構成された混乱を作り出す。それは無秩序と混乱の中から秩序を組み立てていく機会を提供する。ここに人生経験が平行して含まれているのは明白である。活動を例にあげると、**トラフィックジャム**や**キーパンチ**などがその代表的なものである。これらの活動は参加者が混乱した状況からいかにして秩序を築いていくかを促進させるものである。したがってこのごちゃごちゃになる活動は「混乱」と「体系化・まとめる」ことを意味する。

● 解決

　数限りないアドベンチャー活動に一貫していることは、「問題を解決する必要性」である。人間の本質なのか、人は目の前に置かれた状態を直そうとしたり、よくしようと問題に取り組む。問題解決の活動はクリティカルシンキングやグローバルな問題解決スキルを育む。それらは自分たちの持つ資源と共に活動することについて認識させる。問題解決は「基本的な人間の原動力」「人的資源の豊富さ」「創造性」を意味している。

● アンバランス(不安定)

　アドベンチャー活動の魅力的なところのひとつは、活動ベースのユニークさだろう。しかも、活動の名前をとっても奇抜である。未知の聞きなれない活動は何も予想ができず、どのレベルで行うのかは参加者に応じて提供され、しかも不均衡を作り出す。どんなシステムでも混乱が生じた場合、新しく修正されることに寛容になる。このタイプの活動は「混乱」「新しさ」「変容の機会」を持つことを意味する。

❖ 5. 活動にどのような意味を持たせたいか？
（フルバリュー行動とのつながりと比喩的な物語の構造・枠づけ）

　活動の構造が比喩を含んでいるとすれば、ファシリテーターが単独で(またはグループの協力のもとで)何かにつなげることを通して体験そのものを強化することができる。比喩そのものが(ファシリテーターが作ったか、または共同なのかに関わらず)体験から学びをつなぐ橋渡しをする。比喩的な構成についてはこの後の章でさらに吟味していく。

　全ての活動が比喩的なつながりを持っている。そして比喩を物語の中に織

り込んでいくことができる。気をつけなければならないのはアドベンチャー活動を過剰に比喩化することである。それは結局、プロセスの中での価値を犠牲にしてしまう。

以下は比喩の例である。

● **スピード・スナップ・ホイッスル**
「昔、水夫は風がなくて帆船が動かなくなったとき、口笛を吹いて風を起こしたんだって。私たちも口笛を吹いて風を起こして、前に進もう」

● **グループジャグリング**
「学校ではやることが山のように押し寄せて来るね。それに名前をつけて、このボールに書いていこう。そのボールをどれだけ速く回せるかジャグリングをしていこう」。輪になると、共通の目的を持ったり、一緒にいるという感覚を持つのに役立つ。輪でジャグリングをすることは、今後に向けて、比喩的な機会を作ることになる。「私たちはボールをジャグリングする（投げ回す）。私たちは自分たちにかかっている人生のプレッシャーもジャグリングする」

● **みんなのっかれ**
「この電車は栄光行きだ。この電車は栄光行きだ。誰も乗せていないけれど、完璧で神聖だ。この電車は栄光行きだ」このアフリカン・アメリカンの文化の一片は、楽しいものだが、参加者がプログラムに入り込むための意味深い方法である。これには自分自身と他者とのバランスを必要とする。「プログラムに乗り込んでいくために ── もう出発しようとしている電車に乗るために、何をしなければならない？ お互いに何を聞き合う必要がある？」

● **クロス・ザ・ライン**
「みんな一人ひとりの長所を学校に持ってきているよね。自分の持ち味を披露するチャンスだよ！ 自分の長所を見せながら歩いてみよう」。私たちはそれぞれに個性的で、それぞれの人を見ている。「次にパートナーを見つけよう。**クロス・ザ・ライン**は学校の中で助けたり、助けてもらったりしていることの大切さを見せてくれるよ」私たちは今グループを作り始めている。

これは「関係性」と「親密さ」を表す。そして私たちは交差（クロス）していく。これは、「離れること」「新しさ」「つながり」を意味している。

● カリキュレーター

「これから課題を話すけれど、見せません。課題がスタートしたら見ることができるけれど、始まる前に見ることができません。見えない電卓とでも呼びましょう。これは学校での生活とつながっています。目の前にやらなければならないことがたくさんあるよね。しかもそれが何なのかよくわからなかったりする。でもそれでいいんだよ。これからすることを"計算"しなければならない。そしてそれをどのように"計算"するか考えなければならない。私たちはあなたたちが課題をやれるように助けるよ。あなたたちの仕事は、何に焦点を当て、どのようにやっていくか、正しい順序を導き出すことだ。たくさんのことをまとめていかなければならない。そしていつも時間がない。あなたはどんなことをやっていきたい？」。**カリキュレーター**は、「グループづくり」「解決」と関連している。

● 新しい葉（マジックカーペット）

「多くのみんなにとって、学校は新しいスタートを表していると思う。この毛布は今まで自分がしていた古い方法だと思って欲しい。古い方法の全てが悪いわけではないけれど、悪いものもあるね。ここで毛布をひっくり返すことで、このグループが自分の悪いことを手放し、自分のよいことを維持し続けるためのことを考えてみよう」。この活動は「手放す」「寛容」の要素を持つ。以下は、共に創っていくことへのプロセスを織り交ぜた比喩である。ファシリテーターは比喩を導入するが、どんな意味を加えていくかはグループの状態などによる。

モホークウォーク（グループがワイヤーロープの上を渡っていくエレメント）の中で、「安全」についてグループで学ぶとしたら、以下のような語りかけができる。

「人生の中には知的なリスクをとらなければならないときがたくさんあるよね。学校では、教室で先生の質問に答えるために手をあげるときに注目を浴びることもリスクになるかもしれない。家の中では、自分がした間違いを親に素直に話すことかもしれない。周りの人たちに支えられていることを感

じていて、その人たちがすぐに決めつけたり、怒ったり、じれったそうにしていたり、皮肉を言ったりしないことがわかっていたら、そんな挑戦は簡単なことになる。さて、ワイヤーロープに乗って旅をしよう。成功するためには安全を感じられなくてはならない。お互いの安全を守るためにグループとしてできることは何だろう？」

　最後の質問は、「共に創っていくこと」へと導く。参加者は活動に含まれる「守ること」についてのさまざまな面と、グループの外の世界とをつなげることができる。例えば、聞くこと、言葉による支援をすること、体で感情を表さない、自分の役割を行い、それぞれの役割を大切にすることなどは、知的なリスクテイクへの支援を提供することのよい例となる。

❖6.適切な活動の流れ（フロー）は何か？（アセスメントのための活動、シークエンス）

　活動の流れ（フロー）とは、アドベンチャーワークを活動案に盛り込むための、事前に選んだシークエンス（組み立て）のことである。しばしば変更されるが、まずはここから始める。アセスメントのための最初の活動を頼りにしていても、活動変更することを前提としている。ファシリテーターは最初の活動でのグループの様子を観察して活動のプランを修正することを決めることがよくある。

　多くのアドベンチャープログラムのファシリテーターはGRABBSSを決める材料を集めるためのいつでも使える、好みのアセスメント用の活動を持っている。しかし事前の計画に力を注ぐことはとても大切である。それは継続的な決断をしていくためのプラットフォーム（土台）となる。しかし最初のアセスメントでも、継続的に行うアセスメントでも、どの活動をやればいいかということを教えてくれるわけではない。アセスメントは「その活動をどのように指導するか」ということの情報を与えてくれるという点で意味がある。難易度、タイミング、シークエンス、リーダーシップ、枠づけ、テーマや問題は、アセスメントのプロセスを通して明らかになり、調整される。

　グループや個人のためのチェックリスト（アセスメントの章で紹介）の文言は、フルバリュー行動や潜在的な力に直接関連していて、シンプルなものから複雑なものまで連なっている。例えば、基本であり大切な「今ここに（Be Here）」のスキルをあげるとしたら、「時間通りに到着する」で始めるのもよいだろう。参加者が時間通りに到着することができるようなら、それはグ

ループへのコミットメントの一段階目を進んでいることを物語っているだろう。その他の例では、「今までの成功を足場として進む」があげられ、これは体験からの学びを統合し、今までにない状況の中でそのスキルを使うという洗練された能力を指し示している。

「安全に (Be Safe)」は全てのアドベンチャー活動に組み込まれている。私たちの全ての活動に内在するものは、グループを安全に保つということである。ここには身体的、精神的な安全が含まれる。安全とは、例えば**モホークウォーク**では、ワイヤーロープの上で走らない、木に向かって突進しない、バランスを保つために無謀な試みをしない、注意深いスポッティングやワイヤーロープ上のメンバーに対して集中したサポートをするということが要求される。活動には安全を学ぶための機会が内在している。実際に、グループの安全を守ることが必須で、ファシリテーターと参加者が楽しみ、GRABBSSモダリティ（様相）を考慮しているような活動はどれも成果をあげるだろう。

しかし参加者の安全を確保するためのスポッティングを必要とする活動を、参加者のレディネス（準備）が整っていない状態（押し合うなどの行動が見られる、参加者の感情やもの言いがお互いへのコミットメントの欠如を示しているなど）で選ぶことはばかげている。しっかりと管理できる状態で参加者がスポッティングの基礎の練習ができ、ファシリテーターが観察できるような基本の活動から始めるとよいだろう。

どのような計画でも最終のアセスメントチェック（アセスメントのための活動と、観察をしたうえでの計画の変更への意欲）が必要である。

❖ どこにデシジョンツリーを当てはめるか？

デシジョンツリーを使うとき、水平的や階層的なプロセスは結びつかない。木はどの枝にもアクセスできる。物理学者のF. カプラ (Capra, F.) の言葉を借りれば……。

> 「ほとんどの生命システムは多層的な体制パターンを示す。その特徴は非線形的な入り組んだ回路を持っていることで、その回路にそって情報やトランスアクションの信号があらゆるレベルの間を自由自在に行き来する。私がピラミッドをひっくり返して樹に変容させた理由はここにある」
>
> 「本物の樹が根と葉の双方を通して栄養を摂取するのと同じように、系統樹

における力は双方向に流れる。そこでは一端が他の端を支配することはなく、あらゆるレベルが全体の機能を支えるため、相互依存的な調和の内に相互作用し合っている」[2] (Capra, 1988.「The Turning Point」(『ターニング・ポイント』,1984年,工作舎))

　例えばファシリテーターはある活動が自分のグループには重要であると思う。そこでGRABBSSアセスメントに戻って考える。活動の選択は問題ではない。それより問題は、ファシリテーター自身がある結果を達成するために、どのようにその活動を指導するかである。

　ファシリテーターがGRABBSSモダリティの「感情」の部分からデシジョンツリーに入っていくとする。グループの「感情」はフルバリューの「今ここに(Be Here)」につながるかもしれない。ファシリテーターは「今ここに(Be Here)」の視点で見ることができ、適切な活動を見つける。ファシリテーターが選択した活動は独自の構造を持つ。この構造は比喩を使うと決めた場合、比喩を形づくるのに役立つ。

　他の例では、活動の選択の第3段階でデシジョンツリーを使うかもしれない。回復を目指すグループと関わっていて、参加者が全力を傾けようとしている「12ステップ(アルコール依存症から脱却するために作られた12の方策)」にもう一度、立ち戻る必要性を感じている。**マシュマロリバー**(毒の地帯に触れずにブロックを使って渡っていく活動)はこのグループのニーズにつながっているかもしれない。彼らはこの活動が好きで、心地よさを感じている。そして同時に、活動とグループのニーズの間のつながりも作ることができている(これは活動を比喩的に考え始めるとよく起きる)。彼らは活動の名前を**マシュマロリバー**から**禁酒の石**へと変えることにした。名前を変えることによって、彼らは難なく、グループにとっての力強い比喩を創り出す。グループにそれぞれの「石」(＝この場合は12個のブロックを用意するのがよいだろう)に意味づけをしてもらうことによって、共に創り出す動きが生まれる。

　活動の選択を経由してデシジョンツリーに入る場合、同時に比喩についての取り組みも行われる。これはアドベンチャー活動の構造とどのように関連しているだろう？　**禁酒の石**を例にすると、グループはある場所からある場所へと移っていくことを試みている。これは「旅」という構造とよく合っている。その他にも、「渡る・横断する」「手放す」「バランスとアンバランス」などにも当てはめることができる。ファシリテーターがデシジョンツリーを

使ってグループを見ていくとき、活動の選択が支えているフルバリュー行動とそれに付随する力がどの部分かということを明確にすることが重要になってくる。「12ステップ」の知識を織り交ぜて使って、グループに対する理解と結びつける。彼らにとっては「正直に（Be Honest）」「手放して前に進む（Let Go and Move On）」「自分も他者も大切にする（Care for Self and Others）」の部分が第一で、その他の部分は第二のものかもしれない。

　ついに活動の落とし込み（グラウンディング）と組み立て（フレーミング）が始まる。GRABBSSスキャンが作用し始める。このチャレンジを行うためのグループのレディネスはどうか？　言外の意味を理解しているか？　アセスメントはどのように落とし込み（グラウンディング）と組み立て（フレーミング）に影響しているか？　グループのメンバーは「渡る・横断する」「旅」を達成したい目標として見ているか？　彼らの行動や態度は結果にどのように影響するか？　身体と背景の問題は混ぜて織り込む必要があるか？　グループの発達段階は彼らの活動ぶりにどのように影響するか？

　デシジョンツリーをポケットサイズにしていつでも見ることができるようにしたものを次に掲載した。

まとめ

　デシジョンツリーは合理的で意味のあるプロセスを踏んで活動を選択するためのツールである。ファシリテーターがデシジョンツリーに入っていくための6つのポイント（質問）が紹介されている。フルバリューの学びの領域に特化した活動がリストで表されている。デシジョンツリーのどこから入ったとしても、一片がまた別の一片へと流れていく。これは、人がよりコンセプトを理解し、活動の中で出しきることによって起こってくる。

　ファシリテーターの活動のストックが増え、その活動を使うことに安心と自信を持っていると、比喩的な可能性が飛び出してくる。GRABBSSやフルバリュー行動から入ることによって、直感的な部分は減り、よりアセスメントによって動いていく。活動の構造は全てのグループワークをユニークな「毛布（ブランケット）」の中に包み込む。彼らの「意味づけ」は「実体験（doing）」を通してのみ統合されていく。または、S.ベーコン（Bacon, S.）の言葉で言

アドベンチャー活動のデシジョンツリー

グループの情報：　　　　　　　　　　　　　　　　　　　　　　日付：

ステップ1：何を観察するか？
（GRABBSS アセスメント）

目標 Goals
- フルバリューを含む目標設定についての知識があるか？
- 目標に向き合う（コミットメント）能力があるか？
- 課題を達成する能力があるか？
- フルバリューコントラクトは生かされているか？
- 集中し続けられる力があるか？

レディネス Readiness
- 課題を理解しているか？
- 課題はグループのスキルレベルに合っているか？
- 課題を達成するための時間は十分か？
- 物事を進め、評価する能力があるか？
- 比喩やその他の関連づけはされているか？

感情 Affect
- 信頼度はどれくらいか？（安全・境界）
- 他者を理解するための傾聴をしているか？
- グループは「無気力─熱のこもった」のスペクトラムのどこにいるか？
- 核となる感情への理解があるか？
- 分かち合う気持ちがあるか？ 心が開いているか？

行動・態度 Behavior
- 参加の仕方や関わり方はどんな段階か？
- アクティングアウト（行動化）があるか？（より深い行動を通して）
- 態度の悪さはあるか？（集中力の欠如）
- リスクを負う力を持っているか？
- マイナス面を逆に強みに転換できるか？
- 他の人に教えることに意欲的か？

身体 Body
- 自分は身体面において調整できているか？
- 薬物治療または薬物中毒が影響をしている人はいないか？
- 強さ・持久力・健康状態全般はどうか？
- 虐待の要因は何か？

背景 Setting
- 外的環境が与える影響は何か？
- 課題提供に関して適切なリソースを持っているか？
- 天候の変化に対する対処はできているか？
- 家族や家族を取り巻く状況からくる影響は何か？
- 多様性はどのような場面で役割を果たすか？

発達段階 Stage of Development
- 「コントロール─エンパワーメント尺度」ではどこに位置するか？
- 私たちは今、フォーミング、ノーミング、ストーミング、リフォーミング、トランスフォーミング、ターミネーティングのどれか？

ステップ2：グループに学んでもらいたいことは何か？
（フルバリュー行動）

今ここに Be Here
　── 存在すること、参加、つながり、楽しさ

安全に Be Safe
　── 注意と責任、コミットメント、境界、関係

目標に向かう Commit to Goals
　── 同一であることの確認、自発性、助けを求める、評価

正直に Be Honest
　── アセスメント、フィードバックと勇気

手放す、こだわらずに前に進む Let Go and Move On
　── チャレンジとリスク、受容と赦し、転移と変化

自分も他者も大切に Care for Self and Others
　── バランス、自己管理、大きなコミュニティへの貢献、大いなるもの

ステップ3：適切な活動は何か？
（フルバリュー活動の選択）

今ここに：
安全に：
目標に向かう：
正直に：
手放して前に進む：
自分も他者も大切にする：

ステップ4：活動の意味づけは？
（比喩的な構成）

バランス	グループ
輪になる	個性化
クライミング	旅
競う	手放す
築く	ごちゃごちゃ
渡る・横断する	解決
自由を奪う	アンバランス（不安定）
プロジェクトの実行	

ステップ5：活動にどんな意味を持たせたいか？
（フルバリュー行動との関連性、物語の比喩的な枠づけ）

ステップ6：適切な活動の流れは？
（アセスメントするための活動と活動のシークエンス）

えば、「山々に自身のことを話させよ」（アウトワードバウンドで参加者がどのように自然な感情的・認知的なつながりを持つかということが言い表されている）

　参加者はふりかえりのプロセスを通して、活動の持つ力（構成）の意味に引きつけられる。ファシリテーターの能力の中にある柔軟性が次の扉を開け、ある要素から次の要素へとつながっていく。そして「さあ、何をしよう？」という質問に対しての、洗練されていてよく響き、そして的を射た答えが生まれてくる。

　アドベンチャーウェーブに移っていく中で、私たちはデシジョンツリーを携えて進んでいく。本章では多くの考え方を紹介した。この後も新しい方略やアイデア、例などを紹介していく。

第10章
アドベンチャーウェーブ

アドベンチャーウェーブ

波には力強いイメージがある。それは川、海、あるいは電線の内側にもあり、波はエネルギーを具象化したものである。…アドベンチャーウェーブは独特のエネルギーの形を持つ。このエネルギーは、グループの相互関係、活動とプロセシングの相乗効果によって発達し、成長と肯定的な変化の糧となる。

波（ウェーブ）は、集まることによって「力」になる。同様にアドベンチャーウェーブの力もグループの中にあり、いろいろな面を持つ個人がいて、活動やユニークな学びの機会に出会う。ベッドロック（基盤）の理論とアセスメントの方法は、実践者がプログラム中のプロセスを理解するのに役立つ。「アドベンチャー」が今、始まる。

　波には力強いイメージがある。それは川、海、あるいは電線の内側にもあり、波はエネルギーを具象化したものである。エネルギーは人間の活動を表すものでもある。人は常に変化し、動いている。そのエネルギーは不安定で、薬漬けになっていて、違う方向を向いているかもしれない。しかしそのエネルギーは、生き生きとしていて、達成感を得る可能性を秘めている。アドベンチャーウェーブは独特のエネルギーの形を持つ。このエネルギーは、グループの相互関係、活動とプロセシングの相乗効果によって発達し、成長と肯定的な変化の糧となる。アドベンチャーの力は、そうした相互関係の中にある。この本で語られてきたように、肯定的な相互依存の発達は、準備された入念な計画を必要とし、それは素晴らしい力を持つグループの活動の中にある。

　風が水を巻き起こすように、潜在している波の力を生み出す、ファシリテーターの注意深いアセスメントと計画、参加者が場に持ってくるもの、彼らを生き残らせたレジリエンス、活動とプロセシング——これらの全てが健全で成長を促すシステムを作り出す。このシステムの中で学んだスキルを別のシステムへと持ち込んでいくことができる。水が渦巻き、混ざり合うように、ブリーフィング、実体験（doing）、ディブリーフィングも渦巻き、混ざり合う。その流れは具体的で目に見えるものである。全ての部分がプロセスに極めて重要である。

　アドベンチャープログラムでは、カウンセリングは活動を通して行われる。問題が注目を浴びようと浮かびあがる。適切に行われれば、アドベンチャーウェーブがこれらの問題を明らかにするだろう。それらの問題は新しい、またはこれまでとは異なった方法でおそらく強みをもとにした体験を通して現れてくる（私たちは強みのレンズを通して自分たちの弱さと向き合う）。

　こうした問題は、今ある動かせない現実やグループで共通の体験から浮かび上がることもある（「僕は確認をしないで、**クモの巣くぐり**に飛び込んだとき衝動的に動いていた。それは、車を盗んで手に入れるかのようだ。みんなはお金を払っているのに」）。これはグループの波である。行動に満ちていて、メンバーのこれまでの多くの経験とつながっている。だからこそこの波が胸を躍らせるのだろう。

ムササビスイングでグループによって引っ張られることは、腕に注射針はささっていないよという言葉ではなく、薬物から「抜け出る」感覚を感じさせてくれる。また死ぬかもしれないという苦しみではなく、飛ぶ喜び、自分の「翼」を羽ばたかせること、急降下爆撃機のような動きができることの喜びを与えてくれる（下を見て自分に全ての注意を払い、あなたの喜びを分かち合っているグループを見るのはどんな気分だろう？ 次の人が飛ぶとき、ロープを持ってその人の喜びの手助けをするのはどんな感じがするだろう？）。このような活動は薬物の体験と類似しているが、同時に全く異なる体験である。それはディブリーフィングの中で、あるいは家に帰って、回復のための宿舎で、学校の廊下で参加者の多くが語ることに現れている。

カウンセリング・オン・ザ・ラン

　ファシリテーターがこのような活動に関わるときは、「カウンセリング・オン・ザ・ラン（Counseling On the Run）」（アドベンチャーウェーブに沿ったカウンセリング）の概念を覚えておくべきである。PAの初期の出版物のひとつでは、カウンセリング・オン・ザ・ランをこのように定義している。「カウンセリング・オン・ザ・ランは、行動を通して成長するカウンセリング関係である。これを実践するカウンセラーや教師は、生徒が必要とすることを解釈し、プログラムをデザインすることの両方をできなくてはならない。高校生が自身の成長を目指す中で、言語的なスキルに限界があるため、解釈とデザインのテクニックが非常に重要になる」[1]（Schoel, 1973）

　「オン・ザ・ラン」を構成する要素には、以下のことが含まれる。

- 聴くこと
- まとめること
- 調整すること
- フォローアップすること
- 静かにいること

これは、カウンセリングが座って話をするという形態に限らないことを意味している。会話、コントラクト（約束）、アイデア、体験、行動、直面化、活動の前・途中・後で生まれる計画、車の中、学校の廊下、あるいは、プロジェクトを実行しているときの小さいグループといった全てが、自然で効果的なカウンセリングの環境を提供してくれる。重要なのは、問題が発生したときにすぐ対処することによって、この形態のカウンセリングのパワーが増すということである。

　カウンセリング・オン・ザ・ランは、当初、ファシリテーターが中心にいることを前提に考えられたものである。そしてそこにはグループプロセスに関して議論や対話はなかった。長い年月と経験が、私たち自身のキール（竜骨、船の主要な骨組）をくぐり抜けていったが、私たちは、まだファシリテーターの重要性を大切にし続けていた。同時にアドベンチャープログラムが持つ、グループプロセスの変化のパワーの重要性についても学んでいた。そしてこの新しいタイプのカウンセリング・オン・ザ・ランは、ファシリテーターとクライアントの関係と、グループプロセスという文脈（背景）の中でファシリテーターが進めていく、という効果的なバランスを生み出した。

　カウンセリングは、グループ全体、小グループ、そして個人、個人とグループの関係性の文脈の中に位置づけられる。アドベンチャーのファシリテーターは、多くの、さまざまなカウンセリングの機会を通じて、個人やグループに対する関心やつながりを持ち続けるべきである。ファシリテーターは、参加者が関係の作り方を学び、挑戦し、互いにサポートし合えるようグループの活動をファシリテートする必要がある。

　参加者は、成長を見守るあたたかい空気に反応して、リラックスし、新しいことに挑戦し、信頼し、成長し始める。また彼らは見て感じたことを行動や態度で示し、反抗する。彼らの行動―あらゆる事象、全ての時間がカウンセリングの材料になる。ファシリテーターは、それらの全てを使わないかもしれない。またはちょうどよいときを待っているのかもしれない。グループがその問題に対峙するのを待っているのかもしれない。今起きたこととして達成しようとするかもしれないし、試してみて、引き下がるかもしれない。

　ABCは実用主義的なものである。うまくいくなら、それを活用する。もちろんそれぞれのグループに対して、グループに合わせたアプローチが必要である。裁判所からやってくる若者たちには、個々人に対して共感的な焦点を当てながら、強い管理が必要になる。学校のカウンセリンググループでは、

適切な制限のもとで、親しみと小グループに対する注意が必要になる。個人の成長を目指す授業では、自身の意志決定のプロセスや個人の力や体験を探求する。回復を目指すグループでは、強い目標設定や、活動と「一日一日、歩んでいく」という彼らの問題の関連づけを助ける比喩的なプロセスが求められる。全てのグループはグループが意志決定する力や効果的に変化できる準備が整っていることを表す、「コントロール―エンパワーメント尺度」に沿っていく必要がある。

　ファシリテーターにも判断するべきことがある。GRABBSSアセスメントによってグループ、参加者に訪れる変化を知ることができ、それによってファシリテーターが、何が起こっているか、どのような決断をするのかを考える手助けになる。GRABBSSアセスメントのプロセスは、実体験（doing）を通して使うべきである。ファシリテーターは、参加者を観察する役割の中で、常にこのアセスメントのプロセスを使っている。「カウンセリング・オン・ザ・ラン」が、活動が進行している間も効果的でパワフルになるように、この章はプログラムのフレームワークの説明に当てている。

　すでに述べてきたように、アドベンチャーウェーブの各要素は非常に関連が深い。そこには流れがある。ブリーフィングは実体験（doing）と密接に関連している。例えば目標設定の中でフルバリューや比喩を創っていくことは、ブリーフィングの活動であり、それらは、実体験（doing）の中でも再訪し、磨かれる。ブリーフィングも実体験（doing）だが準備に焦点を当てたものである。

　活動を実行している最中は、確認（チェックイン）のディブリーフィングや**グループコール**が必要になるだろう。ディブリーフィングも実体験（doing）の一部であるが、ふりかえりや要約がその焦点になる。ディブリーフィングスキルは実体験（doing）に不可欠である。ディブリーフィングは、活動の最中に継続的に使われる。したがってファシリテーターは、アドベンチャーウェーブの3つの場面の全てを行ったり来たりできなくてはならない。絶えず注意を払う観察者としてのファシリテーターの役割は、活動がパワフルなカウンセリングの機会になるための鍵になる。

第11章
ブリーフィング

アドベンチャーウェーブ

アドベンチャーウェーブはブリーフィングで始まる。水は勢いに乗って流れ、グループメンバーもその流れに沿って動いていく。

「新入生に学校の説明をするとき、実際に見たり参加できる活動を選び、深刻な問題、あるいは心配ごと、迷いは選ばない。たとえ彼らの現実の姿を知っていても、子どもが自らの時間の中で自信をつけていくのを待たずに、私たちが一般的な知識を示すのはおせっかいである。もし彼らを待たずに心配ごとについて語り出したら、私たちが彼らを未熟だと思っているのだと、脅しをかけるにすぎない。私たちが目指すところは、ゆくゆくは子どもたちに"あなたもわたしも1人ではない"ことを信じることが基本的な問題になること、日々一緒に過ごすプロセスの中で、私たちの助けを借りて解決できることの感覚を授けることである」[1] (Bettelheim, 1950)

アドベンチャーウェーブはブリーフィングで始まる。水は勢いに乗って流れ、グループメンバーもその流れに沿って動いていく。グループ形成と活動の選択で感じてきた期待と興奮が、今はグループで実際に動いていくという違った形で現れる。準備、展望、イメージで思い描いてきた変容と再生のチャンスが、今は現実になっていく。新しいグループが輪になってファシリテーターが"リーディング（何かの文章を活動の始まりなどに読むこと）"し、活動について説明し、目標と目的に触れながら、アドベンチャーのプロセスは進んでいく。そしてもう逆戻りはしない。目的は何であれ、一歩踏み出し、共に何かをするというコミットメントがなされている。安全に対する準備も、単独の役割や慣れ親しんだリーダーシップの環境もここにはない。ファシリテーターの使命は今ここにあるアドベンチャー活動と向き合い、進んでいくことなのである。

ここはプロセスの中で自信を持つときである。またリスクを負うときでもある。これは椅子に座って問題をふりかえるという形式のものではなく、今やるべきことと、今現在のグループのプロセスに焦点を当てるという、異なったスタイルのカウンセリング、セラピーである。確実に言えることは、ファシリテーターは全ての参加者にとって、喜びや効果のある問題を中立的に取り上げる必要があるということである。アドベンチャーを他の場につなげることによって、私たちはより広い場面で、より効果的にプロセスを応用させることができる。アドベンチャーは個人あるいはグループのセラピーの助けになる。アドベンチャーカウンセリングに参加しながら、他の場所でもカウンセリングやセラピーを受けている人もいるかもしれない。そのような場合には、ファシリテーターは彼らのセラピスト、カウンセラーと共に参加

者の活動を調整する必要がある。

　ブリーフィングは、一度にやりきってしまう必要はない。実際には、ブリーフィングは、活動の間中行われている。つまりブリーフィングは、活動の新しい要素や意味づけがされるときに常に行われる。またブリーフィングはその前のふりかえりで学んだことから、発展させることもできる。そこには体験学習サイクルの要素と、アドベンチャーウェーブに向かってダイナミックに進んでいく要素があり、ときにブリーフィングとディブリーフィングの区別がつかなくなることがある。しかしそれらには重要な違いがある。ディブリーフィングでは、その活動の中で「何が起こっているのか」、「何が起こったのか」を考えることが基本となる。これが私たちが「プロセス」を重視している理由だ。体験から素材を見つけ出し、それを使い、これまでになかった形に変えていくということである。プロセシングとは、無秩序で意味がないようになりがちな要素を、理解しやすい形に変えてまとまりを持たせることである。ディブリーフィングは、ブリーフィングと体験そのものの組み合わせによる。言い換えれば、この２つがなければ、グループに語るべきことも、ふりかえることもなくなってしまうだろう（今までの行動や他での体験のことを除いては）。

　ブリーフィングの２つの重要な要素は、「アドベンチャーの土台を作ること」、「アドベンチャーを枠づけする」ことである。以下では、この２つについて詳しく触れていく。

アドベンチャーの土台を作る：基礎とは何か？

　これまでグループの理解とリーダーシップスキルを理解するためのツールとして、GRABBSSを使うことを探ってきた。活動のコンビネーションやまとまりを生み出すための「デシジョンツリー（選択のための樹形図）」のプロセスについてはすでに説明してきた。これを使ってアドベンチャー活動を組み合わせることによって、効果的な活動を生み出すこともできる。アドベンチャー活動を効果的にするには、活動の創造的な相互作用を生み出すことが大切であると説明してきた。今グループは最初のアドベンチャーに向かう準備ができている。第一歩はブリーフィングである。この用語は軍事用語が元

となっている。例えば、空軍のパイロットは、任務と目的をブリーフィングで告げられる。それと同じようにアドベンチャーグループでもこれから行う活動について説明がなされる。軍隊の任務の目的と、アドベンチャーの任務は異なるものだが、新しいことに対する興奮や驚きは、両者に共通するものである。

ブリーフィングの第一の構成要素は、「土台づくり（グラウンディング）」と言われている（正式には「枠づけ（フレーミング）」として知られている）。土台づくりには、現実的、予防的な全ての問題が含まれている。グループはアドベンチャー活動の準備をする必要がある。安全に関しても同様である。参加者は期待されることと目標を理解することが必要である。土台づくりの間、ファシリテーターは、「何が起こるのか？」「私たちに期待されることは何か？」という問いに答えるようにする。

❖ 説明と期待

体験のさまざまなことは、土台づくりに関わる。つまり何が起り得て、その詳細は何か（どこで、何時に、服装、誰が何をするか）ということだ。そうした詳細をどのように説明するかは、期待感を膨らませるための長い道のりのようなものである。

軍隊用語が元となるブリーフィングという言葉は、兵士が部屋に集まり司令官から作戦の詳細を聞き、切迫した重要な任務に対する興奮を彷彿させるものである。

私たちがこの用語を使うときイメージすることは、林の中で、子どもが**ヒッコリージャンプ**のことを話していたり、あるいは古い仲間とゲームをしたり、高校生が騒ごうとして施設の外に出て待っていたり……のようなことである。軍隊の場と同様に、興奮と期待が胸騒ぎの中に混ざって、「自分たちはひとりではない」ということが強調されている（「私たちは全員でこれ（活動）をやるんだ」）。

>> 準備

活動を行うための事前の準備は常に成功への鍵になる。グッズを用意したり物理的な環境を整えることも重要な準備の要素だ。またファシリテーターは以下のようなことも考慮する必要がある。

- グループの（今の時点での）目標、構成、レディネスに合う活動を選択する。
- 活動について何を言うか、どのように言うかを決める。
- 天気予報を確認し、室内スペースを確保しておく。活動の代替案を用意することもある。
- 最新の救急法、CPRのスキルを身につけておく。
- 必要なファーストエイドキットを準備し、医療機関へのアクセス方法を確認しておく。
- 全ての参加者に関する医療情報が集められているか確認する。
- 水、トイレ、雨などの場合の避難先があるか確認する。
- 適切な服装をしてこなかった生徒への対応を考えておく（例：ヒールの靴、スカートをはいているときの**トラストフォール**）。
- 「プレフライトチェック（事前のプログラムサイト確認）」をしてみて、ガラスの破片やその他の危険なものを取り除いておく。
- ブリーフィング、実体験（doing）、ディブリーフィングに十分な時間が確保されているか、プログラムの見通しを確認する（帰宅するためのバスに慌てて乗り込むために、体験を中断してしまうことのないように）。

　これらのリストは、プログラムの会場ごとに、対象やグループの状態によって変更することができる。しかし、たとえ参加者の顔を直接見て確かめることができなくても、準備はリーダーシップの鍵となる要素であり、基本的なことである。何か問題が起きていて、対処しなくてはならない場合は、その問題自体を扱う活動を行うことになる。よく知らない部外者は、アドベンチャーのファシリテーターとグループを見て「えー、これを仕事って言うんだ」と言うかもしれない。彼らは、子どもたちが汗だくになって活動し、ファシリテーターはその周りに立っているのを見たのだ。活動に至る準備を全部見たわけではない。ましてやファシリテーターが活動の中で、聴くこと、精査すること／スキャニング、記録、共感すること、スポッティング、ボディランゲージを読むこと、GRABBSSに沿った見立てをしながらグループと共にいるという一連の作業は見ていない。

　実際にグループと出会うときが来た。インテイクに時間を費やしてきたファシリテーターには、多くの参加者にはない有利さがある。ファシリテーターはすでに関係を積み上げ始めている。ファシリテーターは、参加者の好み、嫌いなもの、強み、難しさ、そしてグループと個人の仮の目標を理

解している。そして自分たちを援助者と枠づけている。他のファシリテーターやコ・ファシリテーターが、グループの外から参加者と肯定的な関係を結んでいくこともひとつの方法である。準備が行き届いていると、ファシリテーターは自信を持って話すことができる。ファシリテーターの活動の選択と提供によって、参加者はためらいながらもグループの体験と個人の人生の体験とを結びつけようとし始める。初めに提示する基本的なルールと期待は、ファシリテーターの権威とグループに対するコントロールを作り上げる。これは後の成功に不可欠な要素になるのである。

>> **「今ここで」を大切にする姿勢**

　グループが共に活動し、達成するとき、ユニークな個性が出てくる。それは他のグループ体験ともつながって（そしてその体験の及ばないところでも）、ユニークな歴史を積み上げるだろう。この新たなスタートは、常に「今ここで（Here and Now）」を大切にすることによってなされる。グループの体験は成功を目的として構成されており、それをフルバリューが支えているため、グループの歴史やそれに付随する自己認識に対して肯定的である。この肯定的なグループ体験は、他のグループでも同じような可能性があるというモデルとなる。他の言い方をすれば、グループメンバーの一人ひとりがその貢献の価値を認められ、肯定的で機能的な行動を学ぶことができる新しいグループの形を、ファシリテーターとグループのメンバーが共に作ることができるということである。

>> **新しい言葉を使う**

　ABCでは、グループの共通のものとなる新しい言葉を使うことによって、親しみを持ち、全ての参加者が共通の場に立てる。言葉が新しい内は、その言葉の背景にコンセプトはない。ストリートギャングと行動を共にしてきた子どもたちの中には、「スポッティング」という単語を仲間をかくまうという意味で捉える子もいるかもしれない。未熟な形で使われている言葉は、**トラストフォール**や**モホークウォーク**の中で使われる、「スポッティング」の新しい意味を生み出すことができる。「ごろつき」に守られている間は、助けられ、受け入れられているかもしれないが、そこに伴う感情は、脅迫的で否定的なものである。アドベンチャーで使われる「スポッティング」は、肯定的な感情を伴い達成感を生み出す。

「直面化」もアドベンチャーグループの中で新たな定義を持つ。愛のある直面化、または少なくとも尊敬のある直面化は、いやみや偉そうな振る舞い、身体的な暴力を伴う直面化とは異なる。この言葉は悪い意味で使い古された言葉だが、新しくて称賛を与えるべき意味も持っている。

　ファシリテーターの中には、言葉とその背景にある文化を巧みに組み合わせ、新しい表現を作り上げる者もいる。ニューヨーク市のユースワーカー、バリー・オームズは、アドベンチャーは、バスケットボールとストリートライフの枠組みしかない青少年の重要な架け橋になるだろうと感じていた。バスケットボールとストリートライフの世界は、少年たちに力を与えていたが、それは「外側にある」社会・広い世界とうまく折り合いをつけていけるものではなかった。彼はまずフルバリューコントラクトを用いて、グループとしてどのように活動するかということから始めた。そしてそれをアドベンチャー体験に適用させ、最後にバスケットボールに適用していったのである（"ワン・オン・ワン"では試合には勝てない）。さらに少年たちの学校やストリートでの問題に、目標設定を取り入れた。ストリートライフ、人種的な文化や言語を尊重することで、オームズは、架け橋を築くことができたのである。

　アドベンチャーグループの最もパワフルな面のひとつは不均衡さだ。ゴム製のチキンやブタというかなり奇妙なものを投げたりするが、怒りからではない。ファシリテーターはときにフォロワーとなり、奇妙な道具となり、言語となる。このことは参加者を日常生活にいつもあるもの（いつも通りの退屈・危険・拒否・悲しみなど）から解放する。

>>赦しと新たなスタート

　参加者がグループに入ってくるとき、身体に合っていないけれど、生き抜くには必要な「よろい」を重ね着して完全武装してくるかもしれない。グループが前に進み出すと、参加者はこうした武装の皮をはぎ取っていかなくてはならなくなる。参加者が信頼感を持ち、すぐに赦しと新たなスタートの約束を受け入れると思うのは考えが甘すぎる。ファシリテーターがその考え方を紹介し、機会がある度にその考え方に立ち返ることで育まれる。

　赦しと新たなスタートは、グループの体験の中に組み込まれなくてならない。グループがあるセッションから次へと移っていくとき、前進と後退が起こる。しかしたとえ後退から学んだとしても、実際には彼らはみんな前へと

進んでいく。前の週に大変なことがあったとしても、グループがその学びを使って、それまでの古い習慣に陥らないように助けられる。参加者が、無条件の肯定的な態度を確信すると翌週のセッションにも戻ってくる可能性が高くなる。そしてたとえ失敗したとしても価値づけられていくのである。

　参加者は自分が抱えている物をドアの所に置いてくることが許され、グループの中で「よい失敗」をすることができる。さあ、実際に活動のブリーフィングをするときだ。

>>安全と権限

　安全に関する問題は、ファシリテーターが中心になることが重要である。アドベンチャー活動には、リスクの要素が含まれる。ファシリテーターはこの領域を統制できなくてはならない。安全に関して率直な説明をし、そこには自由裁量はない。つまり確実に行われなくてはならない。グループがそれを行わないようなときは、ファシリテーターは活動を中止することも必要になるかもしれない。活動の説明の時間は、グループの強みと弱みをアセスメントするのにもってこいの時間である。

　アドベンチャー活動にはチャレンジとリスクの要素があるため、活動ごとに安全に関するガイドラインがある。**トラストフォール**は「むやみにやればいい」のではなく、トレーニングを受けたうえで実践することが求められる。実践では常に注意を払わなくてはならない。トレーニングを目的としたワークショップでは、安全に関する特別なスキルを学ぶ機会を提供している。トレーニングマニュアルは指導と実践の補足になる。また個人の経験によって成し得たこともよいトレーニングとなる。グループに対して**クモの巣くぐり**や**モホークウォーク**の指導をするのもひとつのやり方であるが、参加者と同じように泥まみれになるファシリテーターは、よりたっぷりと参加者たちの共感を得るのである。ファシリテーターは常に参加者に共感する立場をとっていくべきである。

　安全は感情の面においても適用される。心の安全を無視してよいグループなど存在しない。構造（枠組み）は常にコントロールできる状態になくてはならず、またそこには常に注意が注がれていなくてならない。これはノットを正しく結ぶのと同様に重要なことである。

　個人とグループの「自発性」と「エンパワーメント」が、グループの発達に重要な役割を果たしていることから、実際には誰がコントロールしている

のか、混乱が生じるかもしれない。わかりやすく言えば、ABCではグループに対して最終的な権限と責任を持つ強いファシリテーターが求められる。実際の場では、グループは体験の多くのことを自らコントロールしている。これはアドベンチャー活動の目的が、責任ある選択をすることを学ぶことにあるからだ。

シンプソンの「コントロール―エンパワーメントの尺度」の「ステージ(段階)」とは、グループがファシリテーターのコントロールからエンパワーメントの状態になるというものだが、それはグループと個人がエンパワーするという最終目的を示すものである。しかしファシリテーターがそのボトムラインを維持していかなくてはグループは機能しない。エンパワーメントとは自分で判断することによる成長のことであり、ファシリテーターから権限を奪い取ることではない。

❖ グループの土台を作る ── シナリオ

あなたはさまざまな問題がある公立高校の反抗期の若者のグループを指導するよう依頼された。グループとは数週間にわたって放課後に会うことになっている。参加者の中には自主参加の者もいる。学校、裁判所、あるいは親から強制を受けて参加している者もいる。あなたは学校でインテイクアセスメントし、参加者と接触しているので、基本的な信頼や権威はすでに得ている。季節は早春。気温は15度くらいで快適な日もあれば、寒くて、雨や雪の日もある。あなたのアドベンチャー活動を枠づけ(フレーミング)し、土台づくりをするとき、以下を元にして計画を立てる。

[ポケットデシジョンツリーの結果]

GRABBSSアセスメント	「レディネス」の領域から働きかけることが必要
フルバリュー行動	「今ここに」(Be Here)と「安全に」(Be Safe)の領域に働きかけることが必要
活動	**グループジャグリング、二人組のアイソメトリックス、デュオシット、エブリバディアップ、エルボータグ、ステッピングストーン、ジャーナル**の紹介
活動の構成	輪になること、旅をすること

比喩	なし
コントロール―エンパワーメントのステージ	1

　土台づくりに関する鍵となる考慮点が上記のアクティビティのひとつに適用される。

グループジャグリング

[活動の概要]
　「直径が4mくらいの大くてきれいな輪を作ってください。グループの全員の顔がちゃんと見えるように。1個のフリースボールをグループの中で回していきます。そのボールが私のところに戻ってくるまでに、皆さんは1回だけボールをキャッチするということを覚えておいてください。隣りの人にボールを投げてはいけませんよ！　しばらくの間は1個のボールを回しますが、その後は一度に6個回る状態になるまで、ボールを増やしていきます。質問はありますか？」

[安全の問題]
　「活動を始める前に、安全について考えておくべきことは何でしょう？」グループからいくつかの答えが出る。ファシリテーターは名前を呼ばれた人が失敗をしたときのことを、詳しく説明する。「その中からボールを投げようとしている相手が準備できているかを確認しよう。そう、投げ方が強すぎてはいけないね」

[権限の問題]
　このグループに関しては、限界はほとんど一瞬にしてわかるだろう。それに加えて不運なことに、参加者は安全を脅かすような、攻撃的な行動を初期段階にする可能性がある。ファシリテーターの介入は不可欠であり、最も有効な方法は、グループが目的から外れないように、ファシリテーターがグループに焦点を当て直すとき「コントロール―エンパワーメント尺度」を自分の中で繰り返し意識することである。最初にきつめの構成をしなくては、後に自己成長を図っていくことはないからである。

>>**アセスメント**

　活動の始まりは、グループに影響を及ぼしている問題を理解する機会を私たちに与えてくれる。そして、最初のグループアセスメントがなされる。熟練したファシリテーターは、アセスメントに使うお気に入りの活動を持っている。リー・ギリスのお気に入りのアセスメントの活動は、**ムーンボール**だ。楽しい活動だが課題解決や目標設定の要素も入れ込むことができる。同時に活動の中で何かが明らかなることで、ファシリテーターは威圧的にならずにグループと関わっていけるということである。これによってファシリテーターは活動をどうデザインしていくかという情報だけでなく、デザインした活動をどうリードするかという情報も得ることができる。例えばオルタナティブスクールのグループでは複雑で社会から逸脱した参加者が入り混じっていることがある。**スターゲート**という活動をしている中で、失敗に対する寛容さや注意力の低さが明らかになっている。次に予定している活動はスポッティングの練習だ。グループのメンバーを2～3人に分けて練習する代わりに、ファシリテーターは1つの小グループの周りを残りのグループが囲み、一斉に指導することにした。これは多くの時間と労力を要するが、コントロール状態を保つのに効果的である。

アドベンチャーを枠づけ（フレーミング）する：「アドベンチャーを日常生活にどうつなげるか？」

　ここでの課題ははっきりしている。参加者が**グループジャグリング**を通してグループや個人の人生の体験につながりを持てるような思考を促進するときだ。私たちは枠づけ（フレーミング）を「グループにとって意味深いつながりと価値を作っていく積極的で、相互的なプロセス」と定義している。

　枠づけ（フレーミング）は、ファシリテーターが方向づけするという点で先回りをしているものであり、グループの参加者との共同作業であることから相互的と言える。それは、活動を選択するプロセスから始まっている。次はその枠づけ（フレーミング）をグループに移していくときである。

　意味のあるつながりを作るということは、教えられるスキルである。ファシリテーターはこの意味づけのプロセスを示すことによって、グループに教えることができる。しかし最終的な目標は、グループのメンバーが自分自身

で意味づけすることを学び、共に創造できるように活動することなのである。もしファシリテーターがこのプロセスをコントロールし続けるなら、枠づけ（フレーミング）はファシリテーター自身に関連するものになっていってしまう。それは参加者自身がプロセスの中で自ら作り上げていくようなものにはならないだろう。参加者のオーナーシップを促すような、共に創造していく場を作っていくことは非常にパワフルなことだ。ファシリテーターが参加者にその意味を諭すようなものではない。非常に高い個々のつながりが生み出すテーマ性のある絵を作り出すのは彼ら自身の役割なのだ。

❖ 比喩の導入

アドベンチャー活動における比喩の使い方は、基本的に2つある。(1) 活動の構成、(2) 平行あるいは同型のつながりである。活動の構成とは、「暗に意味しているもの、本来持っている意味」のことで一般的にグループには明かされていない。平行のつながりは、本来持つ意味をグループの意識に届けるために意図的に仕掛けられたものである。両者は次にあげる反抗的な若者のグループの例に適用できる。

>> 比喩的な活動の構成を使う

前述したように、活動の中にある身体、感情を構成する行動には意味づけの材料がすでに揃っている。この構成は、各活動の中に潜んでいる暗示された意味である。それらは人々に共通したものである。実際にグループワークにおける比喩的なシナリオを作ることを学ぶ中で、元型的な構成（私たちの活動の中の普遍的なモデル ── 例えば"輪"など）についても心にとどめておくべきである。元型（普遍的なモデル）が比喩的な活動の構成によって表されたら、比喩的なシナリオ（物語、寓話）を発展させるための下地ができたことになる。

活動の構成を使うわかりやすい例は、アドベンチャー活動の中にあるバランスと精神的、身体的に健康な状態を保つために私たちの生活に存在するバランスをつなげることにある。バランスという言葉はさまざまな文脈で使われていて、その文脈ごとの意味がある。

次は、過食症のグループの活動で、ファシリテーターが実際にどのようにバランスを使ったかを示す例である。

> サリーが**ハーパーズフェリー**のバランスを取るのに奮闘しているとき、彼

> 女は課題を達成するための全責任を負うべくずっと活動に徹していた。グループのメンバーが彼女に、ボードの端に行き、サーフィンのハングテンのように足の指をボードの端にかけるよう働きかけているとき、彼女は計りしれないチャレンジをしていた。彼女はコントロールを手放さなくてはならなかったのだ。グループは、彼女自身が楽しみ、どうしたいのかを判断するチャンスを彼女に与えていた。それは彼女にとっては困難なことであった。なぜならそれは、彼女が依存し合うことから脱することを意味していたからである。

　サリーにはいくつかの「一般的に大切にされていること」が示されている。それはグループを大切にすること、バランスを取るための身体的な行動、楽しさの体験、そして、慣れ親しんできた、しかし破壊的な習慣を手放す機会である。グループに対する気づかい、バランス、楽しさと、手放して前に進むことは、一般的に大切とされることに関連づけることができる体験である。

　この活動を始めたとき、ファシリテーターは参加者の一人ひとりに、自分たちの生活とこの活動とを関連づけるよう求めた。摂食障害という治療を必要とする問題と関連づけるために、ファシリテーターはこの大きなプラットフォームを巨大な皿に見立てるように参加者に言い、そしてバランスの取れた食事を作るという課題を出した。活動が楽しいものだったので、グループは食べることを楽しいこととして体験することができた。コントロールを手放すように励ますことで、グループは、サリーが自分の「食事」を楽しみ、他者に対して何の責任も感じることのないようにした。

　比喩は認知に強力に働きかける。なぜならそこには計りしれないメッセージが詰め込まれているからだ。公表し、明らかになっている目標と、比喩の創造との相互関係は、認知と感情をつなぐ重要な橋である。もちろん私たちが繰り返し掲げている行動変容というテーマは、比喩の創造による期待された結果である。

> 　オルタナティブスクールの反抗期の若者のグループでは、輪になる活動の構成が日々使われている。ファシリテーターがコントロールを確立するためによく使う輪になる方法よりも、コントロールの要素が明確に現れている。ファシリテーターは、「輪」の構造を持つ2つの活動を行うことで興味と関わり合いを維持することができる。**ヤートロープ**と**ニースラップ**がその活動である。**ヤートロープ**は参加者全員が大きな輪の形に作られたロープにつかま

る活動である（実際には約5cm幅のクライミング用のウェビングロープを使う。末端はウォーターノットかフィッシャーマンズノットを使う）。グループは後ろにそって互いにバランスを取らなくてはならない。誰かが強く引っ張りすぎたり、あるいは引っ張り方が弱すぎると、他のメンバーは投げ出されてしまう。この活動は、目を開けた、あるいは閉じた状態の**グループシット**に発展させることができる。今日ジャスティンは、特にみんなとの関わりから外れて好き放題に引っ張っている。このことは他の参加者のシェリーにジャスティンに何がどうしたのか尋ねるきっかけを与えた。

　輪になる活動の構成は、グループのメンバー全員を対等の場に立たせる。始まりも終わりもなく、全員が見て、聴くことができる場である。輪はコミュニティや広がりのある家族のモデルになる。この構成は語られることなく伝えられる。賢明な活動の選択をしていれば、活動自体が何かを引き起こし、それ自体にインパクトがある。無言のリーダーシップの中での動きである。シェリーのジャスティンに対する質問は、コミュニティとジャスティンについての懸念を引き出した。シェリーのジャスティンとの関わりについての意味づけのつながりは、活動の構成の中で可能になった。それはジャスティンとの関係の中で彼女自身が発見したものである。ファシリテーターはただ輪のパワーを知り、そのパワーを使っただけなのだ。

　輪のパワーを示し、それを意識の中に送り込めるのは間違いないが、この作業をしながら同時に、私たちは関連したつながりを持たせるという、次の問題に意識を向けている。

≫比喩を使って、同型の関連づけをする

　これはグループ体験の文脈をより大きな人生の文脈につなげるという効果についてである。S.ベーコン（Bacon, S.）は、著書「The Conscious Use of Metaphor in Outward Bound」の中で次のように述べている。

> 「同型（isomorphic）という言葉は、私たちが伝えたいと願う意味——グループの外に出たとき、人生の体験という布地の中に活動をどう織り込んでいくかということを、最もよく表す言葉である。同型には同じ構成を持つという意味がある。ひとつの体験に含まれる主要な要素が、他の体験の類似する要素を表しているとき、または2つの体験がかなり類似しているとき、その2

[図表11>1]

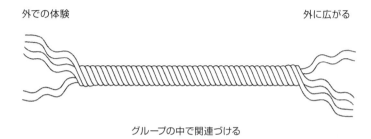

外での体験　　　　　　　　　　　　　　　外に広がる

グループの中で関連づける

つの体験は相互にとって比喩となる」[2]（Bacon, 1983）

　グループの中での枠づけ（フレーミング）は、活動での「今ここに」と個人の人生の体験とを結びつける。芸術的な枠づけ（フレーミング）は、ひとつの世界から他の世界への変化に類似性を生み出す。活動とそれ自身が持つイメージは、グループ体験を撚ったもの、人生の経験を撚ったものが中央で硬く編み込まれたハウザーロープ（船を停泊させたり、錨を降ろすときに使われる太いロープ）のように表すことができる。それは比喩的な力を体験する完璧な編み込みのようである[図表11>1]。

　参加者が他のグループやシステム（公式、非公式、家族、学校）からこのグループに持ち込んできた体験が左側から入る。活動中（ロープの撚りの中心）、比喩は共通の場あるいはグループの外側と内側の体験のつながりを生み出す。これらのつながりは、後に学びを応用できる他のグループで活かされ、参加者が新しく健全な物事を見抜く力で外の組織とつながっていく助けになる。

　簡単な例をあげるならば、**グループジャグリング**で私たち全員のコミットメント（それはときに気が遠くなる）をジャグリングするという枠づけができる。

あちらこちらに行ってしまうボールと、予期できない出来事に気が遠くなったり打ちのめされることを関連づけて引き合いに出す。それはいつの間にか簡単にできるようになってしまう。ボールは私たちの人生の出来事となり、私たちのホーサーロープが意味づけの力によって、最も固く撚られ、比喩的な枠づけによって強化されるところである。

　比喩を使って同型のつながりを生み出す中で、ファシリテーターは、以下のような質問を自問自答して、**グループジャグリング**の構成を明確にすることができる。

- 本当に比喩を作りたいか、あるいは活動の構成に秘められた意味は十分であるか？
- 「今ここに」つながっているか、あるいはグループの枠を超えて転移する要素を含んでいるか？
- グループの実情に関連した構成を共に作っていくことを、グループに求められるか？

　ファシリテーターは次の質問を自問するか、あるいはグループに問いかける。

- 私たちは、ただフリースボールをジャグリングしているのか、あるいは何かを表しているのか？
- フリースボール以外のもの（ラバーチキンなど）を加えたとき、それらは何を表すか？
- 「与える、受け取る」という大きな意味がそこにあるか？
- ボールが大切に投げられるとき、あるいは無造作に投げられるとき、どんな言葉が出ているか？

❖比喩的な関連づけに対する3つのアプローチ

　J. ピンカード（Pinkard, J.）によると、比喩的な関連づけによる学習の転移には3つの戦略がある。

　　1.オープンエンド。参加者が彼らの体験から引き出し、比喩的なつながりに

　　　　ついて話し合う。
 2. あらかじめ決まっているもの。ファシリテーターがあらかじめ決めている活動の枠づけを示す（私たちはこれを指示的な比喩と言っている）。
 3. カスタムマッピング。ファシリテーターとグループによるコラボレート、共同のアプローチ。アドベンチャー活動とグループの世界観を創造的に適合させる手助けになる（私たちはこれを共に作る比喩と言っている）[3]（Pinkard, 1995）。

　私たちはピンカードの示したこれらの戦略をアレンジし、グループの生涯において創造的になるように最善の工夫がなされるようにした。

>>指示的な比喩

　この比喩の構造は、グループの参加者からの意見は含まれず、ファシリテーターによって導入され、コントロールされる。反抗期の若者のグループに導入するとき、私たちはあらかじめフルバリュー行動の「今ここに（Be Here）」と「安全に（Be safe）」の領域に絞る。これらを心に留めておくための体験の枠組みは以下のように行うことができる。

> 　「**グループジャグリング**の基本的なルールはわかったと思うけど、協力してやるためにはグループにどんなスキルが必要だろう？」（無関心な様子）「私が持っているボールが信頼を表しているとしたら、どうだろう？　楽しくするにはどうしたらいい？　私がこのボールをボブの頭の上を越えるように投げたら、彼はキャッチできないよね」（できるだけ遠くにボール投げてみる）。「私がボブにボールを投げると言った後で、彼からの信頼を損ねるような行動をしたら、ボブはどう感じるかな？」（信頼を落としてきたこうした子どもたちの多くが、会話に触発される）。「私がよく考えて注意深く彼にボールを投げたとしたら、そしてまずい投げ方をしたり、彼が準備できてないのに投げてしまったときには謝るとしたら、彼はどう感じるだろう？　さて、私たちがこれから使うボールは5つ。これらのボールが表しているものは何だと思う？」

　このわずかな導入（説明）で、いくつかのことを達成している。グループはもう単純にボールをジャグリングするのではなく、彼らの人生に影響を与える重要な要素をジャグリングしている。活動と彼らの人生の体験との間に同

型の構成が作られている。ボールが表すものに対する行動、思考、感情を参加者が思い起こす、ふりかえりの場も設定されている。これはフルバリューコントラクトの導入である。話し合いの深さはグループの能力によるだろう。またファシリテーターは、指示的な比喩によって、グループに比喩のパワーを教えることができる。指示的な比喩の欠点は、参加者の体験に対する解釈を無視できたり見ないようにしたりすることができることである。したがってこの比喩は強制されたものにも的外れにもなりえる。

>>共同で作る比喩

共同で作る比喩は、全員が比喩の創造に参加するグループイニシアティブである。共同で作る比喩はグループのプロセスの中の早い段階には適していない。それは初期の段階では比喩を使うという概念全体にグループが慣れていないからである。しかしグループがエンパワーメントされ、導入・実践されてきた概念に慣れてくると、グループ体験の枠を超えた事柄と関連づけた比喩の創造ができるようになる。グループが共同で作る比喩について学ぶと、ファシリテーターによる指示的な比喩から、グループによって作られる比喩に移行していく。あらゆるグループの目標とするところは、できるだけ速やかに共同で作る比喩の方向に向いていくことである。なぜなら共同作業はグループの運命が誰のものであるかを明らかにしていくからである。

活動の構成は、共同作業の中で意識化される。「この活動は、"手放す"ということを表しています。グループにとって必要のない、進むことを阻害するものはありませんか？」。結果として対話が起きる——例えば否定的なことに関する話し合いについての意味づけを導いたりする。

非行矯正キャンプのグループは、**モホークウォーク**にチャレンジしている。強力なパワーと能力を感じ取ったファシリテーターは、この活動の難易度を非常に高く設定し、その結果グループは悪戦苦闘していた。あるメンバーは怒りを爆発させ地面を蹴り、5分頭を冷やしてからやっとグループに戻ってきた。グループの集中力とコミットメントは持続している。活動の真っ只中、介入の必要（あまりに熱心に活動しているためにときに安全がおろそかになっている）から、ファシリテーターはグループに尋ねる。「あなた達は今、ここで旅をしていますね。どこを目指しているんでしょう？　何を達成しようとしていますか？」。その答えは、「正しくやりたい」「私たちはこれまで子どもたちときつ

> い活動をやってきた。だから諦めるわけにはいかない」「私たちはいつも一緒にやってきた。だからみんなでやり遂げる……私たちが普段交代でやっているように」。

ファシリテーターは指示的な質問をしたが、そのつながりは全てグループによって作られる。あるいは質問が宙に浮いていて、答えられていないかもしれない。グループはそのまま前に進み、ときに別の質問を尋ねられ、自分たち自身のつながりを作り出すかもしれない。

>>オープンエンドの比喩

ファシリテーターからの指示がほとんどない、あるいは全くなく、グループはグループの体験の一部分として比喩的なつながりを作っていく。

> グループは3日間にわたる、カヌーとハイキングの旅を終えたばかりである。数人の参加者にとっては、このような活動は初めての体験であった。バックパックの上に座ってバスを待ちながら、成功を思い出し、体験を語り合っている。カーマインはこの体験は彼女がこれまでに体験したことの中で最も大変なことだったと、言い切った。ジェシカは言う、「そうね、ジョー（彼女の子ども）を保育園に預けたらどう？ 冬にも時間通りに学校に行くのは？」。カーマインはしばらく考えて言う、「そうね……」。

この関わりにはフォローアップをほとんど必要としない。あるいは全く必要ない。つながりはすでに作られている。意味づけもすでになされている。カーマインの2つの事柄に関する強みと肯定的な行動の表現は、心身共に心地よい中でリラックスした状態が表れている。そのような時間はあっという間のことである。心と身体の2つの実在の間に浮かび上がり、そしてすぐに過ぎ去ってしまう。しかし正しいことをする、一所懸命やって大きな達成感を得る、仲間と前向きな努力をする喜びは記憶の中にずっと残っていく。グループのメンバーとファシリテーターは、こんなひとときを味わうために精一杯活動するのだ。

> **フルバリューの構築**

　私たちはフルバリューを深く探索してきたが、グループ活動にどのように持ち込んでいくかはまだ話していない。フルバリューというものを教え、育てることは私たちにとって非常に重要となる学びの領域である。フルバリューを教えるということは、自分たちが主体となることである。したがって私たちは参加者に自分たち自身の規範を作ることを求めている。フルバリュー自体が活動になる。フルバリューが活動のベースとなっているとき、その統合にはほとんど苦労することはない。グループが自身の作ったものを所有し、そこに全力を傾けていく。

　フルバリューへの突破口は、ニューヨーク市の「The Harbor for Boys and Girls」のカウンセラーであったバリー・オームズとバディー・オレンジの活動によって生まれた。彼らは参加者（今どきのティーンエイジャー）に自分たちの約束を作らせるアイデアを紹介した。彼らはその活動を**ビーイング**と名づけた。**ビーイング**とは何かを探る前に、参考としてオームズとオレンジが彼らの発見に役立てた「内と外」の考え方を見てみよう。

❖内側と外側の考え方

　これは「生産的と破壊的」な考え方と言い換えることもできる。生産的なものは内側にあり、破壊的なものは外側に位置している。非常にシンプルではないだろうか？　このシンプルさがマジックなのである。2人の功績は、参加者が生産的か破壊的かを認識する能力をつける手助けをしたことである。生徒たちはアドベンチャー活動の中で、グループにあって欲しい肯定的な行動・態度を考えるよう求められた。彼らはまたこれらのことをより大きなグループでブレーンストーミングしたり、ペアで一般化したりもした。彼らは阻害するもの——グループから排除したい行動に関しても同じ活動をした。よいことは安全でグループの寄りどころとなる内側に書かれた。阻害するものは外側に書かれ、常によいものは内側に置くようにした。「内側と外側」の考え方を使ってプロセスのルールに従い、「悪いこと」は内側には入れさせないようにしたのだ。

>>ビーイング(Being)

　ビーイングや他のシンボルを導入すると、内側と外側の考え方は概念的により大きな役割を果たすようになる。**ビーイング**とはグループが選んだ人型または何か他のシンボルで、グループの「体」を象徴的に表すものである。参加者の1人が、床に敷かれた紙の上に寝転び、その人の体をなぞる(トレースする。水性マーカーを使うとよい)。そうするとよいことを入れておく容れ物(人型)が現れる。内側によいものが詰められ、外側には悪い(価値を損ねる)ものが取り囲んでいる。よいものと悪いものの境界は型の線である。つまり保護的な境界線(体の輪郭)を境に、内側によいこと・生産的なこと、外側に価値を損ねるものがある。

　(注意：人型の**ビーイング**の使用が適さない人たちもいる。特にグループの中に身体的な境界や安全に関する問題のある人がいる場合は、他のシンボルが適しているだろう。これに関してはグループについてのアセスメントが重要な情報となる。)

　あらゆる困難な出来事が起きる前に、生産的、破壊的な行動について作業をしておくことはグループワークが始められる準備がほぼ整ったことを意味している。実際にこの最初の活動は、困難さを見越して行われるものである。また学びの機会を高めるという意味で行われる。**ビーイング**(あるいは他)のシンボルは、守るという意味合いであると同時に、先を見越したものでもある。

　ビーイングがグループプロセスの確認(チェックイン)の道具として使われると、相互作用が起こる。例えば、「私たちはビーイングを大切にしているだろうか？」というように。赤色が栄誉ある失敗、緑は成功を表す、小さな旗を使う方法もある。それらの旗でよいことと悪いことを示すことができる。参加者はあるときは曖昧に、あるときははっきりと、グループが示す行動の気づきの中にその旗を位置づけていく。

　内側と外側について考える活動の重要性は、彼らが望む規範を彼ら自身で作り上げることにある。オームとオレンジは、その創造的な要因からフルバリューコントラクトに多大な価値を見出した。

　これらのことをフルバリューの考え方とどのように関連づけられるだろう。フルバリューの6つの行動は、普遍的な概念が含まれているため、参加者はフルバリューコントラクトに非常に近い言葉を生み出してくる。例えば都市部に住んでいる若者たちでは、アドベンチャー活動全体の90％で一般化さ

れる価値は「尊敬・尊重」である。実際に、シンディ・シンプソンは最近になって、「尊敬・尊重」をPA（アメリカ）の直接サービスのプログラムにおけるフルバリューコントラクトの基礎にしたという。フルバリューの6要素に当てはめると、「尊敬・尊重」は、「正直に」と「安全に」とに関連している。

❖その他の規範づくりの活動

さて、不満を抱いている子どもたちのグループのその後のセッションに戻ろう。

> あなたは参加者が全員戻ってきたことに気づく。何かこの場に合ったことをしなくてはいけない。楽しさ、身体的、精神的なリスクを負うことはもう十分にできている。しかし彼らを驚かせるようなもので、しかもケガのないように活動できるかどうかを計る活動はまだ十分ではない。
>
> 課題への取り組みの度合いが引き上がっていくと、土台となるルールへの懸念が高まる。「ルール」という言葉が口元から離れない。ルールについての話し合いは同型の影響をグループに与える。彼らは規則に厳格な人たち（保護観察官、怒ってばかりの親、そして疑い深い警官）の言葉を聞き、体験している。あなたはルールという言葉をぐっと飲み込み、「フルバリュー」について語る準備をする。

[ポケットデシジョンツリーの結果]

GRABBSSアセスメント	行動——課題に取り組み続けること、規範の理解に対する働きかけが必要
フルバリュー行動	全ての領域に働きかけることが必要
活動	ウォームアップ系、**クイックノームス、ムーンボール、エレクトリックフェンス**
活動の構成	グループになる、輪になる、分散させる、旅をする、交差する
比喩	なし
コントロール―エンパワーメントのステージ	2

クイックノームス

> 　規範については、このグループには具体的な行動・態度が必要であり、抽象的なことは必要ではない。あなたは、すぐにできる簡単なルールを作りたいと考えている。その答えは**クイックノームス**と呼ばれる活動の中にある。この活動では、参加者はペアになり、グループの中で守りたいと思う規範を1〜2個あげる。またグループにとってよくないものに関しても同様にして1〜2個あげる。ペアで考える時間は5分間である。ペアがそれらを発表し、ファシリテーターが紙に書きとめる。短い話し合いを持って、グループから出てきた言葉に対する同意の機会を持つ。

　この活動は10〜15分でできる。**クイックノームス**はグループが稼働していくための枠づけの始まりとなる。ここで出てきた素材は後に**ビーイング**を作るときに使われ、さらに積み上げられていく。興奮しやすい若者のグループのファシリテーターは、「**クイックノームス**が救ってくれた！」と報告している。

>>学校における一時停学の生徒のためのグループ

> 　自分をコントロールすることができない中学生のグループが初めて顔合わせをしている。学校での一時停学のプログラムでは、(1) 停学処分を受けることになった原因に立ち返り、彼ら自身が問題を明らかにする手助けをする、(2) 将来に向けた現実的な目標設定をする、ということを目的にデザインされている。

　指示的なテクニックは、ファシリテーターがフルバリュー（今ここに、安全に、目標など）を導入をするときに役立つ。「これは今日、私たちが育てたいこと（価値）です。活動を通して、これらの言葉に立ち返って、それらが何であるかを明らかにします。君たちが作り出す価値（言葉）の定義は、君たちがお互いに生み出す約束（契約）です」というように明言することもその中に含まれる。このテクニックは、グループに対して自分勝手を許さないという声明になる。これは、明らかに尺度上ではコントロールの一番端の指示的でコントロールが強いやり方に当たる。ふりかえりのセッションの中で、フリッ

プチャートや何か別に書き示したものを使って、グループのメンバーに価値を定義づけすることができる。グループが枠づけを作る必要はなく、すでにそこに用意されている。彼らは、新しい言葉をそこに加えていくが、その言葉は、新しいシステムを作るということではなく、彼ら自身の体験から生み出されるものである。彼らが作った定義は、グループ独自のことを描いた物語になる。

>>堅信礼のグループ

> 13～14歳の子どもたちのグループが宗教的な探求のための1日の集まりに来ている。朝のセッションで焦点が当てられたのは、道の途中の落とし穴を避けて、堅信に向かって歩み続けるための価値を明らかにすることであった。

[ポケットデシジョンツリーの結果]

GRABBSSアセスメント	行動――課題に向き合える。互いに助け合っている。
フルバリュー行動	高いレベルで全ての領域に働きかけることが必要
活動	ウォームアップ系、**ヒューマンカメラ**、**ビーイング**、*Save the Norms*（*Toxic Waste*のバリエーションで）
活動の構成	グループになる、組み立てる、バランス、解決する
比喩	下の活動の記述を参照
コントロール―エンパワーメントのステージ	8

ヒューマンカメラ

これは人の想像力だけに制限された活動で、グループの規範作りに最適である。グループはペアに分かれ、1人がカメラの役をし、もう1人がカメラマンになる。カメラマンは目を閉じているカメラ（レンズが閉じている状態）をよい撮影ポイントに連れていく。カメラの焦点を注意深く合わせたら（被写体に対してよい距離とアングルの位置にカメラ役の人を置く）、撮影できる。シャッターを切るように「カメラ」が目を開け、閉じるという動作を素早く行うこ

とで撮影完了である。ペアは役割を交代して別の写真を取る。写真を撮ったら、「カメラマン」は「カメラ」に写真の意図を説明する。この情報は、活動のふりかえりで、「カメラ」から発表される。

カメラマンに補足のコメントを求めることもできる。このグループに対してのブリーフィングは、こんな風に行われるかもしれない。

「教会との完全な交わりを目指す旅をするとき、友人や家族との出来事によってあなたたちの信仰が試され、疑念が浮ぶときの支えとなる「価値」になります。しばらくの間、これらの試練について考えてみてください。1つ浮んだら、あなた達の経験をよく表すものの所へあなたの「カメラ」を連れていきます。あなたたちは経験を1つの言葉に要約できるでしょう。例えば自分の信仰を他の子どもたちにからかわれたことがあるかもしれない。そういう経験を思い出すと、「勇気」や「説得」のように言葉が心に現れてくるかもしれない。何か他の例が浮んだ人はいるかな？」(短い会話がされる)

カメラマンが写真を撮ったら、それが何を意味するのかをカメラ役のパートナーに説明し、役割を交代します。後でグループで写真をシェアするので、カメラマンがその写真で何を表現したかったのかを明らかにする時間を取ることを忘れないように。私たちはすでに、いくつかの安全に関することを復習していますね。カメラマンに覚えておいて欲しいことは、あなたは目の見えない人をガイドしているということです。私たちはその人が安心していられるように確認する必要があります。目隠しが必要な人はいますか？(何人かがそれに答える)。カメラ役の人に覚えておいて欲しいことは、安全ではないと感じたら、それをパートナーに伝える義務があるということです。チラッと目を開けることはいつでもできます！ 10分後にここに戻ってきて、撮ってきた写真を見ましょう」

比喩的なシンボル

グループはそれぞれの写真とそれに関連する言葉をシェアするのを楽しみにして再び集まった。**ビーイング**は、グループによって生み出された言葉が、自分たちが使っていく「価値」になっていくということも示しながら、導入する。このグループのメンバーは比喩的な考え方ができる。彼らは、**ビーイング**をキリストの体にしようと決めた。つまり彼らがコミットし守っていく

価値は、彼らがキリストに近づいていくためのものなのだ。「写真」はグループのアルバムに見立てられた。マイクは岩の写真を撮り、そこから「強さ」という言葉を導き出した。ジョニーは携帯電話の写真を撮り、「コミュニケーション」という言葉を**ビーイング**に加えた。ケリーはバレーボールのネットを見つけ、そこに「安全」という言葉をつけた。エンリケはパートナーを湖のほとりに連れていき、写真を撮って「信仰」という言葉を選んだ。それぞれの価値は、全て出し合い受け入れられた。グループは自分たちの**ビーイング**に飾りをつけ始めた。そこでファシリテーターが介入し、「あなたたちは力強くて実際に使っていける価値（言葉）を選んだね。私はあなたたちが語った話が信仰へのプロセスできっとあなたたちの支えになると思ったよ。ここでもう少しなぜこれらの価値（言葉）があなたたちに必要なのかを考えて欲しい。あなたたちがその道で見つけた阻害するものは何だろう？」

グループは阻害するもののリストを作り、**ビーイング**の外側のスペースに書き加えた。

阻害するものやグループの価値を損なう要素は、グループにとって馴染みあるものだった。その中には、「誘惑」が入っていた。それは全ての子どもや反抗期の若者、そして大人、どんなグループに属していようと生まれてくる問題である。言葉は異なっても、その概念は同じである。

>> うまくいっていない4年生のクラス

学校の中で協同学習が進んでいくと、子どもたちが協力を学ぶことが不可欠になる。たとえ素晴らしい約束がなされているとしても、チームのプロジェクトは潜在的に災難にさらされているものだ。数人の生徒が何もしないと決め込んで、一部のグループメンバーに仕事を押しつける。また別の生徒たちは「協力」という言葉を「私は私のやり方でやる」ことだと思っている。役割が作られる必要があり、そこには責任が伴わなくてはならない。そしてグループは葛藤の中にあってもうまく機能する必要がある。そうすれば明確な結果が期待できる。

26人からなる4年生のグループは、小さなグループの中で争いを繰り返している。このことからこのクラスはグループのための機能的な規範を確立させることによってよい方向に向くのではないかという示唆が導かれる。

[ポケットデシジョンツリーの結果]

GRABBSSアセスメント	行動——課題に取り組み続けること、規範の理解に働きかけることが必要。
フルバリュー行動	全ての領域に働きかけることが必要。
活動	ウォームアップ系、**トラフィックジャム**、ビレッジ、**フルバリュースピードラビット**、**エッグシェルター**（スキルの強化）
活動の構成	グループになる、組み立てる、バランス、解決する
比喩	分散させる、構築する、不安定さ、競争
コントロール―エンパワーメントのステージ	2

トラフィックジャム

　ある活動が非協力的なグループに大惨事を引き起こすのがほぼ確実だとしても、なおそれを行うのはなぜか。それには2つの理由がある。(1) 目的がそのグループの典型的な負の行動を引き起こすことであれば、フラストレーションのかかる活動は合っているだろう。結果（グループは課題を解決しなかった）に重きを置くのではなく、ファシリテーターはプロセスに焦点を当てるべきである。(2) 逆説（パラドックス）を使うことは、アドベンチャーにおいて有効なオプションである。活動を導入することでカオス（混沌）を生み出す。それがグループが次に成功するために必要なステップが何であるかという洞察を育てる。グループはその行動と向き合うようになる。それはふりかえりでの糧になる。導入は次のようにできるかもしれない。

> 「君たちの先生は、クラスのプロジェクトでグループ活動をするのが困難であると、私に話してくれました。先生はとてもよく観察していて、クラスの何がよくないのか私に話そうとしてくれましたが、君たちが活動するうえで何が起こっているのか私が理解するには十分でないように思います。そこで、1つ活動をしてみます。それで、私は君たちがどのように活動すればいいかわかると思います。活動は**トラフィックジャム**というものです。私がこの活動を選んだのには理由があります。「協力する」ということは、ときに4車線の高速道路を何の問題もなく車がビュンビュンと走っている感じもするし、またあるときはラッシュアワーのニューヨークの街で信号機が全部壊れているように感じられるからです。交通渋滞には

まったことがありますか?」(みんなは、たくさんの渋滞に関する不快な話をした)
「そうですね。君たちは私が話したことを理解しているようですね。この活動の目的は、5人ずつ、2グループに分かれて、君たちの前に置かれた11枚のスポットマーカーを使って、2グループが互いに位置を入れ替わることです。動き方に関してはルールがあります(あなたはルールを説明する)。「その間、クラスの残りの人は、交通警察官になります。グループが課題解決する過程で起こったことを、そのつどメモに取っておいてください。交通の流れを妨害するものは何だと思いますか?(生徒は行動と協力との関連について考えるための例を求められる) 「では始めましょう」

予想通り、プロセスは大惨事となった。ふりかえりではありとあらゆるネガティブな言葉が発せられた。グループが責任を負わない方向に陥らないように、あなたは適切なフィードバックのモデルを示し、コメントの流れをコントロールする。この対話からすでにグループを壊すものとグループが機能的に動くための規範が認識されている。ファシリテーターはリストにあげられている否定的な事柄の中から探す。

- 「もし、聞かないことが問題ならば、グループがよりよく活動するために何が土台のルールになるだろう?」
- 「もし、短気さが問題なら、グループがよりよく活動するために何が土台のルールになるだろう?」
- 「みんなが活動していないということが問題なら、グループがよりよく活動するために何が土台のルールになるだろう?」

ビレッジ(*The Village*、村)

ニューヨーク市のアドベンチャーリーダーのオサ・グリフィンは**ビーイング**のコンセプトをビレッジ(村)に例えた。グループはどのようになりたいかについて、絵と形で表せるような比喩を決める。実際の村では、個人小屋、炉、柵があるが、比喩の村では、守っているもの、グループと個人を大切にすること、価値と目標を取り囲むものなどが含まれる。

比喩的な村の例をいくつかあげると、共有の庭、みんなが乗れる熱気球、みんなが同じ方向に向かって行けるスクールバス、みんなが生活する海岸沿いの小屋、散歩できる森の小道。この活動ではみんながいる中で作品の一部

を作る機会が与えられる。そうして内側と外側の規範についての活動が完了し、村には個人の小屋も作られていく。グループのメンバーは自分自身を肯定的に表すものを創造し、それをシンボルに当てはめていく。内側のそれぞれの小屋には、参加者自身が目指す目標が掲げられている。

　このようなビーイング系の活動では、ファシリテーターもグループのメンバーの一員であることを常に心に留めておく必要がある。したがってファシリテーターもそこに参加する。ファシリテーターが参加することによって、まだ出ていない規範を創造的に加えることができる。ファシリテーターはこのエンパワーのプロセスに対して操作的ではないが、しかし全く離れているわけでもない。ファシリテーターが内側に置くもののよい例は安全に関することである。もしそれが村の中になければファシリテーターが必ず加えなければならない。グループメンバーはたいていはそれを理解して快く受け入れる。

　4年生のクラスが、長年の関係とそこにある構造（システム）を取り入れて村を完成させようとしているところを見ると、このモチーフは生徒たちに合っているようだ。ここで加えられたひとひねりは、それぞれのグループが小さな村を作ることを許したことである。これは「協力」がグループに必要であると認識している中で、規範を作るために協力して活動することへと導いた。よくある例としては、完成したら必要なときに立ち返ることができるように、「村」は教室に掲げられる。

❖ 本来持っているよいものと価値を損なうものを具体化する

　ジョージア州コービントンのPAのセラピストたちは、本来持っているよいものと価値を損なうものが意味することを参加者が定義づけできるように、三股のシステム、πチャートを実践し始めている。彼らはクライアントが「価値」に関する語をあげるとき、お決まりの答えを出すのを防ぐためにこれを行っている。ファシリテーターなら、放っておくことが協力という言葉とかけ離れていることを知っているだろう。こうしたファシリテーターは、相互関係を深める道具を必要としていた。言葉に関しては多くの思い込みがある。この方法がそれらを定義づけする助けになる。この活動ではある言葉が「どう見えて」「どう聞こえて」「どう感じるか」をふりかえるようグループに求める。見る、聞く、感じるが具体的かつ実際に使える形になる。

　グループに「尊敬・尊重」という言葉を説明するように言うと、以下のようなものが出てくる【図表11>2】。

[図表11>2]

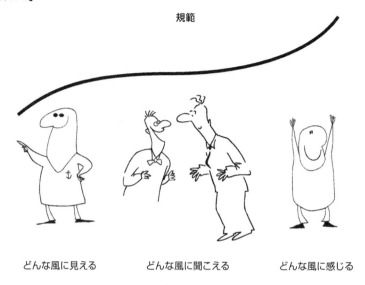

- 「あなたが私を見ている」ように見える
- 「聞いている」ように聞こえる
- 「誇り」のような感じ

　尊敬・尊重を恐れのように感じると言う参加者がいるかもしれない。これは、すぐにでも議論するべきトピックである。その人の価値に異議を唱えるのではなく、このグループにとって本当に必要だと思う価値を構築する助けになる。私たちは「恐れ」を価値に選んだアドベンチャーグループと出会ったことはない。

　さあ、次の場所に移っていこう。「尊重」はもはや単なる言葉ではなく、より具体的な定義を持っている。お決まりの答えを生み出しがちで防衛的なグループに対してファシリテーターはこれらの定義を使って、心の中を探ることができる。

価値の彫刻

　ビーイングと**ビレッジ**の考え方を広げていくと、グループのメンバーが

「価値」の彫刻を創作することが効果的である。ファシリテーターは、材料に非毒性のクラフト粘土や羽、キラキラしたものなどを渡すこともできるが、野外であれば、参加者自身が見つけた自然のものを使うことも可能である。また参加者が家から持ってくることもできる。グループのメンバーは後でこの価値の彫刻を使うことができる。たいていは**ビーイング**や**ビレッジ**と連動させて、確認（チェックイン）のポイントとして使われる。

>>バリューバッグ

　バッグを縫うか、既製品を使ってその中に自分たちの考えた「価値」を書いたものを入れ、グループが何かするときにそのバッグで「価値」を持ち運ぶ。こうすることで、「価値」ははっきりとした形で存在することになる。「価値」はグループが前に進むにつれて付け加えられ、グループの歴史も残される。バッグは他のメッセージを運ぶためにも使われる。

>>規範を強化する：フルバリュースピードラビット

　すでに構築されたグループの規範の強化を促進するため、また、活動のFun（楽しさ）の部分を維持していくために、グループ（私たちが奮闘している前述の4年生のようなグループ）には**フルバリュースピードラビット**がよいかもしれない。**スピードラビット**では、参加者は3人一組で動物を作る。まずグループは輪になり、ファシリテーターはその輪の真ん中に立つ。ファシリテーターの役目は参加者にこのゲームのルールを教えることである。ファシリテーターは象を作ろうと決める。ファシリテーターは象の中心となる人を輪の中から1人選ぶ。そしてその人に象の胴体の形と泣き声の出し方を教える。次に中心となる人の両側の人に象のパーツの形を教える。両側の人たちは、同じパーツを作る。例えば、彼らが「耳」を作るなら、中心の人に向かって半円を描くように腕を広げる。ファシリテーター（まだ輪の中にいる）は象の作り方を教えた後、別のグループに同じことを試してみる。そして、そこに時間の要素を加える。もし、3人が10数える間に象を作れなかったり、間違った動きをした人が、輪の中心に行くことになる。ファシリテーターは、そのまま続けて他の動物を作り出す。あっという間に、輪の周りで、象、キリン、犬、ワニがうごめく。そして、全員が大笑いしている。これでグループによって構築された規範を導入できたことになる。ファシリテーターは**スピードラビット**で、「聴くこと」という価値を導入でき、中心の人の頭の周辺で両側

の2人が大きな耳を形づくることによってそれを表すことができるかもしれない。ここからグループは自分たちで作った全てのコミットメントを3人で形づくるよう求められる。規範ができ上がるとゲームの開始である！　これは素晴らしい学びのツールである。数年にわたってフルバリューを教える中で、PAのスタッフは参加者が真にフルバリューを学び取る方法を工夫してきた。

ビーイングを行動に表していく

　自分たちの大切にしたい「価値」が明確になり、規範が育てられていく実り多き1日だった。**ビレッジ**と他の活動と共に、さまざまな大きさや形の**ビーイング**がグループによって生み出されてきた。しかしながらそれは、**ビーイング**を生み出すためのことであり、それ以上の意味は体験を通して定義される。学びの中には偶然に発見されるものがある。つまりグループで共に活動し、自然に起こる相互作用を通して起こってくるものだ。また共同作業とグループと個人のエンパワーメントの段階が進んでいく中で、ファシリテーションによって刻み込まれる学びもある。

　ビーイングの規範と価値を作るための鍵となる構成要素は、目標設定のプロセスの中にある。それは目標の設定、目標へのコミットメントを通して、グループと個人が規範と価値を実際に生かしながら定義されていく。それはグループの中とグループの外の双方の生活の中で、どれだけ意味があるものにしていくかということである。

　目標設定に焦点を当て続けることは、病気のクライアントを治す「病気のモデル」という考えを脱することである。ここで強調されることは、成長、達成、自分自身の運命をコントロールすることである。それは参加者がよりよい道を見つけ、旅を生き抜いていくために必要な準備を確認でき、人としていろいろなことを受け入れられる、最高のエンパワーメントの状態である。

　「コントロール―エンパワーメント」の概念は、目標設定の文脈において、忘れてはならない重要なものである。目標を形作るとき、グループにはファシリテーターの助けが必要なことがある。目標設定は困難な作業であり、目標に全力で取り組むことはさらに困難である。ファシリテーターの最初のサ

ポートとしっかりとしたガイダンスによって参加者はスキルを積み上げ、関連づけができるようになる。

ブリーフィングについて考えていくと目標設定が出てくる。ほとんどの構成、概念、活動は、目標設定とその達成のためのスキルを教えることに戻っていく。それらがうまく行われることで、エンパワーメント、自信、自己効力感を生み、最終的には、自分のことだけに気を取られているところから、つながることへの願望と自信を持つこと、親友になること、コミュニティにいる人たちと関係を育むことになる。

❖ ビーイング、ビレッジの目標

フルバリューは目標設定と共に進んでいく。グループはメンバーで作り上げたフルバリューにコミットすることを求められる。それに加えて参加者はそれぞれ個人の目標を設定する。これらのコミットメントは、グループのメンバーのサインによって確認することができる。「ビーイング」「ビレッジ」あるいはその他のシンボルの中に、個人目標を書くこともできる。グループのメンバーは、自分自身のシンボルを作り、ビーイングやビレッジの中に置くこともできる。これらの個人のシンボルに目標とサインが書き加えられる。

>> 目標に向かうための活動

「自分が何者なのかがわかれば、それをもっとよくすることができる」。目標設定は、認知的で、目的があり、焦点が絞られているものである。そうなれば目標設定は明確なものになる。このことは、多様な角度で語られてきた。ここで一度基本に立ち戻り、目標に対応する活動を設定する。

目標設定では以下の要素が考慮される。

● 認識する

参加者一人ひとりは、目標を認識し、それを自分の言葉で宣言できなくてはならない。これはグループに対しても同様である。これによって目標が明確になり、基本的な所有権が確立される。個人の目標とグループの目標は異なるものである（関連はしている）。そして個人とグループの目標は互いにサポートし合うことが求められる。

● 現実的

　初期段階では現実的な目標を決めていくためのサポートは、ファシリテーターに委ねられている。非現実的な目標は落胆を招き、別の挫折につながる。こうした失敗のサイクルは、非現実的な目標設定が原因になっていることが多い。なぜなら非現実的な目標はそれまでの自己概念をさらに強固なものにしてしまうからである。飛び越えるような目標を小さい目標に分割することで求めている結果が生まれる。

● コミットメント

　公開する形（**ビーイング**や**ビレッジ**にサインすること）でも、個人（ジャーナルの中で）でも、コミットメントとは、前に進んでいくためのプロセスである。そこには目標があり参加者がそれに取り組む決意が込められている。

● 主導権

　グループメンバーは目標達成のために、自分たちのリソースに頼ることを学ばなくてはならない。ファシリテーターは彼らのためにグループの問題を解決してしまうなど、彼らの「言いなり」にならないように常に自分自身を戒める必要がある。

● 取り組み

　困難のない目標には意味がない。参加者は自分たちがコミットした目標に則した活動に努力を惜しまず取り組む意志を持たなくてはならない。この意志は言葉にされなくてはならない。つまり目標を達成するための具体的な行動と、時間の枠を明確にしなくてはならない。

● 助け

　参加者は他の人からどんな助けが必要かを前向きに見つけなくてはならない。このプロセスは私たちが周囲に助けの手を差し伸べる行動を促す。信頼関係のある相互依存を学ぶことはとてもよいことである。助けを求める能力は全ての心理療法の活動において非常に重要である。

● アセスメント

　目標を設定した人は、その目標にどこまでたどり着いたか、あるいは修正

するべきかどうかを示す「標識」が必要である。目標設定のプロセスの中では、間違った目標が選択されたことが明らかになることがあるかもしれない。プロセスの中には、方向転換するため、あるいは帆をたたみ、風向きがよくなったときに新たに帆を上げるための、暗黙の（または明らかな）自由がなくてはならない。もしグループが成功することに焦点を当て続けているなら、新たなスタートは最初の挑戦から学んできたことを新しいスタートに統合することを意味している。

❖目標設定とチャレンジバイチョイス

　グループに破滅的な目標を選択する資格はない。グループの同意を通して発展してきた肯定的な規範と価値の中には、期待が込められている。期待は、この同意や約束ごと（契約）から生まれ、目標設定のプロセスに流れ込んでいく。チャレンジバイチョイスは、この約束ごとを探求することがグループと個人をユニークなものにすることを意味している。選択は個別化された旅の中にあるもので、旅を始めなければ選択はない。

>>活動、目標の発見、達成

　ABCモデルの強力な力は、GRABBSSのデシジョンツリーや、ブリーフィングやふりかえりによるものではなく、活動そのものにあることを覚えておくのは重要である。活動の生の体験は参加者に影響を与え、あらゆる可能性を生み出す。参加者はただ課題を行う中で、明確ではなかった目標を達成することもあるかもしれない。

　ファシリテーターは初めについ引き込まれてしまうような活動を提供して、目標設定の方法を教えることができる。一度その方法ができ上がると、目標に向けて話し合うという文脈がそこに生まれる。もし参加者が何かに到達し、それを達成と理解するなら、参加者は目標に向かう活動の中にいたことになる。到達することによって、たとえ意識的な選択やふりかえりがなくても、グループメンバーは意識的な目標設定への土台を築いている。これが活動のつながりが不可欠である理由である。──「この体験で学んだことで、次の活動に役立つことは何ですか？」

　フルバリュー行動には、目標に向かうダイナミクスが含まれる。それは自発性と達成する力を高める。目標と達成をつなげること、そして能力を高めることは、私たちが目標と実生活とをつなげるヒントになる。

アドベンチャーグループで何かをしようとすれば、それだけでもう私たちは目標に向かって歩き出している。しかしほとんどのことは、「実体験（doing）」に委ねられている。プログラムには、仲間からのプレッシャー（ピアプレッシャー）、困難な精神状態、その他の何かを欠けさせることが含まれる。より肯定的な見方をすれば、プログラムは混乱してどこに行こうとしているのかわからない人たちを方向づける。経験あるファシリテーターはクライアントが活動の中で「目覚める」とはどういうことか知っている。「ああ、嘘じゃないんだ。誰かのロープとつながって自分が9mも上がってる！」

　達成感をほとんど知らない人は目標設定が何であるかわからない。目標に向かうことは抽象概念を形成する能力が前提となる。しかしながら、達成感の低いクライアントも他者がその人のために目標を設定すれば、達成に対しては素晴らしい能力を持っているかもしれない。例えばエレメントに登ることによって参加者は今どこにいて、何をしているのかということに触れる。恐れは驚くべきことを引き起こす！　それは自分の内側で起こっていることに明かりを灯す。「突破口（ブレイクスルー）となる学び」は、気づきを明らかにしていく。

❖ 目標設定の周りにある不安を小さくする

　目標を意識化することを強いるのは不安を生む可能性がある。参加者の中にはこのプロセスに対処するあるいは対処すべき人もいるが、そうできない人もいる。ファシリテーターは、参加者のこの領域の能力のレベルを読んで、柔軟に対応しなくてはならない。彼らの真の姿は、象徴行動に強く表れる。目標を意識のレベルに持っていけない人のために活動とグループは魅力的なものでなくてはならない。ファシリテーターは参加者が安心して活動できる手助けをし、彼らの象徴行動を読まなくてはならない。アドベンチャー活動は実用的で、多様なアプローチであるため、適合する分野は相当にある。こうした直感力やその他の能力を養い、ファシリテーターが押す──引くのタイミングを知ることは、アドベンチャーカウンセリングにおいて最も重要なスキルのひとつである。

>> 成功への計画

　「よい失敗」「前に倒れる」ということが真実であっても、治療を必要とする参加者が失敗によって成功に導かれることはそう多くない。私たちの文化

では、とりわけ年を重ねていくにつれて、失敗に「祝い」という意味合いはなくなる。子どもたちは失敗から学び、大人たちはやきもきする。反抗期の若者のグループでは、挑戦することがシンプルなグループの目標の発見につながる (多くの場合、活動への挑戦の中に秘められている)。そしてそれは永遠の挫折の可能性なしに前へ進めるものである。ファシリテーターは徐々に前へ進んでいくことが、このような参加者の大いなる達成を作り出すかもしれないということを忘れず、成功する確率の高い目標設定の活動を行うべきである。

❖ 誰の目標なのか?

目標設定のモデリングが始まる場は、ファシリテーターがグループのメンバーに対して持っている大いなる期待という荷を下ろすことから始まる。参加者の達成は、ただ彼ら自身のものでなくてはならない。とりわけ傷ついた大人や子どもの場合、グループワークの中で期待は全員の肩に重くのしかかる。文化や民族の違いによってもファシリテーターの期待の色合いは変わってくる。内省することは目標設定の重要な鍵である。彼らの内にある期待が、ファシリテーターのものではなく、グループや個人が欲していることを反映している範囲内である場合はそう悪いものではない。どんなにパワフルなファシリテーターであっても、ファシリテーターが「こうあるべき」と思うことをグループに持ち込むのは不可能である。選手を公衆の恥にさらしても、勝つことにこだわっているリトルリーグのコーチには、「ところで誰のための目標?」という質問をしなくてならない、悲しい例である。

ファシリテーターにとって個人的な目標を手放すことは、自身が解放されることである。グループミーティングで建設的な意見を言うとき、過去に何も言うことができなかった参加者は、積極的な参加についての基準を持っていたファシリテーターにとっては重要ではないと見えたかもしれない。しかし参加者にとっては、コミットメント、信頼、グループが安全な場であることを受入れるという点で大きな成果をあげる可能性がある。それは最小限のコミットメントなのか、それとも非常に重みのある達成なのか？　文脈と現実を考えなくてはならない。

❖ グループの目標へのコミットメント

グループは効果をもたらすために、具体的な目標をもとに結束されなくてはならない。それは、**ムーンボール**に50回タッチすることであるかもしれ

ないし、地域貢献サービスのプロジェクトであるかもしれない。それぞれの目標にはそれぞれの複雑さがある。目標設定はグループのメンバー一人ひとりのうえに成り立つ。つまりそこにはグループの思い出があり、成功すればその思い出は深く刻まれる。指示的な目標（ファシリテーターが中心）が必要になるときもある。しかし、エンパワーメントのモデルはグループが主体となり少しずつ外からの方向づけをなくしていくことが求められる。以下はグループ目標の例である。

- フルバリューコントラクトを大切にしよう。
- ドラッグやアルコールを持ち込まない。
- グループメンバーを見下さない。
- 誰かが混乱したら、お互いに向き合う。
- 岬にボートで行くときは、ライフジャケットを着て、みんなでボートを漕ぐ。
- スポッティングに注意を払い、お互いにサポートし合う。
- インタビューした人にはお礼状を書く。

>>**目標設定のためのウォームアップの質問**

グループに対するウォームアップの質問

- このアドベンチャーをどんな機会にしたいですか？
- あなた達にとってどんなことが困難になると思いますか？
- 簡単にできそうなことは何ですか？
- 一番楽しみにしていることは何ですか？
- アドベンチャー活動を行ううえでリスクになることは何ですか？
- 他者と関わると、どのようなよいことがあるでしょう？
- どのようなタイプの人が一番好きですか？

[ポケットデシジョンツリーの結果]

目標設定に焦点を当てたグループセッション	
GRABBSSアセスメント	目標設定
フルバリュー行動	目標に向かう
活動	ウォームアップ系、**ルックアップ・ルックダウン**、2人組の目標設定（活動を通して）、**ライフボール**（**ムーンボール**のバリエーション）

第11章❖ブリーフィング 307

活動の構成	構築、グループになる、分散する、解決する、不安定
比喩	以下の活動の記録を参照
コントロール―エンパワーメントのステージ	4

ルックアップ・ルックダウン

> 「前回会ったとき（もう一週間経った?!）、チームが機能するためのルールを整理するために、2人組に分かれて、価値や規範を考えてと言ったよね」（グループが作ったビーイングに再度焦点を当て直す）。「私たちはそうした価値や規範をすでにみんなで実践してきた。私たちが達成してきたもの、そしてそれをどうやって達成してきたかを少し話し合ってみよう」（成功体験について話す）。
>
> 「もう一度ペアになって、簡単なゲームをしてみよう。自分を見ていない人と話をするのが、どれだけ大変かわかりますか？ ほんの少しの間、隣りの人の方へ向いて、その人の耳に向かって挨拶し、あなたがどこから来たか、よく行くお気に入りの場所について話してみてください。さあ、どんな感じがしましたか？」（体験に基づいて、簡単なふりかえりをする）
>
> 「本当に相手の話を聞こうとするとき、アイコンタクトがどれだけ重要かわかりますね。さて、今度は全員が見えるように輪になってみましょう。最初は他の人を無視するように全員が地面を見ます。私が、"ルックアップ"と言ったら輪の中の誰かと目を合わせてください。目が合ったら、そのペアはサークルの外に出ます。私が"ルックダウン"と言ったらまだサークルに残っている人たちは、もう一度下を見ます。そして、また私が"ルックアップ"と続けます。質問はありますか？」
>
> しばらくゲームを続け笑いが起こってくると、いくつかのペアができ上がっている。

2人組の目標設定 ── ライフボール（ムーンボール）

> 「このライフボールという活動はグループでの達成がとても難しい活動です。このボール（普通の大きさの白いビーチボール）をついて地面に落とさないように空中でキープします。ルールは、全員がボールをつくまでは、同じ人がボールを触ることはできません。全員でできるだけたくさんボールをついてくだ

さい。私がこれをライフボールと呼ぶのは、ボールを空中に維持し続けることが、人生によく似ているからです。何かに追われてしまうと、ボールは落ちてしまいます。これに関連して何か思うところのある人はいますか？」(たいていの場合は、誰かが意見を言うが、ない場合はファシリテーターが自分の体験をもとに例をあげる)

「チームや家族、その他のグループで協力して活動するということは、大変なことですね。それには、どんなスキルが必要だと思いますか？」(グループからいくつか答えが返ってくる)

「ペアになって目標……そうですね、20回地面に落とさずにボールをつくことを達成するためにどうすればいいか考えてください。まず20回つくという目標にグループとして賛成しますか？ このサイズのグループでは、30回がオリンピックの公式記録になっています」(人から与えられた試練である場合、グループは99％の確率で投げ出してしまう。グループに彼ら自身の目標を設定させることが非常に重要である)

「あなたたちが挑戦したいことがはっきりしたら、ペアになってそれを達成するために何が必要か考えてください。周りの人にどんなことを頼めばいいか？ 何をもって成功とするか？ 話し合いに約10分間取りましょう」

　ペアが戻ってきたら、ファシリテーターはざっと意見を聞いてみる。各グループから出された提案をマーカーで書き出し、マスキングテープを使ってライフボールに貼る。グループはおそらく、20回つくという目標を成功させるだろう。グループに対するファシリテーターの認識が目標とずれている場合は、時間内に成功できるように、回数を減らすべきだろう。また、最初のトライが簡単すぎたなら、回数を増やすかルールを変更することもできる(ペアでボールをつくとき交互の手を使わなくてはいけないというように)。見える形でファシリテーターが仕切らないで目標設定に焦点を当てたので、ふりかえりは得た材料と共にとても豊かなものになるだろう。

>>子どもたちのためのファンタジーを用いた目標設定の活動

　子どもたち(5～9歳くらい)は、自分たちの問題を明確に表現できないことが多い。しかし彼らの想像力を使えば、創造的に答えることができるだろう。例えば子どもは恐れを克服したがる。ファシリテーターは子どもが視覚化しやすいように、恐れをドラゴン、悪い動物、悪魔に見立てる。こうした手助

けによって、子どもは敵に立ち向かうために何が必要か（道具、武器、あるいは装備）を理解する。道具は、自分を守ってくれる他者であるかもしれないし、味方の戦士かもしれない。装備は、信頼、強さ、身体的な能力であるかもしれない。子どもは「地下牢とドラゴン」の設定で、自分たちの問題を細かく捉えることができる。ここでは、常にファシリテーターがこのロールプレイをコントロールしていなくてはならない。子どもたちはこの設定にはまりすぎて遊びの要素を失ってしまうことがある。ファンタジーの縁でバランスを取り、しかしファンタジーに飲み込まれてしまわない、これが楽しさを保ち続けるということである。

　ファンタジーは他の活動にも使うことができる。**浮き台わたり（Prouty's Landing）** は煮えたぎるヨーグルト地獄に例えることができる。もしそこに落ちてしまったら、ブルーベリーに戻らなくてはならない。ファンタジーはこのように使うことが可能で、参加者は活動をしている間もそのファンタジーを「見ている」（「見て！　ドラゴンがいるよ。あいつをやっつけよう。でも殺さなくていいからね」）。こうしたシチュエーションのファンタジーがグループに馴染むかどうかで、このグループの文化を知ることができる。緊張感が漂う場も親しみとひねりの利いたユーモアで気楽な雰囲気になる。

自分のことをどう思っているか？

　これは自分のことを言い表し、それを目標設定に役立てるための活動である。この活動でファシリテーターと参加者が自分たちの持つユニークな資源に気づくことができる。

　「この紙にはみんなが自分のことを言っているなと感じるかもしれない項目があげられています。それぞれの項目の自分にぴったりの数字に丸をしてください」**［図表11>3］**。

これらの質問はあなた自身について感じているかもしれないことを表しています。それぞれの項目について、あなたが自分のことをどう感じているか、該当する数字を丸で囲んでください。

　このリストはそれぞれの仕様に簡単に調整することができる。ファシリテーターはシンプルにするためにグループに数項目だけ使うこともできる。また話し言葉を追加したり、彼らが特に達成したいことに関連することを追

[図表11>3]

	全くない	ほとんどない	時々	たいてい	いつも
私は人と仲よくできる	1	2	3	4	5
私は幸せである	1	2	3	4	5
私は親切である	1	2	3	4	5
私は勇気がある	1	2	3	4	5
私は正直である	1	2	3	4	5
私は感じがいい	1	2	3	4	5
私は信頼できる	1	2	3	4	5
私は善良である	1	2	3	4	5
私は誇りを持っている	1	2	3	4	5
私は怠け者である	1	2	3	4	5
私は誠実である	1	2	3	4	5
私は協調性がある	1	2	3	4	5
私は元気がいい	1	2	3	4	5
私は思いやりがある	1	2	3	4	5
私は人に好かれている	1	2	3	4	5
私は人をうらやましがる	1	2	3	4	5
私は役に立つ	1	2	3	4	5

加してもよい。

自分の長所をみる

　この活動は、参加者にこれまでの人生で何か問題にぶつかったとき、自分のどの長所を使ってそれに「対処」し「解決」してきたかを考えてみるものである。これは目標設定の段階で使うことができ、自分の長所を使って次の経験に活かすことができるはずである。これは「枠づけ（フレーミング）」や「段階の設定」の準備にもなる（このアイデアはA.アンダーウッド博士（Underwood, A.）の協力による）。以下のように導入する。

　「私たちの人生にはときに対立があります。困ったこと、悩んだこと、腹が立ったこと、悲しかったこと、絶望したことがあるはずです。そしてときにはもうダメだと感じたこともあるかもしれません。これまでのそんな対立や問題を思い出してください。そしてそれを切り抜けるのに役に立ったあなたの長所や能力で以下に該当するものがあれば丸で囲んでください」**[図表11>4]**

[図表11>4]

自信	創造力
人に対する信頼	丈夫な体
ユーモアのセンス	自分の価値に対するコミットメント
一生懸命	安定感
勇気	自立心
誠実さ	人に対する誠実さ
人に対するコミットメント	柔軟性
人に対する受容	アサーティブ
人への共感	内面の安定性
自制心	オープンマインド
ものごとを受け入れる能力	

他にも思いつくことがあったら書いてください

クオリティコール

　グループのメンバーは、屋外あるいは大きい部屋の中で、ペアになる。そして達成できた目標を1つ、お互いに出し合う。次にその目標を達成させた強み（長所）を、1語か2語にする。その後、目隠しが渡されペアはそれぞれ

[図表11>5] グループアクションプラン

```
                    グループアクションプラン
    グループ名：
    活動名：
    目標：
    起こり得る結果：
    アセスメント：
    資源：
      ・フルバリュー行動：
      ・身体面：
    個人の参加の仕方：
```

屋外か部屋の反対側に立つ。目隠しをした後、自分のパートナーの強み（長所）を叫びながらパートナーを探し当てる。目隠しはパートナーを発見したときに外すことができる。それぞれの強み（長所）は、その後グループでシェアされる。

グループアクションプラン（GAP）

ビレッジは、**ビレッジ**を通して作られた目標を使って、グループアクションプランに落とし込むことができる。ここでは目標設定のワークシートが役に立つ。グループは目標に同意し具体的な形で書き出す。その後それを約束する意味でメンバー一人ひとりがそれにサインをする**[図表11>5]**。

❖個人の目標へのコミットメント

グループの目標は個人の目標に影響を及ぼす。グループが成功すると、個々のメンバーもより達成に近づけるような感じがする。グループがリスクを負えば、メンバーも同様にその影響を受ける。**ムーンボール**の目標に向かっていくとき、個人は「集中と注目」、「立ち位置」、「タッチするとき声を

第11章 ❖ ブリーフィング 313

出す」、「走る」、「赦す」（もし誰かがミスしたら、スタートに戻らなくてはならない）という目標を設定するかもしれない。これらの全ての目標は数量で測れるより大きな目標にサポートされて設定されるので、個人ベースとしてもグループベースとしても目標が体験される。

　個人の目標設定は、「転移」（体験を実社会へ関連づける）の一次領域である。「集中と注目」という目標が**ムーンボール**で達成されると、青年隊の行進や訓練、授業で書く作業に関連づけられるかもしれない。それはグループが学んできた一般化された目標であるが、個人の具体的な行動に置き換えることができる。目標を表に出して実践することは、エネルギー、成功、受容をもたらす。共通の言語が定められ活動の中で使われていく。大切な資源となるグループの記憶と共に、1つの目標が別の目標を生み、そして目標の定義がなされる。例えば「赦すこと」が、ある期間、具体的な文脈の中で共通の定義として繰り返し使われると、その言葉と意味が受け入れられ、何度も繰り返し使う言葉になる。

　個人の目標設定の題材は、あるときは直感的（活動に参加した結果生まれてくる）であり、またあるときは計画的である。計画の例としては、GRABBSSの中の「レディネス（準備ができているか）」に関連し、クライアントが目標設定に価値を見出し、心からそうするべきだと感じているとファシリテーターが判断するときである。ABCグループは、目標設定のプロセスの試行の場である。ジェリーというグループメンバーの1人の例をあげて、目標設定のシナリオがどのように花開くのかを見てみよう。

> 　ジェリーは気まぐれで、活動に参加するのを渋っている。彼は16歳で罪を犯しており、裁判所からこのプログラムに参加することが義務づけられている。**危険物除去**という活動の中、彼は突然陰から前に出てきて、課題解決の鍵となる提案をした。グループのメンバーは彼のアイデアを受け入れ活動に取り入れた結果、課題解決することができた。ジェリーはふりかえりで自分の成功を受け入れることができた。

　ジェリーのファシリテーターは、この出来事をブレイクスルー（突破口）であったと記している。次のステップは、この突破口を取り上げてジェリーの目標設定（目標の認識）を手助けすることである。強要しすぎないよう注意を払いながらファシリテーターはジェリーができることをこんな風に提案した。

「何か提案があるときは言ってみる」「グループのメンバーが意見を求めてきたとき、聞いてくることに対してオープンでいる」。これは実行可能であるが非常に重大な目標ということでもない。しかしそれは明らかに目標であるのだ。この目標が、彼がコミットし取り組めるものなのだ。これは現実的であることなのだ。

ジェリーの次のステップは、自分自身で目標設定することである。

> ジェリーは、自分が怒りっぽいところが問題であると認識した。彼は怒りに焦点を当てた目標設定をすることを決めた。感情について話し合う中で、彼は怒りを感じたとき、自分でできることがあることを学んだ。また怒りは完全に悪いものではなく、彼の力であることも学んだ。彼は怒りを感じたとき、一時停止（タイムアウト）をして頭の中を整理することを目標にする必要があると考えた。**人の字バランス**をしているとき、ジェリーは彼のパートナーが、「近づけて、それしないで」とわかりにくい言葉を使うことに苛立ち始めた。グループのメンバーは、ジェリーに目標を確認する必要がないか聞いてみる。ジェリーは「そうだな、頭を冷やしてこよう」と言う。5分後に、彼は戻ってきて、敬意ある態度で活動を達成した。

ジェリーの目標は実用的なものである。最も重要なことは、目標を達成するためにグループの助けが得られるよう、自分の目標をグループに宣言したことである。以前ならこうした体験は彼をエスカレートさせ、少年院に戻されていた。だから目標を設定し、グループのサポートの基でそれを実践したというのは素晴らしい達成であるのだ。罰よりもはるかに成果がある。

> 体験を通して、彼は前へ動き出した。彼はこれまでよりも多く発言し、グループに参加している。そして彼は自分の怒りをコントロールしている。ここから彼のコミュニティでの生活に関連づけをしていくときである。ファシリテーターが使う多くの比喩は世界とつながっていて、ジェリーは常にそうした関連について質問される。今、彼はグループと彼の日常生活をらせん状につなぐ、具体的な関連づけが求められている。

パーソナルアクションプラン (PAP)

目標設定について紙面に残せるように（個人のジャーナルに含める場合もある）、

ジェリーはパーソナルアクションプランを立てる。彼は以下の質問を自問していく。

- 私は何を達成したいのか？（具体的で、現実的な目標）
- それを達成するためにどうすることが必要か？（やらなくてはならないこと）
- 達成するために何が役に立ちそうか？（支援してくれる人、情報、道具、スキル）
- グループからどんなサポートが必要か？（ゴールパートナーの励ましとフィードバック、確認（チェックイン）による気づきとその報告）
- 他のグループメンバーの目標を達成するために自分は何ができるか？　自分の強みが他者を助けるためにどう使えるか？（ゴールパートナーの励ましなど）
- 自分の目標の達成をどのようにして測るか？（達成の基準）

グループアクションプランと同様に、パーソナルアクションプランは具体的に記述する助けになる [図表11>6]。

>>個人目標の例

- 必要なら人に助けを求める。
- ふざけるのをやめて活動にきちんと参加する。
- 心地よさを感じられないときははっきり言う。
- 人の悪口を言う癖を改める。
- **電線わたり（テンショントラバース）**のときシンシアを助ける。
- 活動をひとつやり通す。
- 救急箱をしっかり管理する。
- 老人ホームにグループで行くために電話をかけてアポイントをとる。
- 仲間のことをもっとよく知る。
- 新しいことを試すとき、もう少し思いきってやれるようにする。
- 自分の意見や感情を表現する。
- 自分をもっと好きになる……。自分を受け入れることを学びたい。
- 人からの批判をもっと素直に受け入れるようになる。
- 人の話をちゃんと聞くようにする。

>>非言語の目標設定

行動は言葉よりも多くのことを語ることがある。参加者の中には、目標を

[図表11>6] パーソナルアクションプラン

```
                    パーソナルアクションプラン

   名前：
   活動名：
   目標：
   起こり得る結果
       グループ内で：
       グループの外で：
   アセスメント：
   資源
   ・フルバリュー行動：
   ・身体面：
   他者からの支援：
```

言葉で表現できなかったり、しようとしない人もいる。ファシリテーターは参加者が言葉で表現できる能力を引き出そうとするが、参加者が変化に向かって努力する中で目標設定のプロセスが顕著なときは、それを受け止め、支援するべきだろう。あまりプレッシャーをかけられると、参加者は固い守りに入って前に進めなくなってしまう。

❖ **スパイラルゴール（らせん状の目標・転換と転移）**

アドベンチャーの最終的な目標はグループ体験とその達成を、グループの枠を超えた場や他の体験に落とし込むことである。例えばファシリテーターは**丸太わたり（キャットウォーク）**（地面から6〜8m上に設置された丸太を渡る）は、行き詰まっている場所から行こうとしている場所への旅というように枠づけすることができる。この旅には、昔からの習慣や機能しない家族での自己の体験から抜け出すことが含まれているかもしれない。参加者はシナリオ（作られたものだけど、現実感のある）の中に置かれて、目標と自分の目的地にたどり着くための必要なステップを明確化し始める。GRABBSSから見えてくる様相、比喩的な活動の構成、アドベンチャーとフルバリューの学びを使うこ

とによって、可能性は無限に広がっている。これがスパイラルゴールの設定の始まりである。グループでの目標の達成を現実の社会へ転移させようとしているジェリーとグループのところへもう一度行ってみよう。

> ジェリーは深刻な犯罪に関わっていた。学校への侵入と度重なる器物破損。今、彼は法廷で、彼の犯した行動をふりかえるところである。以前の彼は、法廷では不機嫌で自分の殻に閉じこり、怒りをあらわにして批判的で何もしようとしなかった。彼のカウンセラーは彼にアドバイスする。「法廷での日々は、解決しなくてはならない問題と思ってごらん。怒りが沸いてきて殻に閉じこもりそうになったら、"一時停止（タイムアウト）"させてもらうよう頼むんだ。そうしたら私と話ができるからね」。ジェリーはこの目標に同意した。裁判の間、彼はカウンセラーの助言を得ながら、成長してきたことを具体的に示した。

スパイラルゴールはグループの外の世界と密接なつながりがある。実践するには注意深く進めていく必要がある。そうしないとせっかくのスパイラルゴールも願いごとを書いたただの短冊になってしまう。また目標をいつもモニターしておくことも必要である。これを忘れるとラングストン・ヒューズの詩の一節のように、実現できなかった夢のリストというむなしい結果となる。「かなわなかった夢というのはいったいどうなるのか？……陽の下の干しぶどうのように干からびてしまうのか」。活動や目標がそうであるように、スパイラルゴールも「実行可能」でなければならない。そうでないと失敗は目に見えている。ただし「失敗」（仕事を失う、仲直りに失敗するなど）しても、グループとの関係によってうまくいくこともある。そこにはメンバーがいつでも帰ることのできる場があるという文脈がある。

「スパイラルアウト」にはリスクが欠かせない。私たちは完全に守ることはできない。相手は現実の世界である。だから私たちは参加者がスパイラルアウトして、新しい行動を試す準備ができているのか、そのタイミングを失わないように気をつける必要がある（もし新しいボスが私を気に入らなかったら？　もし私には十分な能力がなかったら？）。スパイラルアウトのタイミングは、ディブリーフィングで話し合うようにする。この話し合いから新しいスパイラルゴールが生まれてくることもある。アドベンチャーウェーブでは常に新しいチャンスが巡ってくるということを忘れてはならない。

次にスパイラルアウトする準備に適した活動を取り上げてみたい。

● インタビュー

　誰かをつかまえてインタビューする。「安全」な題材から始める。ファシリテーターやグループの誰か、同じ施設の別のグループのスタッフなど。適当と思う人を選んであげてもよい。グループ全体にインタビューするという手もある。これは特定の誰かに焦点が当たらない。メンバーに個人的なインタビューをさせたいのなら他の方法をとる（意図をもって決定する）。

● ロールプレイ（役割演技）

　例えば仕事の面接や家族の問題などをロールプレイする。秘書、受付、ガードマン、人事課長、社長、父親、母親、兄弟などのいろいろな役割ができる。ロールプレイで気をつけなければならないのは、急激に深刻になりすぎる点である。参加者は役割に深く入りすぎてしまう。ロールプレイは重大な防御を低くし、潜在的に危険な状況を開くこともある。ロールプレイは意味があり楽しいものである。参加者は役になりきっても構わないが、ファシリテーターはいつでも止めに入れるように準備しておく。あくまでも「劇」だということを強調して、メンバーが演技から自由に抜け出せるようにしておく。

● ブレーンストーミング

　スパイラルアウトしていく中でのあり得る困難をブレーンストーミングする。どんな出来事が起こるかを想像してリストを作って話し合う。これはレポートや日記やグループディスカッションによい。また私たちが現実に経験するトラブルの因果関係を理解するうえでも役立つ。このブレーンストーミングは、外の世界で行動するための導入プロセスで、実社会に慣れ親しむ練習と言ってもよい。グループに残るメンバーにとっても、他の人の実例を見ることができるという利点もある。すぐに自分たちにもスパイラルアウトする番が回ってくるのだから。

● 地域での奉仕活動（コミュニティサービス）

　地域での奉仕活動も重要なスパイラル活動である。地域の奉仕活動にはアドベンチャープログラムで体験した活動と共通した点が少なからずある。また奉仕活動のリーダーたちは、ボランティアのヘルパーを熱心に指導してくれる。彼らに自分の長所や弱点や目標など何でも相談に乗ってもらうとよいだろう。ABCで信頼関係を重視した以上、地域でも信頼関係を築くことに

気を配るべきである。ボランティア活動がきっかけで積極的な人格への変容の機会となったメンバーもいる。

>>目標と実社会

　生徒たちに選択肢がある（「悪い関係の中で過ごしたいのか？　それともよい関係の中で過ごしたいのか？」）。もし約束することがグループの日常の習慣になれば、グループ活動が終わってからも続けていくことは簡単である。それほど大きなギャップもない。目標設定のプロセスを体験し成功を生み出せるよう注意深くモニターすることは、よい習慣を身につけるのに役立つ。現実的な目標設定は生涯にわたる道具になる必要がある。グループはその道具と、それを継続的に使うことによる学びの強化を、メンバーに教えている。

　ABCを体験すると、メンバーは知らず知らずの内に実社会で対処するモデルを身につける。S.ベーコン（Bacon, S.）は、このプロセスを「transderivational search」と呼んで、次のように述べている。

> 「効果的な一般化には、コース体験が生徒の実生活体験と高度に同型（同じ構造を持つという意味）であることが根本的に必要である。この条件が満たされ、またこれまでの非生産的な方法に対する適当な解決策を活動に取り入れ改善することができたら、実生活でも望ましい変化が起きるだろう。同型（isomorphism）が存在すること、従来の古い手法が改善されること、成功体験が得られることが、一般化の決定的要件である」[4]（Bacon, S., 1983）

　この考え方を実現するには、生徒たちが慣れ親しんでいる構造（同型）とつなげる努力が常に必要である。地域社会に密着したアドベンチャーカウンセリングは、この転移のプロセスにぴったり当てはまる。参加者はアドベンチャープログラムで得た体験を、慣れ親しんできた場ですぐに実践することができる。場合によっては遠くへ行く活動もあるが、ベースとなるのはあくまでも地域社会である。

　最後にもうひとつだけつけ加えたいことは、グループ活動の効果が現れるまで、かなり時間がかかるということである。これはメンバーがグループ活動の意味を理解するには一定の時間がかかるためである。場合によってはグループが解散するまで変化が見られないことさえある。しかしファシリテーターが教えた活動や心構えは必ず実を結ぶので、気を落とさないで欲しい。

変化には時間がかかる。ゆっくりと、ときにはいやいやをしながら、しかし着実にらせん（スパイラル）を描いて進んでいる。これは長い長い旅なのである。

「困ったら助けを求めよう！」
「君は素晴らしい人だ。ここでやり遂げたことを思い出して」
「君ならできる。よいアイデアを出すことも、リスクを背負うこともできるはずだ」
「きっとうまくいく」

こんなメッセージを外の世界に旅立つ生徒たちに贈る。彼らは私たちが思っている以上にこれらのメッセージを聞いているのである。過去の実例をふりかえってみれば、アドベンチャープログラムを巣立っていったメンバーたちが、その経験をどのように活かしているかがよくわかる。

>>スパイラルゴールの使い方の例

高校生のウェンディは、家を出なくてはならなかった。彼女の母親は彼女よりも自分のボーイフレンドに夢中になり、飲みにばかり行っている。しかしウェンディは妹とは離れたくなかった。そこで別の案が話し合われ、合意された。ウェンディは近所の人の所へ移る。そうすることで彼女を打ちのめしているものからは離れ、かつ妹のそばにいることができる。これは多くあるスパイラルゴールのひとつ目の目標となる。仕事、家庭教師、カウンセリング、アウトワードバウンド、大学など。それぞれの目標にはそれぞれのサブ目標があり、私たちにプロセスを思い出させてくれる。

マットはオルタナティブスクールの生徒である。中学2年の終わりにその年のアドベンチャー活動とその他の問題について目標設定をした後、彼は3年生に向けての目標設定をした。今、3年生の生活が始まり、彼は3ヶ月前に立てた目標のコピーをじっと見ている。彼は夏の間ずっとその目標を考えていて、多くの項目で進歩していることがわかった。

ロリーアンはジュエリー作りに興味を示してきた。彼女のアドベンチャーファシリテーターは、彼女に地元の銀加工の仕事を見つけてきた。このことは、彼女に「世界の中での」成功をもたらした。ロリーアンは、体験を通してうつの状態をコントロールできるようになってきた。彼女は好きなことをし、それが得意なのだ。

ヘクターは、高い能力があるにも関わらず、学校の活動をやりきったことがなかった。アドベンチャーグループに参加したことによって、他の仲間から大切にされていることを感じていた。彼がアドベンチャーグループに参加するのは、そこに仲間がいるからであった。彼はアドベンチャー活動が得意で、キャンプ関係のこと（火をおこしたり、装備をパッキングすること）もとてもよくやっていて、信じられないくらい完璧だった。ヘクターはグループに献身的であり、グループはそのお返しに、彼の特異な面については目をつぶった。彼はグループのメンバーの頼み以外にボートや車、キャンプサイトの修理といったたくさんのボランティア活動を頼まれた。こうした活動は全てグループ内で話し合われ、確認された。ヘクターは後にPAの子どもたちのキャンプの最年少キャンプカウンセラーになり、2年間熱心に大学に通った。同じ時期に彼は法律上の問題を抱えていたが、彼は以前のファシリテーターに、それを解決する手助けを求めていた。なぜなら彼は今のグループでの活動を報告する義務があったのだが、彼はフィードバックを前よりも聞くことができるようになっていた。彼は何も隠そうとはしなかった。ずっとそうであったかのように。

　先述した不満を抱えている若者たちのグループの中に、グループには来るが何もしないという参加者が1人いた。彼はグループのそばに立っているだけで、ほとんど参加しないのに姿は見せる。参加ということについて話をするとき、メンバーの中には、立って見ているだけの彼と対立する人もいるだろう。ファシリテーターは「そうだね、でも」と付け加える。「ジョンにとっては、決まった時間に何かをしにやってくるのは初めてのことなんだよ。ここに来て君たちと一緒にいることが、彼にはとても興味深いことなんだ」。茶色の額縁に入れられた絵が銀の額縁に入れられると、全く違った絵に見えることがある。

　比喩によるメッセージをグループに「理解させる」ことは、そうしたメッセージを意識の中に送り込むファシリテーターの能力が要求される。ときに比喩を使った認知の活動が必要になる。無意識を通した学びの影響力に制限はない。言うまでもなく、全ての体験にはプロセスが必要である。**バランスプレート**でのサリーの比喩的な体験は、彼女の意識の中に入り、それが認知行動的な気づきに転移した。3年後も彼女は体験とその教訓が教えてくれたことをふりかえることができる。別の比喩的な体験は、親密さとコミットメ

[図表11>7] スパイラルゴール・目標設定

スパイラルゴール・目標設定

名前：

目標
　　目標は何か？

　　目標は、いつ、どういう場面の行動につなげられるか？

レディネス
　　どんな準備が必要か？

　　グループやファシリテーターから継続的な支援を受けられるか？

行動
　　自分自身のために「確認（チェックイン）」や**グループコール**をすることができるか？

　　自分の目標に向かって進んでいるかどうかを知るための基準は何か？

背景
　　自分の目標を妨害し否定的な影響を与えているものは何か？

　　コミュニティ中で、どのような肯定的な支援や助けを見つけることができるか？

ントが要求される **Web Wave** をするときに現れるかもしれない。これはこの活動の持つ「輪の力」を、リカバリーハウス（回復のための施設）の運営にどのように活かしていくかという認知的な話し合いに支えられて起こる**[図表11>7]**。

まとめ

「ブリーフィング」は、グループの雰囲気を作り、意味づけのプロセスが

始まり、これから行う活動の枠づけを提供する。土台作りと枠づけはブリーフィングの中で形づくられ、グループは、アドベンチャーウェーブのより相互的な関わりの場である「実体験（doing）」に向かって動き出す。ファシリテーターが方向を指し示すことがまだ重要な役割を担っていて、忘れてはならないものである。一方、ファシリテーターと参加者が共に創造していく継続的な体験の重要性も増していく。

フルバリューは、ブリーフィングの支えとなるものであり、グループが「実体験（doing）」の活動に入っていくとき、最前線での防御となる。私たちがこれを防御というのは、もし使える「価値」がなければ、グループはカオスに対して無防備になってしまうからである。これは意味づけがまだ成熟していない段階である。

この章では、活動の準備段階で必要なファシリテーターのスキルに焦点を当ててきた（しかし実際にはブリーフィングの大部分は活動に基づいている）。ファシリテーションスキルが上がっていくとブリーフィング、実体験（doing）、ディブリーフィングの境目は見えなくなってくる。全てが活動に関連し、そして、慎重に計画することで、全てが、アドベンチャーウェーブの流れに沿った動きに関連させることができる。ファシリテーターのスキルとはそうあるべきだ。もっと重要なのは、フルバリューを構築する場面と活動を使って目標にコミットメントしていくプロセスであり、それらはどちらも前意識あるいは意識のレベルにある。グループのファシリテーターが健全な価値とそれに関連する比喩を統合するようなファシリテーションをし、これらの構造をスパイラルゴールの中に組み入れることができれば、健康な状態へ向けて劇的な変化が起こるのである。

第12章
実体験（doing）

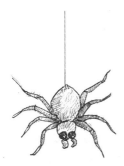

比喩やフルバリューを通して、人生の問題と関連づけてルール、計画、目標、レディネス、ビジョン、枠づけの土台を確立することの全てが実体験（doing）の中に注ぎ込まれる。

今ウェーブ（波）は大きな動きになってきている。ブリーフィングの静かな流れが、体験のパワーの道へと導いている。ファシリテーターはブリーフィングでグループとの最初のコンタクトを取り、次にこの実体験（doing）のうねりの中にファシリテーションスキルを持ち込んでいくのである。アドベンチャー活動には、強力な力がある。比喩やフルバリューを通して、人生の問題と関連づけてルール、計画、目標、レディネス、ビジョン、枠づけの土台を確立することの全てが実体験（doing）の中に注ぎ込まれる。アドベンチャーウェーブのパワーは、期待と不安が高まる「レディネス」のときから起こってくる。何かが起こるかもしれない、そしてグループのメンバーはそれが何であるかはっきりとは分からない。この章では、その「何か」を導き出し、うまく扱っていくためのリーダーシップスキルの応用について述べていく。またブリーフィングで何を試みるかという視点を持ち続け、どう実行していくかということについても述べていく。

　「実体験（doing）」に入っていくと、これまでの章で紹介してきた全てのことを心に留めておく必要がある。土台の確立、枠づけは、ファシリテーターが活動や参加者の中に推し進めることによって動き出す。安全に関して十分に話されているだろうか？　グループのメンバーは課題を今も理解しているだろうか？　ファシリテーターは、立ち止まって確認（チェックイン）すべきか、それとも前に進んだ方がいいのか？　ひとつ確かなことは、一度活動がスタートすると多くの介入の可能性がある。それは些細なボディランゲージ、提案、あらゆる問題に対する確認（チェックイン）、枠づけのし直し、共同で作り上げていくことへの反応、リーダーシップを向上させる励まし、**グループコール**をするなどである。

土台づくり

　11章で述べたように、土台づくりには次のような特徴がある。「今ここで」を大切にする姿勢、新しい言葉を使う、赦しと新たなスタート、説明と期待、安全と権限である。

　土台づくりが基本的に土台となるものであるのに対し、枠づけは空気のようなものであるが、双方とも活動に意味を持たせるという重要な役割も持っ

ている。この2つのアプローチは互いに補い合っている。

　ファシリテーターの指示というものは、「グループの発達の尺度」(group development scale)では端に当たる、「コントロール」になる。ここが私たちがアドベンチャーの実体験(doing)をスタートする場所になる。

　グループが実体験(doing)に向けて動いていくとき、スポッティングを教えることを通じて課題の土台づくりをするのは最もよい方法のひとつである。アドベンチャー活動では、スポッティングは全てに通じる普遍的なものである。したがってローエレメント、ハイエレメント、遠征トレーニング、あるいはクライミング器具を使わないアドベンチャーと、どれをとってもスポッティングについての理解は全ての活動の基礎となる。スポッティングは安全な活動だが、その性質上ファシリテーターが指示的になる必要がある。全ての活動の選択において中心に置かれていることからも、安全の重要性がわかるだろう。

❖トラストフォールのスポッティングのシークエンス (流れ)

　安全はとても重要で外すことはできない。安全は終わりのない課題であり、常に私たちと共にある(それは一度合格したら二度とやらなくてもいいというものではない)。安全に関する確認は計りしれないほど重要である。繰り返し行われ、そのバリエーションも紹介され、リーダーシップの役割についても共有される。「スポッターの視点」は教えるべき優れた概念であり、多くの活動で求められているものである。注意点としては、滑る床や切り株、注意を払わない参加者などがあげられる。

　スポッティングはアドベンチャー活動全体の基本となる重要な事柄である。**トラストフォール**とスポッティングのトレーニングを始めるに当たり、ファシリテーターはこれらの活動の重要性をグループに説明する必要がある。「まず**トラストフォール**とスポッティングをしっかり身につけておかなければ、ローエレメントやハイエレメントをすることはできない」などだ。

　トラストフォールを順序立てて行うことにより、グループに徐々に信頼関係が生まれる。信頼関係がしっかりでき上がれば生徒たちの活動に対する意欲も高まり、さらに親密な人間関係を築くことができる。スポッティングという考え方を取り入れながら**トラストフォール**を行うと、グループの中に頼りがいのある人間関係ができてくる。そうすると生徒たちは心理的にも肉体的にも仲間に守られているという安心感を持つことができる。

以下に紹介するステップは、必ずしも全てのグループに共通というわけではない。しかし段階を踏んで徐々に活動を進めるという考え方は大切である。カウンセリングに重点を置く活動では特に注意をしなくてはならない。どのようにこれを組み立てるかはファシリテーターが判断して決定する。

ステップ **1**：今ここにいること（Be Here）の活動

（アイスブレーカー：知り合う）

　　　ウォームアップとストレッチ
　　　エブリバディアップ（2人組のバリエーション）
　　　ザ・クロック
　　　アド・オン・タグ
　　　ムーンボール
　　　ウィズ・バン
　　　トゥーミニッツティーチング
　　　指フェンシング

　ここにあげた活動はグループをリラックスさせ、初対面のメンバー同士が打ち解け合うきっかけを与える。この段階では、例えば手を握らなければできないような活動はそれが簡単なものでもまだ早すぎる。メンバーはまだ警戒心が強く、気遅れしたり逆につっ張ったりするからである。したがってゲーム的要素を取り入れ、あまりお互いを意識しないで身体を接触させることができる活動を選んだ方がよい。

（ディ・インヒビタイザー）

　　　サムライ
　　　叫ぶ
　　　インチウォーム
　　　ルックダウン・ルックアップ
　　　ラップゲーム、サークルシット

　これらの活動はグループの余分な抑制を取り除き、いつもと違って自分を

率直に表現する行動を引き出す効果がある。例えば森の中で道に迷ったと想定して大声で叫ぶゲームをやってみる。輪の真ん中に立つか、輪に並んで座ってやってみるのかを尋ねてみるのもよい。できるだけ大声で助けを求めなければならない。ディブリーフィングでは抑制とは何かを話し合い、なぜグループの前で自分を出すのが難しいのかを話す。これは**サムライ**で「斬られる」ときも、同じことが言える。メンバーはできるだけリアルに大声（悲鳴やわめき声でもよい）を出さなければならない。

ステップ**2**：安全であること（Be Safe）
（信頼の始まりとスポッティングの活動）

> **2人組ミラーリング**
> **グループミラーリング**
> **トラストウォークからヒューマンカメラ**
> **ヤートサークル**
> **トラストリーン (2人)**
> **柳に風**
> **ラビテーション**
> **ガントレット**
> **トラストラン**
> **トラストフォール (高いところから)**

次にあげるのは、ペンシルベニア州イーストストラウンズバーグの「ストーニー・アクレス・アウトドアセンター」が使っている練習過程である。

1. スポッティングの概念とその意味について説明する。
2. 足の位置、腕、手、目（焦点）など、スポッティングの基本的姿勢の見本を見せる。
3. **2人組トラストフォール**、**3人組トラストフォール**、**トラストサークル**、**2列になったトラストフォール (スポッターは膝立ち)** という具合に、徐々に難度を上げていく。
4. 適切なスポッティングが信頼関係につながることをしっかり伝える。
5. スポッティングとアシスト（補助をする）、ヘルプ（手伝う）ということの違いを説明する。

6. 優れたスポッターが高く評価される雰囲気を作る。受け止めるときの失敗を軽く見て、からかったり冗談でごまかしたりすることが絶対にないように気をつける。
7. スポッターを注意深く観察して、適切なテクニックをしっかり教える。
8. 全員が十分なスポッティングの練習をできるように順番に入れ替わる（大柄なメンバーがいつもスポッティングの中心にいるようなことがないように注意する）。
9. どの活動でも最低2人のスポッターが必要である。活動の人数、難度、参加者の体重や疲労度などを考えて活動に必要なスポッターの数を決める。必要だと思ったら迷わずスポッターの数を増やす。しかしスポッターの数が多すぎると、一人ひとりがあまり責任を感じないため、積極的に動かなくなり、かえって危険である。適切な数のスポッターを揃え、一人ひとりが重要な役割を担っていることを伝える。もし活動に入ってから人数が多すぎるとわかったら、交代でスポッティングさせる。
10. 基本的にスポッティングは活動中のメンバーの安全を守るために行うものであるが、ロープスコースのデザインやイニシアティブの方法、地形などが活動によって異なるので、スポッティングのテクニックも微妙に変わってくる。このようなテクニックの違いをあらかじめはっきり説明しておく。
11. 仲間のケガをなくすまたは最小限にするため、スポッターは危険が潜在する状況に自分の身をさらす覚悟が必要である（私たちはここに、スポッティングは痛みを分散させるということを付け加える）。
12. スポッターは自分だけでスポッティングをやり遂げようとしてはならない。他のスポッターと協力すれば、より安全かつ効果的にスポッティングができる。

スポッティングの基本は次の通りである。

- スタンス：バランスよく立ち、膝が固くならないようにする。手はいつでも受け止められるように構えておく。
- 姿勢：活動によって異なる。
- 活動中のメンバーとの距離：活動によって異なる。
- 目：常に活動中のメンバーを見ている。
- 受け止め方：相手の体が動く方向に自分も動いて、衝撃をできるだけやわらげる。

ローエレメントが使用できる状況で、グループが必要なトレーニングを受けているなら、次の活動へ移る。必要なら同じ活動を繰り返しやってみる。適切なスポッティングをすることは、フルバリューコントラクトを実践したことになることをグループによく伝える。

　ここに紹介した**トラストフォール**とスポッティングのトレーニング方法は、あくまで基本的な点を説明したにすぎない。実際の活動に当たっては、他のテキストやPAの講習会で説明されているそれぞれの活動の詳しいスポッティング方法に従うこと。

❖ 活動のリーダーシップ
　実体験（doing）の最中にあるときは、常に用心し続けなければならない。参加者が課題解決をしていて、ファシリテーターがあまりすることがないようなときでも（グループが自分たちの作業をしているとき）、ファシリテーターのリーダーシップの役割には、重要な局面が続いている。ファシリテーターは、「今」に集中し、何が起こっているかを聞き、見ていなくてはならない。またグループと個人に関してプログラムの中で、アセスメントを行い、以下の質問を心に留めておく。

- グループに著しい変化が起こったとすれば、それは何なのか。
- この活動の目標をアセスメントし直すべきか。
- グループのレディネスをアセスメントし直さなくてはならないことが起こっているか。
- グループや個人の感情に変化はないか。
- 対処が必要な、予想外の行動はあるか。
- 活動に対して、注目すべき反抗的態度のサインはあるか。
- 天候は悪い方向へ変化していないか。その他の身体的な問題はないか。
- グループは次の発達段階へと進んでいるか。

　ファシリテーターはどんなときでも、必要に応じて介入できる準備をしておかなくてはならない。「安全」は実体験（doing）の領域の中だけで考えられるものではない。ファシリテーターは、ルール、指針（ガイドライン）、環境への影響、周辺への気づきなどの観点を持って活動をリードする方法を考

える必要がある。そしてブリーフィングで提示した基本のルールが守られ、維持し続けられるようにしなくてはならない。これは必要であれば活動を中断して途中で問いかけをしたり、一貫した言行を保つことでできる。

ルールを繰り返す必要があるかもしれない。活動の最中にルールを変えなくてはならないときは、その変更に関して参加者と明確にコミュニケーションを取ることが重要である。もしルールに反することがあったときは、グループがそれを認識しなければならない。たとえ彼らがプロセスの中で見落としていたとしても。もちろん、GRABBSSの例外もある。たとえそれが真に偽りやごまかしのない純粋な成功ではなくても、成功体験が必要なグループもある。

しかし成功はさまざまな形でやってくる。**クモの巣くぐり**の穴に触れずに通り抜けるということだけが成功ではない。ルールが守られていないとき、ファシリテーターは実際に起きたことを参加者に話すことによって、彼らが関わった見せかけや偽りに対して真剣に取り組むように手助けすることができる。

活動のルールは実社会の体験に最も類似していることのひとつである。しっかりとルールを守るかそうでないかは私たちが常日頃、世界をどう扱っているかということと直接関係している。その関連から私たちはフルバリューの「正直に（Be Honest）」について受け入れることができるのだ。私たちは皆、正直さが和らげるものについて知っている。たとえそれが痛みを伴うとしても。「リビングルームの象」は正直さとは何であるかを明らかにしている。グループに正直さを徹底しないファシリテーターは危険である。事実に基づいていない成功が規範になると、闇の世界に導かれる。

実体験（doing）のプロセスにおいて継続的に注意する点は、他のグループや公衆への気づき、騒音、プライバシーの重要性、個人の秘密の保護、障害への対応、あるいは行動変容、そして身体的環境に対する影響（動植物、トイレ休憩、食事、衣服、天候など）である。それらは一般的に、GRABBSSに関連して情報が集められている。グループを維持していくには、継続的な注意と調整が必要である。

>>**枠づけ（フレーミング）すること**

一度、行動が起き出したら、「枠づけ（フレーミング）」や意味づけは「オン・ザ・ラン（そこに動いているもの）」から作られなければならない。ブリーフィ

ングの章で紹介された枠づけ（フレーミング）の全ての要素は、グループが動いている「行動の段階」に引き継がれていく。

>>行動の中のフルバリュー

活動の波が高まってくると、グループの価値に焦点が当てられていく。グループは活動中、どのようにしてその価値に忠実であり続けられるだろうか？　調整、定義づけ、そして最も重要なのが、参加者の行動・態度の価値についての確認（チェックイン）とそれを有効なものにしていくことだ。

13章では、フルバリューの意味と解釈について探求していく。この探求は活動の最中でも続けられている。実際に活動の最中には、グループが求めた規範と行動の調整が一番よく現れる。ここが最も学びが起きるところである。機能しているグループかどうかの指標はそのグループのセルフアセスメントの能力だ。まさに活動の最中にそうしたアセスメントが行われているときは、「オン・ザ・ラン（進行していること）」の質問をすることで、グループの重要な反応を引き出すことができるだろう。そうすることでグループが自ら起こっている問題を語ることができるかもしれない。

カウンセリングを受けている中学生のグループが、**ブラインドスクエア**をしていて行き詰まっていた。ローレインが目隠しを取ったままでジャバーを困らせていて、彼らはうまくいっていない。ウィリアムが「出来栄えはどう？」と叫んだ。重要な瞬間だと感じたカウンセラーは、参加者全員に目隠しを取らせた。彼女は誰かウィリアムの質問に答えたかと尋ねた。カルロスは「今ここに（Be Here）っていうのは、そこに参加して、ゲームをすることでしょ？あれじゃやったことにはならない。ランチが食べられるように僕はこれを解決したい。午前中ずっとぐうたらしてないでさ」と言う。

カウンセラーが、続ける準備ができたかどうか尋ねるまでグループの話し合いは続く。この時点で、ファシリテーターが考えられる他の選択肢としては、

- もしローレインが目隠しをしていられないのなら、彼女に四角形が正しくできているかを見させる。
- 彼女は目隠しをしないでロープを握る代わりに、しゃべったり、動いたりできないようにする。
- 彼女に「グループプロセス」の記録を取らせる。

> これらの選択の一つひとつは、正直さ、前に進むこと、目標設定というフルバリューの要素に基づいて用いることができる。

　ファシリテーターはたとえ活動が中断し、グループをプログラムの規範に引き戻すことになっても、グループを支援するために踏み込んでいかなくてはならないかもしれない。ファシリテーターはもともとの規範が守られているかどうかをグループに尋ねる必要があるかもしれない。そうすればグループは今何が起こっていて、本当に必要なことは何なのかを確認することができる。

　対立の解消――常にグループワークにとって潜在的に必要なもの――は、フルバリューのブリーフィングや活動から派生したものだ。対立についての準備をしなければならない。一度対立が起こるとブリーフィングをすることはないだろう。グループは実体験（doing）に深く入っていくからである。アドベンチャー活動はこのようにうまく扱える方法で対立を引き出す。しかし参加者に土台となる価値がないまま対立に入り込んでしまったら、ファシリテーターがグループの中で争っている人たちを引き離し価値を作ってから、再び対立に戻るということをしない限り（これは興奮している中では難しい）、参加者は対立に対して無防備になってしまう。

　壊れていないグループでの対立の解消は、グループが「コントロール―エンパワーメント尺度」のどこにいるかということを理解するプロセスである。そしてグループができるだけ多くの対立を自ら解決するように手渡していく。これは活動のタイプや活動から引き起こされる行動によるところが大きいので、ファシリテーターはグループ全体の進行状況ではなく「今ここで」の彼らの決定の土台に注意を払わなくてはならない。よりしっかりとしたグループは、エンパワーメントの方へ進んでいき、対立に関わることができる。それまで心の触れ合いがなく、張り合っている個人やグループの間の対立の解消には、フォーミングやストーミングを経験してきているグループとは異なった戦略が要求される。しかし手法に変わりはない。第一に、活動する人は共通言語に同意しなければならない。これは、激しい対立がある場合には不可能に聞こえる。しかしそれは必要なことなのだ！　そう彼らにはタイムアウト（休憩）とクールダウン（冷却する時間）、中立的な場、活動する度合いの調整などが必要となる。しかし両者がお互いの言い分さえわかっていないときは進展のチャンスはない。そんなとき規範は大切な役割を果たす。そこ

では身体全体をなぞったものや何かのシンボルの中に成長を促す行動を詰め込む。グループの行動的な規範を見るための「どう見え、どう聞こえ、どう感じるか」という視点が、最初に作られる鍵であり、その次にそれがフルバリューにつながっていく。

　親しさ（親愛である必要はない）はもめごとでできた壁を下げる手助けをする。一度に全ての問題を解決しようとすることは勧められない。親しさは徐々に増えていく方がよい。最初に何かを一緒にするという合意を得て、活動を通してゆっくりと大きな問題に取りかかっていく。ファシリテーターは全てを得ようとしないようにしなければならない。合意に達することが困難になる。最終的にグループはお互いのことを知り、好きになるかもしれないが、対立を続ける必要があるかもしれない。もちろん違法なこと、暴力に関する問題ははねのけることはできない。それは何らかの方法を使って解決されなければならず、また傷つくことのない平和的な方法であることが望ましい。

　ファシリテーターが新しい活動に入っていくとき、その日の枠組みに戻ろうとするかもしれない。彼らは観察してきたことをベースに、活動をいくつかの段階に変化させようとする。ブリーフィングの中の実体験（doing）の中にコントロールからエンパワーメントまでの選択肢がある。ファシリテーターは指示的になりたいと思うか、あるいは指示的になる必要があることもある。またはグループと共同で活動を創りたいと思うかもしれない。

❖ 比喩の扱い

　アドベンチャーのカウンセラーは、ブリーフィングで比喩を導入して、実体験（doing）の中で活用する。比喩の扱いには創造性とタイミングが必要になる。つまりここで問いかけ、あそこで介入し、つなげ、ふりかえる。これは波（ウェーブ）の動きに乗って行われる。ブリーフィングの章で比喩の可能性を紹介した。「活動の構成」は指示的な比喩、共に作る比喩と共に、心にとどめておくべき大切な手法である。

≫ 指示的な比喩

　指示的な比喩には、ファシリテーターによる明確で強い操作が必要となる。指示（方向性）が明確であるために、指示的な比喩にはパワーがある。「これがそのやり方、これがこの活動の進め方」というように。その曖昧さのない性質から指示的な比喩は、具体的な内容の中で語られる。

人の字バランスに挑戦するときが来た。ファシリテーターは、逃げ場のない、指示的な比喩（**関係性のトラバース**）が必要だと考えている。**人の字バランス**は2本のワイヤーロープで構成されている。それぞれのワイヤーロープの一方の端は木あるいはポールに数cm離して付けられ、地面からは約60cmである。そこからワイヤーロープは徐々に離れてV字を作り、その端は9〜12m先の木またはポールに取り付けられ、互いのワイヤーロープは4〜5m離れている。この活動には2人のチャレンジャーが必要である。2本のワイヤーロープが付いている木からスタートして、2人が同時に助け合いながらワイヤーロープの上をできる限り遠くまで進むチャレンジをする。この活動には最低5人のスポッターが必要である（この活動は地面でも、滑らない面に簡単に形を描くか、ロープを置いて行うこともできる）。

　ファミリーカウンセリングのセッションで、ファシリテーターは、家族のメンバーが自分たちの相互関係を見つめることを要求するときが来たと考えている。活動の導入でファシリテーターはこう明言する。「家族はとにかく関係性が大切です。この活動は皆さんにお互いの関係性を探る機会を与えてくれるでしょう。家族のメンバーとの体験を通して、目標達成のチャンスと困難さの両方を見ることができるでしょう。このワイヤーロープの上をできるだけ遠くまでいくための方法を探すことによって、目標達成の機会にしたり、その困難さを見つけてもらいます。私は皆さんのやり方が全て出尽くしたときだけ、提案をします。さあ目標は家族のパートナーとワイヤーロープの上をできる限り遠くまでいくことです。どのようにお互いを助け合えるか、どうやってコミュニケーションをとるか、皆さんに必要なものについて考えてもらいたいと思います。お互いを見て、必要であればグループの他の誰かに助けを求めることもしてもらいたいと思っています。皆さんが数回ずつトライするチャンスがあるので、家族の違うメンバーとやってみることもできます」

　この活動で、12歳の息子のブライアンは父親のホセに言っている。「僕に寄りかかって！　落ちる準備はできてるから」父親はお尻を宙に浮かし、体をL字型にして明らかに息子の方へいくのが不安な様子で離れたままである。この状態は2人が目標に行き着く前にワイヤーロープから降りるまで続く。そして話し合いが始まる。

父親・ホセ：「どうすればいいかわからないよ」

12歳の息子・ブライアン：「僕に寄りかかってって言ったのに」

母親・グレイス：「あなた（ホセ）はブライアンから身を引いていたわ」

15歳の娘・ジュリア：「ブライアン、あなた本当に、お父さんに協力を求めていたわね」

他の家族の父親・エルロッド：「ホセ、君の目には困惑が見えたよ。君は何をしたらいいか本当にわからなかったんだね」

カウンセラー：「ホセ、私はあなたにもう一度ブライアンとやってもらいたいのだけど、でもその前に、ホセ、どうしたらさっきと違うようにできるだろう？　あなたの家族はあなたになんて言っていましたか？」

ホセ：「僕は困惑していたと。それから身を引いて、協力していなかったって言ってたね」

カウンセラー：「どうしたら助けになることができる？」

ホセ：「わからない」

カウンセラー：「ホセがブライアンを助ける方法を思いつく人はいますか？」

エルロッド：「ブライアンに寄りかかって、体重を預けることもできるよ」

ホセ：「でもそうしたら彼を傷つけてしまう。僕はブライアンには大きすぎるよ」

ブライアン：「お父さんが僕を傷つけていたら言うよ」

　2人はワイヤーロープに戻る。ホセは身を引いたままである。カウンセラーは活動を中断した。「ここで何が起こっていますか？」

　ジュリア：「お父さん、ブライアンに寄りかかればいいのよ。そのままいくの。お父さん、それがあなたのやってることよ……引いてる（彼女の声はうわずっている）。あなたは私にもそうしてる。あなたは立ち去ってしまうの。私と関わろうとしない」

　グレイス：「ホセ、もっと親密になるチャンスよ。どうかブライアンに寄りかかって、もう少し体重を預けて」

　ホセは、グレイス、ジュリア、ブライアンを見ている。彼の目は赤くなっていた。彼は震えている。カウンセラーは言う。「さあ、もう一度やってみよう。ブライアンをまっすぐ見て、あなたがブライアンに寄りかかれるように手助けします。体をまっすぐにしてやれば、お尻はつき出ません。ゆっくりいきましょう。ブライアンから目を離さないで」ホセは、カウンセラーの指示通りにしてみる。父親と息子の2人は、ゆっくりと、ワイヤーロープの上の彼

らの道を以前よりずっと遠くまで進んでいく。活動が終わると、ホセとブライアンは長い間抱き合った。いつまでも消えない感動を作る家族の瞬間である。

　この比喩の構造は明らかで、「旅」と「支配的な二者関係」である。発見は、枠づけ（フレーミング）の中ではなく、実体験（doing）と解釈の中にあった。この家族は指示的な活動の守られた殻の中で、創造的な活動をすることができた。この活動はまた対立の解消にも役立つ。対立している２人がワイヤーロープに乗って、距離を伸ばしていく挑戦をしたとき、身体的活動と必要とされるコミュニケーションが行き詰まりを打開する。**人の字バランス**が方向づけられた比喩を体現しているが、その比喩を追いかけ続けるのには限界がある。全てのアドベンチャー活動において参加者の反応は欠くことができないものである。ファシリテーターは何かをする必要性を感じるかもしれない。しかしもしグループが反応しないのであれば、ファシリテーターは調整したり、共に創造したり、あるいは別の何かに進むことが必要になる。

　ファシリテーターはビレイの練習で一人ひとりにロープの持ち方を教え始める（カウンセラーがバックアップビレイヤーになる）。示した計画は、お互いに自分の家族のメンバーをビレイするというものだ。指示の後、ファシリテーターは言う。「私たちは、この活動をフルバリューの"手放して前に進む"ということに関連づけてやりたいと思います。不快なことをするように要求されるかもしれませんが、皆さんには自分自身の安全網を越えてもらいたいと思います」そして、ファシリテーターは小柄なジュリアに父親のビレイをするよう頼んだ（これはファシリテーターがバックアップに付いて行われる）。前にやった**関係性のトラバース**が家族に新しい気持ちを運び、ホセは登り始める。「私のこと本当に受け止めてくれるんだね？」彼は繰り返し尋ねる。登って渡り終えた後、ホセは降りるときのビレイをジュリアに任せなければならないということから、「手放して前に進む」ことに直面させられる。

　地面に降ろされたとき、彼は大声を上げながら文字通りそこに飛び込んでいく。ジュリアとホセは互いに抱き合い、周囲には笑顔と祝福があふれている。ファシリテーターはふりかえりで4人の家族のメンバーに、ジュリアのビレイが意味することを尋ねる。

　ジュリア：「それはお父さんがそこに参加して、いい決断をするために、私

> を信じてくれたということ」
> **ホセ**：「それは自分自身を本当に愛し、3人と共にそこにいたということ」
> **ブライアン**：「僕とつながってくれたように、お父さんはジュリアともつながっていたよ!」
> **グレイス**：「あなたは前に進んでいたし、私たちみんなと一緒に楽しんでいたわ」

　この指示的な比喩は、この家族にはつながりのなさと信頼のなさという壁を下げる必要がある、とファシリテーターがアセスメントした結果によるものだ。父親の身を娘に委ねることによって、ファシリテーターはあらゆる可能性に気づかせようとする。もちろんこれは、治療が必要な慎重に扱わなくてはならない問題の場合は置き換えることはできない。しかしこのように打開していく体験は、新たな尊敬、関わり合い、思いやりや気づかいの土台を築いていく。

＞＞共に創る比喩

　グループがエンパワーメントの方へ動き、自分たちのことや問題に気づくようになってくると、活動の中にグループ独自の意味を注ぎ込むことができるようになる。初めにも説明したように、グループが意味づけを理解し始めることによって、共に枠づけ（フレーミング）を作っていく。指示的な比喩は、いつでも使えて引き出すことができる。共に創る比喩の場合、ファシリテーターは参加者と共に境界線を越えてきている。しかしまだそのプロセスは彼らの手に渡っていない。ファシリテーターはいつも、ガイド、援護者、インタープリターとしてそこに存在している。

　共に創るということは、共に成長していくという意味を含んでいる。ここではグループはファシリテーターの同盟者である。私たちは自分たちの比喩が通じず、グループのエネルギーと創造的な力が動きだし、新しい比喩が作られていくのを見たり、グループに新鮮でダイナミックな何かをもたらすのを、数え切れないほど見てきた。

　共に創っていくために、私たちは参加者に価値を見出す必要がある。これは成長を促進するものである。なぜならどんなに難しい状況でも、クライアントがどういう人たちであっても、価値を見出すということは、他者の能力を認めるということであるからだ。ここはファシリテーターが参加者に示唆

をするためのガイドとして、活動の構成を提供する場である。ファシリテーターがグループに比喩を与える**関係のトラバース**の例と、対象的なところに位置している（「このワイヤーロープは関係性を表している。私たちがここですることは、どんなことも関係性ということに照らして見ることができる」）。ファシリテーターが、活動の構成についてコメントをしたり、質問することで、今、アドベンチャーの中にある構成について、参加者自身が考えるよう導くことができる。そうすることで、参加者はその構成を彼ら独自の比喩を見つける道筋として使うだろう。例えば、もし**トラストフォール**が、何かに向かっていくということと同時に、何かから離れるという意味を含んでいるとすれば、「離れること」と、「たどり着くこと」を指し示すことができる。ファシリテーターは、活動を教えたり、ポイントを絞った質問をしながら、自身も数々の活動の構成を体験する。これはパワフルで創造的な取り組みの土台を作る。日々の生活の構成に意味を持ち込んでいくことは、創造的なことであり、アドベンチャーの活動はそれができる。活動の中、そして活動自体が、参加者が常に向き合う問題を包含しているのである。

>>一緒に立つ

> 　ファシリテーターは、このグループには焦点を当てることが必要と見て、メンバーで輪になって、**キーストーン**を導入する。この活動では、参加者は肩と肩をくっつけるように言われ（両手を背中側に回して）、輪の中心に向かって傾く。全員が隣同士で押し合えたら、素晴らしい傾斜が完成する。ファシリテーターはグループに対して、この輪が彼らに意味することを尋ねる。
>
> 　──「一体感」「みんながメンバーの一人ひとりを見ることができる」「結束」
> 「もし誰かが一歩外に出たらどうなる?」
> 　──「みんな、崩れてしまう」
> 「私たちがグループとして前に進んでいくとき、この体験は大切?」
> 　──「うん、私は必要だと感じていたい」「私には窮屈すぎる、心地よくないな」「私は、今ここに流れているエネルギーが好き」
> 　ここでファシリテーターは尋ねる。
> 「この輪を何と名づけたい?」
> 　──「エナジーサークル」

> 「このエネルギーを何に使いたい?」
>
> この質問は、次のステップに向けての会話（カヌー旅行を達成させるために何が必要かについて）を刺激した。「エナジーサークル」は、自分たちが集まりたい、一緒にいたいときにいつでも使えるものになった。ファシリテーターは「窮屈すぎる」という体験について語る。「エナジーサークルで、どうしたらみんなが心地よくいられる？」。グループのメンバーは、輪の高さが参加者の1人の閉所恐怖症を引き起こすのを軽減できることに気づく。

>>人生のようなもの

グループは茂った下生えを切り払いながら森林地帯を進む1日のハイキングに出かけている。休憩中にファシリテーターは「旅」を持ち出す。「私たちはどんな旅をしているかな？　旅が意味するものは？」

ジェラルド：「イライラする。足が濡れてる」モニカ：「私は目的地に行きたい。そうしたら何か飲めるでしょ」ルイス：「コンパスの使い方がわかって嬉しい」ヘクター：「鹿に会えてよかった」最後にモニカが言う。「それは人生みたいなもの。外に出て、途中で起こる出来事をうまくやっていく。素敵なものにも出会う。そしてそれは大変な仕事。私はテレビゲームの前に座るんじゃなくて、そういう風にやっていくのがただ好きなの」ファシリテーターはほっとため息をついて、モニカの言うことは本当に素晴らしく、彼女はまるで自分が植えた苗のようだと思う。そしてそれが子どもたちと意味を生み出そうと試みる価値であると。

>>ジャーナル(日誌)を使って共に創る

ジャーナル（日誌）の活動は13章で詳しく説明するが、アドベンチャー活動の実体験（doing）においてジャーナルを使うのは大切なことである。活動を止めてソロの時間にするとき、ファシリテーターは、参加者がしばらくの間グループから離れ、思いや考えをまとめる手助けする。ジャーナルを書くことは、共通体験のプロセスの中で、参加者の思いや考えを集めるのを助ける。ジャーナルはミニソロ（ひとりで行う活動の短いバージョン）の産物である。ファシリテーターは「成功」や「思いやる」という言葉にどんな意味があるのかなどを尋ねることができる。あるいは参加者に「グループの中に起こっている葛藤をどう理解しているか」というような話し合いのテーマを与える

こともできる。彼らの活動は共に創るものである。ファシリテーターは思考を刺激し、参加者はそれを形にする。

> タッチサージャント（クモの糸に触れたかどうかを確認する係）
> グループは厳しい状況にぶつかっている。ファシリテーターは、**クモの巣くぐり**の解決を急がせず、生徒たちを10分間一人ひとりにさせて、困った状況になったときに何ができるかについて書くように求めた。ある答えは、「私たちは話をやめて、聞くことを始める必要がある」「もし誰かがタッチサージャントに任命されたら、失敗を繰り返さないで、その人のアドバイスを聞けるかもしれない」など。

再枠づけ（リフレーミング）と介入

❖ 再枠づけ（リフレーミング）

　再枠づけ（リフレーミング）はカウンセリングの主要なテクニックである。それは、クライアントが同じ体験を異なる視点で見るのを手助けする。再枠づけは敗北を勝利に、損失を利益に変える。物事を再枠づけする必要が出てくるときがある。それは混乱が生じていて、物事のスピードを落とさなくてはならないときで、新しい視点から課題を見ることができる。再枠づけには、グループの均衡や平穏が崩される必要があるかもしれない。グループが否定的な方向で影響し合っていたら、行動や相互作用についての新しい視点が必要だろう。例えばジャンのスージーに仕事をさせないという申し立ては、スージーがケガをするのを心配し、ジャンが気をつかっているという視点で見ることが必要かもしれない。

　活動は、ときに再枠づけされる必要がある。それは本来のポイントが失われているときである。もともとの枠づけ（フレーミング）と同じ言葉が使われるかもしれない。それは、一度言われたことは繰り返されてはならないということではない。焦点を絞ったり、広げたりする必要があるということを意味しているのかもしれない。枠づけと再枠づけは骨の折れることのように見えるかもしれないが、重要な概念を繰り返すことは大変重要である。

❖ 介入

　説明にコントロールが伴うとき、それは介入モードになっている。介入はグループが立ち止まって、自分たち自身のことや、今何をしているのかということを見る必要があるとファシリテーターが考えたときに行われる。このため、「説明」と「介入」は似通った意味を帯びている。

＞＞**介入するとき**

　ファシリテーターはグループを管理する能力に自信を持たなくてはならない。グループが自らの行動や与えられた活動を管理できるようになると信じる必要がある。そこには介入のベースを提供する行動と活動の共時性（シンクロニシティ）がある。介入は活動の選択が悪かったという意味ではない。そういう場合もあるかもしれないが、介入とは単に、グループの資源が尽きたときに必要なものということである。グループは自分たちがパワーのないところにいると思っていて、ファシリテーターの支援が必要なのだ。ファシリテーターはいつも審判を下すことに注意するべきである。常に不必要な介入をすると、グループのメンバーに対して自分たちは弱い、自分たちの行動を自ら管理できないというメッセージを送ってしまう。一方で、介入するタイミングを長く待ちすぎたら、グループはあまりに多くの混沌（カオス）を体験し、否定的な印象を受けるかもしれない。例えばアドベンチャーグループでまだボートの漕ぎ方を教えている途中で、課題解決活動として、参加者を遥か遠くに行かせる。グループは完全に挫折し、怯えてしまう。この後に彼らの注意や自信を取り戻すのは非常に困難である。

> 　介入するか、介入しないかの判断には、ファシリテーターのグループを知る能力、グループのニーズに応える能力が関係してくる。例えば、**クモの巣くぐり**をしているグループは、極度に困難な時間を過ごしている。これはピンチポイントだ！　そして、ピンチポイントはクランチポイント＊に変わるかもしれない。しかし、ファシリテーターは介入ではなく違う方略を選ぶかもしれない。ここにいる参加者が**大脱走**（グループの全員が越えなくてはならない3.6mの壁）で成功していることから、ファシリテーターは、たとえ彼らがクランチポイントに陥ったとしても、その状況を解決し、対立を扱う能力を持っているという自信がある。介入の判断は、経験、力量、グループを信じる力が合わさった、ファシリテーターの観察力の産物である。

＊ピンチポイントは規模の小さい不一致やグループの問題。クランチポイントは ピンチを避けて通ってきた結果である。教訓：目の前のピンチに対処しておけば、クランチポイントはそんなに多くは生まれてこないだろう。ピンチポイント──クランチポイントはジョハリの窓、交流分析の概略図が元になっている。

>>介入の方法

● 一歩踏み込み、説明をする

あるグループは、コンパスアクティビティである **The Silver Dollar game** を習得することができない。ファシリテーターは教室から野外の活動へ移すことにしたのだが、グループは機能していない。ファシリテーターはグループに入って、野外でいま必要なスキルを復習する必要があり、そこでグループのペースを一度整える。グループはまだ活動に挑戦しているが、彼らを成功に導くための説明がなされる。

● より適切な活動を代用する

グループは、**テンショントラバース**のスポッティングをしている間、ばか騒ぎをしている。ファシリテーターは活動を中止して、参加者に新しい活動を始めさせる。「誰か足を骨折しているふりをしてください。皆さんは担架を作ってケガをしている人を安全な場所へ避難させます」。ファシリテーターはケガをした人の扱い方と担架の作り方を教える。参加者はケガをした人を遠くに運び出さなければならない。グループの強度と必要性によって、ファシリテーターがグループの中で最も体重の重い人をケガ人にするかどうかを決める。もし十分な時間がなくても、この活動は次のセッションでも使うことができる。ファシリテーターは必要に応じて指示的になり、指示と自発性を組み合わせるべきである。最も重要な点は、救急法の練習とスポッティングの真剣さを結びつけることである。

● 活動を修正する

遅くなってもまだ、グループは**クモの巣くぐり**の課題解決ができていない。フラストレーションが高まっている。ファシリテーターは「一時停止（タイムアウト）」を宣言する。ファシリテーターは参加者にルールを変えてこの課題

を解決したいかどうか、あるいは後で戻ってきてもう一度やるかどうかを決めるように言う。または「動きを固める（フリーズさせる）」こともできる。グループのメンバーはその場で、今の形のまま固まる。そこでお互いの声を聴くこと、出てきたアイデアを見直すことが求められる。

　この方法だと、参加者による決定を多く扱うことができる。もしファシリテーターが、介入までにもっと時間をかけていたら、このグループは何の決定もできない。この意思決定の時間は彼らがしている間違い、あるいは的が外れているということをほのめかすためにも使われる*（アン・スモーロウによる）。

*アン・スモーロウ (Smolowe, A.)：長年にわたるPAスタッフであり、理事会のメンバー。このテクニックを開発した。

● グループに再び焦点を当てる

　グループは地域サービスのプロジェクトを行っていて、砂丘の再生を助けるために砂浜の裏の砂丘にクリスマスツリーを置いている（砂は枝に襲いかかる。数ヶ月の内に、1.8mの高さの新しい砂丘が作り出される）。グループのメンバーは木を見つけ集めるために連絡を取り合っていた。みんなが浜の外へ木を引っ張り出している間に、数人の参加者はタバコを吸って仕事をサボるために、そこからこっそり抜け出している。ファシリテーターはグループの全員を呼び集め、この活動の意味について話し、活動の準備をした人たちを書き出す。そして彼女は活動を続けさせる。悪いリーダーシップになりそうな体験を、もっと肯定的なものに変えるために、指示と介入を組み合わせる（「それはそうと、何のために私たちはここにいるの?」「私たちのグループメンバーの仕事の価値を下げないようにしよう」）。この種の介入は、グループ自身ではそれができないときにのみ必要となる。ファシリテーターは、彼ら自身で誤りを正せるかどうか見て、待つ必要がある。介入はグループが正しい方向に向かう能力がない場合や、許されない方向に向かっている場合に行われる。

● 確認（チェックイン）

　キーパンチでは多くの混乱が生じる。参加者は集中できず、タイムもよくなるどころかどんどん悪くなっている。ファシリテーターはいくつかの質問

をグループにすることで、参加者が課題に戻ってくることができそうだ、と感じる。しかしファシリテーターが活動を止める前に、ラティーシャが言う。「みんな、輪になって。今起こっていることをはっきりさせようよ」グループのメンバーはこの課題を見つめ直し、再び取り組み始める。ファシリテーターは何も言う必要がない。

● グループコール（Call Group）

ケンは参加しないと言ってきかない。彼はそんなに遠い所でうろうろしている訳ではない。しかし彼は明らかに**モホークウォーク**には参加していなかった。彼は棒切れを持っていて木をたたいていた。他の参加者はそのことにイライラさせられたが、彼らは彼らの活動の中の問題に向き合わなければならない。彼らはケンを連れ戻そうとしたがその甲斐はなかった。ファシリテーターはグループを集めて、ケンとの問題が解決するまでは何もやらないと強く主張する。ケンが輪の中に戻ってくるのをグループが待つ間、重い沈黙が続く。この状況はジャーメーンが苛立ちながら言い出すまで数分続く。「ねえ、ケン、君は何かしなくちゃいけないんだよ。ただそこでぶらぶらして時間を過ごすことはできない。僕たちについて来なくちゃいけない」

デシジョンツリー（The Decision Tree、選択のための樹形図）を使った「実体験（doing）」の例

これまでに話してきた「実体験（doing）」の概念を強調するために、これからさまざまなアドベンチャーグループを詳細に検討していく。前に紹介した活動の流れ（シークエンス）のプロセス（デシジョンツリー、選択のための樹形図）を例に示して説明する。活動の流れ（シークエンス）を学ぶことは、活動の流れの中で、アセスメントから実際のリーダーシップ（指導）へと向かっていくことを助ける。それは私たちにプロセスの相互関係的な流れを観察する機会を与える。

❖ **活動のシークエンス1**
グループ：オルタナティブスクール（高校）の生徒。男女のグループ

ステップ 1：何を観察したか？（GRABBSS アセスメント）

目標（Goals）：自発性がない。場の中で失敗する感覚
レディネス（Readiness）：理解力がある。スポティングの技術は最小限
感情（Affect）：無気力
行動・態度（Behavior）：受け身的な行動
身体（Body）：身体的に可能。家族による身体的な虐待の痕跡
背景（Setting）：学校の体育館と校庭
白人が多数を占めるコミュニティ ── ポルトガル人、イタリア人、アングロサクソン系白人、カトリックとプロテスタント。混合した社会経済的背景（両親は工業技術・漁業・サービス業に従事している）

グループの発達段階：

```
1 2 3 4 5 6 7 8 9 10
コントロール        エンパワーメント
```

ステップ 2：グループに何を学んで欲しいのか？（フルバリュー行動）

今ここに（Be Here）：今、現在、参加、つながり、楽しむ
　　焦点：参加、楽しむ
安全に（Be Safe）：注意と責任、コミットメント、境界、関係
　　焦点：コミットメントと境界
目標に向かう（Commit to Goals）：自己確認、自発性、助けを求める、評価
　　焦点：自発性
正直に（Be Honest）：アセスメント、フィードバックと励まし
　　焦点：このシークエンスでは、なし
手放して前に進む（Let Go and Move On）：挑戦とリスク、受容と赦し、転移と変化
　　焦点：挑戦とリスク
自分も他者も大切にする（Care for self and others）：バランス、自分を大切にする、より大きなコミュニティに貢献する、大いなるもの
　　焦点：このシークエンスでは、なし

ステップ3：適切な活動は何か？（フルバリューを考慮した活動の選択）

今ここに（Be Here）：スピードスナップ&ホイッスル、クロス・ザ・ライン、エルボータグ

安全に（Be Safe）：クイックノームス、フルバリュースピードラビット

目標に向かう（Commit to Goals）：キーパンチ、みんなのっかれ、グループジャグリング

正直に（Be Honest）：このシークエンスでは、なし

手放して前に進む（Let Go and Move On）：新しい葉

自分も他者も大切にする（Care for self and others）：このシークエンスでは、なし

ステップ4：これらの活動に含まれた意味は？（比喩的な活動の構成）

輪になる：スピードスナップ&ホイッスル、グループジャグリング
手放す・倒れる：新しい葉
バランス：みんなのっかれ
不安定：
個別化：クロス・ザ・ライン
奪う・取り上げる：
分散：エルボータグ
交差する：
旅：
グループを作る：みんなのっかれ、グループジャグリング、クロス・ザ・ライン、クイックノームス、フルバリュースピードラビット
クライミング：
建設する：
プロジェクトを実行する：
競争：キーパンチ
解決：キーパンチ、グループジャグリング

ステップ5：活動にどんな意味を持たせたいか？
（フルバリュー行動との関連と比喩的な物語の構成／枠づけ）

輪になる：スピードスナップ&ホイッスル── 集中、平等、1つのこ

第12章❖実体験（doing） 349

とに焦点を当てる、できるということ、楽しい課題。

グループジャグリング：課題解決により強く焦点を当てることで、輪が再び公平、平等さをもたらす。私たちが安全に活動をしてもらいたいと思っているため、グループに実行をしてもらいたい安全に関する言葉を各ボールに込めてもらう。グループは、ボールが地面に触れないように投げて移動させる。それは「動作の中に安全を表す……安全を世界にまで広げること」になる。**グループジャグリング**は安全なジャグリングになる。

解放：「新しい行動に対してリスクを負うこと」は、**新しい葉**（生徒たちは毛布の上に立って、誰も落ちることなく毛布を表から裏にひっくり返す）で使える比喩である。

バランス：この活動は「バランス」が持つ生き抜く力と前に進む力の意味づけをすることができる。**みんなのっかれ**の活動に没頭することで、メンバーは互いに助け合って生きていることを確信する。

個別化：**クロス・ザ・ライン**では、生徒たちは自分自身を表現するユニークな歩き方を考える。一人ひとりがグループの中を流れていきながら、グループのメンバーが互いにつながったとき、さまざまな歩き方が生まれる。この活動はグルーピングの意味づけの力を利用している。

散在：**エルボータグ**では、散る、集まるという快活な体験をする。

グルーピング（グループを作る）：**クロス・ザ・ライン**、**みんなのっかれ**、**キーパンチ**、**グループジャグリング**はどれも、「グループを作る」という構成の中で行われ、生徒たちはその中で数の力を見出す（これらの活動はグループを作らないとできない）。全員が参加しなくてはならないので非常に強い相互関係が生まれる。共に創造するための優れた場となり、ファシリテーターとグループが一緒になって意味を生み出す機会を与える。規範あるいは価値観は、グループのメンバーの相互関係のためにあるものなので、グループの規範は、グルーピングのカテゴリーに入る。

競争：**キーパンチ**は時間との競争である。これは内なる（自分たち自身の）競争で、グループは目標を達成するために時計と戦う。ここでは、グルーピングと競争は、強力なものを作るために一緒に持ち込まれる。「私たちがグループとして成功できるように、バラ

バラになっている私たちの人生をまとめるのに何が必要ですか?」と言うことが、意味深い比喩になるかもしれない。特に「正直に」を表現するには、「学校の単位を取るためにどんな流れが必要ですか?」という質問になるかもしれない。

ステップ **6**：適切な活動の流れは？（アセスメントの活動、活動の流れ（シークエンス））

スピードスナップ＆ホイッスル、エルボータグ、クロス・ザ・ライン、新しい葉、みんなのっかれ、クイックノームス、グループジャグリング、フルバリュースピード、ラビットキーパンチ

　ファシリテーターは**スピードスナップ＆ホイッスル**をするためにグループを輪の形にしている。何回か口笛の練習をし、グループに「口笛をやってみせてくれる?」と誘う。参加者はいろいろな口笛の吹き方を楽しんでいる。そして彼は言う。「風がなくて、船がただ海上で止まっているとき、船乗りは風上に向かって口笛を吹くよね。私たちのグループの船がエネルギーを得られるように、風上に向かって口笛を吹いてみよう。次々に口笛を吹いていってみよう。ところで、"シークエンス"って誰か定義できる?」。ある生徒が言う――「順番」。短い話し合いの後、参加者の準備が整う。彼らが一度口笛を回し、ファシリテーターが結果をストップウォッチで計った後、「どれくらい速く口笛を回せるだろう?」と言う。口笛を吹き始め6回のトライを行う。みんなが最後のトライに歓声をあげる。ファシリテーターは遊び心に満ちていて、枠づけにはファンタジーと比喩が混ざっている。実際には口笛自体がグループを前に進めるようなことができるわけではない。しかし楽しさと笑いがその役割の多くを担っている。ここに活動の意味がある。しかし、そのことについて責任を取らなくてはならないという意味ではない。ルールは明確である。そしてファシリテーターはキーワード（「シークエンス（連続する）」）の定義を求め、それはその後の活動で使われることになる。「輪になること」で求められる目標（集中と平等）が達成される。

　フルバリューに6つの行動があることを理解した後に、ファシリテーターはこのセッションでその内の3つに焦点を当てようと決める。彼は**フルバリュースピードラビット**を使うことにした。**スピードラビット**にフルバリュー

行動を加えることで、グループが単純なゲームを越えて、彼が選んだ核となるフルバリューの言葉とつながりを持たせることに賭けた。象を形づくるのと同じように、輪にいる 3 人で「今ここに (Be Here)」が作られる。ファシリテーターは「今ここに」を相撲の力士のように表現する。しゃがんで、ひじを外側に出して手を握り締め、うめいている。力士の両端の人たちは、彼のひじにしがみつき、彼がバランスを崩すように企てる。このセッションでファシリテーターが強調したい 3 つの価値は、「今ここに」「安全に」「目標に向かう」である。これらの価値と「動物」を混ぜ合わせて、グループは**フルバリューコミットメント**を学ぶ。ファシリテーターはこのゲームの終わりに、これらの価値の意味について簡単な話し合いを持って彼らの記憶を確認する。そしてこれからやる活動においても、これらの価値を守る同意をすることをグループに求める。オルタナティブスクールの生徒のグループは、今、**キーパンチ**の活動に移ろうとしている。ファシリテーターは枠づけをこのように示している。

　「皆さんは自分で決定をする必要があります。皆さんは、次に学校に行くとき何をすればいいかについてのさまざまなアイデアを持っています。でもどこから始めていいかわからない。アイデアは地面のどこかに転がっています。皆さんはこれらのアイデアをいくつかにまとめる必要があります。また鍵となる 5 つの決意を見つけ出す必要があります。予備の時間はありません。皆さんには 3 回実行するチャンスがあります。スタートはこのライン、バラバラのアイデアは向こうにあります。それらのアイデアを動かさず、触ることでまとまりにする必要があります。それらは 1 回しか触ることができず、"チャンスの境界"の中にあります。"チャンスの境界"の中には、一度に 1 人しか入ることができません。中で活動している人以外でこの境界線を越えたり触ったりすることはできません。それぞれのトライはタイムが計られ、ペナルティはペナルティグラフで集計されます。安全に関しては、草が濡れているので走るとき気をつけること、また人に向かって走り込んでいったり、ぶつかったりしないように気をつけることです。調子に乗りすぎてしまうことがあったら、活動を中止します」

　1 回目のトライの後、非常に大きな混乱が起きる。グループは計画なしに動き出す。鍵となる 5 つの決意を見つけ出すことについては誰も注意を払っていない。そして濡れた草の上で滑った人がいる。グループには数多くのペナルティと、注意を払っていなかった人たちに対する怒りがある。

ファシリテーターはグループを集めて、確認（チェックイン）の話し合いを持つ。そこで彼は質問をする。

- 課題は何か？
- ルールは何か？
- 課題の裏にある意味は何か？
- 成功するために何ができるか？
- なぜアクシデントが起きたか？
- フルバリューとは何か？　フルバリューを大切にしているか？
- よりよく進めるためにグループとして何ができるか？

　ファシリテーターはアドバイスを与えたくなるが、そうする代わりに参加者に答えを見つけさせる。グループのメンバーからはたくさんの反応がある。

- 計画の時間を取らなかった。
- 何をすべきか、わかっていなかった。
- どうしてこれをしているのか理解していない。
- 私はアイデアがあったんだけど、誰も聞いてなかった。

　誰も「安全」の問題について話さなかったので、ファシリテーターはそちらに仕向けようと決める。「君たちがコントロールできない状態になったら、私はこの活動を中止すると言ったのを覚えてる？　私たちはルールを変更する必要があるね。走らずに早く歩くだけにしよう」

　確認（チェックイン）をした後、グループは2回目のトライをする。そして、彼らはもう一度スタートすることを許された。3回目のトライの後のふりかえりまで、ファシリテーターがファシリテーションを付け足す必要はなかった。グループは首尾よくタイムを縮め、彼らがこの活動をする動機になる。しかし多くのペナルティも起こっている。5つの決意を考え出すというもう1つの課題は、「高校を卒業する」という1つしか作られなかった。グループはタイムを縮めたことには誇りを持っていた。しかしペナルティということになると、「私たちはもっとうまくできたはず」「もう一度トライできないかな？」と言う。繰り返し境界線のロープに触れてしまったジェリーとレニーを、名指しで非

> 難する。もう一度ファシリテーターはフルバリューについて尋ねる。誰からも発言がないとき、彼は名指しについて触れる。「ジェリーとレニーは一生懸命やろうとしていた？ 彼らはただ単純に失敗しただけなのか、それとも注意していなかったのだろうか？」「名指しにすることはどれほどの助けになるのだろう？」。彼は「私たちは、今日何を学んだんだろう？」という質問で締めくくる。そして、彼は言う。「私たちは、これらの価値を学校で使う機会があるでしょう。そして、次回の私たちのグループの集まりでも」

ファシリテーターが上記のシークエンスの中で使うことのできるオプションはさまざまである。

- 安全に関する介入。
- 5つの決意という比喩の面を強調する。
- 確認（チェックイン）をするかどうかを決める。
- 確認（チェックイン）では指示的になる。作戦や相互関係について提案をする。
- 時間よりも相互関係に焦点を当てる。あるいは両方に焦点を当てる。
- もとの比喩に付け加えることでグループのメンバーがファシリテーターと共に比喩を作る機会を与える。
- 個人や彼らが学校の中で戦っていることと活動を関連づける。
- 話し合いに2人組の対話を使う。
- ジャーナルから引っぱってくる。
- 4回目の挑戦をさせることによって活動を再枠づけ（リフレーミング）する。

キーパンチではルールの習得が課題の達成に不可欠である。物事が混乱し、ファシリテーターが確認（チェックイン）の時間をとるということは、今のグループの発達段階では混乱を収めることができないということである。もしグループがエンパワーメントスケール上でもっと先の方へ進んでいたとしたら、ファシリテーターからの確認（チェックイン）をせず、彼らがルールに対してもがくままにしただろう。グループはそれまでにスキルを学び、それを実行する能力を示していただろう。しかしそれはもう済んだことで、ルールを繰り返すことは大きな助けになる。参加者の注意が持続する時間、学びのスタイル、行動的な問題によってグループのメンバーの半分は、ルールや活動のポイントを理解しないだろう。ドリフト効果（不注意、あるいは忘れっぽさ）

は参加者が注意をしていないから起こるのではなくて、それにはさまざまな原因がある。
　安全に関する点には、ファシリテーターは指示的にならなければいけない。彼は、**フルバリュースピードラビット**で最初に作った行動や態度を示す。彼がグループを濡れた草の上を走らせたのは間違いかもしれない。しかし彼らの年齢や体型を考えて彼らを行かせた。それが試してみるに値する（たとえ誰かが転んだとしてもケガにはつながらないと判断する）。しかし彼は１回目のトライのアセスメントをしたとき、これはコントロールすべき問題だと判断する。

　グループが機能するために、外からの指示を必要としているのは明らかである。ファシリテーターはグループに、安全に活動を行うこと、タイムを向上させること、特別な比喩と関連させる挑戦をさせている。効果的に行う方法のひとつは、ストップウォッチ・チャレンジ——争うことなく競争を作り出す方法の導入である。この種のチャレンジで参加者は「これまでに他の人たちがこれを挑戦した、一番速いタイムは？」とよく尋ねてくる。その問いにぴったりの愉快な答えは、「この日（今日の日にちを言う）、この時間（今の時間を言う）、この学校（参加者の学校の名前を言う）において、世界記録が出ました」と言うことである。
　キーパンチが持つ指示的な比喩には、挑戦の要素（枠づけの中にある）を含んでいて、それはグループの発達段階に沿っている。これらの生徒たちがプログラムに入ってくるときには、アドベンチャーについて多くを知らないし、比喩を作ることがどう役立つかについてはもっと知らない。それでもファシリテーターは、生徒たちが抱えている人生の問題に関連づけて、初期のセッションを組み立てることによって、真剣に努力することについてのポイントを作っている。たとえふりかえりでその比喩がそれほど役立たないとしても、彼は比喩を組み立てることを選ぶ。彼はつながることと関わりについて示している。彼は主に質問することで参加者の感覚を受け取っている。これは非常に重要である。活動をうまくやるための過剰な指示は、エンパワーメントを織り込んできた布を引き裂いてしまうかもしれない。しかし裏を返してみると、グループが全く活動を進める能力がない中で、ファシリテーターが不適切な活動の選択をしてしまった、あるいはグループがそのチャレンジ中で引っ張ってもらう必要性があるという面がある。このファシリテーターは３つのフルバリューが大切にされているか、グループが選んだ価値に沿って

いるか、という本質的な問いで確認（チェックイン）をしている。これは課題解決のプロセスについてのふりかえりを導く。**キーパンチ**は、まさしくイニシアティブであり、グループによって解決される課題である。ファシリテーターはその課題の土台を作り、枠づけしたのだ。ファシリテーターはグループに関わり続けながら答えを導き出す。さまざまな要素を考慮し、彼らならできるという自信と共に課題を提示する。指示的に土台作り（グラウンディング）と枠づけ（フレーミング）を進め、確認（チェックイン）の質問で非指示的になることで、彼はアドベンチャーファシリテーターの創造的な姿を見せている。「そう、私はグループをコントロールしている。でも私は全ての答えを持ってはいない。そう、私は再度、土台を作ること（リグラウンド）と再枠づけ（リフレーミング）のために介入する力を持っている。でも私は身動きができないようなコントロールをしすぎてはいけないし、創造的でいるための余白があるべきだ」

ファシリテーターは、参加者に「私はそれをさせられた」というより、「私はそれをやった」と言ってもらいたいのだ。しかし創造的な段階に到達するには、グループは指示的な段階を通らなくてはならない。「コントロール―エンパワーメント」のエンパワーメントの部分はこのイニシアティブ活動の中で強められていくべきである。ファシリテーターが活動を用意、枠づけをし、問題が明らかになれば、グループは解決のために挑戦をする。彼らはわずかな力だけを与えられる。そういう意味で、イニシアティブ活動はファシリテーターがグループをエンパワーメントの段階へと導く第一の手段である。

失敗についてはどうだろう？　ファシリテーターはいつそれを考慮し始めることができるだろう？　これはもう1つのコントロールの質問である。グループは**キーパンチ**の中で成功体験をしないかもしれない。しかし失敗は成功のプロセスの一部なのだ。成功することだけがアドベンチャーだろうか？あるいは失敗を考慮に入れているだろうか？　これはファシリテーターにとってのバランスに関するもう1つの問いである。早々にあまりに多くの失敗を繰り返すのは、グループの希望を壊してしまう。ファシリテーターは最初に成功体験を与えなくてはならない。しかし失敗を考慮に入れておかなければ、グループに最も重要な体験は与えられず、失敗がないという非現実的なことが定着する。

最後にこのファシリテーターは、確認（チェックイン）でフルバリューの3つの項目について尋ねる。もしグループがフルバリューコントラクトを作っ

たなら、混沌（カオス）に対する守りの最前線は整っている。もう一度彼は質問するが、判断は下さない。判断が必要なときも、それはたいてい、質問の後にされる。下記の計画では、2家族が共に参加したカウンセリングプログラムの選択のためのデシジョンツリー（樹形図）と実体験（doing）への応用に焦点を当てる。

❖ 活動のシークエンス2

グループ：家族カウンセリンググループ2家族で9名の参加者。母親2名、父親1名、養父1名、5歳から17歳までの子ども（男女）

ステップ 1：何を観察したか？（GRABBSSアセスメント）

目標：家族関係を探求し、築く

レディネス：数人は最小限の言語スキル、その他の人は準備が整っている。すでにスポッティングの活動をしている。参加の意思がある

感情：恐れ、開放性（オープン）、投資（期待）

行動・態度：「聴く」と「聞く」の問題（父親のコントロール的な態度、息子が感情的、母親は受け身）

身体：身体的に可能

背景：社会経済的に問題を抱えている地域、働いている家族

グループの発達段階：

```
1 2 3 4 5 6 7 8 9 10
コントロール      エンパワーメント
```

ステップ 2：グループに何を学んで欲しいのか？（フルバリュー行動）

今ここに：存在すること、現在、参加、つながり、楽しむ
　焦点：楽しむ

安全に：注意と責任、契約、境界、関係
　焦点：境界

目標に向かう：自己確認、自発性、助けを求める、評価
　焦点：自発性、助けを求める

正直に：アセスメント、フィードバックと励まし
　　　焦点：フィードバック
手放して前に進む：挑戦とリスク、受け入れることと赦すこと、転移と変化
　　　焦点：挑戦とリスク、赦し
自分も他者も大切にする：バランス、自分を大切にする、より大きなコミュニティに貢献する、大いなるもの
　　　焦点：より大きなコミュニティに貢献する

ステップ3：適切な活動は何か？（フルバリューを考慮した活動の選択）
　今ここに：アイランズ・オブ・ヒーリング・サークル、雨、*FFEACH*、サークルパス
　安全に：スポッティング、ガントレット
　目標に向かう：キーパンチ、人の字バランス
　正直に：ミラーリング、感情を使ったフィードバックのトレーニング（肯定的な体験を強調して）
　手放して前に進む：クライミング
　自分も他者も大切にする：ビレイ

ステップ4：これらの活動に含まれた意味は？（比喩的な活動の構成）
　輪になる：アイランズ・オブ・ヒーリング・サークル、雨、*FFEACH*,サークルパス
　手放す・倒れる：サークルパス、人の字バランス、フィードバックトレーニング
　バランス：人の字バランス
　不安定：クライミング、ガントレット
　個別化：フィードバックトレーニング
　奪う：ミラーリング
　分散：*FFEACH*
　交差する：人の字バランス
　旅：人の字バランス、クライミング
　グループを作る：キーパンチ、スポティング、ビレイ
　クライミング：クライミング

建設する：
プロジェクトを実行する：
競争：
解決：キーパンチ

ステップ **5**：活動にどんな意味を持たせたいか？
（フルバリュー行動との関連と比喩的な物語の構成／枠づけ）

物語や比喩は、家族のダイナミクスに焦点を当てられるべきである。利用できる読みものの1つとしては絵本『かもさんおとおり』（「Make Way for Ducklings」,1965年, 福音館書店）がある。コミットメント、サポート、ギブ・アンド・テイク、共に活動する、リスクを負うことがテーマであり、そこに比喩が築かれる。

ステップ **6**：適切な活動の流れは？（活動のアセスメント、活動の流れ（シークエンス））

アイランズ・オブ・ヒーリング・サークル、雨、キーパンチ、サークルパス、ガントレット、フィードバックトレーニング、ミラーリング、スポティングスキル、人の字バランス、ビレイ、クライミング、FFEACH

　家族は時間通りにやって来て、ロープスコースの近くの広場に集まっている。ファシリテーターは絵本「かもさんおとおり」を抜粋して読む。ファシリテーターが「ジャック、カック、ラック、マック、ナック、ウァック、パック、クァック」とアヒルの名前を繰り返すと、みんなクスクス笑っている。この本の意図は明らかで、母親と父親は、子どもたちが安全にいられる場所を見つけようと懸命に活動し、地域の人たちからも助けられている。ファシリテーターはこの物語を、これからのロープスコースを使ったグループの活動、彼らが「新しい場所に飛ぶ」チャンスとつなげている。

　アイランズ・オブ・ヒーリング・サークルはセッションの度に行われてきた儀式的な活動であるが、アドベンチャー活動の日へのコミットメントを確認するために再び行われる。それは、それぞれの参加者が彼らの弱さや前のセッションで何を学んだかを話す、確認（チェックイン）として使われる。一度、確認（チェックイン）ができたら、その日とメンバーに対する同意の象徴として、一人ひとりがロープで作ったサークルの内側に一歩入る。そこでファシリテー

ターは、彼らを**雨**の活動に導いていく（サークルの中で、グループのメンバーは両手を互いの背中に置き、優しく手のひらでたたいて、雨のような音を出すことで、暴風雨のファンタジーを通り抜けていく。静かに始まるがやがてどしゃぶりになり、にわか雨に戻り、そうして「嵐」は去っていく）。ファシリテーターは「あなたの家族にとって暴風雨は何を意味しますか？」と聞いて共に比喩を作っていく。17歳のレナルドは、「僕たちの嵐もこんな風に過ぎ去ってくれればいいのに」と言う。彼の父親はそれに賛成するようにうなずく。ファシリテーターは「嵐を止めるというのは、どんな感じがしますか？」と尋ねる。「ほっとした」「幸せ」そして「落ち着いた」という感情がグループから出される。「これを価値として持つようにしてみましょう」。私たちは互いに争い合うこともできるけれど、この価値を持って何かやってみましょう。そうすれば、私たちは最終的にそのように感じることができるでしょう」。

次の**FFEACH**はジェスチャーゲームで、1人が次にあげるカテゴリーの項目を演じる。ファストフード、電化製品、漫画のヒーロー。グループは大いに笑う。「楽しさ」が強化され、雰囲気を明るくする。その後、前のセッションで導入された「スポッティングスキル」が**ミラーリング**と**ガントレット**で強化される。**ミラーリング**の枠づけは、「私たちが他者を理解する唯一の方法は、お互いのすることを近くで見ることです。ではパートナーの影になってください。これをお互いの子どもたちとやってみます」（ファシリテーターは2つの家族を混ぜる）。

ガントレットの中で比喩が生まれてくる——「驚き：いつ何が起ころうとしているのか、私たちは本当にわからない。だから、私たちはいつも警戒し、お互いを監視していなくてはならなかった」。これは親のすぎた監視と不十分な監視のバランスについての話し合いを引き出す。5週間にわたるグループ活動によって彼ら自身のフルバリューコントラクトを作り上げてきたことで、彼らは「安全」と「手放す」についての話し合いをしている。そして、「よく見ること」を取り入れ、「こそこそ詮索する」を排除する。

❖ **活動のシークエンス3**
　グループ：青少年活動施設のスタッフ

ステップ **1**：何を観察したか？（GRABBSS のアセスメント）
　目標：チームビルディングの必要
　レディネス：クライアントにとってのフルバリューを理解する。チームによるフルバリューの合意はなされていない
　感情：結果に対してオープンである
　行動・態度：スタッフの1人が遅れている。彼について意見が出ている
　身体：身体的によい状態で、若い
　背景：新しいスタッフと季節限定のスタッフが混ざっている。ロープスコースは使わず、1日限りのプログラム

　グループの発達段階：

　　　1 2 3 4 5 6 7 8 9 10
　　　コントロール　　　　エンパワーメント

　時間の制限、遅れてきたスタッフとの関係性の歴史、古くからのスタッフを失い、新しいスタッフが入ってきたことなどから、ファシリテーターはグループに対して指示的になる必要性が強くある。

ステップ **2**：グループに何を学んで欲しいのか？（フルバリュー行動）
　今ここに：存在すること、参加、つながり、楽しむ
　　　焦点：参加
　安全に：注意と責任、コミットメント、境界、関係
　　　焦点：責任、コミットメント、境界
　目標に向かう：自己確認、イニシアティブ、助けを求める、評価
　　　焦点：イニシアティブ、助けを求める、評価
　正直に：アセスメント、フィードバックと励まし
　　　焦点：フィードバック
　手放して前に進む：挑戦とリスク、受け入れること赦すこと、転移

と変化
> 焦点：受け入れることと赦すこと、転移と変化

自分も他者も大切にする：バランス、自分を大切にする、より大きなコミュニティに貢献する、大いなるもの
> 焦点：バランス

ステップ3：適切な活動は何か？（フルバリューを考慮した活動の選択）
> **今ここに**：ストレッチ系
> **安全に**：エレベーターエア、ミラーリング
> **目標に向かう**：スターゲート
> **正直に**：ヘリウムスティック
> **手放して進む**：地面でやる人の字バランス、*Fall Toward Ya*、読みもの：『響き合うリーダーシップ』、「グループからコミュニティへ」
> **自分も他者も大切にする**：ヤートロープ

ステップ4：これらの活動に含まれた意味は？（比喩的な活動の構成）
> **輪になる**：ストレッチ系、ヤートロープ
> **手放す・倒れる**：地面でやる人の字バランス、*Fall Toward Ya*
> **バランス**：
> **不安定**：ヘリウムスティック
> **個別化**：ミラーリング、読みもの：『響き合うリーダーシップ』
> **奪う**：
> **分散**：
> **交差する**：
> **旅**：エレベーターエア
> **グループを作る**：ミラーリング、ヘリウムスティック、スターゲート、エレベーターエア、読みもの：「グループからコミュニティへ」
> **クライミング**：
> **建設**：
> **プロジェクトを実行する**：
> **競争**：
> **解決**：ヘリウムスティック、スターゲート、エレベーターエア

ステップ5：活動にどんな意味を持たせたいか？

（フルバリュー行動との関連と比喩的な物語の構成／枠づけ）

難しい人たちと活動するときは、相互援助と尊重することの必要性についてグループに強く伝えていくべきである。「輪」から注目することと相互援助がもたらされる。パートナーシップは**人の字バランス**から、不安定さは**ヘリウムスティック**から生まれ、相互責任にまつわる決定を導く。

ステップ6：適切な活動の流れは？（活動のアセスメント、活動の流れ（シークエンス））

読みもの：『響き合うリーダーシップ』、ストレッチ系、**スターゲート、エレベーターエア、ヘリウムスティック**、フルバリューについての話し合い、**ミラーリング、地面でやる人の字バランス、Fall Toward Ya、ヤートロープ**、読みもの：「グループからコミュニティへ」

　このグループは、お互いが満足して働けるように古い歴史を手放す必要があるので、解放とバランスに焦点を当てる。

　メンバーの1人が欠けているこのグループは、ファシリテーターによる読み聞かせ──マックス・デプリーの『Leadership Is an Art』（『響き合うリーダーシップ』、2009年、海と月社）を聞くことから始まる。

　「重要なのは、ある目標を達成するかではない。目標を達成することだけが人生ではないからだ。私たちは、個人としても集団としても、潜在能力をフルに発揮する必要がある。これが一番大切なのだ。つねにその努力を怠ってはならない」

　ここではファシリテーターは指示的になっている。

　そして最初のアセスメントの活動である**スターゲート**が始まる。グループのメンバーは言う。「無理だよ」「私がどれだけ大きいかわかっているの？」。しかしグループがそのロープが伸縮性のあるバンジーコードであることがわかると、その課題は達成できそうな、楽しいものになる。ファシリテーターは、今いないメンバーが来たときには、もう一度この活動をするチャンスがあることをはっきり伝える。ファシリテーターは新しいメンバーや、あるいは前

からいるメンバーで、セッションの全部、または部分的に抜けていた人たちのための「入会」の場を持つことの必要性を強調する。

　次の活動は**ヘリウムスティック**（ほうきの柄、新聞紙を巻いて作った棒、フラフープ、あるいはグループのメンバーの人差し指だけで使える何か軽いものを共同で下げていく）で、これはその日で最も集中する活動になる。何度も何度もグループは課題に取り組む。だんだんと解決法が明らかになってくる。終わりに向かうひとつにまとまった決意の中で、深い相互関係が定着している。

　ファシリテーターはふりかえりで6つのフルバリュー行動が書かれた模造紙を使う。彼は今までの活動の中でそれぞれの行動がどのように使われていたかを尋ねる。このような紙を背景に置き、真のチームビルディングの活動が始まる。「今ここに」は、習慣化している遅刻や最近欠席していてまだ来ていないグループのメンバーについて話す機会になる。「安全に」は、フィードバックについての話し合いを引っ張り、「正直に」へと波及する。「もし私たちが安全だと感じなかったら、どのようにフィードバックをすることができますか?」。「目標に向かう」は、青少年活動に対する使命（ミッション）に関しての話し合いをもたらす。――ここにいるグループのメンバー全員が若い人たちの役に立つことをしている。「手放して前に進む」は、以前のスタッフが残していった慣習、そこから彼らが吸収した毒のようなものと、今なお残っているその毒性についての議論を引き出す。この時点で来ていなかったメンバーが現れる。彼はグループの成長に溶け込んでいく。ファシリテーターは、即座にグループに**スターゲート**をさせる。彼の経験から、プログラム中のGRABBSSアセスメントが彼を**ミラーリング**、**地面での人の字バランス**、**Fall Toward Ya**に導いていく。彼はグループを「手放して前に進む」に向かわせるのには、リスクを伴うことを知っている。

　ミラーリングはスポッティングへの気づきを引き出す。これは2人から4人、グループ全員へと進んでいく。ここではそれぞれのメンバーがグループに持ち込みたい「強さ」を伝えながらやる方法で行う。**人の字バランス**はパートナーとのつながりについての心を動かされる感情を引き出し、活動を行う能力が最も高くなる。**Fall Toward Ya**は、強烈で、怖さを伴うものである。それぞれのペアは、手を前に出した相手に向かって倒れ、受け止め合う。スポッティングは欠くことのできないもので、スポッターの手に倒れるまでの間にパートナーシップが生まれる。

　しばらくの間、部屋にいる。このシークエンスのふりかえりでもさまざ

なことが露わになる。グループ全員が揃う中で誰かの陰口を言うこと、他者をだしにした冗談、前のスタッフが辞めていった経緯、他の人たちを越えて昇進する人というような問題が表面化する。**Fall Toward Ya** でのリスクについても議論される。「私は安全だと感じた」「私はそこに全てを出したかった」「あなたが私を受け止めようとしていたことがわかった」。これらは自分たちのフルバリューコントラクトを肉づけする観点で行われた。前に進むことや一人ひとりがやるべき仕事をやることの重要性、ミーティングの構成についての再考、優れたスタッフになるための戦略づくり、時間を守ること、他のスタッフや生徒の手本になること、関係性と誤解を明らかにすること、プログラムディレクターに最終決定の権限があることの確認。途中、スタッフメンバーと彼のスーパーバイザーが興奮したやり取りをしている。そこには、涙と怒りがある。しかし自分たちの問題を出し、次の段階への戦略を作ることができる。平和を保てるかどうかは、また別の問題であるが、今、彼らには互いにずっと抱えてきたとても難しい問題に取り組むチャンスがある。再びその問題が持ち上がったとき、どう対処するかという戦略も残されている。

　最後は**ヤートロープ**で締めくくられた。メンバーが後ろに傾き、互いにバランスを取り合う。暖かく、平和な秋の日である。ファシリテーターは、健全なグループは血を流すことなく戦う、ということを強く伝えている「グループからコミュニティへ」を読む必要があると感じる。彼はまたグループが1日を通して表してきた心からの努力と気づかう気持ちに賛辞を述べ、彼らがしている活動、短期間（3ヶ月）のサイクルで裁判所から送られてくる青少年のプログラムに従事することは、最も困難な活動のひとつであることを伝える。

　このチームビルディングのセッションでは、力強い「今」の体験が要求される。じたばたしている時間はない。短編のエッセイを書く方が長編を書くより難しいのと同じように、この短いセッションの中では、失敗することはできない。それゆえ指示的アプローチが重要になる。もしグループが一致団結をしたスタイルを育てるなら、それはこの先でも行われなくてはならない。それは、今、個人が負っている責任と、自分たちの意図を実践し始めるためのガイドラインを作ることにかかっている。後日、ファシリテーターと共に確認（チェックイン）することが計画されているので、グループのメンバーは、1回限りの約束ではないことを知る。このセッションの成功を収めるためにも、彼らは作られた計画を実行しなくてはならない。

❖ **活動のシークエンス4**
　グループ：成人の薬物依存からの回復を目指すグループの2日間プログラム

ステップ **1**：何を観察したか？（GRABBSSアセスメント）

　　目標：個人の責任、チームワーク、スパイラルゴールの設定

　　レディネス：問題やアドベンチャーに対する理解はさまざま（新しいメンバーは5人）、集中できる時間が短い、処理（プロセス）ができる、境界線の欠乏

　　感情：信頼と感受性の問題、熱がこもっていて期待感がある、行動することと感情を出すことにオープン、孤立している

　　行動・態度：高いレジリエンス、洞察力、励ましとフィードバック；労力を注いでいること、最近起こっている小さな盗難

　　身体：外見ではわからない中毒による健康欠陥（このような人たちには注意すること！）

　　背景：プライバシー、ハイエレメント、AA（断酒の自助グループ）のミーティング、アフリカ系アメリカ人と白色人種の男女。このグループは参加者の入れ替わりはあるが、何度も会っている。このグループは数年にわたって定期的にアドベンチャー活動に参加しており、活動に大きな影響を受けている。ミーティングの始まりと終わりには全員で**ヤートロープ**をしている。フルバリューは行動の原理となっている。アドベンチャーは、ピアリーダー（お互いにリードし合う）を生む。ピアリーダーはさまざまな形で励まし合い、参加を促し合う。

　　グループの発達段階：

```
1 2 3 4 5 6 7 8 9 10
コントロール        エンパワーメント
```

ステップ **2**：グループに何を学んで欲しいのか？（フルバリュー行動）

　　今ここに：存在すること、参加、つながり、楽しむ

　　　　焦点：存在すること、参加、つながり、楽しむ

　　安全に：注意と責任、コミットメント、境界、関係

焦点：境界
　　　　目標に向かう：自己確認、自発性、助けを求める、評価
　　　　　焦点：自発性、助けを求める
　　　　正直に：アセスメント、フィードバックと励まし
　　　　　焦点：アセスメント、フィードバック
　　　　手放して前に進む：挑戦とリスク、受け入れることと赦すこと、転移と変化
　　　　　焦点：挑戦とリスク
　　　　自分も他者も大切にする：バランス、自分を大切にする、より大きなコミュニティに貢献する、大いなるもの
　　　　　焦点：バランス

ステップ**3**：適切な活動は何か？（フルバリューを考慮した活動の選択）
　　　　今ここに：アイランズ・オブ・ヒーリング・サークル、イタリアンゴルフ
　　　　安全に：フルバリュースピードラビット、トラストウォークからヒューマンカメラ
　　　　目標に向かう：スターウォーズ、ジャイアントシーソー
　　　　正直に：スターゲート
　　　　手放して前に進む：丸太わたり、おっかなびっくり（共にハイエレメント）
　　　　自分も他者も大切にする：ジャイアントシーソー

ステップ**4**：これらの活動に含まれた意味は？（比喩的な活動の構成）
　　　　輪になる：アイランズ・オブ・ヒーリング・サークル、スターゲート
　　　　手放す・倒れる：丸太わたり、おっかなびっくり（共にハイエレメント）
　　　　バランス：ジャイアントシーソー
　　　　不安定：スターウォーズ
　　　　個別化：トラストウォークからヒューマンカメラ
　　　　奪う：
　　　　分散：
　　　　解決：
　　　　交差する：丸太わたり、おっかなびっくり（共にハイエレメント）
　　　　旅：

グルーピング：*トラストウォーク*から*ヒューマンカメラ*、*フルバリュースピードラビット*
クライミング：*丸太わたり、おっかなびっくり*
建設する：
プロジェクトを実行する：
競争：*イタリアンゴルフ*

ステップ **5**：活動にどんな意味を持たせたいか？
　　　　（フルバリュー行動との関連と比喩的な物語の構成／枠づけ）

「目標を設定すること」と「手放すこと」はフィードバックとクライミングで達成できる。ゲームや共同作業、フルバリューを通してグループが育っていく。

ステップ **6**：適切な活動の流れは？（活動のアセスメント、活動の流れ（シークエンス））
スターゲート、フルバリュースピードラビット、アイランズ・オブ・ヒーリング・サークル、スターウォーズ、トラストウォークから**ヒューマンカメラ、イタリアンゴルフ、ジャイアントシーソー、ハイエレメント**（*丸太わたり、おっかなびっくり*）

　このグループは読みものといくつかのゲームで始まる。読みものは寮のメンバーの1人であるテリーが選ぶ。それは、「膝をしっかりしていれば、つまずくことはない」と「恨みは毒を飲み込むこと、誰かが死ねばいいと思うこと」である。

　ファシリテーターは**ストレッチパス**と**ウィンドミルストレッチ**から始める。その後、彼らはアセスメントの活動として**スターゲート**に進む。最初、グループのメンバーは不可能だと思ったが、その活動に取り組み、達成する。次に**フルバリュースピードラビット**をする。彼らはほとんど反抗を見せずに楽しむ。しかし「スピードラビット」の終わりに、ずっと孤立しているメンバーの1人が、盗みが続いている間はこのグループを信頼できないと断言する。これが話題となり、1時間話し続ける。そこには多くの怒りがあるが、それはその寮でずっと続いてきた緊張の解放でもある。2人のメンバーがにらみ合っている。ファシリテーターはフルバリューを掲げ、それぞれの価値に定義づけさせることで会話を進めていく。「正直」と「安全」が一番大きな関心事である。

これらの価値については、9ヶ月前に話し合われ、布に書き込み、小さな「バリューバッグ」に入れていた。これは次に、寮生によって縫われた「グループバリューバッグ」となり、全体会の度に掲げられた。グループの話し合いの中で十分なグループのコミットメントがなされたので、**アイランズ・オブ・ヒーリング・サークル**をしないことにする。素晴らしい達成感と、解決を導き出したグループのメンバーに対する称賛とともに、**スターウォーズ**が成功する。個人とグループの目標は、**トラストウォーク**と**ヒューマンカメラ**を通して作られる。これらの目標は以下のものである。──相互作用、交わる、壁を壊して仲間になる、自分自身や他者についてもっとよく知る、自分自身を細かく分析しようとしない、人と話す、他者に手を差し伸べ他者を知る、サポートし、サポートを受ける、今この瞬間に集中する、寮を信頼し、つながりを持つ、絆、自分の恐れを受け入れる、お互いの選択を尊重する、もっと自分を出して楽しむ、団結、自分を見失わない、人を笑わせる、孤立しない。

　昼食後、グループは**イタリアンゴルフ**をしながらロープスコースへ進む。それは体を動かしたり、動き回って楽しんだりするちょっとした息抜きである。次に彼らは**ジャイアントシーソー**を紹介され、このように枠づけされる。「私たちはみんなこの家の中にいます。私たちは、この家（巨大なシーソー）の真ん中から入り、バランスを保つ必要があります。人が家から出ていくときには、両端からバランスを取りながら同時に出なくてはいけません。出ていくときには、家を健全な状態に保てるようにし、次のステップの準備を考えてください」。グループは課題達成に奮闘するが、プラットフォームのバランスを保つことができない。それは寮での行動に似ていて、いっぱいいっぱいで、一貫性がなくて、自分の考えだけにとらわれている。それでも、メンバーは楽しみ、大いに笑い、そしてあまり真剣に扱いすぎないようにと決める。しかし楽しさが前面に出ることで、比喩の影響力はほとんどなく、つながっていかない。ファシリテーターは活動がなるがままにしようと決める。「レディネス」のアセスメントで、このグループが今の時点では、難しい会話を扱えないことは明らかである。グループはハイエレメントでの個人とグループのチャレンジに移る必要がある。

　仲間（ピアリーダー）によるビレイで、全員が**丸太わたり**、**おっかなびっくり**の周りにいる。3年以上このコミュニティにいるトニーは、心からの励ましを送る。ラティーシャは素晴らしい力と決断で、何回も登る。ほとんど言葉を発しない彼女も、話をする行動が現れている。これは称賛をもって記すの

であるが、重い関節炎を患っているマリーン（「価値の番人」とされている寮生）は、はしごを登りステープルに乗って、そしてゆらゆらと揺れながらビレイで降りてくる。「どんなときも、私は自分自身を今よりちょっと先へ押し出すようにしているの。私はこのコースのそれぞれのステップを、自分が回復していくプロセスの証と見ている」。キップ（たいてい口うるさいと見られている）は、教わった後、自分で登り、心から喜んでいる。

　ジョー（落下による脳の損傷があるが、寮の中で問題を起こすには十分な明晰さがある）も登る。それは午後を通して進められ、**ゴーアラウンド**がなされる。その日1日とハイエレメントに関する目標設定をふりかえる。夜の**ゴーアラウンド**のふりかえりでトニーは、涙と共に感情が出てくる。「みんなが集まる、こういう場に来るときは、僕はこんな風に深い気持ちになるんだ。家には帰りたくないな。僕は自分の感情の扱い方がわからないんだ」。これが彼が今抱えている問題で、アドベンチャーのセッションでは発揮される能力が、他の場面では発揮できない。

　3週間後、キップとジョーは問題行動（賭博と侮辱的な発言）のために、寮を去ることを要求される。その2つの問題行動は、アドベンチャープログラムの間にグループの中では収められてきたが、しかし彼らの行動は残っていた。ラティーシャは、ピアリーダーになるための仕上げの5日間のトレーニングに進んでいる。トニーは、先輩寮生のグレンと木工の仕事を始める。マリーンは不動産の勉強を順調に続けている。そして寮での次のアドベンチャーが計画されている。

読みもの、神話、ファンタジー

❖ 読みもの（リーディング）

　読みものは前述の活動のシークエンスの中にも出てくる。読みものはアドベンチャーの意味づけのプロセスの中で不可欠な部分である。ファシリテーターは読みものが参加者のトーンを掴んだり、グループが「持ち帰る」必要のあるものを捉えることができる最良の方法だと判断するかもしれない。読みものは活動の始めか終わりに読まれる。それは、「何が起きているのか」「何のために起きているのか」を表す句読点として提供される。さらに実体

験(doing)でのファシリテーターの積極的な参加が、どんな読みものが適切か、いつそれを導入するかを明らかにしてくれる。

　短くて、人を惹きつける読みものは、世界的な文学の世界や、あるいは個人の日誌にもあり、とりわけそれが身体的な活動とつながるときに認知反射の領域に浸透する。

　モダリティ(様相)を急に変えて、グループの緊張をほぐすのがねらいである。メンバーの興味をそそるように、グループの活動体験に関係のある読みものを選ぶとよい。それに人は物語を聞くのが大好きである。ギリシャ神話が語り継がれたように、語りものはコミュニケーションの有効な手段であった。さまざまなコミュニケーションの手段があふれる現代でも、今なお私たちの中にその伝統が脈々と受け継がれている。

　アウトワードバウンドでは、朝のミーティング(その日の活動について、一人ひとりの役割を確認するための話し合い)で、読みものやエピソードを使っている。所属や宗教的背景、目的に関わらず、キャンプや学校についても全く同じことがいえる。読みものは物事を引き合わせ、誰もが持つ本能を満たすことを助ける。その中でリフレクションが起き、明確になる。読みものやエピソードには、野外活動のフォークロア(民間伝承)も多く含まれている。多くの野外活動団体が自分たちの活動に合う話を小さな本に編集している。自分たちでそのような本を作ってみるのもよい。

　読みものはどのABCでも効果的である。アドベンチャーウェーブに沿ってどの段階でも使うことができる。ファシリテーターが朗読しても、メンバーが朗読してもよい。活動はグループの背景をもとに組み立てられているのでファシリテーターはグループのニーズや興味、語り手の経験を反映したダイナミックなプロセスを作るための読みものを集めるとよい。

　読みものはアドベンチャー活動を教科カリキュラムに取り入れるうえでも非常に役立つ。アドベンチャー活動と関係のある読みものであれば、実践面でも参考になるし、また活動の背景的知識を深めることもできる。グループで何か読んだらその内容や言葉について簡単な質問をしたり、文章を書かせてみる。その読みものを参考に生徒たちに何か研究をやらせてみるのも面白い。またふりかえりでも読みものを活用する。例えば生徒に10分間で感想文を書かせて、それを発表させてディスカッションのきっかけにしてみるのもよい。この章の最後に、さまざまな状況に対応できるように、いくつかの読みものを掲載している。

❖ 神話とファンタジー

　アドベンチャー活動に神話とファンタジーを取り入れてみるのもよい。例えば、イニシアティブの**クモの巣くぐり**では、いつ上からクモのシャーロットが降りてくるかわからないと想定してみる。シャーロットが出てくるまで、ある程度時間がかかることにする。それはとても人なつっこいクモだが、お腹をすかせている。通り抜けるときうっかりクモの巣に触ると、シャーロットは急いで降りてくるにちがいない。といってぐずぐずしていると、やはりお腹をすかせてシャーロットが降りてきてしまう。蠅の方が好きかもしれないがなにしろお腹をすかせている……。

　毒入りピーナッツバターの大きな穴は、古典的なファンタジーのひとつである。この想像上の大きな穴は、上からぶら下がった1本のロープの下にあって、7.5m四方の大きさがある。グループがこの穴を渡るには、ロープにぶら下がって飛び越えるしかない。ゴールは水の入ったバケツを反対側に運ぶことである。グループ全員が穴の中の「ピーナッツバター」に触れないで、反対側に渡らなければならない。もし1人でも「ピーナッツバター」に触ったり、バケツの水をこぼしたりしたら、グループ全員が最初からやり直しである。ここではバケツの水はニトログリセリンや血清に見立ててもよい。ニトロは触ったら爆発するし、血清は死にかけた象のために使える。いずれにしてもグループ全員が穴を渡らなければならないが、その理由には「敵の縄ばりの中にいては危険だから」とか「輸血には象の体をひっくり返さなければならないが、それには全員の力がいる」など、ともかくグループ全員が必要となるものを考える。ファンタジーには、日常世界からグループを引き離して、空想を刺激する効果がある。そしてファンタジーがもっともらしいほど、活動は面白くなるだろう。細かい点まで事実関係につじつまがあっていなければ、などとは考えないこと（生徒たちは細かい点など気にしていない）。そうすればスムーズにファンタジーの世界に入ることができる。たとえファンタジーをテーマとしていても、活動は現実的でなければならない。しかしファンタジーの世界ではメンバーは時間を越え、いつもの自分から解放され、全てを新しくやり直せる。そしてファンタジーには幕開けと同様、必ず幕切れがある。グループが出会ったばかりのときの「深刻さ」が消えれば、参加者たちはリラックスして、いつもの自分を取り戻して笑うことができるだろう。ファンタジーを組み立てるときは、以上のプロセスがスムーズにいくように気をつける。ファシリテーター自身のオリジナルを作るとよい。

そうでなければ、少なくともファシリテーターやメンバーが、グループの外で経験したことを何か取り入れること。それによってファンタジーはグループのニーズに合ったユニークなものになる。しかもそのファンタジーを通して、メンバーは実生活に応用できる象徴的な手法を学ぶことができるのである。「遊ぶ・活動する」ことで、ファシリテーター（やグループメンバー）はファンタジーの文脈の中で行動や態度と関わることができる。参加者がしたくないことや取り入れることができないことを「聴くこと」ができるときもある。

❖ 読みもの（サンプル）

次にいくつかの例を紹介する。PA（アメリカ）から出版されている「Gold Nuggets」[1]（Schoel, J. and Stratton, M., 1990）からいくつか取り上げる。

● ハワード・ブラックバーンの物語

難度の高い活動の前には、ハワード・ブラックバーンの物語がぴったりである（この物語は、1978年に出版されたJ.ガーランドの「Lone Voyager」に収められている[2]（Garland, J. 1978））。

> 「漁師のハワード・ブラックバーンはドーリー船（大型の手漕ぎボート）の船乗りだった。いつも大型のスクーナー（帆船の一種）からドーリー船を降ろして、仲間と一緒に乗り込み、海に漕ぎ出すのだった。ドーリー船は長さ約6mで屋根はない。この頃はまだ無線なんてなかったから、天気予報も聞けないし、仲間のボートと連絡をとることもできなかった。もちろんレーダーもないから、一度見失ったが最後、スクーナーの仲間にはドーリー船を見つけるのはほとんど不可能だ。霧笛もあるにはあったが、吹雪でもやってこようものなら、全く役に立たなくなってしまった。
> 　冬のある日のこと、恐れていたことが起きた。ハワードと相棒のトム・ウェルチは、グランド・バンクス（カナダのノバ・スコシアの沖合）で漁をしている内に、スクーナーを見失ってしまった。困ったことになった。2人にできることは、スクーナーのいそうな方向に向かってドーリー船を漕ぐことだけだった。
> 　しかしいく日経ってもスクーナーは見つからなかった。そしてトム・ウェルチは寒さと疲労でとうとう息をひきとった。このときハワードは決断を迫られていた。「俺の手は凍えきっているし、おまけに濡れている。漕ぐのをやめて手をあたためた方がいいだろうか？　それともオールを握ったまま手が

凍りついてもいいから、取りあえず岸を目指して漕ぎ続けるか？　もし漕ぐのを止めれば、その間にドーリー船はどんどん流されてしまうだろう。結局ハワードは漕ぎ続けることに決めた。そしてその2日後になんとか陸地にたどり着いたのである。何という勇気と忍耐力だろう。だが、まだ全てが終わったわけではなかった。

　ハワードは荒涼とした浜辺に掘っ立て小屋を見つけたが、そこには冬の間誰もいないことがわかった。寒さと疲労でくたくただったが、まず相棒の遺体を埋めることにした。それが終わるとまたドーリー船に乗り込み、人のいる場所を目指して岸に沿って漕ぎ始めた。そして次の入り江を回ったところで、とうとう小さな漁村を見つけることができた。彼はそこに冬の間世話になり、春になって仲間のもとに戻ることができたのである。手の指を全て失ったが命は助かった。ハワードは一人きりで大西洋の荒波を乗り切ったのである。

　ハワード・ブラックバーンは、人間が試練に立ち向かうには何が必要か教えてくれた。辛い目にあったとき、そしてもうダメだと感じたら、彼のことを思い出そう」

● **イヌイットの歌**

　次に「Never Cry Wolf」[3]（Farley Mowat, 1963）から、古いイヌイットの歌（映画にもなった有名な歌）を取り上げる。

　　　ふりかえればほんの小さなアドベンチャーだった
　　　どんなに恐ろしかったことか
　　　ちょっとしたことがまるで山のように見えた
　　　全ての生きものにとって
　　　どうしてもたどり着くしかなかった
　　　でもまだひとつだけ偉大なことが
　　　ひとつだけ残っている
　　　生きてその偉大な日を目にすること
　　　暁の光が世界を照らす日

　（PAトレーナーのボー・バセットと、教師であり冒険家であるカレン・ヘーゲマンに、この歌を教えてくれたことを感謝する）

● やりがいのある方法を探す

　アウトワードバウンドとアドベンチャー教育の先駆者であるマイケル・ストラトン（Stratton, M.A.B.）は、ウィリアム・バレット（Barrett, W.）が書いたキルケゴールの伝説をよく引用している[4]。

> 「ある午後のこと。キルケゴールは、いつものようにコペンハーゲンのフレデリクスバーグ・ガーデンのカフェに葉巻をふかしながら座っていた。相変わらずあれこれ考え込んでいる。友人の多くはビジネスや学問ですでに名を成しているというのに、自分にはまだこれといって本気で取り組むものがない……。葉巻が短くなったので、新しい葉巻を取り出す。頭の中は考えごとでいっぱいでうわのそらで火をつけた。と、そのときある考えが彼の脳裏にひらめいた。世の中の人々は、もっと楽な生活をしようと走り回っている。そろそろ誰かが立ち上がって、物事をもと通り難しくしなければならない。これこそ私のライフワークであり、運命ではないか……。そう、現代のソクラテスとして困難を追求するのだ」

（マイケルのコメント）
「これは、デンマークの生んだ偉大な哲学者キルケゴールの選択について、あるいは選択する必要性についての一節だ。このエピソードはいつも私を魅了してやまない。このときキルケゴールはいわゆる中年の危機に差しかかっていたのだろうか？　それとも産業革命のせいで、さまざまな職人芸や伝統的な価値観、それに禁欲的なライフスタイルが失われることに警鐘を鳴らしたかったのだろうか？　私は遠征のとき、よくこのエピソードを取り上げる。何か意思決定する場面に差しかかったとき、次のような意見を吐くメンバーが必ずいる。"ちぇっ！　こんなスノーシューなんか使えないよ。スノーモービルの方がずっと速いのに"や"なんでマクドナルドに行ってさっさと食べないで外で時間を使って料理しないといけないの？"。
　こんな場面こそ、家でぬくぬくしながらハリウッドのアドベンチャー映画を見る代わりに、なぜわざわざ野外に出て苦労しているのか、みんなで話し合う絶好の機会である。
　キルケゴールのエピソードに、ジョーン・シアルディ（Ciardi, J.）の次の言葉を付け加えて使うのが好きだ」

> 「人間が作ったゲームにはどれにも厳密なルールがあり、それがゲームを困難だがやりがいがあり、楽しいものにしている。難しそうなことをやってのけるところにゲームの楽しさや意義がある。試しにネットもラインもないテニスのゲームをやってみるところを想像してはどうだろう」

誰が正しいのだろうか？ ミッキーマウスは言った。「人生はラクした者の勝ちさ！」。一方、ヘレン・ケラーは言った。「人生は思いきったアドベンチャーです。または何もない人生か」

● ピークアチーブメント

次の物語はグループの目標設定でも、また実際に目標を達成するうえでも手助けになるだろう。

> 今年91歳のハルダ・クロックスさんは、はるばるカリフォルニアのロマ・リンダから日本にやってきた。富士登山に挑戦するための来日である。そして、富士山に入って3日目の明け方、ついにハルダさんは頂上を極めた。富士山頂に立った最年長の女性になったのである。ハルダさんが、この3776mの頂上を示すゲートをくぐったのは午前3時45分、ちょうど地平線からピンク色の太陽が顔をのぞかせ、風がステッキに結んだアメリカ国旗をはためかせていた。「本当に素敵です」。ハルダさんは頂上の凍てつきそうな空気の中で、ダウンジャケットに身を包んでにっこりして見せた。「ゴールに到達するのは最高の気分ですよ」[5]（Boston Globe,1987年6月24日付）

● 知恵の塊（A Nugget of Wisdom）

シュガー・レイ・ロビンソン（Robinson, S. R.）の自叙的な観察である。

> 「ピンチになったときの反応を見れば、物事に立ち向かえる人かどうかすぐわかるものだ」

● サポートしてくれる？

> 最初は、単純な答えが返せるような、単純な問いだった。「うん、私できるよ」、それから「うん、私たちできるよ」。しかし、次の日、1年後にはもう、

その答えでは物足りなくて、「喜んで」が答えになった。しかし日が経つにつれ、その答えでも物足りなくなった。「私をサポートしてくれる?」「私たちができることなら何でも」

　ロープスコースで、私たちはみんな、身も心も全部そこにあった。私は目の前で多くの特別な瞬間が起こるのを見てきた。いつまでも私の中に残り続けるだろう場面は、**バンパーポール**の上のレスリーを見ているところである。私にとって**バンパーポール**は楽しい、身体的なチャレンジというだけのものだった。ポールに登って、ジャンプして、終わり。次のエレメントへ。しかしレスリーがバンパーポールのてっぺんにいるのを見ているとき、私は期待し、全身全霊で祈った。私は自分のことより、彼女のことに、100回も1,000回も思いを注いだ。そして私が彼女に「私自身のジャンプより、あなたのジャンプが私の誇りだよ」と言ったとき、私は本気だった。

　しかし明日あなたたちと別れることを思うと（今日あなたたちが聞いたように）、私は過去に経験してきた、よく似た別れやグループのことを思い出す。私は感情の絆を保っている私の強い思いと、そして時が経ってそれがどれくらい薄れ、色あせてしまったのかを知っている。このことはいつも私を失望させる。たとえグループの他のメンバーと私自身の身体的な距離がわずかであっても、感情の距離は急激に広がり、そして越えることはできない。私はいつもこれが私の欠点だと思ってきた。私はグループの一員として感じた、感情の強さを、そのまま保つことは不可能だと考えつく。それは私があなたたちのことや、私たちが分かち合ったことを忘れるということではない。私はいつも同じように感じていることはできないということがわかったのだ。だからあなたたちの許しを得て、私はこのグループに対して、今度は違ったアプローチを試してみたいと思う。

　私たちの「手放して前に進む」についての話し合い、そして、「これがハイエレメントをする最後のチャンスになるわけではない」というカリスタのコメントは、私に違う道を指し示した。

　11人のみんなにつながる気持ちが私から失われても、物理的にできてしまう距離によって私が持っているあなたたちへの愛が消えてしまっても、と私は今言う。私の愛とサポートをあなたたちへ渡したいと。

　今、そしてこれからの人生であなたたちがそれに気づいても、気づかなくても、それは小さいけれど、とても大切な私の一部分なのだ。次の機会にあなたたちの中の誰かが、上に登り、障害を越え、あるいは飛び立ち（文字通り

あるいは、そうでなくても)、あるいは目標を立て、それに向かい、あなた達自身の窓を開けるような自己の発見をする。私の小さなかけらは、飛び跳ね、拍手して、応援し、そして巨人のように大声で叫ぶだろう。私はいつでも、私の精一杯であなたたち一人ひとりをサポートします(クレイグ・コルベックがメヌカ・リトリートセンターで書いた)。

● 私は笑っている

　ニューヨークの高校で数学コーディネーターをしているスーザン・シュワルツが **Walk Tag** の応用編(彼女がついていけるように、参加者全員がスローモーションの動きになる)で遊んだ体験をふりかえって書いた詩である。彼女はゲシュタルト・ライティング・テクニックという過去の出来事を現在時制に置き換えて思い出す手法を行っている。

　スーザンは複合的な硬化症と四肢麻痺があり、呼吸と舌のコントロールによって車椅子を動かしている。彼女はアドベンチャーチームビルディングのワークショップでの時間をふりかえっている。

私は笑っている。
私は、車椅子をコントロールできないくらい、笑っている。
私はまっすぐにテーブルに向かって進み、笑いが止まらない。
私は嬉しくて、笑っている。
私は傷つかないだろう(私の思いがここにあるから)。
私が愛するみんなと同じようにしていられる、貴重で大切なとき

● 自分の中に「それ」を置く

　「当時、パラシュートで現場に降下して消火活動に当たった経験を持っている多くの者にとっては、この作業は、自分の生活様式に密接なつながりをもつものというよりはむしろ、避けずにつき抜けていかねばならないものだった。
　そして、一度「それ」が達成できれば、二度と繰り返す必要はない。「それ」は心の奥底にあり、俗世の職業 —— さほど特別でも過酷でもないが、長年の経験を要する職業に就く前に、宇宙と自分自身に対して確立させておく必要があるものだ。"それ"は特別な行動を起こすためであるかのように人間を駆

り立てる心の奥底の何かで、大多数の人間の心に潜在しているはずのものなのだ」[6]（MacLean, 1992）『YOUNG MEN and FIRE』（『マクリーンの渓谷　若きスモークジャンパーたちの悲劇』,1997年,集英社）

　森林消防降下隊の任務は、消火装備一式と共に空中からパラシュート降下し、荒地や予測できない地形に着地して、火災の消火のために火を追い、火災をコントロールするバックファイヤーを放つことである。マクリーンの本に書かれたその年の夏のことは、モンタナ州の火事の中でも特に困難なもので、その本の背景になっている。消防士はニュージーランドやオーストラリアといった遠方から、そして合衆国の多くの州からも参加していた。

　私たちが「特別なこと」と向き合うとき、私たちの中に「それ」があるのを見て必要な作業に真剣に取り組もうとする。そこがロープスコースを人々に見せるチャンス、つまり彼らにとって必要な任務（課題）と出会うチャンスなのだ。その任務は彼らの日常の仕事の外にあるものかもしれない。あるいは彼らの心の中にあるものかもしれない。それが特別な任務の重要性である。この特別なつながりへの道のりは恐れの要因となる。それはアドベンチャー活動が生み出すもので、そこにはエレメントの高さ、見慣れない心地よくない装備、クライミングとビレイ、この文脈の中で作られる関係、そして、チャレンジとリスクというような言葉の使用などがある。「宇宙と自分自身に対して確立させる」。これはアドベンチャー教育が、私たちに実行させることである。

　ウェイン・バーガー（PA, Inc.の運営マネージャー、ロープスコース建設の管理をしている）がこんな話をする。

　　ベトナム戦争で、何度もF-16戦闘機で飛んだことがある退役軍人が、アドベンチャースキルトレーニングに来ていた。高官で、長身の黒いサングラスをかけたたくましい軍人である。グループの中の彼の存在に、緊張感を感じる人もいるかもしれない。だから、彼の初めてのビレイの体験後の反応は非常に意外であった。ビレイが終わった後、彼は身震いし、膝を震わせて、飛びついた。　私は彼に話しかける。「あなたはあらゆる軍事行動を見てきたでしょう？　なのに、どうしてあなたは、ビレイすることにそれほど激しい衝撃を受けたのですか？」彼は言った。「私は人生において、これほど人の命に

責任を負ったことはない」

　おそらくロープスコースのダイナミクスを通して、この参加者は人の相互関係の重要さと向き合い、彼自身の特別な任務とそれが彼にとって何を意味するかを垣間見たのだろう。

まとめ

　この章では、アドベンチャーウェーブにおいて活動を扱う手法について話してきた。ファシリテーターのアセスメントスキルと活動の選択のスキルが、カウンセリングスキルとファシリテーションの能力となってくる。ブリーフィングで準備したことが実を結ぶ。ここで示されたプロセスの例は、ファシリテーターの全てのスキルがどのようにして「実体験（doing）」の中で起こっているのかを説明しようと試みたものである。その中で、活動に意味づけすることが説明されている。それらは、参加者が携えていく、新しく、そして機能を増していく脚本（スクリプト）を内在化し、一般化するために不可欠なものである。

　アドベンチャー活動の成果としてよい議論が現れる。実際に流れるような自然なアドベンチャー体験を続けていくと、ふりかえりはよくひとつの活動のように扱われる。そして活動をしている中には、常にプロセシングのチャンスがある。ディブリーフィングの意図は、体験とグループの思考、感情、意図、行動の間に、つながりが作られているかを確かめることである。ここではグループの内側の体験と外側の体験が同形のものとして比較される。グループと個人の目標が試され、磨かれ、完結され、再公式化される。活動から学んだことが、グループの継続的な機能に統合され、グループが自分たちでコントロールすることと自立を増強させる。

第13章
ディブリーフィング(ふりかえり)

アドベンチャーウェーブ

ファシリテーターがディブリーフィングのスキルを高めるには、責任ある態度で対話を「引き出す」という能力を身につけていくことが必要である。

アドベンチャーウェーブの波が下降するとき、グループはディブリーフィング（ふりかえり）の段階に入る。ブリーフィング―実体験（doing）―ディブリーフィングのサイクルの最後であり、おそらくファシリテーターにとって最も難しいステージになる。それはこの段階（ステージ）では、これまでのように行動によってグループを動かせないからである。行動についてあれこれ考えるより、行動する方が簡単な場合もある。しかもメンバーにとって不愉快な問題まで話し合うので、ディブリーフィングはさらにやりにくい。この章で紹介するアイデアはさまざまなグループに適用できる。幅広いグループがABCを使っているため、ディブリーフィングの強さや開示の度合いは、グループによって異なる。ファシリテーターがディブリーフィングのスキルを高めるには、責任ある態度で対話を「引き出す」という能力を身につけていくことが必要である**[図表13>1]**。

[図表13>1]

ディブリーフィングにつなげる

　アドベンチャーウェーブはパワフルで、複雑である。そのため、ディブリーフィングは何もない状態で行われることはない。ディブリーフィングは何かから生まれるものであり、突然起こるものではないのである。ディブリーフィングはこれまでに行われた全ての事柄とつながっていて、それはグループや個人の意識に住みついている。ディブリーフィングが引き出したものから来る体験には、行動や反応が含まれている。それは目標、気づき、洞察、行動、関係性、対立、リスク、比喩、価値によって現れる。この体験を生むのはファシリテーターのアセスメント計画だ。そして、アセスメントと計画は「活動と比喩の有効性と妥当性」「ファシリテーターの可能性と感受性」「エンパワーメントを尊重し、信じること」から成っている。これらは全て引き起こされるものであり、それらに責任を負わなくてはならない。ディブリーフィングは、参加者の人生の物語とアドベンチャー体験が合わさって生み出されるものである。

　中学校の「学びのグループ」（問題行動について改善するためのABCグループ）は、**トラストフォール**で活動を一旦中止しなくてはならなかった。**トラストフォール**でチャレンジャーが後ろ向きに倒れるときに数人の参加者が腕を引っこめてしまいやり直すということが起こった。皆が笑い、表面的にはそれは冗談のように見えたが、カウンセラーは深く入っていくのによい機会だと判断した。彼女は「自分のためにそこにいると言ったのに来ない人がいたらどう思うか」をペアで話し合うように言う。ペアで話すとき、前のセッションで習った「核となる感情」を使うように言う。その後、全体に戻ってペアで話したことを報告し合った。ウィルソンとストックは、ウィルソンの父親が「いつも何か一緒にやろうとウィルソンに言うけど、まだやったことがない」ということを取り上げ、怒りについて語った。レイチェルとジャックは「恥」を選んだ。「なぜって、何か失敗したらがっかりするから」。カウンセラーは、このグループがエンパワーメントスケール上のコントロールの端にいるとわかり、肩と肩を寄せ合った輪を作り、質問をし、関連づけを助け続けることが必要だと考えた。彼女は「どうしたらがっかりすることなく、同時にフルバリューに沿って、**トラストフォール**をすることができるかな？」と尋ねる。子どもたち

はその質問に、「笑わない」「誰もバカにしない」「集中する」「いなくならない」と答える。

　この例は、「注意」を必要とするグループ行動である。活動を止めて「何が悪いと思う？」と聞いたり、もっと直接的に「レニー、ボブ、ふざけないで」と言うのではなく、複合的なシナリオを広げていく。そうする中で、彼女は前のセッションで紹介した、認知的な活動（核となる感情とフルバリュー）とメンバーが抱えている「日常」での問題を扱った。

　ゴーアラウンドの中で、アルコール依存の治療を受けているジョリーンは「すごい」と言った。グループのメンバーの1人で、リカバリーハウスの周辺で彼女と一緒に住んでいるジェリーは、彼女の言葉がどういう意味なのか聞いた。ジョリーンは答えた。「私はいつもリスクを負うことを恐れてきた。私はアルコールが好き。1人になれるから。私はあそこ（室内のロープスコースの吊るされた揺れる角材）に上るのが怖かった。でもみんながいてくれたから、私はやることができた。ロープで降りてきたとき、本当にすごいと思った」。ファシリテーターはジョリーンに尋ねる。「この体験を回復のためにどう使う？」ジョリーン：「私は、断酒し続けることができる。部屋のドアを開けて、テレビの部屋に行ってみんなと話をする。明日、仕事の面接に行く」。ファシリテーター：「ずっと続けられる目標があるってことね。どうしたらこの命綱のロープと一緒にいられると思う、ジョリーン？」、ジョリーン：「わからない」。ファシリテーター：「まずこのロープがある（彼女は、遊び用のロープの端をカットする）。自分が孤独だなと感じたらこのロープを取り出して、あなたが言った"すごい"って言葉を思い出して」

　ここでファシリテーターは、個人の体験に焦点を当てている。ディブリーフィングの中では、誰が前に出てきてつながりを作っていくかわからない。**ゴーアラウンド**の活動が参加者にどの程度自己開示するかを選択させ、ジョリーンの対話を引き出した。

機会と問題

❖ 反発に対処する

　ディブリーフィングでは、子どもが自分から進んで話すことはめったにない。また大人の場合、たくさん話したがるとしたら本音を言うことを避けていることも考えられる。子どもは「じっくり考えてみる」のが嫌で、何かと言い訳してごまかそうとする。一方、大人は批判を避けるため、うまく言いつくろって無難に済ませようとする。ファシリテーターでさえグループがアドベンチャー活動から自然に学んだことを期待して、話さないで済ませてしまうことがある。なぜ話し合いはこんなに難しいのだろう？　それは、「さあ、話し合おう」という言葉が、何度か過去の嫌な体験を思い出させるからかもしれない。これから話し合いだとなるとメンバーは口にこそ出さないが、次のような反応をするものだ。

　「お説教が始まるぞ」
　「これじゃ、まるで学校の授業じゃないか」
　「せっかくの楽しい体験を、そのままにしておきたい」
　「じっと座っていなきゃならないから退屈だ」

　ファシリテーターはここで気をつけなくてはならない。多くの家族会議は、家族の一員を称賛するためではなく、そこに問題があるから開かれるのである。子どもたちが参加したがらないのは不思議なことではない。そのことを理解せずに、ただ否定的になったり、固まっていても仕方がない。私たちは自分たちが教わったように、教えるものだ。ディブリーフィングは、彼らに単に否定的な行動に対して責任を負わせる場ではない。これは「祝い」の場でもあるのだ。ファシリテーターがどんな小さな進歩でも認め、グループの話し合いの目的が成長を生み出すことだ、と心に留めておけば、きっと正しい方向に進んでいくことができるだろう。

　ディブリーフィングになると急に自信がなくなるというファシリテーターは、驚くほど多い。話し合いの場をリードする方法を身につけていないと感じたり、グループの抵抗に対応する準備ができていないと感じたり、効果的なディブリーフィングを体験したことがなかったり、あるいは十分なディブリーフィングの時間がないと感じていたりする。また、すでにアド

ベンチャー体験がメンバーにさまざまな学びを与えているので、ディブリーフィングをことさらに行わなくても済むことも確かである。アドベンチャー活動がうまくいっていれば、励ましや対立を通じて、メンバー同士が深く関わる機会にこと欠かないし、フィードバックもそのつど行われている。つまり、「カウンセリング・オン・ザ・ラン」である。それにいくら話し合ったところで、それだけでは十分に理解できない問題もある。ABCはパワフルな人生の関わりと向き合う場である。自分の力を信じてロッククライミングに挑戦したり、**ブラインドスクエア**で仲間と協力する方法を学んだりといった体験は、その後の生活で何度でも思い出して参考にすることができる。彼らにはアドベンチャー体験をどう活かすかわかっているはずである。いちいちフィードバックしなかったら、アドベンチャー体験から学んだことを忘れるとは考えられない。

　しかしアドベンチャー活動のファシリテーターによくあるのが、アドベンチャープログラムが終了し、全てがうまくいった、メンバーは皆満足していると考えて、重大な見落としがあるというケースだ。ファシリテーターが見落としていたものは、十分サポートしてもらえなかった、またはせき立てられて活動を終えただけと感じている生徒の存在である。こんな生徒と話し合うには、ファシリテーターが1対1で相談に乗るよりも、グループの話し合いで取り上げた方がよい。何であれ問題点を徹底的にグループで論じ合う。これは団結を強めるだけでなく、グループの改善のために欠かせないプロセスである。「家族」としてのグループにとって、その温かい人間関係の中で話し合い、そしてトラブルを解決することも、また意味あるアドベンチャー体験ではないだろうか。

　ある生徒（**つり橋渡れ**をやろうとして、高い木に登ったが、動けなくなっていた）は次のように述べている。
　「私はディブリーフィングが嫌いでした。でもこのことがあって初めてその大切さがわかりました。いったい何が起こったのか、どうすればよかったのか、ディブリーフィングで話し合うまでまるでわかりませんでした」
　この参加者の体験についてのディブリーフィングは、彼女の人生の中の困難な出来事を理解するうえでとても大切なものになる。また彼女がグループでの苦しい話し合いに価値を見出したことは、さらなる利益となる。

しゃべりすぎたり悪い内容だったとしても、話し合いがないよりはよい。

> 「ディブリーフィング自体が体験的な変容のプロセスである。ディブリーフィングは言葉による行動である。そしてそれは単なる知覚的な理解とは違っている。だからこそ実生活に応用できるのである」[1]（Bacon,1983）

このベーコンの言葉に「そして単なる知覚的な理解」だけでなく、認知の領域の重要性も付け加えたい。

沈黙は抵抗にもなるし、また創造的な思考にもなり得る。多くのファシリテーターは沈黙を怖がり、沈黙を避けていることを隠している。心地よい沈黙であれば、ファシリテーターはそれがグループから生まれているもので、厄介なものではないと受け入れることができる。創造的な沈黙では、グループはより大きな存在になり、ファシリテーターが何もしなくても参加していられる。抵抗が悪いものになるのは、ファシリテーターがそれを厄介なものとして扱ったときだけである。そのことが解決すべき問題である。しかしファシリテーターだけが、解決の責任を負うわけではない。グループのメンバーの一人ひとりが目標に向かう責任を負っていると意識し続けるためには、皆が沈黙を共有する必要がある。行き詰まりは壊す必要がある。活動のアプローチがうまく進まない、あるいは沈黙が長引くとわかったときは、戦術的撤退をすることで前に進むことも必要だろう。

活動（アクション）とイニシアティブとしてのディブリーフィング

「ディブリーフィング（ふりかえり）に対する不安」のぬかるみから抜け出すには、ディブリーフィングを活動として見るとよいだろう。そうすることでふりかえりはファシリテーターの手を離れ、グループに任せるという視点に変えることができる。

❖ 活動（アクション）

ディブリーフィングへのアドベンチャーアプローチは、準備と実際の動き、ブリーフィングと実体験（doing）の相互作用を頼りにしている。そこにはグ

ループの共通体験の記憶に沿った意思決定や目標、比喩に関する認知的な気づきがある。この相互作用は行動に基づいた話し合いをもたらす。活動したという感覚がなければ、ディブリーフィングは生き生きとしたものにならず、無意味なものになってしまう。ディブリーフィングは、体験という共通の場をもとに成り立っている。全員がその体験に参加し、全員がディブリーフィングに参加することで、ディブリーフィングで体験が再び蘇ることになる。対話は、静的で、安全で、認知的な練習ではない。そこには、感情、興奮、怒り、フラストレーション、達成感、そして、楽しさがある。ディブリーフィングは体験に関するものだが、ディブリーフィングそのものも体験である。つまり体験はただ行うだけで終わるわけではない。それは繊細なバランスで、過去でありながら、現在でもある。過去は呼び戻すことで現在と近くなり、「今ここに」という視点の中で過去を扱うことで、現在により近づけることができる。

❖イニシアティブ

一見したところ相反するものをつかむ（行動と思考をつなぐ）方法として、イニシアティブの原則を使って、イニシアティブ系の活動について話す方法がある。ふりかえりにも使えるイニシアティブの要素には以下のようなものがある。

- 全員が参加する
- フルバリューコントラクトが守られている
- 安全と信頼の問題を優先する
- 活動の構造を提供するのはファシリテーターだが、解決策を見つけるのはグループに任せる
- グループは肯定的な結果を達成できるような体験に焦点を当てる
- グループで解決できる問題だけを取り上げる
- グループの問題も、個人の問題も解決されるべき問題として扱う
- ファシリテーターとグループが体験によって結ばれている
- 「現在」を大切にする
- 参加者はそれぞれ自らの変化に責任を持つ主体であり、自身の学びにより責任を持つ

もしファシリテーター自らが問題を解決をする姿勢をグループのふりかえりに持ち込んだとしたら、グループの問題解決についてファシリテーターが責任を持ち続けてしまう。ふりかえりの中で問題を解決していける環境をファシリテーターとして提供していく。

❖意思決定
　ファシリテーターはディブリーフィングの方向性に関して、いくつか決定すべきことがある。この決定のために、以下の質問に答えることが必要となる。

- 「話を引き出す」テクニックはどれが一番有効か？
- 注目すべき問題は何か？
- 注意が必要な参加者は？
- 比喩は、どの領域にどれくらい広がりを持たせることができるか？
- どれくらい深めることが可能か？
- 彼らはファシリテーターからどのような方向づけを必要としているか？

　GRABBSSはこれらの決定をするときに有効な資源となる。

ディブリーフィングのスキル

❖自分自身が明瞭であるか
　ファシリテーターはグループの状態に絶えず気を配ると同時に、自分自身の状態にも注意をしなければならない。何かに気を取られていたり、寝不足だったり、ストレスでまいっていたりすると、集中力がなくなってしまう。メンバーの誰かの目標を忘れてしまったり、人間関係がちょっとおかしくなっている、またはメンバーがトラブルに巻き込まれているのに気づかないなどということになりかねない。そうなってはふりかえりで何を取り上げたらいいのかさえ分からなくなってしまう。
　だからファシリテーターは、活動の準備をするように、自身の体調を整えることもアドベンチャー活動の準備の一部と考えなければならない。すっき

りした頭でグループの指導にあたる。2〜3時間のプログラムなら難なく集中できるが、丸一日かかるプログラムや宿泊を伴う遠征となると、作業から離れ、休息をする必要がある。コ・ファシリテーターに交代してもらうのもよいだろう。散歩や瞑想など緊張から離れられるようなことを何でもやってみる。元同僚のペリー・ゲイツ（アウトワードバウンド・ハリケーンアイランド）は、活動の合間に海を眺めながら波のざわめきに耳を傾け、何もかも忘れていた。はた目には何をしているかわからないかもしれないが、彼なりの方法で休息を取っていたのだ。本当に疲れているときは、それを認めるのが最善であり、よいディブリーフィングに要求されることに追い込まれないようにする。短時間の簡単なふりかえり（チェックイン方式）で終わらせ、みんなが休息をとってから行う方法もある。もちろん例外もある。どうしても話し合う必要のある重要な問題があれば、どんなに疲れていてもすぐにふりかえりをしなくてはならない。

>>情報収集

　ゆとりを持って活動を行うと、ファシリテーターはグループで起きていることに対してオープンになれる。活動が第二の天性になれば、グループに横たわっているものを、ファシリテーターが自由に見る、聴く、感じることができる。活動が進んでいる中、メモを取ることが大切である。情報カードに書きとめたり、頭で覚えておいたりする。これはその後の効果的なふりかえりに重要な役割を果たす。プログラムを計画通りに進めようとする中で重要な行動を見逃してしまうこともある。アドベンチャーファシリテーターは、「ひとつの手は船に、もうひとつの手は自分自身に」という船乗りの言葉を心に留めておく必要がある。これを言い換えれば、「ひとつの手は計画に、もうひとつの手はグループに」となるだろう。人々を見失わずに、船を走らせなくてはならない。聴くスキルは継続的に育てていく必要がある。突然、完璧な「聴き手」になれるファシリテーターはいないのだ。

　ファシリテーターはメンバーのしていること、感じていること、グループが感じていることを観察しなければならない。ノートを持ち歩いてもいいし、一日の終わりに座って、参加者一人ひとりの動きを考えながら、情報を書きとめる習慣をつけてもよい。これは大変な作業である。アドベンチャープログラムでは、どうしてもドラマティックなエピソードに目が行きがちだ。そして目立たないもっと重要な問題を見落としてしまうことがある。それを防

ぐためにも、メンバー一人ひとりの状態に気を配る習慣をつけなければならない。また情報収集は、コ・ファシリテーターと協力し合って行う。お互いに相手が見落としている問題に気づくことができる。ときにはビデオを使って情報収集してみてもよいだろう。メンバーはビデオで撮られるのが大好きなことが多い。

❖参加することと指導すること

ファシリテーターは2つの視点を持っている存在であると考えるべきである。それは参加者としての視点とファシリテーターとしての視点である。ファシリテーターが参加者としての視点を持っているのは、ファシリテーターも活動の中にいるからだ。ファシリテーターとしての意見を持つのは、彼らがグループをまとめ、その責任を取るべき存在だからだ。これら2つの役割は対立することもあるが、それが調和しているときはグループワークにとって豊かな環境となる。

参加者としてのファシリテーターは、グループを内側から見る機会を持つことができる。つまり、彼らはプレイヤーとファシリテーターが混じった独自の視点を持ったグループの一員となる。実際には以下のような場面に参加する。

1. スポッティングのためにファシリテーターが物理的に必要なとき
2. ゲームのような活動であるとき
3. 適切な場とレベルでファシリテーターが自分自身の体験をグループに語るとき
4. ファシリテーターの気づかい、共感、ユーモアが必要なとき
5. 非言語のボディランゲージがファシリテーターの存在を高めるとき

これらのことはファシリテーターに焦点が当たったり、グループの活動自体を損なうことがない限りにおいて行うことができる。こうした内側からの視点により、ファシリテーターの注意はより敏感になり、情報を得ることができる。参加者としてグループにいるとき、ファシリテーターは専門家の役割から抜け出す。もちろんファシリテーターには責任がある。そして安全の手順やグループプロセスのテクニックを知っている。ファシリテーターは重要であるが、全ての答えを持っているわけではない。答えをグループのメンバーと共に探していくのである。ファシリテーターのこのような姿は、言葉

や感情が投げかけられるディブリーフィングの中に現れてくる。適度な打ち明け話や体験談、共感的な存在であることは、「私たちはみんな一緒なんだ」と相互性の感覚を養っていく。

　ファシリテーターがディブリーフィングに個人としてどのように参加するかという判断は、そのときに何が必要かによって異なる。結局のところ、どの程度参加するかはファシリテーターの判断である。これは巧妙な操作なのだろうか？　それはファシリテーターが、明快で正直であるよう心がけていれば、そうはならないだろう（筆者はよく、「ファシリテーターの帽子」を取って、木にかけて「今、私は参加者のひとりとして言うのですが……」と言っていた）。

　グループが効果的な話し合いや課題解決のスキルを高めていけないとき、あるいは、そこに信頼がないとき、ファシリテーターはより活発な役割を担う必要がある。こうした状況に対処するディブリーフィングの方法はひとつではない。何がよいふりかえりかは、グループの目的と必要としているものによる。しかし休息を取らない、沈黙を受け入れられない、個人的な問題にまいってしまう、あるいはディブリーフィングを講義の時間のように使ってしまうのは決してよいことではない。そうなってしまうと互いを尊重する話し合いの素地が損なわれてしまう。

　ディブリーフィング自体がアドベンチャーの型であり、それは物事をやり通す、解決する、互恵的ということである。グループのメンバーに仕事、友人、家族の関係を、この先どう扱えるようになってもらいたいのか、私たちが願う心にかかっている。ファシリテーターが何かを言わなくてはならないようなときは、グループがそれを言い出せるように活動をするのが最もよい方法である。これは巧妙な操作だろうか？　全てのファシリテーターがやっているなら、そう言えるだろうが。ファシリテーターが意見を言うとき、その意見がグループに流れ込むことでパワフルなものとなり得る。

　「私は今どこに立っていると思う？」
　「私たちが作ったフルバリューは、何と言っている？」
　「この話し合いに関連したことを、前に私は何か言った？」

　ファシリテーターからの絶妙な質問は、行き詰まりに亀裂を生み、そこからエネルギーが流れ出す。グループには問題解決と参加の機会が継続的に必要であるが、それはファシリテーターが技を披露する場ではないということは覚えておかなければならない。ファシリテーターがグループに対して「最

終的な統制（コントロール）」を維持しようとすると、グループのエンパワーメントを妨げる。グループをそのままにしておくことだ。全ての答えはグループが持っている。ファシリテーターが熱心に入って来るときは、グループのメンバーは自分たち自身のことを考えなくてよくなってしまう。メンバーがお世辞を言うときは気をつけた方がよいだろう。ファシリテーターを持ち上げて答えを出してもらい、自分たちは考えないで済ませようとしているのかもしれない。もちろん知識は分かち合うべきである。イニシアティブ的なふりかえりでは、グループは自分たちの感情を掘り起こすために、見えたことを集めて積み上げ、それを行動に移し、可能な限り考える必要がある。ファシリテーターの芸術的な「沈黙の利用」は、グループが課題や問題に向き合い、観察すること、解決することについて考えることを促す。

❖関連づけ：聴いたこと、観察したことから行動 (doing) する

　アドベンチャー体験はあらゆる成長の機会を提供する。成長の機会は関連づけをしていくプロセスを通して最も多く現れる。例えば、ひとりひと言を回す**ゴーアラウンド**でマークがある言葉を発するときには、心理療法的なことをする必要はない。そこで出てきた言葉は、意味のある、つながりを持てる方法でフォローアップされなければならない。もし彼が責任を負いたくないがために明らかに的外れな言葉を言ったり、出てきた言葉に全く意味がない場合でも、ジョリーンが彼女らしい言葉で表現をしたのを見ることで、マークにはそこから得るものがあるだろう。このことは彼に次の機会にはもっと真剣になるべきだというヒントを与える。マークは自身が発した言葉でグループの誰かから何か言われ難しい立場に立たされることもあり得る。あるいは別のメンバーは、こう言うかもしれない。「マークふざけないで。もうちょっとましな言葉を言ってよ！」と。

❖土台づくりと枠づけ（フレーミング）

　アドベンチャーウェーブの体験の中では、ブリーフィングとディブリーフィングは非常に関連が深い。つまり、ブリーフィングで話したことは、ディブリーフィングで使うことができる。ブリーフィングと実体験 (doing) の章で話してきた土台づくりと枠づけ（フレーミング）は、ふりかえりで扱う内容を整理し、配置していく作業となる。そして、土台づくりと枠づけ（フレーミング）は相互的であるため、ディブリーフィングのスキルは、ここでも活

用することができる。

　なされてきた土台づくりをふりかえる中で、何をしたのか、計画したことが実行できたか、役割を果たすことができたか、器具を大切にできたか？などという課題の要点を見なくてはならない。

> 　中学生のカウンセリンググループは、夕食を終え、イプスウィッチ川をカヌーで下る準備をしていた。夜の活動をするにはまだ早かったので、確認（チェックイン）するのによい場であった。カウンセラーは、これまでに何が達成できたか、そして、課題にきちんと関わっているかどうかを確認するのがいいだろうと考えた。彼女はこれまでにもグループと確認（チェックイン）をしてきたので、グループはそのやり方（プロセス）に慣れていた。彼女はグループにこの旅の道のりの物語を作るように言った。それは、川下りをするというアイデアが出されたところから始まり、許可証のことや装備の準備、ひと晩を明かそうとこの島にいる今に至るまでの物語である。その道のりの話の中で、彼女は責任、装備、役割のことを知ってもらいたかった。物語が展開する中で、問題が出てきた。カヌーの距離が開いてしまったこと、全ての作業を抱えている人がいること、遅れて出発する人がいること、許可証がなくなってしまったこと、散らかっていること。それと同時に、急な流れを読み、漕ぎ方を学び、美味しい食事を作り、学校からこの島まで安全に川下りをしてきたという真の誇りがあった。これまでのことを話したことで、さまざまなことをやり遂げて、今ここにいるという感覚を全員が持つことができた。物語を作り終えた時点で、カウンセラーはグループが夜の活動の計画を始める手助けができた（天気予報では雨である）。そこにはジャーナル（日誌）を書く、言葉を書き出す、次の日の目的地やどんな改善点があるかを話し合うなどが出てきた。

　土台づくりは、フルバリューの「今ここに（Be Here）」と相補的な関係にある。補完し合うことで、「今ここに存在すること、参加すること」を生み出し、好奇心を引き出し、リスクや楽しむことを促すことができる。

　ディブリーフィングの中で枠づけをしていくことで、アドベンチャー活動をより豊かにふりかえることができる。自分たちの価値やフルバリューコントラクトを尊重していたか？　目標は何だったか？　私たちが語った話、そこで作り上げた比喩はどうだったか？　活動の構成に内在する意味を伝えているか？

回復を目指したリカバリーグループは、**モホークウォーク**を終えたところだ。比喩は活動の中で共に作られ、ディブリーフィングで色づけされた。ファシリテーターはこの活動を旅であると紹介した。そしてこの体験をどのように旅と表現するか定義するように言った。グループは、ワイヤーロープは回復を表すものとし、そこにはサポーター（断酒会、施設、カウンセラー、仕事関係の人などコミュニティで信頼できる人）を表すスポッティングチームがいると定義した。ワイヤーロープの上には乗っても、行き詰まっているところから動き出すリスクを負わなければ、同じ場所にとどまったままである。ワイヤーロープの終わりは、この回復プログラムの完了を表し、それぞれの人生と再びつながることを表している。それは実際にサポートを受けながらの回復（12ステップの完了、家族、子ども、友人、関係、仕事）である。鍵となる学びは、お互いにサポートし合うことが重要であるということだ。しかしサポーティブであっても、誰も脱落しないということではない。ある参加者は、活動の途中で自分の前を通るときに文句を言った人に対してフラストレーションを感じ、ヒッチハイクをして家に帰ってしまった。どうしたら脱落しないでいられるかという議論の引き金となった。彼の喪失は明らかで、グループはその出来事を彼の回復に当てはめて考えることをつき付けられた。彼がいなくなったことは、彼の寮での行動や孤立していること、他者と一緒にいることが困難であるということに、ぴったり合っていた。彼は文字通り、グループを離れ彼自身の旅に出てしまった。彼は人気者であったが、気まぐれ（別の意味では、理想的な飲み友だち）でもあった。彼の行動を見ることで、グループの他の者は、自分自身の行動を省みることができる。これは他者に対するサポートへのフラストレーションも含んでいる。回復に向かう道のりは長く困難である。回復する人もいれば、そのままの人もいるという現実。全ての体験が「厳しい現実」なのだ。旅という活動の構成と比喩を共同で作ったことで、パワフルな物語が作り出された。この日の終わりの確認（チェックイン）では、前のセッションでグループが作った「バリューバッグ」（みんなの価値を入れておく鞄）が使われた。「私たちはフルバリューを大切にしていた？」

❖ グループをエンパワーする

　「コントロール—エンパワーメント」に関して詳細に語ってきた。イニシアティブの考え方、グループが課題解決する責任、ディブリーフィングという戦略が、エンパワーメントへと向かわせる。ファシリテーターが確認

（チェックイン）や**グループコール**をしてもしなくても、参加者は自分たちが活動の責任を負うというスキルを学んでいる。このように考えると、ディブリーフィングはファシリテーターがグループに教えることのできるスキルと言える。参加者がこのスキルを習得すると、自分たちで使えるようになる。彼らを、自分たちでグループをリードできるようなレベルの高い参加者になると思っていたわけではないが、グループプロセスのよいパートナーになれるだろうという期待はあった。これにはグループが問題と向き合うということも含まれている。そして状況によって参加者たちが、ふりかえりの活動をリードすることができることを意味する。確認（チェックイン）や**グループコール**に関してすでに紹介しているが、ディブリーフィングのスキルのレンズを通して見直してみるといいだろう。

　確認（チェックイン）や**グループコール**は「ディブリーフィング・オン・ザ・ラン」という介入であり、そこではグループの行動から現れる熱心さや対峙のレベルがわかる。グループが熱心に参加し、これらの行動に責任を負う能力はシンプソンの「コントロール－エンパワーメント尺度」で測ることができる。これは、グループが正直で前向きな態度でディブリーフィングができる能力とも直接的に関係している。

❖ 確認（チェックイン）

　グループプロセスのテクニックである「確認（チェックイン）」は、汎用性のあるオープンエンドの質問である。確認（チェックイン）することで、明らかにすることができたり、焦点が絞られる。定期的な「確認（チェックイン）」では、メンバーがお互いに頼ることを学ぶことができるプロセスを作ることができる。これは気持ちや個人の戸惑いなどに焦点を当てることもできる。また単純にルールや安全に関することを明確にするときにも使われる。しかし、対立を解消するための場ではない。例えば、「情報の確認（チェックイン）」では、メンバーが仲間に情報を尋ねるときにこんな風に使われる。

- 指示を理解している？
- 私たちは今、何をするのだろう？
- 私たちはフルバリューを尊重しているかな？
- グループの天気予報はどう？（晴れ、雨、雪、嵐）

確認（チェックイン）から続けて**グループコール**をすることもできる。もし、確認（チェックイン）の中で解決すべき問題が出てきたときには、より深い**グループコール**に入っていくことになる。

❖ **グループコール**
　グループコールの呼びかけは法則化されたものではない。特別な理由や重大な問題が起こって対処しなくてはならないとき、グループコールを呼びかける。
　「問題」とは、成長と変容に対する深い必要性と潜在性を表す個々人の体験である。この「問題」は、アドベンチャーグループを体験している参加者としての、一人ひとりの心の窓を提供する。つまりそれは、以下のようなことを発展させるチャンスが与えられるということである。

- 明瞭さ
- 理解
- 洞察
- 支援
- 手放す
- 赦し
- 感情と共感（表現する、体験する）
- 成功のモデル

変化・変容のための戦略も探求される。

- 感情の反応
- 謝ることと改めること
- 適切なリスクテイク
- コンセクエンス（結果責任、結果報酬など）
- ビジョン（私／私たちはどうなりたいのか、そしてどう感じるのか）
- 目標設定（ビジョンにつながる具体的なもの）
- 目標の再訪
- ゴールパートナー（強化）
- ジャーナル（日誌）

- 未来の確認（チェックイン）
- ベンチマーク
- 見本にする

　グループコールの声がかかると全ての活動をストップし、適切な形で問題が扱われるまで再スタートされない。たいていの場合、グループコールが召集されるときは、メンバー全員（スタッフと生徒）がその必要があると思っている。**グループコール**のスキルを習得していく過程の中に生徒がエンパワーメントするための鍵がある。全員がグループコールの仕方を学び、参加できるようになるとよい。

>>**グループコールの種類：感情（気持ち）、お祝い、直面化、コンセクエンス（結果責任）**
● 感情（気持ち）のグループコール
　参加者が個人的な問題を抱えていて、仲間からのサポートを必要とするときにグループコールを呼びかける。これは、彼らが受けている治療に関する問題、家族の問題、あるいは彼らが怒りやフラストレーションを感じるときなどに行われる。感情を行動で表す前に、その感情をグループでシェアするという考え方である。仲間やグループがよい活動をしたり、進歩があったとき、それを称賛するためにこのグループコールをすることもある。

● お祝いのグループコール
　グループが素晴らしい成功をしたとき、お祝いのグループコールを呼びかける。これは小さな進歩にも大きな変化にも使われる。問題の対処がずっと続いているときでも（その問題に集中しながらも）、グループの動きに焦点を当てて行われる。

● 直面化のグループコール
　直面化のグループコールは主に、新しい仲間の不適切な行動やフィードバックを改善する機会を与えるために召集される。このタイプのグループコールは、彼らがエスカレートする前に、その状況に歯止めをかけるためにも使われる。

● **コンセクエンス（結果責任のために課せられるもの）のためのグループコール**

これは、不適切な行動をしたり、フルバリューコントラクトや個人の行動の約束を侵害する人に対して召集される。このときグループの仲間が、侵害した責任を引き受けるための適切な制限を与える。これは個人の行動の変容を手助けするためのものだ。

例えば仲よくなれないと思われる2人が、ひとつのプロジェクトで一緒に活動させられる。いつも罵ったり、不適切な発言をする人は、しゃべる前にそれを書いてみるようにする、などということだ。

「コントロール―エンパワーメント尺度」の作者である、シンディ・シンプソンは、以下のようなグループコールのためのステップを開発した。彼女はこのステップを、犯罪を犯した若者のための滞在型のPAプログラムで教えている。

>> **グループコールのステップ**

1. グループリーダーを立てる

あらかじめ選ばれたピアリーダーか、グループコールをした本人がリーダーとなる。グループでの相互関係、グループコールを召集した人の名前、グループコールの種類、グループの召集を求めていた人の名前、グループコールの結果を記録に残しておく。

2. 輪になる

メンバー全員で輪になって立ち、スタッフも参加者と一緒に立つ。

3. 誰が、何のためにグループコールを招集したのか

グループコールのタイプが決まり、グループが集められた具体的な理由が明らかになる。

4. 情報を集める

グループコールが招集された原因に関する情報を持っている人はそれを共有する。ここではグループコールをした人が質問する。「なぜ彼らはあんな風に反抗し、反応し、行動したのだろう？」

（注意：情報に関するグループコールの場合は、ステップ4で終わる。感情に関するグループコールでは、ステップ4の後も続き、仲間からの支援的なフィードバックを用いた、オープンな対話形式で行われる）

5. フィードバック

グループコールを求めた人に対して、直接フィードバックがなされる。最低3人はフィードバックすべきである。ここはグループメンバーがこの出来事への感情を共有するときでもある。

（注意：もしこれが直面化のグループコールであれば、ステップ4で一旦ストップし、グループコールを求めた人に、フィードバックを理解し、次の行動を変えていけるかを聞く）

6. 責任を引き受けるための制限（コンセクエンス）の提案

全てのメンバーが3つの提案に投票することで、制限されることが決定される。グループコールを求めた人もこの投票に入る。

（注意：コンセクエンスに時間の枠が含まれるのであれば、ステップ7と8へ進む。もし試す期間があるなら時間の枠を設定する。10時間、24時間など。これがお祝いのグループの場合は、ステップ4で終わるか、得点が与えられる）

7. 投票

全てのメンバーが3つの提案に投票。グループコールを求めた人もこの投票に入る。

（注意：決定した提案に時間の枠があれば、ステップ8へ進む。もし試行期間があるなら時間の枠を設定する。10時間、24時間、72時間など）

8. 時間についての3つの提案

9. 時間についての投票

10. あなたに課せられたこと（コンセクエンス）が理解できたか？

グループコールの当事者は、なぜグループコールされたのか、そして課せられたことは何かを繰り返して言う。

11. 他にコメント、質問、関連することはあるか？

　ここでは、グループの誰でもフィードバックをすることができ、その問題に関する感情を共有することができる。グループは「ピースアウト」の準備をしている。これがこの問題を話し合う最後のチャンスになる。

12. ピースアウト

　グループの全員がピースサインをすることで、「手放して前に進む」の準備ができたことを表す。このグループコールはこれで終わりとなる。

　参加者は、授業や作業をサボるためにグループコールを使うことがある。ファシリテーターは、シンプソンの「コントロール－エンパワーメント尺度」に関連づけて、グループコールが適切に使われているかどうか確認し、そこに必要な決断をしなくてはならない。グループがグループコールを適切に使っていれば、尺度上の5の辺りに位置している。しかし、不適切に使ってグループ全体が無駄な時間を過ごしているなら、ファシリテーターの介入が必要な尺度上の3以下に位置していると言える。

2つの例：

> **感情（気持ち）のグループコール**
>
> 　オルタナティブスクールの高校生であるサンディは、授業中にひどい言葉を言われていることに腹を立てていた。サンディは全校生徒が週2回、アドベンチャーグループプロセスについて学ぶ場で得たスキルを使って、コンピュータの授業の中でグループコールをした。教師のサポートを受けながら、彼女はクラスで作った行動についてのコミットメントに触れた。それは主に「安全に（Be Safe）」に関することで、けなさないということに同意している。サンディは誰がそのことに関わっているかは言わなかった。話し合いは、みんなの参加を促すように**ゴーアラウンド**を使った。自分自身の同じような体験を語る者もいた。サンディを含むクラスの全員がこの問題について十分に対処できたと納得でき、その問題をどうしていくかを決めた。このため誰にも責任を課さないことにした。クラス全体がこのような問題に関していつも注意を払う。もし起こってしまったら、より真剣にグループを招集することにした。

コンセクエンスのグループコール

　裁判所の関連施設に住むウェインは、ジャックのことでグループコールをした。ジャックが怒って、ウェインを攻撃してきたのだ。ウェインは、ジャックがグループのフルバリューの「尊重する」という約束を守っていないと言った。グループは、話し合いの中で、なぜジャックがそんな行動を取ったのか、そのわけを探っていった。グループのメンバー全員が、ジャックとウェインの両者に対して意見を言ったり、質問をした。ジャックは、「僕が罵しるのは、怒っているときだけだ」と言う。ジャックが自分の行動をこんな風に言うのは、これが初めてではなかった。グループは、投票によって課題（コンセクエンス）を決めるときだと判断した。なぜこのグループコールが招集されたのか、そしてなぜ責任を引き受けるための制限が必要なのかを彼に尋ねる。次にジャックは、この出来事をジャーナルに書く。そして、最後にジャックは、グループに課せられたことに参加しなくてはならない。選択肢として3つの提案が示された。

- 「私は仲間を見下しません」と100回復唱する。
- 謝罪の手紙
- 24時間、48時間、72時間のいずれかの期間、話さずに自分に必要なことは書いて伝える

　グループによる投票で、ジャックは24時間誰とも話さずに書く、と決められた。彼に課せられたこと（コンセクエンス）は、グループの記録に記載される。最後にグループは輪になり、前に進んでいくことに同意し、ピースサインでこのセッションを終える。

ディブリーフィングの組み立て

　アドベンチャー活動の組み立て（シークエンス）は、「適切な活動の選択」として知られている。不適切な組み立ては、活動を選択して実行しても、タイミング、場面、グループの雰囲気などを含めて、成功にたどり着かない。一方、適切な選択とは、よいタイミングで、グループに必要な活動の提供のこ

とだ。それはグループが学びを吸収しながら目標に向かうことができる活動の組み立てのことである。

　ディブリーフィングの組み立ても同じように定義することができる。それは、2つの領域からなる。「導いてあたためる役割」と「深める役割」だ[2]（Jacobs, et al, 1994）。前者は活発に話し合いをせずにはいられなくなるような役割、後者は心理的な深さの幅広い選択を担う。

❖ウォームアップ

　多くのグループ（特にグループの初期の段階や気乗りしていないグループ）は体験の核に入る前にあたためる必要がある。これが「今ここに（Be Here）」のウォームアップ活動で行うことである。このためにも話し合いを組み立てる力が重要となる。ディブリーフィングを組み立てることの重要性については、L. クインズランドとA. ヴァンギンケル（Quinsland and Van Ginkel, 1984）[3]によって説明されている。2人が例としてあげた典型的なふりかえりのシナリオでは、2時間のロープスコース活動の後で、ファシリテーターがみんなを集めて話し合いの口火を切った。

「みんな、今日の体験はどうだった？」（みんなが沈黙）
「ディビッド、君はどうだった？」
「うーん、よくわかんないなぁ」
「ポーラは？」（ポーラは肩をすくめただけ）

　ファシリテーターなら誰でもそのような場にいたことがあるだろう。生徒たちが何らかの体験をしている。ファシリテーターはそのことを彼らの表現から見てとれ、彼らのやり取りの中から聴こえている。ではなぜ体験について話すことができないのだろう？

　ここでのやり取りは、ファシリテーターがいきなり一番難しくて抽象的なふりかえりのトピックで、感情を表現したり、評価することを求めるからだ。事の核心にいきなり入ろうとすることは逆効果である。グループの反応があまりない場合、何が起きたのかを話し合う能力がないのではなく、質問への答えにくさがあるかもしれない。

　この問題を解消するために、T. ボートン（Borton, T.）は、効果的なふりかえりを構造化するために役に立つ方法を提案している。彼女はそれらを、何

が？（What?）、だから？（So What?）、それで？（Now What?）の3つに分けた[4]（Borton, 1970）。

❖「何が？」（What?）

「何が？」という質問は、ディブリーフィングを進めていく助けになる。それと同時に「何が？」の質問が他の場へ"出て行く"助けとなる。それらはふりかえることで進み、体験から気づいたことの周りを動き回る。そして、「意図の扉」から出ていく。しかし重要な条件はここにある。「何が？」の問いかけにはリズムがある。しかしそれは単なるガイドでしかない。結局のところ、ふりかえりの目的は理解することにある。理解はさまざまな形（沈黙、意志、感情、洞察、対峙、相互関係、痛み、喜び、サポート）に現れる。ファシリテーターは解釈や意図から離れてふりかえりを止めることもできる。あるいはグループに準備が必要ではないと分かれば、直接的な説明をすることもできる。

実際にグループがその体験にどれだけ速やかに、そして快く関われるかということからグループの中にあるエンパワーメントの兆候を見てとれる。アドベンチャー活動や指導のやり方に決まりきったやり方がないように、ディブリーフィングにも決まったやり方はない。ディブリーフィングは予測できるものではない。グループの話し合いは、理解を見つけ出す試みであり、それは変化のプロセスと切り離せない存在であることへの理解である。「何が？」の質問は、枠づけ（フレーミング）の一部として、一般的によい入り口となる。

「何が？」と尋ねることは、起きた出来事から話し始めることによって、話し合いに入りやすくしてくれる。それは、「グループの相互関係の内容と、個人に起こったことに関連」している。グループが共有している体験の中には多くの事実、出来事、感情、共に活動するための相互関係がある。

ボートンのスキーマと非常に似ているのが、体験学習のサイクルである。私たちは「循環学習」（私たちはらせん（スパイラル）、あるいは多面のらせんで学んでいる）を難しいものだと捉えがちだが、循環の中身は、「何が？」「それで？」「だから？」の流れと類似している。つまり、体験学習のサイクルとは、体験ーふりかえりー抽象化と一般化ー転移ー体験のことである**［図表13>2］**。

「何が？」でふりかえる（体験に輝きを取り戻し、視覚化させるという意味で）ことによって私たちは体験に戻ることができる。それは再現するということである。過去に戻ることで混乱するのは、カウンセリングにおいて、認知や感

[図表13>2]

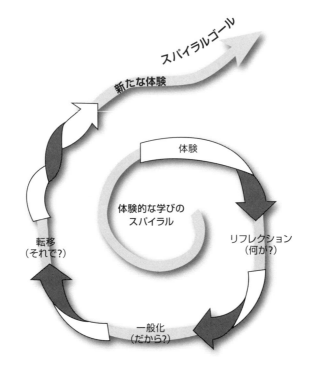

情に関わる必要性があるからである。ここでは事実に関する情報（体験したことを土台にしたもの、認知的材料）に基づいている。参加者は自分たちの行動や、起きたことをどう感じているかに光を当てて、追体験する傾向が強い。よいタイミングで使われた「何が？」の具体的な質問とそこから生まれる対話は、参加者が継続するべき行動、変えたいと願う行動に自ら気づく助けになる。実体験のある一部分について話し合った後、ファシリテーターは他の領域に進んでいくために「何が？」に関する質問をすることができる。「今日は始まりから終わりまでの間、何をした？　最初に外に出る準備が整ったところから始めてみよう」。あるいは、「**モホークウォーク**の安全に関するルールは何だった？」。あるいは「**ステッピングストーン**（マシュマロリバー）をしている間、みんなはお互いに何をしていたんだろう？」。これは、特に多くの要素が散らばっている、長期間の体験に効果的だ。ファシリテーターはグループのニーズによって前に進んだり、戻ったりすることができる。しかし出来事の流れ（シークエンス）は決まった方向を維持し続けるように組み立て

る。行き詰まりや絶望的な状況から抜け出すためには、参加者が記述する活動も継続的に必要である。

>> **フルバリューと「何が?」(What?)**

「何が?」はグループの価値を確認する絶好の場所である。初期のグループ活動の中で作られ、守っていこうと決めた価値を反復していくことは、規範を育てていく機能を動かし、維持していく。グループに価値について聞くことで、彼らがそれまでに活動してきたことに再び焦点を当てることができる。例えば、**クイックバリュー**という活動では、ほぼ全てのグループが「尊重すること」という価値を出している。「尊重」を思い起こすことで、グループは過去に選択した何かを現在に持ってくる。「尊重」に意味づけしていくのは、「だから?」(So What?)の段階である。その価値を持って行動に移していく。

「何が?」の確認(チェックイン)は、フルバリューの他の面にも使うことができる。「私たちの目標は何ですか? 安全に関することは?」などである。

❖ **「だから?」(So What?)**

「何が?」が、解釈の段階である「だから?」へと導いていく。聞こえたことをもとに何かをする。「だから?」の中の解釈をするという側面は、グループにこのような機会を提供する。ボートンによれば、「だから?」の問いかけが、体験を一人ひとりにとって異なるものにする。つまり体験の結果と重要性も個々による。体験学習のサイクルの用語で言えば、グループは「だから?」のフレーズを使って、学びを抽象化し、一般化している。

>> **「だから?」の中で深める**

納得し、解釈する中で、他の流れにつなげることができ、それが深めることになる。深めることは、活動の選択、比喩、カウンセリング・オン・ザ・ランといったアドベンチャーウェーブの全ての場面で行われてきた。そして今、すでに完結した活動をどう扱うかという選択をするときである。どこまで深めるかは、グループやグループの中の個人とどこまでいくのかということに関連している。ここでGRABBSSアセスメントに立ち戻ってみるのは非常に有効である。グループの目標は? 時間はあるか? 準備は整っているか? 全てのGRABBSSアセスメントをやり直すのではなく、活動の選択や

ブリーフィング、実体験（doing）でのアセスメントをディブリーフィングでも使えることを、ファシリテーターは覚えておくべきである。

「何が？」を「だから？」に変えるだけで、説明から、深い意味を話し合うモードへと変えることができる。例えば、参加者はその出来事に対してどんなことを感じたのかを話す方法として、**ゴーアラウンド**をしたりする。また鍵になること（スポッティング、軽視すること、ビレイ、助けること、グループへの関わり、リーダーシップや対立など）を一人ひとり単語や短い文章で表すこともできる。ファシリテーターは、彼らが以前に話したことをもとに話し合いを組み立てることもできる。フィードバック（詳細は後で説明）も「何が？」「だから？」の活動のひとつである。

ディブリーフィングの活動の中には、創造的で触覚的なものある。創造的になることで、参加者は、深く考え、柔軟で、想像力を働かせることができるようになる。参加者は、達成を実感する。触れるものを作る活動では、頭から体に取り入れようとしているアドベンチャーのテーマを、粘土や拾ってきたものを使って示すことができる。

≫**フルバリューと「だから？」(So What?)**

「だから？」の問いかけは「尊重」がグループによってコミットされたものであるという事実を思い出させる。だがこんな質問はどうだろう？　「私たちは尊重していただろうか？」

「何が？」「だから？」の流れは、ここで素晴らしい形で役立つ。グループは自分たちで作った価値を、裁くことなく、思い出すことができる。これはふりかえるための鏡である。みんなから見えるところにそれぞれの価値がある。自分たちが全力で取り組むと決めたことをもう一度言い直すことで、グループはその価値を生き生きとさせ、今へと連れてくることができる。その繰り返しで参加者たちは準備が整い、全てにおいて重要な質問に入っていく。それは「私たちのフルバリューコントラクトを大切にした？」「尊重を体現できた？」という問いである。

グループの目標が達成できたかどうかを尋ねるとき、最初にこう問いかけてみる。「フルバリューコントラクトを大切にできたと思いますか？」これはディブリーフィングでなくても、活動の合間に尋ねても構わない。メンバーの具体的行為を何か取り上げているわけではないので、最初の質問として使いやすい。この質問を言い換えるとこうなる。「仲間を尊重したか？

軽視していた?」「サポートがあった? 価値を下げるようなことがあった?」「最初に決めたルールを守っていた?」。グループはお互いのことを大切にするものとして捉えられ、また個人も同様である。グループのメンバーはそれぞれが変化の主体であり、一人ひとりが変わっていく。「グループは健全さと責任を持っていないとバラバラになってしまう」と注意を促しておく。

> 地域の奉仕活動の後で、あるグループはフルバリューコントラクトを守ったかを尋ねられた。その答えを以下に紹介する。
>
> - 「ボートにきれいに色を塗ったよ。それに製作所の周りのゴミ拾いもやった」
> - 「働かないでパテを投げて遊んでいる人がいた」
> - 「モンゴメリさん(製作所のオーナー)は、"みんなよくやった"って言っていました。でも、"すごくよく働く子と、そうでない子がいたな。道具を置きっぱなしにしてバスに乗ってしまった子もいたね"とも言っていました」

個々の行動がグループ全体を映す鏡のように映し出されている。よいことも悪いことも、グループ全体のイメージや「雰囲気」と関係した出来事といってよい。地域の人たちとの触れ合いを通して、グループのありのままの姿が見えてくる。その意味でグループ外の第三者は中立的なモニターなのである(あの人は僕たちのことをどう思ったかな?)。

以下に記したナンシーの体験は、フルバリューの「だから?」の解釈に役立つ。行われている活動は**Xワイヤー**で、2本のポールの間に、2本のワイヤーロープが地面から60cmの高さで張られている。2本のワイヤーロープは、中央で交差している。目標はワイヤーロープの上をポールの端から端まで渡っていくことである。参加者がスタートするときは、プラットフォームから離れて、安定して立てるワイヤーロープが2本ある。しかしワイヤーロープが交差している中央に来ると、立っていることがより困難になる。この活動では、2人のスポッターがチャレンジャーの両側に常について、中央の「交差地点」を通るときの手助けをする。この活動では多くのスポッティングが要求される。

> 　ナンシーがエレメントに乗っているときにバスが来た。グループは彼女をワイヤーロープに置き去りにしたまま、バスの方へ走っていった。そのために彼女は途中でワイヤーロープから降りなくてはならなかった。ファシリテーターは参加者全員をバスに乗せてから、「今、何が起こった？」というシンプルな「何が？」の質問をした。「バスのいい座席を取るためにナンシーを置いてけぼりにした」。次に「ナンシーに対してフルバリューコントラクトが尊重されていた？」と、「だから？」の質問がされる。ファシリテーターが責任を追及するのではなく、シンプルな質問だけがなされていく。参加者は自分たちで作ったフルバリューコントラクトに照らし合わせて、自分たちの取った行動を考えるように仕向けられる。この体験は、お互いの安全に注意を払うことの重要性をふりかえる柱となり、1年間この問題と関わることになった。「私たちはどんな風にナンシーを置き去りにしたか、覚えている？　同じことを繰り返さないようにしよう」と。

　「だから？」の質問と関連したフルバリューの力のもうひとつの例は、ホワイトマウンテンへのハイキングでの出来事に見ることができる。

> 　グループは3km先のキャンプサイトを目指している。雨が降り始めた午後である。気温は10度、風速2mの風が稜線を越えて吹いてくる。グループの装備は整っている。2人が遅れて歩いてグループの進行を妨げている。歩くペースはのろのろと遅くなっていた。ファシリテーターが言い出す前に、参加者のひとり、ウィリーがグループコールをした。彼はグループに聞いた。「今、僕たちに何が起こっていると思う？　暗くなってきたし、僕はお腹も減って疲れたよ。僕はこの状態でキャンプが張れると思わないんだ」。このことは、危険な状況が垣間見える中で自分たちが何をしているのかということについての力強い話し合いを引き出した。この介入によって、グループの皆が同じ場に立っている。新しい戦略が立てられ（歩くのが遅い人を前に配置し、もう少し頻繁に短い休憩を取り、全員にお菓子を配る）、そこから新しい解決が生まれる。

　注意しなければならないのは、「グループが、自らの行動をモニターしている」ということは、ファシリテーターが受け身であるという意味ではないということだ。ファシリテーターはグループをコントロールしながらも、グループの一員である。そして全員がそのことを理解している。グループが

ファシリテーターに話を聞いてもらい、愛情を注がれ、尊重してもらってきたので、参加者はファシリテーターに導かれることを快く思っていた。それは、対等な関係ではないが、全員がそれを受け入れている。

ファシリテーターもフルバリューコントラクトを守ることから逃げられない。著者ジム・ショーエルは次のような経験をしている。

> ある日、岩壁でビレイしているときのこと、私はたまたまそこで旧友に出会った。数年ぶりの再会だった。私は嬉しくなってすぐに彼としゃべり出してしまった。私のビレイは技術的に問題なかったし、岩壁を登っているメンバーから目を離したわけではなかった。しかし確かに私はメンバーのことに集中していなかった。
>
> ディブリーフィングのとき、このメンバーは私に突きつけた。私が彼を尊重しなかったことが残念だったと。私が友人と長い間会っていなかったことは彼とは関係のないことである。彼は難しいロッククライミングに必死だった。しかも彼はこのクライミングを目標にしてきたのだ。彼は私にビレイにしっかり集中して欲しかったのである。ところが私はおしゃべりに気をとられていた。私はこのメンバーの言っている通りだと認めざるを得なかった。また彼が私に突きつけたことは、彼自身のためにもよい体験になったと思う。このケースで問題点ははっきりしていた。彼が正しく、私は間違っていた。すでにグループでフルバリューコントラクトについて時間をかけて話し合ってきたので、彼は使える手段があったのだ。もし私との直面化を避けてしまっていたら、彼は自分自身を大切にしていないということになっただろう。

以下はフルバリューコントラクトが、PAの遠征活動の中で威力を発揮した例である。

> このケースでは、薬物や酒を持ち込まないことがグループの目標のひとつになっていた。ところがこの遠征で特に活躍した生徒が、少量のマリファナと酒を隠し持っているのが見つかった。グループが何をしなければならないかははっきりしていた。グループは前もって約束していた通り、遠征を中止して荷物をまとめた。誰も妥協しようとはしなかった。学校に戻ったらみんながいろいろ尋ねることだろう。「どうしてこんなに早く帰ってきたの?」などと。それでも彼らは妥協しなかったのである。

このグループのディブリーフィングでも、フルバリューコントラクトがメンバーの支えとなった。「グループの問題点は何か?」「メンバーの個人的な責任とはいったい何か?」など。この問題には自分にも責任があると感じたメンバーが、時間をかけて話し合った。結局この事件はその年の最大の課題となり、引き続き話し合われることになった。グループは二度と同じ問題を起こさないと約束し、その約束を守ろうとみんなが頑張った。以前より一段と強い決意がグループに生まれた。一度は失敗したが、グループはその失敗から多くを学んだのである。

　フルバリューコントラクトがグループとメンバーの成長にいかに役立つか、この例でもよくわかる。フルバリューコントラクトとは、何かを禁止するルールではなく、成長のための「きまり」なのである。また、フルバリューコントラクトは「繰り返し挑戦する」ためにある。人間に失敗はつきものである。しかし失敗から学べばよいのである。何度でもやってみることが大切である。このケースでも、事件をきっかけにメンバーはそれまでのグループのあり方を徹底的に検討した。そしてその年の終わりにかけて、このグループは大きく成長していった。

❖目標に立ち返る

　目標へのコミットメントは、他のフルバリュー行動の中にも含まれていることなので、どちらかというと複雑なプロセスのように見える。目標はフルバリューと共にあることによって、全体のプロセスの一部になり、それはグループがどのように動いているかを明らかにする。したがって目標に全力で取り組むということは、グループ全体の行動を含む、より大きな全体の一部である。私たちはこのような視点を持って、目標に立ち返ることについて検討する。そこでは、最終的に個人の目標のプロセスにつながっていく、グループ目標のプロセスが意味するものを見直していく。

>>グループの目標に立ち返る

　中学校のカウンセリンググループの生徒たちは、自分たちの進歩を阻む繰り返しのけなし合いを止める必要があると決心した。これは、「安全に」「正直に」という文脈の中で同意された。「どのように見え、どのように聞こえ、

> どのように感じるか」に照らし合わせてみると、「安全に」は、手を差し出し、スポッティングしているように「見え」、「君ならできる」というように「聞こえ」、「リラックスしている」ように「感じる」、という風に言うことができる。彼らが**スターゲート**（バンジーコードの輪を、全員が触れずに通っていく）をしているとき、グレンはロープから手を離し、グループと関わっていなかった。ルール違反である。グループのメンバーは、グレンがどこかに行かないで、活動している場所にいられるように誰かが彼のそばにつくことを決めた。そんな状況で、彼らは活動を達成することができた。ディブリーフィングで、グレンは監視役が付いたことをどう思っていたかを尋ねられた。彼は、「バスに乗って登校するんじゃなくて、お母さんの車に乗っているような感じがした」と答えた。そして彼はこれからの活動で「バスに乗る」ためには何ができるだろうと尋ねられた。彼は、「注意力が散漫になるから思い出させて欲しい。誰かの監視なしに、そこにとどまっていられるようになりたい」と答えた。

　このグループは、課題を達成することができたと同時に、この体験のプロセスからの学びがある。グレンは、無視されたくはないが赤ん坊のように扱われたくないとも思っている。彼は正直に事実を語っている。こうした流れの中で、他者と直面化する方法を学ぶことで自分自身のために立ち上がることができた。他者との直面化はその出来事の最中で、あるいは直後に、個人の中で、あるいは公に起こる。この出来事があってから、グループのメンバーはグレンがふらふらしているとき、活動に戻させるために彼を捕まえておくのではなく、「バスに乗る」ように誘った。

　何度も言ってきたように、「肯定的なグループの行動」の第一目的は、グループの中の個々人の成長をサポートすることである。グループがグループのダイナミクスの中で奮闘しない限り、個人の発達のサポートはなされない。なぜならグループは支援的な関係を作るモデルの第一の手段だからである。それはプロセス志向のフルバリューの中核をなす「関係性」を構築する。価値についてふりかえることによって、ファシリテーターはグループが初期の頃について言及する。バート・クロフォード（PAのスタッフ）が強調するように、もし初期の段階での真の価値についての真のコミットメントを作るのに時間を取り、そしてふりかえるときが来たとき、そこが「守りの第一線」から動きを出す基点となる。こうした行動の目標がなければ、人間の行動の一般的なルール以外にふりかえる文脈がない。

しかしグループの目標は、個人とグループに対してこの「文脈」を作り出す。例えばグループが**スターゲート**の活動を、バンジーコードに誰も触れず、お互いに常に体のどこかが触れている状態で通り抜けるチャレンジをしようと決める。グループはすごいことをやり遂げたという誇りを持つ。グループが達成度の「バー」をある高さに設定すると、メンバーは互いに挑戦し合うようになる。挑戦する目標は、**ムーンボール**で50回タッチするのに対して100回を目指して頑張るというように、シンプルにもできるし、また地域のチャリティーで2,000ドル集めなくてはならないというように難しくすることもできる（ニューハンプシャー州のロチェスターオルタナティブスクールの実践）。

>>個人の目標をふりかえる

> 　フランクは9年生の総合体育で、クライミングウォールの上のプラットフォームから空中ブランコにジャンプしようと決心した。彼は他の生徒がその活動をするのをクラスのメンバーとして見てきた。そして彼の番が来た。問題は、彼には片手しかないということであった。ニューヨークのクイーンズにある彼の学校の体育館のクライミングウォールは、"健常者"でも難しかった。しかしフランクは、そのウォールに挑戦する準備ができていた。クラス中の目が彼のクライミングに釘づけになっている。彼は天性のアスリートだ。敏速で、決断力のある彼の片手だけのクライミングは想像を絶するほど素晴らしい。壁で持ちこたえるために、彼は足でバランスを取り、片方の手が使えなくても、一本の手だけで勢いよくホールドを掴んでいく。そして彼が登っていくのを、クラスのメンバーたちがサポートしている。彼はプラットフォームに上がった。そして、空中ブランコに向かってジャンプし（肩を痛めるのでバーを掴むのではないことに注意する）。バーにタッチして、地面に降ろされた。成功したのだ！　しかし、それはフランクだけの成功ではない。彼の達成は学校中で反響を呼んだ。ディブリーフィングでは、彼への称賛が止まなかった。ファシリテーターは次にフランクの体験を他の参加者に向けることができる。「フランクは私たちに何を教えてくれるだろう？　私たちは挑戦をためらってしまうようなどんな障害を持っているだろう？」

フランクの目標は個人的なものであるが、これはグループの文脈の中で行われたことである。このグループは、グループにとって特別な意味を持つフ

ルバリューにコミットメントしたことになる。したがって彼の達成はグループの達成の一部として織り込まれている。彼は壁を登り、プラットフォームに立ったとき一人だったのではない。ディブリーフィングではフランクに注目が集まるだろう。しかし彼の成功はフルバリュー行動という文脈の中で、グループと彼自身の努力が合わさって達成されたのである。

　フランクの決断は明確で実行可能なものである。実際にその試みの価値は達成の価値と同等であり、それは、ディブリーフィングで話し合われる。その達成の意味はクラスで作られてきたフルバリューの中で活かされる。しかしフランクにとって試みることの意味は、空中ブランコにタッチするということだった。障害がある中での彼のその決断は、クラスメイトの心に深く刻まれるものだった。彼の努力によって、豊かでずっと長く生き続ける意味づけがなされたディブリーフィングになり、学校中にその影響を与えた。

　グループで目標についてディブリーフィングをするとき、次のような質問をしてみる。

- 自分の目標について話したい人はいる？　自分の目標を達成できた人はいる？
- 仲間の誰かが、目標に取り組んでいるのを見たという人はいる？
- 誰か「バディ」を組んでいる相手のことを話してくれないかな？（バディは、2人一組になってのグループワークの間、お互いの活動を見守るシステム）

　またこれをジャーナル（日誌）に書いてみるのもよいだろう。例えば紙に書いた目標を眺めて、どれくらいできたかを5分間で書いてもらう。そこからグループの前でジャーナルに書いたことを発表する。このプロセスを通して行動や態度の課題は、個々が成し遂げると同意したことの文脈の中で話し合われる。これによってグループは懲罰的な空気を回避することができる。また、フルバリューパーソナルアクションプラン（11章で説明）を使うことによってディブリーフィングを構成的に行うことができ、その周りに活動を織り込んでいく。これらは「それで？（Now What?）」について話し合うときに新しい目標を立てる際の土台となる。

> 　ビル（オルタナティブスクールの生徒）の目標はある岩壁を登ることだった。しかし一生懸命に取り組んだものの、結果は「失敗」に終わった。このためビ

ルはひどくイライラしていた。彼は成功しないと自分はダメだと思うタイプだった。ディブリーフィングでビルのパートナーは、「ビルはよく頑張った。それが一番大切なことだと思う」と話し、彼をなだめようとした。またビルが一生懸命やったことは確かだが、ここぞというときに効果的なやり方ができなかった点が問題になった。

　グループは、「落ち着いてよく考えてから動くこと。気楽にやればもっとスムーズにやれるはずだよ」とアドバイスした。ビルはこのアドバイスをもとに、目標を設定し直すことにした。そして次の週も同じ岩に挑戦した。残念ながら今回も最後まで登り切ることはできなかった。しかし彼の態度は前回とは大きく変わったのである。今回もできるだけのことをやったが、うまくいかなかった点は同じである。しかし今回、ビルはこの事実を受け入れたのである。自分にはまだ難しすぎる。たぶんもっと腕の力をつける必要があるだろう。それに禁煙するべきかもしれない。以下にあるビルの修正したパーソナルアクションプランには、新しい視点が反映されている。

何がしたい？
- ✓「ステージフォートパークの岩壁を登り切りたい」

どうしたらできる？
- ✓「みんながくれるアドバイスを聴く」

どんなサポートが必要？
- ✓「どうやって登るかについての問題解決のサポート。実際に挑戦しているときに岩壁上でのサポート」

軽んじない約束
- ✓「失敗したときも自分自身をけなさない。岩壁にも自分にも腹を立て過ぎないようにする」

達成についての証拠を見せる
- ✓「今回どんな風に登ったか」

>> スパイラルゴールのアセスメント

　スパイラルゴールは、グループの外で実践する行動や態度に関係する目標をグループの中で立てるものである。しかしその行動や態度を実践する場がグループの外であるため、モニターするのが難しい。それでも参加者がアドベンチャー体験から何かしらを学んでいれば、グループの外でも自然にスパ

イラル方向に学びを広げたり、実践できる。体験の共有を通して、グループはそれぞれが自身の目標に対して現実的な目を持っているかどうかを感じ取ることを学んでいる。グループのメンバーがグループという文脈の中で誠実に効果的に活動していたら、それぞれがグループの外の場でも同じことができる。まずは共通体験の実感値を育てるために活動の目標を立てるのが最善だろう。シンプソン（Simpson, C.）の話はこれを裏づけるものである。

「子どもたちのここ（グループ）での行動は、それがどんなに些細なことでも注意が必要です。子どもに自分の振る舞いを変える気がない場合、グループの外では中にいたときの何倍もひどいことをやるからです。そこでプログラムの最初の日から、どんなに些細なことでも否定的な行動をそのままにしておかないように教えることにしているのです」

メンバーが実際に試すグループの外の世界は、繊細な場である。それぞれの家から離れて、アドベンチャーグループという限られた空間にいるときは、スパイラルゴールはグループや実生活を通して表現される。しかし外の世界との行き来があると、もっと大きな環境でのスパイラルゴールに挑戦しなければならない。

「スパイラルすること」に関係して、アドベンチャーグループの現場の強みは明白である。この種のグループでは、支援的なバックアップやスポッターとして働くなど、グループの強みに寄りかかりながらも、外の世界の中で起こるような現実的なことを試すことができる。

参加者はどこにいようとも、新しい行動をスパイラルしていく。ディブリーフィングの中でスパイラルゴールをモニターすることは、活動の目標をモニターするのとほぼ同じことである。

　ウェンディはグループのメンバーが彼女の不器用さについてひどい扱いをしていることを明言し、彼女は自分のために立ち上がった。それは今までに見たことのない彼女の姿だった。その事について取り組み、そして質問がなされた。「他のことであなたが立ち上がって、自分自身を守れることはある？」。彼女はとたんに「私は父親がいつも押さえつけていることに疲れている。父がまたしたら、私ははっきりと言いたい」。週末の帰宅日、グループは「はっきり言う」という彼女の目標について尋ねた。ウェンディは、「私がプログラムにいることをガミガミ言ってきたら、はっきりと言う。プログラムは私の人生を救って、私はそれを誇りに思っていると」。このケースでは、ウェンディ

> はスパイラルゴールを設定した。一方で彼女には、巣立ちの試みの中で、この目標を覚えていてくれ、十分にケアをしてくれ、目標について尋ねてくれ、支えてくれるグループが必要だった。

「だから？ (So What?)」の問いかけはより包括的なスパイラルゴールでも使うことができる。ウェンディが宿泊プログラムを終える準備をしているとき、彼女はスパイラルゴールアクションプランを実行に移し始めていた（11章参照）。

❖「それで？ (Now What?)」

「それで？」の段階は、「何が？」「だから？」を使って、何かを実行する機会を与える。体験学習ではこの動きを「学びの転移」と呼んでいる。参加者は直感なのか経験なのかなどに区分けしないで、自身が学んだことを持って次へと進み、学んだことを次の活動へと活かして行く。

「転移」はグループメンバーにとっては、新しい行動や態度を思い描くことに関連している。ファシリテーターにとっては、そこで学んだことは次の活動に影響を持つ（活動は、修正、変更されることもある）。また学びは個人とグループの相互関係に対する気づきが増したことを意味している。結果がどうであれ、「何が？」「だから？」「それで？」の力は、グループの話し合いを通した体験で回っていく。そして他の側から見た、新しくて役に立つ結果が生まれる。

>>個人とグループの学びの転移

「それで？」という質問によってある活動で学んだことを「別の状況への再適用」することもできる[5]（Rhoades, 1972）。これを私たちは「転換点（トランスファーポイント）」と呼んでいる。この場合、ディブリーフィングで尋ねる質問は、具体的には次のようになる。「**ブラインドフォールドスクエア**で学んだことで、**ジャイアントパズル**に応用できることは何かな？」。ひとつの活動で身につけたことを次の活動に応用することで、メンバーは活動をひとつの流れとして理解することができる。これは経験を積んだファシリテーターなら簡単にわかるが、グループにはなかなか難しいので、わかりやすく説明するようにする。

また、「それで？」という質問は、スパイラルゴールの設定にも関連している。

体験から得たものを使って、グループの外の世界で何ができるかを考えてもらう。例えば**人の字バランス**や**サークルパス**からの**ラビテーション**で一生懸命スポッティングしたときの集中力を学校の勉強や仕事に活かすなど。

> 　ミーガンという少女の母親はアルコール中毒で毎日のように飲んで騒ぐため、ミーガンはその世話で学校を休むことが多い。グループのメンバーは最初このことを知らなかったが、ミーガンはグループの助けを必要としている。事情がはっきりすると、メンバーは彼女のために何か力になろうと話し合う。「このまま何もしなかったら、ミーガンはグループをやめなければならなくなる」
> 　ミーガンは工芸プロジェクトなどさまざまな活動で活躍している。グループにとってかけがえのないメンバーだったのである。この問題について話し合った結果、グループはひとつのコントラクト（約束）を求める。それは「これから2週間、私は学校を休みません」というものである。グループの全員がこのコントラクトに署名する。コントラクトに署名するのはグループが考えたアイデアである。
> 　ミーガンはグループのメンバーから彼女にとって必要なサポートを受け取る。もし外部の人がこのグループを客観的に測ったとしたら、まだ準備ができていない、ストーミングの段階だと判断するだろう。事実、メンバーは何かと反抗的な態度を見せている。それにも関わらず、ミーガンの問題には積極的に行動したのである。みんながミーガンに心を寄せ、彼女のスパイラルゴールをサポートしようと努力する。その発達段階から見て、グループの行動は称賛に値する。グループがこの問題を取り上げたのは、活動の後のディブリーフィングの時間のときである。彼らは活発に話し合う。「みんな、次々に話すので、とても終わりそうもなかった」。グループにディブリーフィングの指揮を取らせたことは正しい判断だった。「グループには重要な問題がたくさんある。例えばミーガンは困った問題を抱えている。みんなもいろいろな問題を抱えていると思う。でも私たちはお互いに助け合うことができる」

　ストーミングの段階にあるグループに、ディブリーフィングの指揮を取らせるのはかなりの冒険と言ってよい。もしこれが同じ段階にある別のグループだったら、果たしてミーガンのコントラクト（約束）が生まれたかどうかは疑問である。

またスパイラルゴールは現実的であることが必要である。ミーガンのケースでは、ファシリテーターはなんとかして彼女が父親や新しい継母と再び関われる方法はないかと考えた。ミーガンの計画について話し合う必要があり、そのためのサポートを必要としていた。彼女の助けになりそうなのは、ソーシャルワーカーかセラピストで、いずれもグループの外の専門家である。参加者の問題に深く立ち入るには、1対1のカウンセリングやカウンセリンググループが必要な場合が多く、アドベンチャーグループでできることは限られている。

　グループの力を使ってその問題に取り組み、そこからさらに個別のセッションに向かっていくこともできる。ただし、十分なサポートがないとスパイラルゴールの達成は難しい。例えば要求の高い仕事を斡旋する場合、メンバーと雇い主との間の調整をしない限り失敗に終わってしまう。遅刻などのミスをし、それを恥じ、そして仕事を辞めてしまうかもしれない。スパイラルのためには、まず本人が十分に準備をする必要がある。またメンバーが実社会に適応するには、グループのサポートも欠かせない。サポートが得られない場合、やってみない方がよい場合もある。もちろんサポートがあるからといって、リスクが全てなくなるわけではない。したがってファシリテーターは安全に関する最終的判断をしなければならない。グループのサポートがあれば、ビルのロッククライミングの例のように、失敗から多くを学ぶことができるのは確かだが、立ち直れないほどひどい失敗をする可能性も否定できない。

　参加者が成功体験をしている場合は特に、スパイラルゴールが次のスパイラルゴールを導いていく。カウンセリング・オン・ザ・ランはここでも有効なのである。実際、十分うまくいきそうなアイデアやプランを、メンバーが自然に選び出すことがよくある。また、必要なときにグループのサポートやフィードバックが得られれば、途中で目標を変更しても問題ない。

　ここでロッククライミングに「失敗」したビルのケースについてもう一度考えたい。その後、ビルは紹介された日本のふとん作りの仕事で成功を収めた（ふとん工場の支配人は細かく気を使ってくれる人で、グループの外へ「踏み出す」には最適な人物だった）。この成功体験でビルは自信がついたようで、ファストフードのレストランでも働き始めた。この頃のビルは学校を卒業するのを待ち切れない様子だった。しかしビルは大学でも十分やっていけそうだったので、彼にそうするよう勧めた。ロッククライミングでも、成功か失敗かは問

題ではなかった。ビルはグループの外でもロッククライミングで学んだことを活用した（ビルは最近タバコをやめた。これもグループにいたときに設定した目標である）。もちろんグループがビルを温かく見守ったことが、彼の「スパイラルアウト」の支えになったことは言うまでもない。最終的に彼は地元のコミュニティカレッジへ行くことを決めた。

話し合いを深める

　ディブリーフィングには重要な問題を開いていく力があるので、心理療法的な取り組みがなされる。人を動かさずにはおかないアドベンチャーの性質上、問題が表面化してくる。その他の問題もファシリテーターが引き出すことで明るみに出る。どちらにしてもグループが話し合いを深めるべきか、中止するべきかという判断は、ファシリテーターに委ねられている。GRABBSSアセスメントがこれらの判断の助けになる。例えばトレーニンググループの中で個人的な問題を扱うことは、契約の範囲外のため適さない。しかし心理療法のグループで特定の領域が限定されていて許可がある場合、またそうした状況で個人的な問題を扱うことが理解されている場合、ファシリテーターは活動が効果的であるように、最後までやり抜くことが求められる。

　もしファシリテーターに話し合いを深める力量があって、実際に深めることが適当であるときは、ファシリテーターはそれをためらうべきではない。多くのディブリーフィングを観察すると、一人ひとりの表現を認める傾向があると言える。しかしそうした表現はめったに追求されない。その機会はあるのだが受け取られない。ジョリーンの例がこのことをよく表している。もしカウンセラーが「すごい」という言葉の意味を見過ごしていたら、その言葉とジョリーンの孤立を関連づける機会を逃していただろう。話し合いを十分に深められないのには、恐れ、感情と向き合っていない、境界が明確になっていない、不的確なアセスメントなどさまざまな原因がある。これらは、指導者向けのトレーニングやスーパーバイザーとの関わりの中で扱われる。こうした問題に注意を向けることはアドベンチャー体験の新たな領域を開かせる。

話し合いへのカッティングオフ

　ファシリテーターがカウンセリングセッションのコントロールを維持するためには、効果的な「カッティングオフ」のテクニックが必要である。カッティングオフはグループが焦点を当てて軌道に乗っていられるようにするためのカウンセラーのコントロールスキルである。次にあげるリストは、カッティングオフが必要なグループの行動である。カウンセラーは軌道から外れるこれらの行動に気づく方法を、カッティングオフして参加者に教えている。エンパワーメントプロセスの一部として、参加者はただ話したり、ぶらぶらしたり、避けるのではなく、軌道から離れず、解決策を得たいという気持ちを明確にすることができる。カッティングオフには深めるという側面もある。集中して取り組めていない活動をカッティングオフすることで、ファシリテーターはその取り組みと共にいることができ、深めることができる。カッティングオフのスキルがなく、参加者を尊重する中で活動を引き延ばすことは、活動を間違った方向に向かわせ、当惑することになる。ジェイコブスは、ファシリテーターがカッティングオフを使いたくなるいくつかの状況をあげている[6]（Jacobs, 1994）。

1. だらだらと話しているとき
2. グループの目的に合わないコメントがあるとき
3. 不的確な発言があるとき
4. 焦点を別のところへ移す必要があるとき
5. セッションが終わりかけているとき
6. 論争しているとき
7. 助けが必要なとき

私たちがこれらに加えたものとして
8. 支配的なメンバーがグループをコントロールしているとき
9. 必要な緊張から脱線しようとする人がいるとき

　アドベンチャーアプローチは、非指示的であるが（ファシリテーターは課題解決のプロセスをずっと観察している）、ファシリテーターには常にグループとつ

ながっていて、活動的であることが求められる。ファシリテーターは安全の問題に関して非常に重要な役割を担う。また活動に参加する存在でもある。野外のあらゆる天候の中で実際に参加をしたり、ゲームを楽しんだり、リスクテイクのためのサポートをする。つまりそれらの責任を負いながら参加している。

　ファシリテーターの指示的な参加は、グループのスタート時に最も明確に現れる。この時期にはグループのスキルを教えたり、モデルを示し、そこにはグループが自分たちのプロセスに責任を持つという期待が寄せられている。グループの持つ責任が増えるにつれて、ファシリテーターは後ろに下がってグループとの間隔にゆとりをとる。もちろんファシリテーターはいつもそこにいる。しかしその存在は見えにくくなる。

　アドベンチャーのファシリテーターは、その活動が身体的、精神的に危険であるとき、それを中止する権限がある。これは常に適用されなくてならない最も基本的な指示である。この選択がなされるときは、グループのプライド、プロセス、エンパワーメントの全てが除外される。参加者は文句を言うかもしれないし、鋭く反発するかもしれない。しかしファシリテーターは、今、必要なことを実行する責任がある。これは活動の一部としてスポッターの知識を教えるだけでなく、全てのことを中止することもできる。そうして全ての事柄と人について把握したら、ファシリテーターは質問する、講義する、確認（チェックイン）する、グループコールするなど、さまざまな選択肢を使って進めていく。

　カッティングオフをグループに教えるのは、エンパワーメントの一部である。グループのメンバーがカッティングオフの必要性を理解できるなら、グループは明らかに成長している。

　以下に示すのは、状況に応じて使用する、カッティングオフの順序である。

1. 非言語のメッセージを送る
2. 割り込む
3. 考えるための時間の必要性を言う
4. ひと言で簡単にまとめるように言う
5. 焦点を変える
6. 後でもう一度戻ってくるという約束をして中断する
7. 「繰り返しの議論をしない」という土台のルールを作る

8. 話し手に、「ちょっと待ってね」と頼み、話題に戻る

新しいバリエーションと活動の計画

　「それで？ (Now What?)」の段階は、グループの次の活動を計画するのによい時期である。活動を選ぶときには次の点に注意する。グループの長期的な目的は何か？　今回のプログラムの組み立ては効果的だったか？　グループに今、必要なことは何か？　修正すべき点はあるか？　GRABBSSチェックリストから見えるものは何か？

　次の活動を選択するにあたって、グループと話し合って彼らの意見を取り入れることができる場合、これはグループの力を高める効果がある。またグループは次の活動を視覚化することができ、活動について考え、準備をすることができる。「それで？」には、希望や新しさ、よくなっていくことが込められている。夢を抱くように、まだ起きていないことをファンタジーと一緒にした方が夢中になれる。

　グループの新しい活動や新しい行動、そしてスパイラルすることは、全て「それで？」に関わる問題である。それらは、注意深く扱われる必要がある。計画段階では参加者が望んでいることと、できることや起こるべきことをはっきり見極める必要がある。新たな目標設定はよいのだが、実現可能なものでなければならない。しかし計画段階であまり現実的になりすぎると、臨機応変さや変化の機会を殺してしまう。

　「それで？」をグループの問題解決の創造的トレーニングと考える。まずメンバーに創造のプロセスを委ね、メンバーの考えを出させ、ファシリテーターは黙って見守るようにする。グループの意見がまとまらなくてもすぐに手を貸すのでなく、まず彼らを励ますこと。グループができるだけ自力でプランを立てることが望ましい。

　グループは往々にして、面白そうで高度なプランを立てがちである。あるグループがダウン症の子どもたちと、秋のひとシーズン一緒に活動したことがあった。そしてその年のクリスマスパーティに、その子どもたちを招待する計画を立てた。やることはたくさんあった。サンタクロースを誰がやるか決めなければならない。ゲームや食事、車の用意もしなければならない。も

ちろんプレゼントも忘れるわけにはいかない。別の例では、ハイキングのときに通り道を掃除するというアイデアが出た。確かによい機会だった。実際このグループは前からゴミ拾いをやらなければと考えていたのである。このようなプランを立てる場合、まず次のような点をグループに検討させる必要がある。

- その活動を実行すると、誰かの心を傷つけることはないか？
- その活動はグループの目標に合っているか？
- グループの目標を見直す必要はないか？
- その活動がグループの活動の構成の流れを断ち切って、目標が達成できなくなることはないか？

これらの点を考えに入れて、プログラムの組み立てを調整する。そしてグループの目的にかなったプログラムを組み立てる。フルバリューコントラクトの大切な役割は、その方向に沿った新しい目標を促進することである。そしてそれにはグループができることかどうかを測ることが大切になる。

「コンセクエンス（結果責任）」

「コンセクエンス」はアドベンチャーでは避けられない、起こったことに対する「結果」である。なぜならアドベンチャーは行動に基づくものであり、常に行動に対する影響と結果があるからだ。グループワークで「コンセクエンス」について語るとき、それは意味合いがせばめられて否定的な行動に対するペナルティとして使われ、矯正という意味合いの方が強くなる傾向がある。これは難しいことではあるが、大きな視点を持つことは不可能なことではない。肯定的な行動にもまた、「コンセクエンス（結果）」はある。

本来、全ての「コンセクエンス」はその性質において癒す力であるべきである。つまり、「コンセクエンス」は、学びと行動変容に向けて使われるべきである。これは肯定的・否定的な「コンセクエンス」の両方に言えることである。実際に成功する力や肯定的な道を歩く力が備わっていない人は、周りにあるはずの肯定的な行動を受け取るのが困難であることが多い。彼らの

反応は、反対に受け取って否定的に反応してしまい、結果、最も自分に馴染みのある感情につながる。

否定的な「コンセクエンス」には恥ずかしさを感じるという可能性があるが、ファシリテーターの取った行動をクライアントが内在化するのを、ファシリテーター自身がコントロールすることはできない。しかし（これは声を大にして言うが）、

- クライアントやグループに恥をかかせる罰のような「コンセクエンス」を作らない
- 「コンセクエンス」とは、学びのプロセスの一部であるべきである。正しく使われることで、自分の行動が、肯定あるいは否定の反応を導いていることを学ぶ
- 「コンセクエンス」が公正、公平に扱われると理解されれば、恥を生むことはない

>>**即時性**

全ての「コンセクエンス」は、タイミングを逃さず、定着させたい行動と強く結びつけるべきである。時間の経過は問題行動と「コンセクエンス」に必要なつながりを妨害する可能性がある。

>>**肯定的な「コンセクエンス」**

学びの体験には、クライアントの日常生活に織り込まれる肯定的な「コンセクエンス（結果責任）」を積み上げていく必要がある。それには否定的な行動に対して否定的な「コンセクエンス（結果責任）」があると教えるだけでは不十分である。クライアントには肯定的な強化を通しての学びが必要である。肯定的なグループのメンバーが、肯定的な行動を表し、目標に向けて活動するとき、彼らは肯定的な「コンセクエンス」を体験する。

❖治療的な「コンセクエンス」の種類
● 自然な「コンセクエンス」

自然な「コンセクエンス」とは、プログラムの構成要素と影響し合い、参加者が選んだ選択の結果である。これは、原因と結果の関係を持ち、それは特定の行動やその行動に関連していることからやってくる。自然な「コンセ

クエンス」の機会は、プログラムデザインの中に組み込まれることが望ましい。キャンプに必要な装備をパッキングする指示に注意を払わない参加者は、嵐の中でずぶ濡れになって快適に過ごすことはできないだろう（この種の「コンセクエンス」は安全が確保されている状態でのみ行われる）。そして、自分の選択の結果に自分で責任を取らなくてはならない。

● 課される「コンセクエンス」

課される「コンセクエンス」には、2つの型がある。具体的な「コンセクエンス」と内省的学びの「コンセクエンス」である。これらの「コンセクエンス」は、癒しの中に置かれる必要があり、変化と成長のプロセスの一部となる必要がある。「コンセクエンス」は、できる限り、カウンセリンググループのプロセスに入れることが望ましい。

● 具体的な「コンセクエンス」

参加者が違反したら、すぐに「コンセクエンス」が与えられる。よくある具体的な「コンセクエンス」は、権利を失う、短時間グループから離れる、仕事の追加などがある。このような「コンセクエンス」は、公平に短い時間で行われるべきである。

● 内省的学びの「コンセクエンス」

私たちは学びのコミュニティを育てているため、参加者はふりかえりのプロセスの中にいる。彼らは、違反について書いたり、他の人にインタビューをしたり、絵を描いたり、定義したり、関連する学習をするように求められるかもしれない。

例えば、キッチンがきれいにされていなければ、生徒は調理師にインタビューをして、清潔にしておくことについてレポートを書くように求められるかもしれない。レポートを書くことは、内省的学びの「コンセクエンス」である。参加者の間でケンカが起きているとき、対立を解消するミーティングの後、対立を解消するテクニックについてグループに発表することは、よい「コンセクエンス」になるだろう。

● グループの「コンセクエンス」

グループ全体が不適切な行動を取っている場合は、グループ全体に「コン

セクエンス」が示される必要がある。グループ全体を扱うには具体的な「コンセクエンス」の方がより簡単であるが、具体的な学びと内省的な学びの両方に触れるかもしれない。

● 拘束の使用

　拘束は最後の手段で、あらゆることが全てやり尽くされたときに使うべきである。「コントロール―エンパワーメント」のプロセスの中で生徒に自分の行動の責任を持たせるためには、スタッフのメンバーはもはや面倒を見る人というだけではなくなる。葛藤がコントロールできなくなるポイントを超えないように、仲間の参加者には葛藤に対処する手助けのための準備がなされている。

● 隔離

　大人の監督がないところでは、隔離はされるべきではない。グループとの適切な相互関係が持てない参加者は、隔離よりも分離の方が、より理にかなった「コンセクエンス」である。子どもをある状況から引き離すという方法である（教室の外の廊下で10分間いることから、24時間スタッフと共にテントで過ごすまで）。しかし子どもをグループから離している間、スタッフのメンバーはそのそばにいて、子どもの行動は制止はしないようにする。分離している間は、スタッフは、出来事、それを導いた行動と今後その子がそのような行動を回避するための方法を話し合う。この方法は、行動を減少させることと、クライアントが中心となって問題解決することの両方を扱う。

（注意：拘束と隔離は、法律や関係機関が適用している規則に当てはまる場合のみ行うべきである）

❖ **段階で仕切る方法**

　段階で仕切る方法を実行するために、各クライアントの目標について、明確なアウトラインがなくてはならない。クライアントはその目標を達成するために、何が必要なのかがわかっていなくてはならない。これはインテイクの段階ですでに行われている。最初の段階で、個人とグループの目標が明確になっていることで、彼らは成功を生み出す参加についてはっきり理解することができる。すでに述べてきた他の領域もクライアントが目標を具体的にする手助けになる。

段階を使ったシステムを実行する方法のひとつは、参加者が家（適切な場合）やコミュニティにうまく移行するための3〜4段階の階段を準備しておくというものである。段階が進むにつれ、参加者は責任と特典を得ていく。このようなシステムは、クライアントが短期間の目標を設定するのに役立つうえに、コミュニティに復帰できる行動を身につけるという長期的な目標へのステップともなる。それはどれくらい成功に近づいているかを測れるだけではなく、クライアントが適切な目標設定をするプロセスを学ぶ助けにもなる。

　第1段階では、特典はなく、全てのプログラムの参加と夜の室内学習が強制となる。
　第2段階では、特典を受けるためのポイントを得ることが含まれる。例えば映画を見るために、また午後の休み時間にバスケットボールをする、夜に共同の部屋で学習するなど。
　第3段階では、週末に自宅に帰ったり、プログラムの中でお金を手に入れる仕事をしてポイントを得ることが含まれる。仕事では時間通りに現場に行く、仕事上の責任を果たす、プログラムの全ての責任を果たすなどが要求される。
　第4段階では、地域の学校に行くことが含まれる（プログラムの水準や種類を考慮して許される場合）。

　クライアントがあるレベルから次の段階へ移る準備ができたと感じるには、今いるレベルでの目標が全て達成されているかを確認する必要がある。これはプログラムがスタートするときに設定された個人とグループの目標をもとに、擁護者と生徒によってチェックリストを使って行われる。短期目標の達成について合意されたら、その生徒は以下のようなグループへの説明を用意しなくてはならない。

1. なぜ、どのように目標を達成したのか
2. 次のプログラムの段階に移っていく準備ができたと言える理由
3. 次の段階で要求されることにどうのように応えていこうとしているのか

　グループは、その申し出に賛成か反対かを、具体的な理由をつけて示さなくてはならない。合意が得られたら、次の段階へと移っていく。

ディブリーフィング（ふりかえり）の活動

　ファシリテーターが情報を収集して、グループの鍵となる問題を明確に理解していても、その情報が共有されず使われなければ、ファシリテーターは大量に瓶詰めされた洞察と懸念を持ったただの観察者である。ファシリテーターの技はここで発揮される。E. ジェイコブズ（Jacobs, E.）は、こうした技にシンプルな枠組みを提供している。彼は、それを「ドローイングアウト」(引き出す)、「カッティングオフ」(切り込む)と呼んでいる（「カッティングオフ」はすでに説明している）。ジェイコブズは、この２分法を著書『Group Counseling』[7]（Jacobs, 1994）の中で述べている。グループを管理する際、ファシリテーターは生産的な活動を引き出すと同時に、とりとめのない非生産的な会話に切り込んでいくことが求められる。このバランスを保つのは、一種のアートである。

　イニシアティブとしてのディブリーフィングはグループの話し合いになるため、「ドローイングアウト」(引き出す)のテクニックは、ABCの実践者にとって有効な手段である。ファシリテーターは問題をそこに投げ入れ、グループのメンバーがその答えを探し出さなければならない。

　この章ではその大半を、グループの話し合いを引き出すということに焦点を当てていく。ジェイコブズは、焦点を絞った質問をする「直接の方法」(グループマネージメント)と「２人組、輪になって集まる、書く活動」に分けられている「間接の方法」(活動)を唱えている。ファシリテーターは、小物を使って間接の方法を広げることができる。例えばモールを使う、彫刻を作る、ビデオを撮るなど。あらゆる直接、間接の方法を自由に使えるようになることは、ファシリテーターにとって非常に役立つ。こうした方法を使いこなすことで、真の相互作用が発展する。間接の方法は話し合いの促進に使うことができ、直接の方法は、間接の方法の後に続けて、話し合いを活発にし、まとめあげることができる。実際にこれらの融合がなければ、間接の方法の活動は、カウンセリングに基づく重要なインパクトがないまま、単なる活動としてしか残らない。

　ディブリーフィング初心者の多くは、体験を深く洞察することなく、ただ表面をすくうだけになってしまっている。たくさんの人がたくさん話すのがよいディブリーフィングだと考えているファシリテーターも多い。しかし本

当に重要なのは会話の本質である。乗り気でない参加者も、グループに規範が浸透していく空気を感じ取ると、その規範が全てではないと知って、それを受け入れようとする。ディブリーフィングで**ゴーアラウンド**（1人1語を回していく）をするときに、共通して出てくるものには、「協力」「信頼」「達成」「乗り越える」「楽しむ」などがある。この表面的な会話を掘り下げていくことはなかなか大変である。ファシリテーターは、話し合いが進行していって欲しいと願う一方で、その話し合いが真の意味を持つように発展させる必要がある。また話し合いをグループと個人の適切な領域の中で行っていけるように、守りの要素も入れなくてはならない。ディブリーフィングには全体性があるべきである。ファシリテーターは話し合いを進行させるが、それは同時にそれが何かを意味し、どこかへ向かうものにしなければならない。これはグループの理解にも重要であり、グループという文脈の中で行われた個人の活動にとっても重要である。もちろんディブリーフィングで「どこかへ向かう」ということは、話し合いが変化のプロセスと共鳴し、内面に染み込んでいく必要があるという意味である。グループにその準備ができていないとき、あるいは単にその機会に対応することができないときは、無理をしないのがベストである。ディブリーフィングの管理は、活動と同じくらい重要である。これは、解決していない治療的な問題を開いてしまって心理的なダメージを受けるのを抑止する。

　ディブリーフィングの中で活動（アクティビティ）を使うことには、いくつかの利点がある。まず、そのような活動は「民主的」である。つまりグループの一人ひとりの価値を認めている。全員が深い関わりを持つ機会がなくても、少なくとも自分のことを聞いてもらえるチャンスがあるのだ。2つめに誰にも焦点が当たらない。3つめにこれらの活動は会話を深める素材を提供する。活動は重要なカウンセリングの問題や領域を明らかにするための手段である。4つめにディブリーフィングの活動はエンパワーメントの体験を提供する。ファシリテーターが「誰か、ここにある言葉やフレーズ、シンボル、彫刻について質問がある人はいますか？」と尋ねるとき、それはより深い話し合いを導く。ファシリテーターは話の焦点を変える選択肢を持っている。しかしグループは自分たちの解決すべき問題に取り組むための驚くべき力を持っている。

❖ **輪になる**

「輪」という名の通り、グループは輪になって活動を行う。あらゆる話し合いの活動を使って、輪の中のある人から、次の人へとぐるっと回していく。

● **説明文**

グループの全員が説明する文章、あるいは一語を言う[8]（Bacon, 1983）。これによって、ある状態や、ある体験に絞った描写ができる。例えば、ファシリテーターは**毒ピーナッツバターの落とし穴**（穴を超えて、こぼさないように血清を手に入れる）で、活動全体の描写ではなく、達成の場面だけを取り上げて描写することができる。

● **強い願い、必要不可欠なもの、重荷**

それぞれの参加者は、これら3つの項目のどれかひとつを選ぶ。例えば、ファシリテーターは、こんな風に言う。「他の人からの承認を受けることは、あなたの強く願うもの、必要不可欠なもの、重荷のどれでしょう？」。承認が大切かどうか、を直接的に尋ねるのではなく、質的な描写が参加者同士をつなぐ接点になる[9]（Jacobs, 1994）。

● **物語を作る**

グループのメンバーのひとり、あるいはファシリテーターが、最初に文を作り、メンバーが次々にその文に付け加えていく。「文章で作られた物語」ができていく中で、参加者はできるだけたくさんの情報を、「それから」「そして」を使って付け加えなくてならない。せき立てる感じもあるが、やりがいもある。

● **キーワード**

ファシリテーターは、「この体験を表す一語を考えてください」と言う。キーワードは問題の核心をつく効果がある。キーワードになりそうな言葉に対しては、「ロブの言葉に質問がある人はいませんか？」などと問いかけて広がりを持たせることもできる。

● **メモリーゲーム**（出来事の流れ）

ファシリテーターは次のような説明で始める。「誰かが、私たちが共有し

た体験の中で起こった出来事を詳しく説明することから始めます。全員が注意深くそれを聴きます。グループの誰かが、話し手の言い忘れに気づいたら、"ちょっと待って！"と言って、言い忘れたことを補足します。そして、"ちょっと待って！"と言った人がその後の説明を続けます……」[10] (Quinsland and Ginkel, 1984)

● 確認のサークル

ファシリテーターから指示を出して、グループのメンバーが**ゴーアラウンド**のやり方で他のメンバーに対する肯定的なフィードバックをする。ここでは、一人ひとりが肯定的に扱われる。

● ホイップ

例えば、「……が嬉しかった」で終わる文章を一人ひとりに順番に言ってもらう。このような「ホイップ」がさっと手際よく進められると、メンバーをリラックスさせると同時に、話し合いに集中させる効果がある。全員に少しずつ感想を述べさせて、それぞれが感じたことをもっと話すきっかけにする」[11] (Quinsland and Van Ginkel, 1984)。また、「……が嬉しかった」という言葉は、肯定的な感情に目を向けているのでディブリーフィングでも心に留めておくべきだ。プログラムでは可能な限り肯定的であることを重視している。「おまえはダメだ」という否定的な姿勢は、簡単にグループに広がってしまう。

❖ 体験を採点する

グループに体験を評価させることは、似たような評価がされた経験 —— 例えば、授業でのAからFまでの評価を思い起こさせる。

● 親指メーター（上、下、横）

どういうわけか親指は世界共通のインジケーターになっている。親指には語る言葉がある。親指は手が機能的に動くために非常に重要な役割があり、人類の発展において重要な意味を持っている。例えば、親指を上げるのは、準備、状態が「全て順調」という普遍的なシンボルで、親指を下げるのは、悪い、うまくいかない、失敗のシンボルである。親指には採点や測定の尺度としての普遍性がある。指が真上になっている、少し下がっている、4分の

3が下がっている、下降部分、あるいは、真下になっていることが、何を意味しているのかを質問することもできる。

● 電極の「正極」「負極」と中間

ここでは電気を共通基準にして「両極」で表す尺度を使う。この尺度では、「中間」は、質的に条件を満たしていないことを示し、中立的な立場だが、よく質問される。「中間というのはどういう意味？　何か意見はない？」というように。

● ギア（ロー、セカンド、3速、4速、5速、バック、フットブレーキ、サイドブレーキ）

車と機械、スピードとパワー。このイメージは多くの参加者を、強く、幅広く引きつける。また、「今日のあなたの機械の調子はどう？　チューンナップが必要？　それとも調子いい？」というような比喩的な言葉にふくらますことができる。

● 1〜10のランキング

参加者は、自分が選んだ数字の場所に立ったり、指で当てはまる数字を表して、体験や感情をランキングする。ファシリテーターは、楽観的か悲観的、参加の度合い、いい感じがするか、いやな感じがするかというような質的なことに対してランキングさせることもできる。これらは全て短時間ででき、少なくとも最初の段階では言葉を必要とせずに、直感的な評価ができるテクニックである。ランキングは、その後の質問や話し合いを導いたり、彼らがそのときどのような状態であったかを残しておくことができる（「親指が横を向いたままというのは何を意味する？」あるいは、「この体験をよりよいものにするためには、次はどうしたらいい？」というように）。

● ギャップ分析

「ギャップ」（望むことと起こっていることの差）は、空虚感を生むが、それは同時に可能性でもある。何がないかを考えることは、何があるべきかを考えることと関連している。何が足りないかを話し合えば、深く限りない不満の穴に落ちることはない。「ギャップを埋めていく」という解決の必要性は常にある。

●温度計

　温度計はその性質から、体験を表すにはとてもよい尺度である。グループは「暑い―暖かい―涼しい―寒い」、を使って、あるいは実際に温度計の温度を指し示してランキングする。いずれのやり方でもその温度を感じることができる。

●色カード

　色は、さまざまな感情を思い起こさせる。ファシリテーターは、赤、青、緑、紫といった感情を思い起こさせる色のカードを用意する。参加者は活動に参加しているときどんな気持ちだったかを色で選び、どうしてそれを選んだかを説明する。カードの多様さは、抽象的な思考を手助けする。

❖ 役割

　ファシリテーターは、以下の対照的な役割を示す。参加者はその役割を、自分自身あるいはお互いに割り当てる。

●「ハンマー」と「釘」

　参加者は、「誰の意見も聞こうとしなかったとき、私はハンマーのようだ」と言うかもしれない。また別の人は「私は何も言わなかったので、何をすべきかをみんなに言わせていた。私は、釘みたいだったかもしれないな」と言うかもしれない。

●「助ける人」と「助けられる人」

　助けると助けられるは、同等の価値がある。自分がどの立場であったかを認識することによって、私たちは最も基本的な人間関係の形と関連づけることができる。

●「リーダー」と「フォロワー」

　助けると助けられると同じように、この2つはセットになっている。しかしどちらに偏っているかという審判がなされる傾向がある。これらのどちらであるか（あるいは両方であるか）を認識することによって、参加者は力強い話し合いに入っていくことができる。

●「犠牲者」と「加害者」

　この役割を示す前には注意が必要である。どちらの役割もグループのメンバーに選択されるべきではない。グループの中で加害者を見つけることができなくても、自分が犠牲になっていると感じているメンバーがいることもある。そこで、実際に加害者がいないのに、なぜ犠牲になっているという気もちが生まれるのかという話し合いをすることもできる。

●「ディレクター」と「観客」

　これは観客がより受け身で行動的でないことを除けば、リーダーとフォロワーに似ている（例えば、**ブラインドスクエア**をしていて、仲間のメンバーが全く話をせず、チームのリーダー自身が活動を「指示している」と気づいたら、彼に全ての仕事をやらせてみる。グループを観客として見ることは劇的な洞察であり、自分のリーダーシップの習慣を変化させることと向き合うことになる）。

●「話し手」と「聞き手」

　常に話し手である、あるいは常に聞き手であることは、バランスを崩した関係である。これらの役割を探求することによって、参加者は互いから学ぶこと、思いを行動にすること、立ち止まって互いに、あるいは自分自身に耳を傾けることを学ぶ。

●「思考派」と「行動派」

　話し手と聞き手に似たところがあり、この2つは異なる学びのスタイルを示している。ある人は、後ろに座って問題を分析することによって学びを深めることができる。またある人は、そこに飛び込んで、経験した方がより学ぶことができる。どちらの方法も効果的であるが、それに対する理解と応用がなくては、思考派も行動派も決まりきった役割から動けなくなってしまう。一方で、それらをカテゴリーに当てはめることによって、可能性や変化の方法と向き合うことができる。

●「働く人」と「見ている人」

　働くことは、私たちの社会の中で高い価値がある。自分を働く人と見るか、見ていて話し合う素材を提供する人と見るか。働くとは何だろう？　どのように重要なのだろう？　見ていることに価値はあるだろうか？　なぜそうな

のだろう？　あるいは、なぜそうでないのだろう？

● 「母親」「父親」「子ども」
　これらの古典的な役割は、グループ活動にどのように参加しているかで探ることができる。そして家族という集団の中での経験を、参加者はどう使っているのかという有益な洞察が得られる。また、その中で参加者は、これらの役割をこれまでとは異なった（より肯定的な）見方で定義し直すことができる。

● 「共依存」と「イネイブラー」
　これらは助けにならないときに手助けすることと関連している。したがって「助ける人」と「助けられる人」に絡めて探っていくべきである。誰かのために何かをするということは、他者の力を取り上げることであり、それはエンパワーメントではない。例えば、友だちへの気づかいは、何度も繰り返し助けるという、賢明とは言えない判断を導く可能性がある。

● 「アイデアパーソン」
　「言えなかったアイデアがある人はいますか？」「アイデアを活かしていましたか？」「どうせ言ってもできないだろうと思っていたアイデアはありますか？」

● 「アジテーター」（かくはん器）
　これは洗濯機の回転である（そう言われてきた）。洗濯機は、振り動かして、石けんを布に染み込ませ、服をきれいにする。それはいいことであるのだが、グループではそれがあまりに困難で、痛みを伴うため、きれいにしようとしたがらない。だから、アジテーターはよく否定的な刺激物としてレッテルを貼られることがある。しかし、アジテーターとしていること、難しい質問をすること、真実を追究すること、グループの中でリスクを負うことを学ぶのは、重要な役割である。

● 「グループの車」
　もしグループが車だとしたら、それぞれのメンバーは、ホイール、ウインドシェイド、ミラー、ガスタンク、ガソリン、スパークプラグ、シート、ラ

ジオのどれに例えることができるだろう？（このアプローチは家を比喩に使うこともできる）　役割の発見の可能性は尽きることがない。

　こうした役割をカードに書いておくと役に立つ。グループのメンバーは、それぞれの役割に最も合うカードを選ぶ。役割をグループでブレーンストーミングすることもできる。

❖ シンボル（象徴）

　シンボルについては、他の活動にはない触覚を使う創造的な活動を使っている。そのうえ、「よい」「悪い」といった判断基準を持たないため、参加者は自分にとって意味のある方法で問題を探っていくことができる。忘れてならないのは、シンボルの裏にある意味が重要であるということだ。私たちが出会った最も重要なシンボルのひとつは、ある参加者がモールで作ったものである。これはモールで何かを作るのではなく、彼女はそれをまっすぐの状態でグループの輪の中に投げ入れ、こう言った。「この活動と全くつながっていない感じがしたから、私のシンボルには何も表れていないの」。このことは、つながり、関わり合うこと、つながっていないことについての生の話し合いを生み出した。そこで話されたのは、なぜ彼女はつながっていないと感じたのか、他の参加者の体験、彼女に他のやり方はなかったか、彼女の被害者を装った態度についてだった。それぞれのシンボルは作者が語るのに役立つばかりでなく、他のグループのメンバーも見たり、コメントをしたり、関連づけることができる。そして「彫刻家」（作者）の多くは気づいていないことが多いので、重要なフィードバックのチャンスである。

● モール彫刻

　モールは簡単に手に入り、参加者が「持ち帰る」（記念品）ことができる。モールの本数は、1人につき1～2本を限度とするのがベストである。それ以上になると、複雑すぎるものになってしまう。

● 粘土

　子どもの頃、誰もが粘土を使ったことがあるので、その感覚や匂いには懐かしさがある。投げて使ったりせず、またきれいな状態に保っておかなくてはならない（ふりかえりの道具を入れたバッグにいつも持ち歩いていると、きれいな粘土を参加者に渡すどころか、岩のかけらのようなくずに遭遇するだけある）。

● 自然から持ってきたもの

　枝、苔、岩、樹皮や切れっ端を使うため、この活動は野外で行うのが最も適している。しかし、チョーク、椅子、紙、部屋の写真など室内のものも使える。これらのものは必ずしも持ってくる必要はなく、写し取ったり、説明したり（熱さ、冷たさなど）できる。

● ストーンヘンジ（石の彫刻）

　石を積み上げてバランスを保つことは、やりがいがあり、人を惹きつけ、潜在的に意味深い活動である。とりわけ石を積んでいる間、その石の意味について思いを巡らせているときは。人生のステージ、目的、リスク、体験と役割、それら全ての事柄を、石を積むという活動の素材として見ることができる。

● 動物（自分を動物に例えると？）

　参加者は活動の中で、最も魅力的だった、あるいは最も困難だった場面を表す動物の動きを選択する。この活動自体が立派なアドベンチャー活動になる可能性がある。

● 個人の彫刻

　この活動にはストーンヘンジと同じような特性がある。しかし、枝、苔、缶などさまざまな素材を使う（この活動とストーンヘンジを組み合わせることもできる）。

● ビデオ撮影

　ビデオ撮影には、現実をありのままに映し出すシネマ・ヴェリテ（ドキュメント風の映画制作手法）のような側面がある。カメラ側の参加者は意味深い話し合いを引き出す刺激的なテーマを探している。アドベンチャーのセッションを録画するということは、フィルムに記録された事実を避けることができないため、絶対的な真実を語ることでもある。

● 写真

　写真を撮るのは、昔からずっと好まれている活動である。静物の白黒のイメージは体験の映像が「一時停止」しているような効果になる。

● コラージュ（グループまたは別のやり方で）
　コラージュは多様さを提供する。テーマはさまざまな治療的な問題から作ることができる（成功、精神性、関係性など）。

● ライフライン
　横線は、人の人生を表すことができる。線の上は、主な人生の出来事、線の下は、それらの出来事に関する感情的な反応を言葉で書いたり、線で描いたりする。この活動の利点は、反応が言葉でも表象でも可能であることだ。グループ体験の中のある出来事を取り上げて行うこともできる。

● ジェノグラム
　その人の発達に影響を与えた鍵となる問題に触れた、家族の歴史の中の相互関係を表したものである。通常この活動は、セラピストが事例を図式化するために行うものであるが、個人の参加者同士のつながりにも使うことができる。

● ふせん紙
　参加者に、ふせん紙を使って大切な学びの部分をふりかえるように言い、書いたものを壁や紙に貼り出す（サインはしてもしなくてもよい）。

● ビーイング
　ブリーフィングの章でも述べたように、**ビーイング**は模造紙にグループのメンバーをなぞる。なぞった人型が、グループの象徴になる。肯定的な行動・態度がビーイングの内側に、否定的なものが外側に言葉や絵で書かれる。これによってグループの行動・態度が集結する場ができる（この活動はグループの中に虐待の問題と関わっている参加者がいる場合は、適さないかもしれないということを、改めて記しておく）。

● グループの旗または絵
　この創作も**ビーイング**の流れを汲むものである。参加者はマーカーと紙を使って、グループの体験の評価を描いていく。旗は持ち運ぶことができる。絵はそれぞれの感じたことを持ち寄ることができる。また、さまざまな要素が含まれたコラージュをすることもできる。

● ゴミ箱

「好きなこと、嫌いなことを紙に書いて、否定的なものを火の中かゴミ箱に入れましょう」。これは、グループのメンバーが、望まない昔の行動や体験を処理するための最も効果的な方法である。

● どう見えて、どう聞こえて、どう感じるか

（ブリーフィングの章ですでに紹介しているが、ディブリーフィングでも有効に使うことができる）

言葉は共通理解の象徴である。この活動では、参加者は「どう見えて、どう聞こえて、どう感じるか」という3つの項目について取り組むことで、鍵となるコンセプトを言葉やフレーズで表現し、定義する機会が与えられる。参加者は、見る、聞く、感じることから生まれた考えや気持ちがどのようなものであるかを、模造紙とマーカーを使って書いていく。グループは自分たちが定義するための言葉を選び、その言葉の意味から感じることを話し合う。言葉を定義していく過程で、グループは日常で表面的に使っている言葉を深く探ることになる。そのためこの活動は、ファシリテーターにとっても体験を深める機会になる。

● 読みものと書くこと

実体験（doing）の中で、状況に合った読み聞かせをしておくと、ディブリーフィングの会話を刺激する。オルソンの「パドルの感覚の魔法」を例にあげてみよう。

> パドルを漕ぐ感覚とカヌーの動きには、魔法がある。その魔法は、道のり、アドベンチャー、孤独、平和でできている。カヌーが進む道は、忘れかけた原生の地と自由への道である。それは不安定に対抗するもの、過ぎ去った年月という水路を開く扉、深みがあり永遠に心が満たされる生き方である。人が自分のカヌーの一部になるとき、それはこれまでに出会った全てのカヌーの一部になるということである[12]（Olson, 1956）。

この読みものは、大自然の中で活動することの「なぜ？」を洞察している。ファシリテーターがこの読みものを選んだのは、グループが盛り上がり、気持ちが高揚するような体験をしてきたため、「水路を開く」という比喩に焦

点を当てたかったからだろう。
　PA, Inc.が出版している『Gold Nuggets』は、テーマに沿った読みものが掲載されている。ファシリテーターは、テーマから読みものを選択して使うことができる。テーマは、コミットメント、コミュニティ、ユーモア、旅、リーダーシップ、バリューである。コミュニティのテーマの中の読みものは、関係性と陥りがちな過ちについて語っている。

> 　他者の自由はその人の性質、個性、才能の全てを意味している。そこには、その人の弱さ、風変わりなところも含まれていて、それらは忍耐の試練を引き起こし、葛藤や対立、衝突を生み出す。他者の重荷に耐えるということは、その人によって生み出された現実に関わり、それを受け入れ、支援していくこと、そして、それに耐えながら、私たちが楽しめることを見つけ出すということである[13]（Bonhoeffer, 1954）。

　ボンヘッファーの引用は、グループが多様性に焦点を当てる読みものの例である。ファシリテーターが、セッションのひとコマをスポッティングについて教えることに費やし、**テンショントラバース**でそのスキルを活用したとする。スポッターとして「他者の重荷に耐える」のはどういう意味か質問することによって、ファシリテーターはその活動を思い出させ、人間性の複雑さをほのめかしている。
　読みものを使うことによって、ファシリテーターは、文学の世界の中で利用できるものの一部を引き出すことができる。彼らは、もう一度ふりかえって強めていきたいバリュー（価値）を強化するために、外部にある威光のようなものを引き合いに出している。活動としての読みものには、活動に関しての短い文章を書く、ペアのふりかえりとその報告、読みものを印刷してグループ全員で**ゴーアラウンド**の方法で読む、単語についての説明、グループのある体験についての話し合いを刺激するなどがあり、その他多くの可能性がある。

●記事（雑誌・新聞・インターネット）
　社会科の教師に欠かせない。最新の新聞や雑誌は、参加者が体験と外の世界を関連づける助けになる。ファシリテーターは、時事問題、見出し、写真、物語、またそれら要素の全てを使うことができる。

● ジャーナル（日誌）を書くこととシェアすること

　ジャーナル（日誌）は活動を明確化し、深めるために使われてきた、伝統的な手法である。これはグループのメンバーによる体験の直接の報告である。つまり、これ以上価値のあるものはない。実体験（doing）で語られたこと、グループの体験についてジャーナルを書くことによって、参加者全員がひとつになり、共通理解を探ることができる。

　読みものは生徒がジャーナルを書く参考にもなる。読みものとして、優れた作家（例えばソローやエドワード・アビーなど）が書いた日記をここで取り上げる。必ずしも作家の日記でなくても、アドベンチャーグループの過去の参加者や現在のメンバーが書いたジャーナルを（許可を得て）引用するのもひとつの方法である。生徒たちが活動のプロセスや問題点を理解するうえで格好の題材になる。

　ジャーナルにはいろいろな使い道がある。学級日誌（ジャーナル）を置くのもよいし、1人1冊ずつ持って何でも思いついたことを書くのに使ってもよい。街についての調べ学習や環境についての授業でノートとして使ったり、意見を書いたりするのに使うこともできる。ソロの時間や活動の合間を利用すれば、生徒はゆっくり腰を落ち着けてジャーナルを書くことができるだろう。ファシリテーターが生徒の日誌を読んで、何か感想を書くことにしてもよい。必ずしもファシリテーターが読む必要はないが、ジャーナルもグループ活動の一環なので、メンバーにはきちんとジャーナルを書かせる。ただしプライバシーに関わるので、読まれたくないという生徒には決して無理強いをするべきではない。

　グループを離れてもジャーナルを書く習慣を忘れないよう、メンバーに伝えることも大切である。自分の感じたことや考えたこと、いろいろな出来事などを素直に書いたジャーナルは、一生の宝である。

　次にあげるのは、オルタナティブプログラムの生徒が書いたジャーナルの一節である。この生徒はグロースター・ミュージアム・スクールがスポンサーになった「フォークライフ・フェスティバル」にボランティアとして参加した。

　　この前の土曜日は、本当に大変だった。朝からその日一日やり通すだけのエネルギーが出るのか心配だった。正直言うと、あんなに大変だとは思って

いなかった。とにかくびっくり。あんまり熱気がすごいので、僕の髪の毛はほとんど逆立ってしまっていた。会場を全部回って見て、全部やってみたいと思ってたけど、そうはいかなかった。みんなそこにいて懸命にやっていた。そのときの感動を言葉で表すのはとても難しい。期待がどんどん高まって、会場は興奮のるつぼになった。僕は人の群れの中でもみくちゃにされた。みんな自分のやっていることに夢中で、周りのことなど気にも留めていないようだった。でも無意識的にか意識的にか、みんなは同じ目的のために働いていた。何もかもが互いに調和していた。でも一人ひとりが違う楽器で、それぞれのブースはシンフォニーで違うセクションを担当している、そんな感じだった。そして、それが一体になって人々の心を打つ素晴らしい音を作り出している。会場でも言ったけど、もう一度言いたい──あれは衝撃的だった。本当に楽しかった。準備には苦労した。でもそれは全然問題じゃない。僕は十分すぎるぐらい報われた。一番気に入ったブースは、貝殻の細工物だ。僕もやってみたかった。

　別のオルタナティブプログラムの生徒のジャーナルではかなりプライベートな問題が書かれている。この生徒は、スタッフに知ってもらいたいと思って書いたようである（生徒たちが読まれたくないと思うページは、ホッチキスでとめられているか、「極秘」と書かれている）。

　　実はお酒のことで何回か嫌なことがありました。私の両親はアルコール中毒です。小さい頃から慣れていますが、それでもときどきうんざりします。2人とも脳までやられているので、普通に話もできません。2人ともだんだんおかしくなっているみたいです。別に同情して欲しいわけではありません。だってアルコール中毒の親を持ったのは、私が最初でも最後でもないからです。親が本当のことを言っているのか、嘘をついているのかまるでわかりません。だからいつの間にか2人のことを信用できなくなりました。お酒に暴力はつきものです。前に父が酔っ払った母を殴って、もう少しで歯を折るところでした。私はそっと家の外に出て、その晩はトラックの中で寝ました。2人がケンカしても、私は知らん顔でどちらの肩も持たないようにしています。2人の一番の問題点はアル中だと認めないので、助けを求めようとしないところだと思います。この町では未成年の飲酒がとてもひどいのです。私の友だちの中にも、大人になったら、私の親みたいにアル中になる人がいるかもしれま

> せん。私と同じ目に合う子どもがきっと出てくると思います。

　有名な作家や偉人が書いた日記やアドベンチャーグループの参加者のジャーナル、またはファシリテーター自身のジャーナルを読みものとして使って、努力することがいかに大切なことか、メンバーに伝えることができるだろう。読みものはコピーして全員に配れば、いつでも読み返せるので便利である。またメンバー一人ひとりのジャーナルをグループで読むことができれば、お互いの理解と共感を深めるまたとない体験になるはずである。

　中学校でグループ活動を学ぶグループの参加者は、PAのロープスコースで過ごした時間についてこう書いている。

> 　私は、全部挑戦してみたかったけど、みんなはふざけ合っていた。だから私はいつものように、具合が悪いふりをした。本当は、なんでもなかったんだけど。

　この短いメモは、彼女がこの体験が安全でないものになるかもしれないと表現していると同時に、カウンセリンググループの中で起こっていることを明らかにしている。そして、ファシリテーターは、次のディブリーフィングでこのメモをどう扱うか、あるいはこの先のリーダーシップで使う重要な情報としてファイルしておくかの選択を迫られている（その子に対する個人的な対処も）。

● ゲシュタルト（Gestalt）・ジャーナルライティング
　ゲシュタルトでは話したり書いたりすることを全て現在形で行う。「私は今、木に打ち込んであるペグを登っています。怖くて膝ががくがくしています」という具合に実況中継のように話す。現在形を使うことによって、追体験をよりリアルに実感することができる。このゲシュタルトの方法でジャーナルを書くのもよい。ディブリーフィングの5分間を使って、この方法で全員に何か書いてもらい、その始めの部分を発表してもらうのもよい。
　また、記録を読んだり、あるいは家に持って帰って、また次の日に読むために持ってくることもできる。色あせ始めた体験をまた人生に戻すことができるとは、驚きである。ファシリテーターは、「私は──だった」ではなく

「私は──だ」と現在形で考えることを伝える。ジャーナルを書く別の方法でも、一般的には過去形の表記が使われるようなものも、「何が起こっているか」というように現在形が使われている。最も鮮明に覚えている体験について書くこともある。

●ファスタルト（Fustalt）・ジャーナルライティング

　参加者はゲシュタルトでふりかえり、同じように現在形で考えるのだが、過去の出来事ではなく、未来のことについて書く。これは視覚化し、未来を現在に持ち込むという、効果的な目標設定のテクニックである。ここでもファシリテーターは現在形を使うこと強調する。「私は自動車工場で働いている。私はマネージャーに尋ねている。私は彼が出した求人広告のことを尋ねている……」

●自分や他者に手紙を書く

　手紙には深い関係性という特性がある。これは現在の体験にも未来の体験にも使える。住所が書かれ、切手が貼られ、投函された手紙は、一週間あるいは一ヶ月先の未来に、意味深い恵みを与えてくれる。生徒に、自分自身に宛てた手紙を書かせることもできるし、またグループが他のグループに宛てて手紙を書くこともできる。

●ヘッドライン（新聞の見出し）

　参加者はアドベンチャーの関連したイベントとその解説を新聞の見出しにする。例えば、「ウェンディがしゃべる！」（サブタイトルもつけて）。「グループはもう彼女を萎縮させるようなことはしない。彼女は**パイプライン**の解決の糸口を見つけたのだ」

●バンパーステッカー（車に貼るステッカー）

　この活動は、**ヘッドライン**と似ているが、より謎めいたメッセージにする。「罪からの解放──毒性のない、自己への赦しの薬」

●文を作る

　ゴーアラウンドにとてもよく似ているが、書くことで表現する。

● 物語を作る
　この活動はひとつの物語である。グループは物語を作り、伝えていく（1人1文ずつ、つなげていくということを除けば、文を作る活動に似ている）。

● イメージを導く
　ファシリテーターは、参加者に目を閉じてアドベンチャー体験の中の最もパワフルなイメージをたどっていくように話す。参加者は、共に過ごした時間に戻ることができる。

● 風景
　ファシリテーターは「あなたの体験をふりかえる旅に出ましょう。あなたの心に浮かぶ窓から何が見えますか？」と言う。

● スナップショット
　これは写真をイメージしたもので、**ヒューマンカメラ**の活動の中で効果的に使われる。1人の参加者がある特定のものや風景に「焦点を合わせ」（目を閉じて）、シャッタースピードの号令を受けて（カメラのように）目を開ける。カメラマン役の参加者は、心のカメラで風景や場面の写真を撮る。撮った写真は、後でグループのふりかえりに使われる。

● ポストカード
　ポストカードを作るとき、参加者は、(1)絵を作り（「何が？」）、(2)見出しをつけ（「だから？」）、(3)体験を通して行くべき場所（目標に基づく「それで？」）を書く。

❖ 2人、3人、小グループ、ベースチーム、エキスパートチーム
● 結果報告
　この活動では、小グループになった参加者が、さまざまな気づきをグループ全体に報告する。

● ヒューマンカメラ（トラストウォークのバリエーション）
　この活動はすでに紹介している。ここではファシリテーターは指示的になることでグループの活動に関連するテーマの写真を手に入れることができる

(これはディブリーフィングで使われる)。カメラとカメラを操作する人が見ているものには必ず不一致があり、それは認識、視点、違いについて、よい会話を生む。この写真はより大きなグループで報告される。

❖ 感情

● 感情カード（フィーリングマーケットプレイスカード™／i amagram™）

これらのカードあるいは似たような別のカードでさまざまな活動ができる。シャッフルして配られたカードを参加者がお互いに交換して、自分の体験についての物語を作るという方法もある。感情に関する言葉とそれを表すイラストが描かれた、「フィーリングマーケットプレイスカード」も人気がある。例えば、プレッシャーという言葉は、明らかに悩んでいる様子の人の頭の上に、古びて固まったスクリューがねじ込まれている様子で表現されている。「i amagram」は写真を使うことによって、幅広い感情を引き出し、個人やグループでの話をしやすくさせる。これらのカードは自分で作ることもできるし、PA, Inc.（アメリカ）で購入することもできる（訳注：PAJでは、オリジナルのふりかえりカード（フルバリューカード、しらないカード）を販売している）。

● 核となる感情

グループの核となる感情を確認すること、とりわけ、彼らが抱えている問題を読み解き、それを描写することは非常に有効である（3章のP.メロディの核となる感情を参照）。

活動に関連した「感情の確認（チェックイン）」をすることで、パワフルなディブリーフィングを生み出すことができる。

ブラインドスクエアをした後に、エミリーは、感情のチャートを見て言った。「私は孤独と恐れを感じていた。そしてそれが去っていくと、私は誇りを感じた」。グループの他のメンバーも、彼女の孤独を感じていた。「核となる感情」の表を見ると、孤独にも肯定的な特性があるのは明らかである。つまり他者とのつながりと他者との違いである。このことは彼女が孤立するような場面で孤独に陥ったとき、どうすればよいかという選択肢を話し合うきっかけになった（彼女は活動中、全く言葉を発しなかったということは、記録に値する）。

● 表情

　どう感じているかを表情で表す。これによって話し合いに活気が出て、ユーモアもあり、グループの感情に焦点を当てる助けになる。この活動は、「今ここに (Be Here)」のウォームアップの活動であり、参加者がおかしな表情を作ったときのことををふりかえって、そのときどう感じたかを尋ねることができる。

● 同じようなことへの関連づけ

　ふりかえりでファシリテーターは参加者に、「このことからあなたの人生で思い出す出来事がありますか？」と質問する。この関連づけは、グループの中から外へ力が流れる転換期を作るきっかけになる。これはつながりと展望を提供する。

● 色カード

　(p.435 参照)

● 天気予報

　夕方のニュースの雰囲気で演じられる「感情の天気予報」は、別のグループのメンバーの視点になって過去、現在、未来について話し合われる。

● 感情釣り

　ファシリテーターは次のように指示する。「魚を描き、切り抜いて、その魚の中にあなたの感情を書き入れます。それを"海"の中に置いてください。これでグループがあなたを探す（釣る）チャンスになります」。グループはそれぞれの感情が誰のものであるかを推測する。あるいは、魚に名前を書いておくこともできる。どちらにしても、「この感情はどこから起こってきたのですか？」、「この感情を理解するために私たちは何ができるだろう？」というような構成的な質問をすることによって、感情を分析することができる。

● ふりかえりのための時間

　静止の指示を与えるこの活動は、バート・クロフォード（PAのトレーナー）によって作られた。この活動では、グループは一旦立ち止まり、起きたことについて深く考える。ふりかえる時間が効果的であるためには、静けさの中

で行われなくてはならない。参加者は思いを巡らすための時間を持ち、その後に話し合いを始めたり、話し合いを続けるように言われる。これは活動の途中あるいは活動後に行うことができる。ひとつの活動の中で繰り返し行われることで、非常に効果を発揮する（3回までを目安に）。この活動は焦点を当てたり、個人的な考えを巡らせるきっかけになる。

● 感謝

グループのメンバーは、活動中にどんないいことをしてくれただろう？それは、ほんの些細なことのように思えるかもしれない。例えば、「ジョン、あなたは活動には参加しなかったけど、私たちと一緒にいてくれたことを感謝している」。このことは、ジョンが他者に感謝するきっかけになったかもしれない。ここでは、スポッティング、アイデア、傾聴、リスクを負うことなど、より多くの肯定的な言葉が、参加者によって使われる。ファシリテーターは肯定的な行動のリストを作って、参加者がそこから言葉を選べるようにする必要があるかもしれない。

フィードバックのマネージメント

ディブリーフィングの困難であり、非常に重要な側面は、個々のメンバーに対してグループのプレッシャーがかかるということである。そのプレッシャーを「フィードバック」と呼んでいる。このプレッシャーはABCの強みであると同時に、弱みでもある。私たちはエンパワーメントのモデルを心から大切にしている。それは**グループコール**、目標設定、リスクを負うこと、他者を気づかうといった幅広いスキルである。しかし正しくコントロールしなくてはフィードバックは有害なものになってしまうことに、私たちはほとんど触れてきていない。フィードバックは、参加者が互いを見て、感じて、聴いたこと、受け取ったことを実際に話すという、非常に深い相互関係がある。アドベンチャー活動では「思いやりのあるプレッシャー」の実践が欠かせない。「思いやりのあるプレッシャー」は、グループのメンバーが快く与えられ、受け取られ、そこに肯定的な影響が伴っている。それは偶然に起こるものではなく、認知と体験の両方の領域での活動の結果である。私たちは、

フィードバックをフルバリューの「正直に (Be honest)」に位置づけている。グループあるいは個人の行動が正直であるために、私たちは、受け取った正直な印象をグループや個人に対して返さなくてはならない。行動に対する反応は常にある。しかめ面ではないか、他のボディランゲージはあるか、その場を立ち去ったり、興奮していないか、攻撃はないか、あるいは思いやりなどがあるかどうか。

フィードバックが常に行われていても、その価値や影響がいつも理解され、受け入れられ、あるいは気づかれているとは限らない。これはヒューマンダイナミクスの問題である。人は知らないことをどのようにして学ぶのか？ 自分の行動に対する視点を持ち、自分自身で重要な教訓を学ぶ人もいる。

フィードバックは、個人が社会での相互関係を効果的に結んでいくためのガイダンスであると考えられている（例えば、家族、職場、コミュニティで）。

J. ラフト (Luft, J.) と H. インガム (Ingraham, H.)[14]は、「4つの窓」を使ってフィードバックについて語っている（ジョハリの窓、1954）。開示、学び、思いがけない発見の3つが「4つの窓」のディスクリプターである。それらの前提は非常にシンプルである。グループの中には、全員が知っている事実、何人かが知っている事実、ひとりしか知らない事実、誰も知らない事実がある。フィードバックは、空になっている窓の中を埋める方法のひとつである。「私はあなたが知らないことを知っています。だからあなたに言います」というように。

私たちは誰かが一歩踏み込んで自分のことを言ってくれたら、そのことを覚えている。そうされることを望まないかもしれないが、そのメッセージは深く心に浸透する。しかし私たちはそれを肯定的な記憶として残さないかもしれない。そのメッセージを拒否するために道を外れる選択さえするかもしれない。フィードバックは、それが効果的に届けられたときにパワフルなツールになる。しかしグループの中であまり効果的に行われずに、不十分な形でフィードバックすると、非常にダメージを与えるものになる。またファシリテーターやグループのメンバーによる支配のために使われることもある。グループのメンバーがフィードバックを受け入れ、それに従うことは、求められる反応であるかもしれないが、これは真に行動変容が起こったということにはならない。グループのメンバーは、とりわけ力で押さえつけられている状況（刑務所やビジネスの場合）では、ほとんどが服従して生き残るために必要なことをやり続けている。「非行矯正のブートキャンプ」の例で見てきた

ように、参加者はそこにいるときはよい態度でいるが、開放されたら昔の行動に戻ってしまう。アドベンチャーの教育者がサバイバルスキルを教えることに関わる場合、学んだことが定着しているか確認をしなければならない。効果的なフィードバックとは、単なる正確さだけではなく、届け方にある。どのようにすればフィードバックは、受け手の中枢に届けられるのだろう？

　シンプソンの「グループの発達とエンパワーメントのモデル」では、グループが効果的に動いているかどうかを、いくつもの基準で示している。そのひとつは、**グループコール**ができるかどうかである。**グループコール**の目的は、1人、あるいは複数のメンバーにとって重要な問題について、活動をストップさせてでもグループを向き合わせることである。たいていの場合、行動（肯定的、否定的）について何かしなければならない。フィードバックは、この**グループコール**で最も頻繁に使われるツールである。この目的はミステリアスな「ジョハリの窓」のいくつかを埋め、それによってある行動が、修正され、促進され、あるいは消去される。この話し合いでグループの発達のプロセス全体が、はっきりと心に刻み込まれる。参加者が互いに向き合い、エンパワーメントしていく中で、参加者に必要なスキルは少しずつ変化していく。そのため、これらの人間関係のスキルは、ずっと継続して教えていかなくてはならない。効果的なフィードバックはひとりでは成り立たない。アドベンチャーグループのプロセスの中心として、グループプロセスはそのフィードバックを可能にする。

- フィードバックとは、ある参加者が他の参加者の行動に関して知覚したことをシェアするという意味である。
- フィードバックは決して一方通行ではなく、送り手と受け手が存在する。「受け手に焦点の当たる」フィードバックもある。受け手に送られる情報は、受け手だけのものを意味しており、受け手の行動は、送り手に影響を及ぼさない（「あなたがグループの中で何か話したいと思っているときはわかるよ、だって落ち着きがなく人の話を聞いていないから」）。また、「送り手に焦点の当たる」フィードバックもある。ここでは、受け手の行動が、直接、送り手に影響を及ぼす（「あなたが人を見下しているとき、あなたはその人ではなく、その人の友人の話をする。それが、あなたに対して頭に来るところだ」）。送り手はしばしば、学び手となる。「その人を知るには、もうひとり必要である」というのは本当のことである。
- フィードバックが効果的であるためには、健全なコミュニティである必要が

ある。フルバリューコントラクトが不可欠な構成要素であるのは、このためである。参加者は、「正直に（Be Honest）」の一部である、フィードバックのプロセスにコミットメントする必要がある。フィードバックしたり、受け取る能力は、そのコミュニティが健全である証である。ここでは、まさに鶏が先か卵が先かの問題が生まれる。つまり何が最初に来るかということである。

- 一人ひとりが知覚したことをシェアすることに力を注ぐようになると、「直面化」は、熱のこもったフィードバックになる。直面化は、明確でパワフルであり、直面化自体は悪いことではない。しかしながら、コントロールのきかない状態で直面化するのは、望ましくない。直面化という言葉が乱用されているが、私たちが直面化してはいけないという意味ではない。

- フィードバックとは学びの可能性のことである。この学びは知覚するだけではなく、行動の変容を意味する。

- いかなる行動変容も受け手によって受け入れられなければならない。無理強いによる変容は、単に演じているだけで、プレッシャーがなくなればもとに戻ってしまう。受け手の内からの理解があって初めて、それが真に受け入れられたということが分かる。すぐに受け入れる必要はない。学びが本当に受け入れられるには長い時間がかかるものだ。

- フィードバックは、「仮面」にも、「武器」にも、「贈りもの」にもなる。それが仮面であるとき、送り手にとって他の状況でシェアしたくない、相手を悩ませるようなことに触れないという、安全のメカニズムが働く。ここでは送り手が安心感を得ることに焦点が当たっている。「武器」である場合、それは破壊的である。目的が、受け手の手中にある、悪いとされていることに対する懲罰となる。責めることや一方的な判断がそれに当たる。ここでは送り手が復讐心を得ることに焦点が当たっている。受け手は精神的な痛みを体験する。「贈りもの」であるとき、フィードバックにはそれとは反対の効果がある。ここでは受け手に焦点が当たっている。これには、高いスキルが求められる。目的は受け手の成長を手助けする、支援的な情報の提供である。焦点は、受け手が思いやりと注意の贈りものを受け取るという経験にある。

- 傷ついた人間関係では、フィードバックに先立って、信頼を構築し、土台となるルール作りを行わなければならない。もし両者にその気があれば、関係はよくなるだろう。重要なことは、もし関係が不健全なときがあるとしたら、これは複数の問題があるかもしれないということを理解しておくことである。またそれぞれの問題を分けて対処することが重要である。これは広範な一般

化をしないために大切である。広範な一般化は、たいてい一方的な決めつけや批難しているように聞こえ、困難な状況にエスカレートすることがよくある。
- フィードバックが効果的であるためには、フィードバックとは何か、どのようにして送られて、どのようにして受け取られるかの説明がなされるべきである。

効果的なフィードバックとは……
- 建設的に（受け手が必要であるものを考慮に入れ、直接的な状況に関連したことに焦点を当てる）
- 簡潔に（評価はせず描写的に、一般的なことではなく具体的に、簡潔な言葉で）
- 思いやりをもって（受け手のレディネス（準備ができているか）を理解する、できないことよりも強みを言う、受け手がメッセージから受ける衝撃をチェックする）
- 具体的に（一般的なことにはあまり意味はなく、ほとんど理解されない）

次の例は、フィードバックの仕方、受け方に関するアイデアである。

❖ I（アイ）メッセージに関する4項目

このメッセージのモデルの大部分は、ABCの開発当初のメンバーだった、マーク・マーレイによって作られた。彼の考え方は、このフィードバックのセクションの土台になっている。

1. 行動に関して自分が観察したことを具体的にする。そして判断はせずに、明確に言う。
2. その行動の体験に沿って、感情を明らかにする。繰り返しになるが、できるだけ具体的にすることが、不可欠である。行動に刺激された本当の感情を探し出すには、十分な時間がないこともよくある。（3章の「核となる感情」のリストが役立つ）
3. その行動の影響を明らかにする。行動によって、送り手に起こる（起こった）影響を明らかにしておくべきである。明確なメッセージの組み立ての中で事実をつき止めることは最も困難なことのひとつである。
4. 「これは私の認識で、あなたが変える必要はないのですが」という表現を使って寄り添う。これは受け手がそのメッセージを吸収するきっかけになる。また無理強いした変容は長続きしないという気づきにもなる。

❖フィードバックの基本原則

　フィードバックを送ること、受け取ることは、非常に難しいコミュニケーションの形式である。フィードバックをするとき、私たちは行動の変化を探る中で、人間関係が変化するという危険にさらされる。フィードバックを受けるときは、自分の行動が他者にどう影響しているかが聞こえてくる。最もよく起きることは、後ずさりする、フィードバックを脅威のように思う、自分たちが傷物で「よくないもの」と思い込んでしまうことである。フィードバックを送るチャレンジを決心をした人は、そのフィードバックを可能な限り効果的な方法で送るよう用意するべきである。

　以下のステップは、簡単な基本原則である（条件を満たすのは困難であるが）。

1. フィードバックを送る人の名前を使う。
2. 否定的なフィードバックと肯定的なフィードバックのバランスをできるだけ取る。私たちは否定的なことだけに焦点を当てることがよくある。
3. 「これは私の認識で、あなたは変えなければならないのではないのですが」と受け手に伝えておく。この但し書きには、受け手がグループのプレッシャーから自由でいられるようにするという意図がある。
4. あなたが観察した行動をできるだけ具体的にする。一方的な判断は最小限に留め、明確に言う。例えば、「あなたが私やグループから孤立しているとき、例えば、**人の字バランス**をやっている間、参加する様子もなく後ろに立っているとき……」。これは話し手の認識であることを改めて強調できる。
5. どの行動があなたにその感情を持たせたかを明確にする。一般的に、フィードバックは言いすぎても、控え目すぎても、その感情を明確にできない。多くのクライアントは自分の感情とつながりを持てない。活動中に沸いてきた「核となる感情」が何であったかを尋ねることによって、私たちはクライアントが自らの感情を認識する手助けをする。彼らには感情を選択できるリストが必要かもしれない。「核となる感情」を見つけ出すことは、ある意味で認知を操作する方法である。あるいは少なくともその操作のきっかけになる。行動が自分に与える影響を確認することである。説明は明確で具体的にするべきである。これが最も困難であることが多い。
6. 一旦フィードバックを送ったら、今度は聞く側になる。
7. 行動は感情レベルに影響を与えているので、あなたのメッセージはその感情と一致した形で届けられるということを理解しておく。

8. あなたの解決策を押しつける前に、その状況に対する最善策を考える時間を受け手に与える。
9. あなたは贈りものを送り、その価値や意味は受け手にすぐに理解されないかもしれないということを理解しておく。
10. 他者に対するあなたのフィードバックは、自分へのフィードバックになるかもしれない。正直さは正直さを生む。何を学ぶべきかを教えてくれる。

この原則はフィードバックをする人に、「核となる感情」を組み込む機会を与えている。「核となる感情」が表現されている、いくつかのシナリオを見てみよう。

> 「ジョン、君がグループの人を否定的に言うとき、例えば、**むささびスイング**をしていて、ヒラリーの体重のことに触れたとき、私は怒りと恥ずかしさを感じた。このことが影響して私はあなたから離れた」
>
> 「お父さん、私が時間に遅れたことで怒鳴り散らすとき、例えば、フランクの家から戻ってきたとき、私は、恐さと恥ずかしさを感じた。そのことが影響して、私はまた遅れてくるようになった」
>
> 「ホセ、あなたがグループに対してふざけるのは止めるように働きかけたとき、例えば、あなたがマリアのスポッティングに集中しようと私たちに言ったとき、私は素晴らしいと思った。このことで私はあなたを尊敬するようになった」

フィードバックに応用される「核となる感情」を教えることは、自分たちが同じ場にいることを認識させる。感情は言語になる。どんな言語であっても、学ぶには練習が必要である。

フィードバックを受け取ることは、フィードバックをすることと同じくらい重要である。そこには聞くことと反応することが含まれる。フィードバックを受け取ることには厚い壁がある。一番よくある壁は恥ずかしさである。「核となる感情」にもあるように、恥ずかしさは、「失敗を許す」ことと「無価値であることを映し出す」という両方の意味に理解できる。否定的なことを聞いたとき、人はこのような感情を持つ傾向がある。なぜだろうか？　それは、私たちが恥ずかしさを無知な養育者から教えられたからである。多くのことが恥ずかしさのもとに行われている (Mellody, Carnes, etc.)。それが共

依存の反応や生み出された罪のように見えなくても、恥ずかしさは学びの妨げになる。だから私たちは恥じることなくフィードバックを受け取る技術を教える必要があるのだ。

　行動から感情へ影響を及ぼすマーレイの原則を取り上げてみよう。前述の2つ目のシナリオ、父親の娘に対する反応を見てみる。

　「"遅く帰ってくることで私が君を怒鳴りつける"、そして"恐れと恥を感じている"と、君が私に話してくれたとき、私は恥と痛みを感じた」

　恥と痛みを感じることは悪いことではない。しかしそれを取り巻く否定的なことにとらわれるのはよくない。恥や痛みを取り囲む否定的な行動には代わりの肯定的な行動がある。恥は失敗を許す。また痛みは成長の始まりにもなり得る。しかし（これは危険なことであるが）もしフィードバックを受けた人が、「無価値であることを映し出し」「支援のない状態が続く」という否定的な行動にとらわれたら、フィードバックは成長につながるものにはならない。

　肯定的なフィードバックを受け取ることもまた難しい。肯定的なフィードバックに裏のメッセージが含まれているときは破壊的なものになる。例えば「あなたはここでは（この体験では）うまくいったね。私は、向こう（転移するとき）でも、うまくやれることを期待しているよ」。うまくやれるかどうかということは、もはや問題にすべきではない。転移、問題解決、感情と関連づけることについて質問する方がよほど助けになる。

　もちろん成功した結果という必然的な行動の現れもある。このダイナミクスを理解することによって、ファシリテーターはその行動をよりよくプロセスすることができる。成功は、過剰なプレッシャーや成功が持続しなかったときに表す怒りによって台無しになってしまう。

❖ フィードバックに取り組む

　この感情と認知の取り組みが重要なのは、相互的なフィードバックによって導かれる感情の罠にはまらない方法だからである。フィードバックをしたり、受けたりすることから生まれる感情と関わることは重要なことである。幅広い感情が探求され、メッセージが明らかにされるとき、ファシリテーターは参加者と共に感情に寄り添った時間を過ごす必要がある。フィードバックがよく構成され、よい意味を持っていても、受け手にそのように届くとは限らない。この取り組みは、グループの支援だけではなく、さまざまな形を取ることができる。ソロ、ジャーナル（日誌）、信頼できるグループのメ

ンバーとのペアの活動などは、思いやりや感じることに向かう取り組みであり、万人が必要とする、拒否に対する解毒剤を提供する助けになる。

フィードバックフォーム

　次にあげる2種類のフィードバックシートは、送り手が記入してグループの他のメンバーに渡すことができる[図表13>3][図表13>4]。このシートは自己のふりかえりとして、自分自身にフィードバックをするときにも使える。誰かにフィードバックする前に参加者自身がこのプロセスを試してみるときにも役に立つ。自分自身にフィードバックをすることによって、フィードバックのプロセスに対してより共感的なつながりを育てることができる。

（注意：ここにあるフィードバックフォームは、必ずしもコピーする必要はなく、状況や参加者に応じて作る方がよい）

❖ フィードバックのプロセスをシンプルに保つ

　行動よりもフィードバックのプロセスに焦点を当ててアドバイスした方がよいときがある。これによって参加者は、達成したばかりの活動をより客観的で「測定可能」な形で話し合うことができる。個人あるいはペアが活動のプレゼンテーション（活動をリードする、プロジェクトの発表）をした後、ファシリテーターはグループに以下のようなことに沿ってフィードバックをすることを求めるべきである。

- よくできたこと
- 学びの機会

フィードバックの後に話し合うことも可能である。これはシンプルかつ効果的なプロセスである。

グループの終了

メンバーがグループを離れてしまったら真剣に取り扱わなければならない。

[図表13>3] フィードバックシート#1

フィードバックシート#1

フィードバックの送り手の名前：

フィードバックの受け手の名前：

状況（時間と場所を具体的に）

行動（「私は —— に気がつきました」「私は —— を観察しました」）

あなたの気持ちも含め、**あなたに影響を及ぼしたと感じたこと**（正直に）

アクションアイデアの提案（肯定的に）

「これは**私が感じたこと**なので、あなたが変えなければないのではないのですが、」という提案

このフィードバックが適切であれば、これを**快く受け入れる**ことを明言してください。

フィードバックの受け手のオプション
　　　送り手に説明してもらいたいこと

　　　分かったこと

　　　ここから学べること

[図表13>4] フィードバックシート #2

フィードバックシート #2

フィードバックの送り手の氏名：

フィードバックの受け手の氏名：

_____ は
(受け手)

_____
(行動の描写)

それで私は _____ を感じました。
(核となる感情)

これは私が感じたことで、あなたが変える必要はありません。

核となる感情
(実際の感情)

怒り

恐れ

痛み

恥

罪悪感

愛すること

感謝

希望

孤独

喜び

勇気

愛情

自尊心

結局そのままやめてしまうことが多いからである。原因は本人とグループの両方にある。グループの誰かが途中でやめるというのは、ファシリテーターにとっても悲しい出来事である。不意にやめてしまったり、来なくなったりすると、本当に辛い思いをする。ではこの問題にどう対応したらよいか、グループの解散の問題も含めここで考えてみたい。まずメンバーの誰かがグループをやめた場合、グループにそのことを伝えて何が原因なのか話し合ってみる必要がある。やめた理由が何であれ、グループにいた頃の本人のよい思い出を大切にする。やむを得なければ少々脚色する。グループもファシリテーターの意図を理解してくれるだろう。グループ活動の終了（完結）に関する2つの例を見てみたい。

メンバーの1人（または2人以上）が、グループ活動の完結の前にやめた場合

　マットは診断期間の後、グループには合わないと判断された。マットは学校制度についていけず、他の施設に移る必要があったからである。彼は嫌がったがやむを得なかった。ディブリーフィングでは、マットがグループをやめることを話したが、その理由は打ち明けるわけにはいかなかった。マットは別れの挨拶をして残念な気持ちをメンバーに打ち明けた。一方、グループはマットにこう伝えた。「君は絵がとても上手だ」「理科がよくできる」「ゲームもうまかったよ」。結局、マットはグループに認められていることがわかって、気持ちよくグループに別れを告げることができたのである。同時にいつの日かまたグループに戻るという目標をひそかに心に決めていた。グループは一人ずつマットにはなむけの言葉を贈った。こうして、（1）マットがグループをやめること、（2）マットがどこに行くのかが、グループ全員に伝えられたのである。彼らは共に肯定的な態度で別れを告げることができた。

グループ活動の終了（完結）

　グループ活動の終了（完結）時にも、慎重に臨まなければならない。
　R. ウィーバー（Weber, R.）は、これを「プロセスのトランスフォーミング」と呼んでいる。グループには2つの選択肢がある。新しく日程を組んで、もう一度アドベンチャープログラムに取り組むか、あるいはグループを解散してしまうかである。グループはどちらかを選ぶ。そして今回の活動で学んだことは、新しいプログラム作りに活かしてもよいし、グループの解散に活かしてもよい。いずれにしてもこの段階では、グループのメンバーが気持ちに

けじめをつけることが大切である。

❖ 自分自身を受け入れる（終了の活動）

自分自身を受け入れる＊というグループやプログラムの終わりに向けて、メンバーに前向きな心構えを持たせる活動がある。まずメンバーは1人、またはペアで質問用紙に記入する。内容はグループの中でどのように活動したかということに関係する自分たちの強みについてである。回答し終わったらそれをもとにグループで話し合う。

説明と質問項目は以下の通り。

あなたの長所について、グループの仲間と率直に話し合ってください。控え目になる必要は全くありません。また、誇張もしないように気をつけてください。できるだけ正確に自分の長所を述べればよいのです。5分間から10分間よく考えてから、ノートに書き出してください。下の注意事項を読んでから始めてください。

1. アドベンチャーグループであなたがうまくやれたと感じたことを、よく思い出してください。また、やり遂げたという満足感があった活動のことも思い出してください。
2. グループ全員にこの質問用紙に答えてもらい、一人ひとりに発表してもらいます。あなたの発表が終わったら、今度はグループに次のように聞いてみてください。「他にもみんなが気づいた長所があったら教えてください」。グループがあげたあなたの長所をリストに書き加えてください。
3. あなたの成功体験と長所についてよく考えてください。また人間関係や学校、仕事などに、あなたの長所がどう活かされているかを考えてください。そして、これらの領域の中で新しい目標を設定してください。

＊この活動は心理学者であり、PAの考え方についての貢献者であるA.アンダーウッド博士の紹介。

❖ 贈りもの

グループの終結に贈りものを使うのはよい方法である。シェアできる贈りものは、言葉から実際に触ることのできるものまでバラエティに富んでいる。ある実践者（ソクラテス・オーティズ）は、鞄いっぱいのビー玉を持ち歩き、それらを彼の「特別なパワー」としている。これはおかしな感じもするが、しかし意味深い。別の実践者（ローリー・フランク）は、世界地図が描かれたビー玉を使っている。彼女は「学びの世界はあなたの指先にある」と表現している。

ある参加者が言葉の贈りものを添えて毛糸玉を次の参加者にパスして、メンバー全員に回していくと、マトリックスやクモの巣のようになる。この毛糸を後でカットすれば、「贈りもの」のシンボルとして全員がそれを持ち続けることができる。自然の中のものも贈りものにすることができる。石、葉っぱ、枝、羽、花、松ぼっくりといった全てのものが、ペアやグループ全体の思い出や意味を呼び覚ますことができる。

❖ グループの終わりのディブリーフィング

　年度も終わりに近づいた頃、港に係留した小さなボートの中で、最後のディブリーフィングが行われた。グループは輪になって座っている。暖かな6月の午後のことである。グループは日帰り旅行を終えたところだった。活動は成功し、みんなが満足していた。これがグループ最後の活動だったが、これといって苦労も対立もなく、楽しい時間を過ごすことができた。今、グループは別れを前にしている。まずこの1年をふりかえって、全ての活動を書き出した。なかなか立派な長いリストができ上がった。みんなで楽しかったことや苦しかったことを話し合った。笑い声があがってみんなの心は思い出でいっぱいになった。

　それから今度はメンバーがひとりずつ話すことになった。ビリーの番がやってきた。ビリーには学習障害があった。3年前にアドベンチャーグループに参加するまで、吃音なしにひとつの文章を話し終えたことは一度もなく、他の生徒と仲よくなれずにいた。ビリーはオルタナティブスクールを離れ、職業訓練校に移ることになっていた。したがって、これがグループと一緒に過ごす最後の機会であった。みんなは**ゴーアラウンド**をやることにした。ビリーに対してみんなから寄せられたひと言は次の通りである。

「みんなが、君のことを"トラック"って呼んでいた。いつもグループのために何かやろうと一生懸命だったからね」
「君は全部の活動に参加した。遠征を欠席したこともなかった」
「いつも君が頼りだったよ」
「毎日あなたに会いたかったよ」
「失敗もあったけど、いつも挑戦していた」
「私たちの失敗を我慢して受け入れてくれたわ」

「君が職業訓練校でもうまくやるってわかっているよ。だってみんなととてもうまくいってたからね」

「あなたを尊敬するわ。だって言った通りになんでも実行していたもの。あなたは嘘をつかない。とても正直だわ」

みんなの目には涙が光っていた。みんなの心がひとつになった瞬間だった。3年間ビリーは頑張った。そして3年間成長し続けてきた。ビリーは今でも「トラック」である。職業訓練校では大工技術を専攻して、トップの成績で卒業した。現在はある建築会社で働いている。彼の唯一の欠点は、仕事中にしゃべりすぎることである。しかし会社でもみんなに好かれている。これまでの彼の苦労を考えれば、少しぐらいのおしゃべりは我慢してあげようとみんな思っているのかもしれない。

まとめ

　ディブリーフィングは、グループがアドベンチャー体験を考える安全な場（"アイランド"）を提供する。ファシリテーターがディブリーフィングの重要性をよく理解することで、体験をより意味のあるものにすることができる。ディブリーフィングも他のスキルと同様、ファシリテーターとグループが共に実践し磨いていかなければならない。ディブリーフィングでは、次のような原則を忘れてはならない。

- メンバーが抵抗しても驚かないこと。
- 問題解決の経験を積むため、ディブリーフィングではグループにイニシアティブを取らせること。問題解決はアドベンチャー体験の中で最も重要な活動のひとつであることを忘れてはならない。
- ディブリーフィングに先立つアドベンチャーウェーブの各段階で、ファシリテーターはメンバーの話に耳を傾け、グループをよく観察すること。そして、その情報をディブリーフィングで効果的に活かすようにする。
- 簡単な問題から始めて、徐々に難しい問題へ進むようにディブリーフィングの組み立てを調整すること。

- グループ活動の終了や解散のけじめをはっきりつけること。最後はディブリーフィングにふさわしい場所を見つける。
- ディブリーフィングは次の活動や活動の流れ（シークエンス）のブリーフィングにつながっている。それまでの波（ウェーブ）の体験の中で注意深く集められた知識の蓄えが次の波（ウェーブ）へと導いていく。ファシリテーターは今まで得てきたものを全て携えて、ディブリーフィングを次のブリーフィングへと流れ込ませる。グループの記憶はパワフルである。否定的なことは一度直面化すれば、肯定的なものに変えることができる。肯定的なものは未来に向かっての燃料となる。

　ディブリーフィングやあらゆるグループの話し合いのプロセスは、理想的な家族がどんな風に機能すべきかを示すひとつのモデルである。実際、家族の崩壊の原因のひとつには、家族の間で十分なコミュニケーションが行われていない点にある。うまい話し合いのプロセス、つまり対立から褒めることに至る幅広い問題解決の能力が、ABC体験の基本である。その結果、メンバーはグループの外の世界でもこの体験を活かすことができるのである。

　ディブリーフィングでは、ファシリテーターがこれまでフルバリューコントラクトと共に注意を払って行ってきたことが報われるときである。グループが最初の段階で決めた価値についての約束（W.H.オーデンが「law like love」と呼んだもの）はアドベンチャーウェーブの各段階で効果を発揮した。その中でファシリテーターはざっくばらんに、または「ちょっと待って、そのことについて考えてみよう」と言ってグループの注意をコントラクト（約束）に戻していく。ディブリーフィングでは誰もこのコントラクト（約束）を一斉に投げ出したりはしない。それはもはや驚くことではない。

巻末付録

GRABBSS 個人を対象にしたインテイクフォーム：強みを見つける

❖「目標（Goals）」に関する質問

- 「人生に目標はありますか?」と人はよく聞きますが、あなたがそう尋ねられたとき、あなたにとってそれはどんな意味がありますか?
- このグループに参加することは、あなたの目標設定にどのように役立つと思いますか?
- あなた自身が決めた今年の目標をひとつあげられますか?
- あなたは今から2年後（高校卒業後、大学など）に何をしていると思いますか?
- 目標設定は重要だと思いますか?
- あなたはどのように目標を描き、それを達成しようと考えていますか?

「目標のスキル」／能力のレベル（低―高） （NR＝not rated, 評価なし）

目標設定の意味を理解している。
　　1　　2　　3　　4　　5　　NR

目標は達成できると感じている。
　　1　　2　　3　　4　　5　　NR

最初の段階の現実的な目標を持っている。
　　1　　2　　3　　4　　5　　NR

長期的で現実的な目標を持っている。
　　1　　2　　3　　4　　5　　NR

目標設定の活動に意欲的である。
　　1　　2　　3　　4　　5　　NR

目標を達成するためのステップを理解している。
　　1　　2　　3　　4　　5　　NR

❖「レディネス (Readiness)」に関する質問

- なぜグループへの参加を申し込んだのですか？
- あなたは参加を楽しみにしていますか？ それはなぜ？
- 疲れたり、調子が悪いと感じたりしたときにグループの集まりがある場合、その日をどう過ごしますか？
- あなたの人生にある問題で取り組みたいものはありますか？
- これまでとは違う新しい体験が好きですか？
- グループは10週間にわたって週1回午後に集まります。あなたは全てのミーティングへの参加にコミットしますか？
- 時間を守るのは大切だと思いますか？
- あなたにとって信頼という言葉はどんな意味がありますか？ 他者を信頼し、また信頼されることは重要だと思いますか？ それはなぜ？

「レディネス」のスキル／能力のレベル (低―高)

グループのメンバーになった理由を分かっている。
    1   2   3   4   5   NR

新しい体験に対して心を開いている。
    1   2   3   4   5   NR

コミットメントできる能力がある。
    1   2   3   4   5   NR

結果を受け入れるということを理解している。
    1   2   3   4   5   NR

他者を信頼することに意欲的である。
    1   2   3   4   5   NR

信頼することの重要性を理解していることをはっきりと示すことができる。
    1   2   3   4   5   NR

❖「感情 (Affect)」に関する質問

- あなたはグループに参加することをどんな風に感じていますか？
- あなたの普段のムードをどのように表せますか？
- もしグループの人を信頼するとしたら、自分の思いや感情を表現することができますか？
- 対立という言葉はあなたにとってどんな意味がありますか？ 対立はよいことになり得ると思いますか？ それはなぜですか？

- あなたのお気に入りの安全で平和を感じる場所を私たちに共有してくれますか？

「感情」のスキル／能力のレベル（低－高）

グループへの参加に対して強い思いを示している。
 1 2 3 4 5 NR

支配している心的状況を理解している。
 1 2 3 4 5 NR

適切な状況のもとで、自己開示することにオープンである。
 1 2 3 4 5 NR

適切な精神状態の中でフィードバックにオープンである。
 1 2 3 4 5 NR

感情のバランスを保つための対処方法を培ってきた。
 1 2 3 4 5 NR

❖「行動・態度（Behavior）」に関する質問
- 集団（学校、地域、家族）の中の、あなたの行動をどのように説明しますか？
- あなたにとって行動・態度という言葉が意味するものは？
- あなたにとってどんな行動・態度が人生を乗り越えていく助けになると思いますか？
- 成功を体験することによってどんな行動が得られると思いますか？
- 自分が変われるための他者からの提案に対してオープンですか？
- 誰かがあなたにその行動をさせることができますか？どのように？それはなぜ？

「行動」のスキル／能力のレベル（低－高）

グループの中でどんな行動をすれば良いのか正しい理解をしている。
 1 2 3 4 5 NR

適切な行動が分かる。
 1 2 3 4 5 NR

破壊的行為をすることなくやるべきことができる。
 1 2 3 4 5 NR

行動に責任を負うことができる。
 1 2 3 4 5 NR

イニシアティブを取ることに対して積極的である。
 1 2 3 4 5 NR

❖「身体（Body）」に関する質問
- 特定のグループに属していると感じていますか？
- 身体を使った特技で誇りに思っていることはありますか？
- 自分の「見た目」をどのように描写しますか？
- 健康を維持するために何をしていますか？
- 体調のレベルはどんな感じですか？
- 疲れを感じるとき、その疲れを流すことができますか？
- 薬物やアルコールの経験はありますか？

「身体」に関する観察
- アイコンタクトができ、それを続けることができるか？
- 身体的に抵抗がないか？　防衛的であるか？
- 集中し続けることができるか？
- 質問に関連した返答をしているか？
- 体調はよいか？
- 警戒しているか？
- 薬物中毒、あるいは依存の可能性があるか？

「身体」のスキル／能力のレベル（低―高）

他者に直接話しかけることができる。
　　　1　　2　　3　　4　　5　　NR

会話中にオープンな体勢を維持することができる。
　　　1　　2　　3　　4　　5　　NR

質問やコメントに直接、反応することができる。
　　　1　　2　　3　　4　　5　　NR

体調がよさそうに見える。
　　　1　　2　　3　　4　　5　　NR

警戒している、敏感な反応をしているように見える。
　　　1　　2　　3　　4　　5　　NR

薬物に侵されていないように見える。
　　　1　　2　　3　　4　　5　　NR

❖「背景（Setting）」の質問

- 学校／仕事への出席はどうですか？
- 興味のあることや趣味はありますか？ それは何ですか？
- 仕事をしていますか？
- ご両親はあなたがこのグループに参加することをどう思っていますか？
- 家庭での信頼関係はありますか？
- 家庭でストレスの原因となることはありますか？ それにどう対処していますか？
- よりどころとしている宗教がありますか？ あるとしたら、それをどう実践していますか？

「背景」のスキル／能力のレベル（低－高）

学校や他の活動に参加しているように見える。
　　　1　　2　　3　　4　　5　　NR

他者と関わるための能力について興味や関心がある。
　　　1　　2　　3　　4　　5　　NR

支援的な家庭環境である。
　　　1　　2　　3　　4　　5　　NR

肯定的な変化を支持する思想がある。
　　　1　　2　　3　　4　　5　　NR

進行中の個人のアセスメントフォーム

「目標（Goals）」　　　　　　　　　　　　　　　　　（NR＝not rated, 評価なし）

目標は、現実的で、意味があり、関連性がある。
　　1　　2　　3　　4　　5　　NR

個人目標について話し合いたいという気持ちがあり、提案や代替案を考慮に入れようとしている。
　　1　　2　　3　　4　　5　　NR

目標の選択が他の人を犠牲にしていない。
　　1　　2　　3　　4　　5　　NR

目標設定に対して助けを求めている。
　　1　　2　　3　　4　　5　　NR

目標達成のために、必要な資源が集められている。
　　1　　2　　3　　4　　5　　NR

目標に対して全力を傾けている。
　　1　　2　　3　　4　　5　　NR

他者の個人目標を手助けすることに全力を傾けている。
　　1　　2　　3　　4　　5　　NR

他者の目標達成をサポートするために自身の目標達成が遅れている。
　　1　　2　　3　　4　　5　　NR

「目標（Goals）」に関する見解：

_____
_____
_____
_____
_____
_____

「レディネス (Readiness)」

フラストレーションを克服している。
　　1　　2　　3　　4　　5　　NR

始めたことを終わらせる。
　　1　　2　　3　　4　　5　　NR

自己と他者の違いを受け入れている。
　　1　　2　　3　　4　　5　　NR

グループの他のメンバーと精神的なつながりを持っている。
　　1　　2　　3　　4　　5　　NR

フィードバックを聞き、それに応える気持ちがある。
　　1　　2　　3　　4　　5　　NR

知的なリスクと愚かなリスクの違いを理解している。
　　1　　2　　3　　4　　5　　NR

「レディネス（Readiness）」に関する見解：

「感情（Affect）」

自信を示している。
 1 2 3 4 5 NR

感情を表現している。
 1 2 3 4 5 NR

グループメンバーの感情を手本とすることを避けている。
 1 2 3 4 5 NR

楽しく遊ぶことができる。
 1 2 3 4 5 NR

フィードバックそのものと、フィードバックをしている人を区別することができる。
 1 2 3 4 5 NR

自分の気持ちをグループと共有するとき、「私は……」の形で意見が言える。
 1 2 3 4 5 NR

気持ちを共有するときに正直である。
 1 2 3 4 5 NR

思いやりの能力が表れている。
 1 2 3 4 5 NR

共感の能力が表れている。
 1 2 3 4 5 NR

利他的な能力が表れている。
 1 2 3 4 5 NR

「感情（Affect）」に関する見解：
_____
_____
_____
_____
_____
_____

「行動・態度（Behavior）」

グループの活動に肯定的に参加している。
　　　1　　2　　3　　4　　5　　NR

エネルギーが表に出ている。
　　　1　　2　　3　　4　　5　　NR

ブリーフィングとディブリーフィング（ふりかえり）に肯定的に参加している。
　　　1　　2　　3　　4　　5　　NR

ファシリテーターに協力的である。
　　　1　　2　　3　　4　　5　　NR

参加者に協力的である。
　　　1　　2　　3　　4　　5　　NR

失敗からすぐに立ち直っている。
　　　1　　2　　3　　4　　5　　NR

失敗から学んでいる。
　　　1　　2　　3　　4　　5　　NR

責任ある行動を見せている。
　　　1　　2　　3　　4　　5　　NR

セルフコントロールしている。
　　　1　　2　　3　　4　　5　　NR

リーダーシップの役割を取っている。
　　　1　　2　　3　　4　　5　　NR

教えることに意欲的である。
　　　1　　2　　3　　4　　5　　NR

「行動・態度（Behavior）」に関する見解：

_____
_____
_____
_____
_____

「身体(Body)」

参加の妨げになるような慢性的な健康の問題がある。
　　1　　2　　3　　4　　5　　NR

十分なセルフケアが見られる。
　　1　　2　　3　　4　　5　　NR

警戒している様子を見せている。
　　1　　2　　3　　4　　5　　NR

アイコンタクトをしている。
　　1　　2　　3　　4　　5　　NR

体調がよい。
　　1　　2　　3　　4　　5　　NR

身体的なスタミナがある。
　　1　　2　　3　　4　　5　　NR

栄養状態がよい。
　　1　　2　　3　　4　　5　　NR

適切な身体接触ができる。
　　1　　2　　3　　4　　5　　NR

自分の身体に対して快適さがある。
　　1　　2　　3　　4　　5　　NR

自分の身体能力のレベルを受け入れている。
　　1　　2　　3　　4　　5　　NR

「身体(Body)」に関する見解：
_____
_____
_____
_____
_____
_____

「背景（Setting）」

服装は適切である。
　　　1　　2　　3　　4　　5　　NR

グループに友だちがいる。
　　　1　　2　　3　　4　　5　　NR

学校に普段登校している。
　　　1　　2　　3　　4　　5　　NR

参加に対して親や保護者が協力的である。
　　　1　　2　　3　　4　　5　　NR

学校外への関心や趣味がある。
　　　1　　2　　3　　4　　5　　NR

グループと過ごすことに心地よさを感じている。
　　　1　　2　　3　　4　　5　　NR

「背景（Setting）」に関する見解：

_____
_____
_____
_____
_____
_____

「発達段階（Stage of Development）」

グループは：
フォーミングの段階である。
　　1　　2　　3　　4　　5　　NR

ストーミングの段階である。
　　1　　2　　3　　4　　5　　NR

ノーミングの段階である。
　　1　　2　　3　　4　　5　　NR

トランスフォーミングの段階である。
　　1　　2　　3　　4　　5　　NR

「コントロール―エンパワーメント尺度」におけるグループの現在の位置。
　　1　　2　　3　　4　　5　　6　　7　　8　　9　　10

「発達段階（Stage of Development）」に関する見解：

_____
_____
_____
_____
_____

GRABBSS 進行中のグループアセスメントフォーム：強みを見つける

「目標（Goals）」に関する質問：グループ／能力のレベル（低—高）　　（NR＝not rated, 評価なし）

グループは目標設定のプロセスの知識を使える。
　　1　　2　　3　　4　　5　　NR

グループは目標設定に全力を傾ける能力を示している。
　　1　　2　　3　　4　　5　　NR

グループは一人ひとりの目標を支援している。
　　1　　2　　3　　4　　5　　NR

グループはグループの目標を理解している。
　　1　　2　　3　　4　　5　　NR

グループは活動の体験に基づいてグループ目標に磨きをかけている。
　　1　　2　　3　　4　　5　　NR

グループは否定的な目標を排除している。
　　1　　2　　3　　4　　5　　NR

グループは成功を次に生かしている。
　　1　　2　　3　　4　　5　　NR

グループ自ら目標に向かっている。
　　1　　2　　3　　4　　5　　NR

目標は達成されている。
　　1　　2　　3　　4　　5　　NR

ブリーフィングで目標設定について話し合われている。
　　1　　2　　3　　4　　5　　NR

フルバリューコントラクトを使っている。
　　1　　2　　3　　4　　5　　NR

「目標（Goals）」に関する見解：

「レディネス（Readiness）」に関する質問：グループ／能力のレベル（低―高）

グループのメンバーは時間通りに到着している。
　　　1　　　2　　　3　　　4　　　5　　　NR

グループのメンバーは定期的に出席している。
　　　1　　　2　　　3　　　4　　　5　　　NR

グループは活動に参加するのにふさわしい服装をしている。
　　　1　　　2　　　3　　　4　　　5　　　NR

グループは身体の安全を守る能力がある。
　　　1　　　2　　　3　　　4　　　5　　　NR

課題を理解している。
　　　1　　　2　　　3　　　4　　　5　　　NR

課題とスキルが合っている。
　　　1　　　2　　　3　　　4　　　5　　　NR

グループはフラストレーションを押しのけられる。
　　　1　　　2　　　3　　　4　　　5　　　NR

グループは組織力や自己規律の能力がある。
　　　1　　　2　　　3　　　4　　　5　　　NR

グループのメンバーはばかばかしいと思わずに遊ぶことができる。
　　　1　　　2　　　3　　　4　　　5　　　NR

グループのメンバーは契約・約束をし、それを守ることができる。
　　　1　　　2　　　3　　　4　　　5　　　NR

比喩とその他のつながりを使うことができる。
　　　1　　　2　　　3　　　4　　　5　　　NR

グループは比喩を共に作ることができる。
　　　1　　　2　　　3　　　4　　　5　　　NR

グループはふりかえりの中で、活動とグループのプロセスの間に、適切な関連づけができる。
　　　1　　　2　　　3　　　4　　　5　　　NR

グループは、グループの中での学びとグループの外での体験を関連づけができる。
　　　1　　　2　　　3　　　4　　　5　　　NR

グループは、フィードバックを聞き、肯定的な反応ができる。
　　　1　　　2　　　3　　　4　　　5　　　NR

グループは違いを受け入れている。
　　　1　　　2　　　3　　　4　　　5　　　NR

フルバリューが実行されている。
　　　1　　　2　　　3　　　4　　　5　　　NR

「レディネス(Readiness)」に関する見解：

「感情（Affect）」に関する質問：グループ／能力のレベル（低―高）

信頼のレベル（安全と境界）
　　　　1　　2　　3　　4　　5　　NR

他者理解のための傾聴がある。
　　　　1　　2　　3　　4　　5　　NR

グループは共に楽しむことができている。
　　　　1　　2　　3　　4　　5　　NR

グループはやる気がある。
　　　　1　　2　　3　　4　　5　　NR

無気力から熱のこもった、というスペクトラムの中のグループの位置。
　　　　1　　2　　3　　4　　5　　NR

核となる感情への理解がある。
　　　　1　　2　　3　　4　　5　　NR

グループのメンバーはお互いに手を差し伸べている。グループのメンバーは、互いに関わろうとしている。
　　　　1　　2　　3　　4　　5　　NR

こだわらず進むことができている。
　　　　1　　2　　3　　4　　5　　NR

分かち合いがある。オープンである。
　　　　1　　2　　3　　4　　5　　NR

他の人の価値を下げることなく、感情が表現されている。
　　　　1　　2　　3　　4　　5　　NR

感情の境界が尊重されている。
　　　　1　　2　　3　　4　　5　　NR

グループのアイデンティティとなる感情がある。
　　　　1　　2　　3　　4　　5　　NR

「感情（Affect）」に関する見解：

_____
_____
_____
_____
_____
_____

「行動・態度（Behavior）」に関する質問／能力のレベル（低―高）

グループは活動に参加している。
 1 2 3 4 5 NR

グループはブリーフィングに参加している。
 1 2 3 4 5 NR

グループはディブリーフィング（ふりかえり）に参加している。
 1 2 3 4 5 NR

グループは課題に取り組んでいる。
 1 2 3 4 5 NR

グループは協力している。
 1 2 3 4 5 NR

グループのメンバーはリーダーシップを表している。
 1 2 3 4 5 NR

グループは失敗から素早く立ち直っている。
 1 2 3 4 5 NR

グループはファシリテーターからの自立を見せている。
 1 2 3 4 5 NR

グループは責任のある行動を示している。
 1 2 3 4 5 NR

グループはより深い行動を通して不適切なアクティングアウト（行為化）を避けている。
 1 2 3 4 5 NR

グループはアクティングアウト（行為化）しないで焦点を当てることができている。
 1 2 3 4 5 NR

グループはリスクに立ち向かうことができている。
 1 2 3 4 5 NR

明らかな否定的側面を強さに変えることができる。
 1 2 3 4 5 NR

演じられている脚本（スクリプト）がある。
 1 2 3 4 5 NR

他者に物事を教えたいという気持ちがある。
 1 2 3 4 5 NR

グループのメンバーは役立つ行動と、役立たない行動の区別をつけることができる。
 1 2 3 4 5 NR

グループのメンバーは価値ある方法で互いに助け合うことができる。
 1 2 3 4 5 NR

「行動・態度(Behavior)」に関する見解：

「身体(Body)」に関する質問／能力のレベル (低―高)

グループは互いに身体的なサポートをし合うことができている。
    1   2   3   4   5   NR

薬物治療や麻薬に関わっていることが、グループの遂行能力に影響を与えている。
    1   2   3   4   5   NR

強さや忍耐力、健康的な要素がグループに影響を与えている。
    1   2   3   4   5   NR

グループに参加することと、身体的に良好であることを関連づけられている。
    1   2   3   4   5   NR

グループに参加することと、情緒的に良好であることを関連づけられている。
    1   2   3   4   5   NR

興味関心がボディランゲージに表れている。
    1   2   3   4   5   NR

グループは疲れを押しのけて進んでいくことができる。
    1   2   3   4   5   NR

グループに身体的、精神的な虐待の要素が持ち込まれている。
    1   2   3   4   5   NR

グループは個々人の身体的な制約に気を配り、支援的でいる。
    1   2   3   4   5   NR

「身体(Body)」に関する見解：

「背景（Setting）」に関する質問／能力のレベル（低―高）

物理的な環境がグループに影響を与えている。
 1 2 3 4 5 NR

その活動を完結するために、適切な援助がある。
 1 2 3 4 5 NR

グループは天候に対して備えている。
 1 2 3 4 5 NR

課題を達成するための時間がある。
 1 2 3 4 5 NR

グループ外の問題（家庭、コミュニティ、他のグループ）がグループに影響を与えている。
 1 2 3 4 5 NR

家族での行動力がグループの中での行動に与える影響をアセスメントすることができる。
 1 2 3 4 5 NR

グループ外の問題のうち、グループの中で行動に与える影響をアセスメントすることができる。
 1 2 3 4 5 NR

メンバーはグループ内の類似点、相違点を理解し、行動で示している。
 1 2 3 4 5 NR

多様性の問題がグループの遂行能力（パフォーマンス）に影響している。
 1 2 3 4 5 NR

「背景（Setting）」に関する見解：

「グループの発達段階（Stage of Development）」に関する質問／能力のレベル（低ー高）

コントロールーエンパワーメント尺度での位置
　　　　1　　2　　3　　4　　5　　6　　7　　8　　9　　10

フォーミング、ノーミング、ストーミング、リフォーミング、トランスフォーミング（ターミネーティング）のどれか。

→ _____

「グループの発達段階（Stage of Development）」に関する見解：
_____
_____
_____
_____
_____
_____

参考文献

序章

1. Minuchin, Salvador, *Mastering Family Therapy* (New York: John Wiley & Sons, 1996) p. 12

第1章

1. Caplan, R., "Early forms of camping in American mental hospitals," in T.P. Lowry, ed., *Camping Therapy: Its uses in psychiatry and rehabilitation* (Springfield, IL: Charles C. Thomas, 1974), p. 8-12.

2. Campbell, Loughmiller, *Widlerness Road* (University of Texas, Hogg Foundation, 1965).

3. Cited in Richards, 1981, 43. 3. p. 8 Kurt Hahn's "sin of the soul" cited in *Gold Nuggets*, Project Adventure Press, 1990, p. 134. Quotes from Kurt Hahn by permission of Outward Bound, USA.

4. *Islands of Healing*, 1985, Project Adventure Press, p. 227, from an interview with Rick Thomas.

5. Miner, Josh, co-author of *Outward Bound U.S.A.*, and Lance Lee, director of the Rockland, ME, Apprenticeshop, an interview.

第2章

1. Greene, R. and Ephross, P., eds., *Human Behavior Theory and Social Work Practice* (Hawthorne, NY: Aldina de Gruyter, 1991), p. 192.

2. Ibid., p. 192-93.

3. Turner, Francis, J., ed., Andrere, D., *Social Work Treatment* (New York, NY: Free Press, 1996), p. 607.

4. Greene and Ephross, p. 185.

5. Germain and Gitterman in Greene and Ephross, p. 270.

6. Greene and Ephross, p. 271.

7. Gardner, Howard, *Frames of Mind*：*The Theory of Multiple Intelligences*（New York：Basic Books, 1993）．

第3章

1. Demos, E. Virginia, ed., *Exploring Affect*：*The Selected Writtings of Sylvan S. Tompkins*（New York：Cambridge University Press, 1977），p. 306.

2. Ibid., pp. 68-85.

3. Mellody, Pia, *Facing Codependence*（San Francisco：HarperCollins, 1989），p. 99.

4. Jung, Carl, *Memories, Dreams and Reflections*（New York：Vintage Books, 1963），p. 161.

5. Wehr, Demaris（quoting Jolande Jacobi），*Jung and Feminism, Liberaing Archetypes*（Boston, MA：Bacon Press, 1987），p. 91-92.

6. Bacon, Steven, *The Conscious Use of Metaphor in Outward Bound*（Denver, CO：Ourward Bound Inc., 1983），p. 31

7. Ibid., pp. 52-53.

8. Ibid., p. 53.

9. Cousins, Norman, *Anatomy of an Illness*（New York：Bantam Books, 1979）．

10. McGammon, Robert R. *Boy's Life*（New York：Pocket Books, 1992），p. 2.

11. Skinner, BF, *Science and Human Behavior*（New York：The Free Press, 1965）．

12. Ibid., p. 6.

13. Bandura, Albert, *Social Learning Theory*（Englewood Cliff, NJ：Prentice Hall, 1977），p. 79.

14. Ibid., p. 81.

15. Ibid., p. 81.

16. Ryckman, Richard M., *Theories of Personality*（Monterey, California：Brooks/Cole, 1982），p. 330.

17. Wadsworth, Barry J., *Piaget's Theory of Cognitive Development*（New York：Longman, 1979），p. 9.

18. Ibid., p. 135-136.

第4章

1. Rosen, David, *The Tao of Jung*（New York：Viking Press, 1996），p. 84.

2. Erikson, Erik, *Childhood, Youth and Society* (New York: Penguin Books, 1963), p. 240.

3. Grund, John, *Interview*, 2002.

4. Kegan, Robert, *The Evolving Self* (Cambridge, MA: Harvard University Press, 1982), p. 87.

5. Erikson, Eric, *Childhood, Youth and Society* (Penguin Books, 1963), p. 240.

6. Maslow, Abraham, *Toward a Psychology of Being* (Princeton, NJ: D. Van Norstrand, 1970).

7. Project Adventure, *20 Year Safty Study* (Hamilton, MA: Project Adventure, 1995).

8. Mellody, op cit, p. 12.

9. Judith Jordan, *Women's Growth in Diversity* (New York, NY: Guilford Press, 1997).

10. Bergman, Stephen, "Men's Psychological Development: A Relational Perspective," Stone Center Papers #48, Wellesley College, 1991.

11. Ibid.

12. Erickson, Erik, p. 255.

13. Lewin, Kurt, *Educational Leadership*: *Dynamics of Group Action*, vol. 1, 1944, pp. 195-200.

14. Glasser, William, *Reality Therapy*, (New York, NY: Harper and Rowe, 1965), p. 13.

15. Erikson, Erik, 1963, p. 261.

16. Litz, Theodore, *The Person*: *His or Her Development Throughout the Life Cycle* (New York: Basic Books, 1976), p. 379.

17. Gilligan, Carol, *Meeting at the Crossroads*, (Cambridge, MA: Harvard University Press, 1992), p. 20.

18. Jordan, Judith, *Women's Growth in Connection*: *From Jordan's essay "Empathy and Self-Boundaries,"* (New York: The Guilford Press, 1991), p. 73.

19. Selye, Hans, *Psychology Today*: "On the Real Benefits of Eustress," March 1978, p. 60.

20. Frankl, Victor, *Man's Seach for Meaning* (New York, NY: Simon and Schuster, 1963), p. 65.

21. Green and Ephross, p. 197-198.

第5章

1. Lazarus, Arnold, *The Practice of Multi-Modal Therapy* (New York, NY: McGraw-Hill, 1981), pp. 33-43.

第6章

1. Gardner, Howard, *Frames of Mind*: *The Theory of Multiple Intelligences*（New York: Basic Books, 1993）, p. 23.

2. Ibid., pp. 24, 25.

第7章

1. Weber, Richard, *The Group*: *a cycle from Birth to Death*（Bethel, ME: National Training Laboratory, 1982）, p. 3.

第8章

1. Joe Simpson, *Touching the Void*（New York: Harper & Row, 1988）, p. 20.

2. Lazarus, Arnold, *The Practice of Multi-Modal Therapy*（New York: McGwaw-Hill, 1981）, pp. 155, 156.

第9章

1. Schoel and Stratton, *Gold Nuggets*（Hamilton, MA: Project Adventure, 1990）.

2. Capra, Fritjof, *The Turning Point*: *Science, Soiety, and the Rising Culture*（New York: Bantam Doubleday Dell, 1988）.

第10章

1. Schoel, J., *Counseling on the Run*（Hamilton, MA: Project Adventure, Inc., 1973）.

第11章

1. Bettelheim, Bruno, *Love Is Not Enough*（New York: Avon Books, 1950）, p. 51.

2. Bacon

3. Pinkard, John, "*Mapping Our the Territory*: *Beyond isomorphs and metaphors in Adventure-based programs*"（Southport, Gold Coast, Queensland, Australia: Paper presented at Ninth National Outdoor Education Conference, 1995）.

4. Bacon.

第12章

1. Mike Srratton and Jim Schoel, eds., *Gold Nuggets*（Hamilton, MA: Project Adventure, 1990）.

（訳注：脚注2-6は原書リストに掲載無し）

第13章

1. Bacon, p. 11.

2. Jacobs, Ed, Harvill, Riley and Masson, Robert *Group Counseling Strategies and Skills*, 2nd ed. (Pacific Grove, CA : Cole Publishing, 1994), p. 279.

3. Quinsland, Larry and Van Ginkel, Ann, *Association of Experiential Education Journal*, 1984, p. 8.

4. Borton, Terry, *Reach, Touch and Teach* (New York, NY : McGraw Hill, 1970).

5. Rhoades, John, "*The Problem of Individual Change in Outward Bound : An Application of Change and Transfer Theory*" (Amherst, MA : Ed.D. dissertation, unpublished, at University of Massachusetts at Amherst, 1972), p. 104.

6. Jacobs, p. 154-55.

7. Ibid., p. 154, 172.

8. Bacon, p. 8-19.

9. Jacobs, p. 281.

10. Quinsland and Van Ginkel, p. 24.

11. Ibid., p. 24.

12. Sigurd Olson, *The Singing Wilderness* (New York : Alfred A.Knopf, 1956), p. 120.

13. Dietrich Bonhoeffer, *Life Together* (New York : Harper & Row, 1954).

脚注以外の参考文献

Barth, Roland. *Improving Schools from within.* San Francisco : Josey-Blass Publishers, 1990.

Bower, Nancy MacPhee. *Adventure Play.* Needham Heights, MA : Simon and Schuster, 1998.

Butler, Steve, and Karl Rohnke. *QuickSilver.* Dubuque, IA; Kendall Hunt Publishing, 1995.

Canada, Geoffrey. *Reaching for Manhood.* Boston : Beacon Press, 1998.

Davis-Berman, Jennifer and Denes Berman. *Wilderness Therapy : Foundations, Theory and Research.* Dubuque, IA : Kendall-Hunt Publishing, 1994.

Fortier, Steve, ed. *Youth Leadership in Action.* Dubuque, IA : Kendall Hunt Publishers, 1995.

Frank, Laurie. *The Caring Classroom.* Beverly, MA : Project Adventure, Inc., 2001.

Freedman and Combs. *Narrative Therapy.* New York : W. W. Norton, 1996.

Gass, Michael. *Adventure Therapy.* Dubuque, IA : Kendall Hunt Publishing, 1993.

Gass, Michael. *Book of Metaphors.* Dubuque, IA : Kendall Hunt Publishing, 1995.

Gilligan, Carol. *In a Different Voice.* Cambridge : Harvard University Press, 1982.

Gilligan, Carol, *Making Connections.* Cambridge : Harvard University Press, 1990.

Greenberg, Jay R., and Stephen A. Mitchell, *Object Relations in Psychoanalytic Theory.* Cambridge : Harvard University Press, 1983.

Greenberg, Leslie S., Jeanne C. Watson and Germain Lietaer. *Handbook of Experiential Psychotherapy.* New York : The Guilford Publications, 1998.

Grout, Jim and Karl Rohnke. *Back Pocket Adventure.* Needham Heights, MA : Simon and Schuster, 1998.

Haley, Jan. *The Psychiatric Theories of Milton Erikson.* New York : Norton. 1986.

Havens, Mark. *Bridges to Accessibility.* Beverly, MA : Project Advuntre, Inc., 1992.

Herman, Judith. *Trauma and Recovery.* New York : Harper Collins, 1992.

Itin, Christian. *Exploring the Boundaries of Adventure Therapy.* Boulder : Association of Experiential Education, 1998.

Johnson, David W. and Frank P. Johnson. *Joining Together.* New York : Allyn and Bacon, 1997.

Jordan, Judith. *Women's Growth in Connection.* New York : The Guildford Press, 1991.

Jordan, Judith. *Women's Growth in Diversity.* New York : The Guilford Press, 1997.

Kindlon, Dan and Michael Thompson. *Raising Caine,* New York; Ballantine. 1999.

Knapp, Clifford. *Lasting Lessons.* Charlestown, WV : Eric Cress Publishers, 1998.

Madigan, Stephen and Ian Law, eds. *Praxis : Situating Discourse, Feminism and Polittics in Narrative Therapies.* Yaletown Family Therapy, Vancouver : Gardigan Press, 1998.

Nalder, Reldan and John Luckner. *Processing the Adventure Experience.* Dubuque : Kendall-Hunt Publishing, 1992.

Perls, Fritz, Ralph F. Hefferline and Paul Goodman. *Gestalt Therapy : Excitement and Growth in the Human Personality.* New York : Dell Co., 1951.

Priest, Simon, and Michael Gass. *Effective Leadership In Adventure Programming.* Durham, NH : University of New Hampshire Press, 1997.

Priest, Simon, Michael Gass and H.L. "Lee" Gillis, Jr. *The Essential Elements of Facilitation.* Dubuque, IA : Kendall Hunt Publishing, 2000.

Ringer, Martin and H.L. "Lee" Gillis, Jr. "Managing Psychological Depth in Adventure Programming," *Journal of Experiential Education* 18, no 1 (May, 1995) .

Rhonke, Karl. *Silver Bullets.* Dubuque, IA : Kendall Hunt Publishing, 1984.

Rohnke, Karl. *Cowstails and Cobras I.* Beverly, MA : Project Adventure, Inc. 1977. (out of print)

Rohnke, Karl. *Cowstails and Cobras II.* Dubuque, IA : Kendall Hunt Publishing, 1989.

Rosen, David, The Tao of Jung, Penguin Books, 1996.

Senge, Peter, *The Fifth Discipline.* New York : Doubleday, 1990.

Smith, Thomas. *Incidents in Challenge Education.* Dubuque, IA : Kendall Hunt Publishing, 1994.

Tyson, Phyllis and Robert Tyson. *Psychoanalytic Theories of Development.* New Haven : Yale University, 1990.

Wehr, Demaris. *Jung and Feminism.* Boston : Beacon Press, 1987.

あとがきにかえて
―― 日本におけるアイランズ・オブ・ヒーリングの実践

阿部有希（PAJスタッフ）

　この本の原書「Exploring Islands of Healing」は2002年に出版されました。日本でも何度か翻訳本を出そうという動きがある中、長い間実現しませんでした。原書の出版から10年以上経った今、この本を日本で出そうと思ったことと、2011年の東日本大震災は切り離せない物語があります。

　本書の作者、ジム・ショーエルとプロジェクトアドベンチャージャパン（PAJ）は、2011年〜2015年まで、被災地支援活動として、宮城県での研修を行ってきました。「被災地支援」という初めての試みの中で、私たちは、確かに、「アイランズ・オブ・ヒーリング」を目指していたように思います。

　宮城県での活動の主軸を担っていたジム・ショーエルはPA, Inc.創設に大きく関わったトレーナーであり、カウンセラーです。アドベンチャー活動を活用したプログラムを、学校、治癒施設、企業などで40年以上行っています。その内の20年あまりは、青少年のカウンセラー、教員をしており、トラウマ的な環境（貧困、暴力、人種）にいる大人や青少年のカウンセリング等を行っています。そんなジムにとっても、被災地でのプログラムは初めてであり、来日前もワークショップの最中も、常に迷い、悩みながら手探りでワークショップを作っていました。深く考えこんだり、あたたかい目で参加者を眺めるジムを見て、ジムの頭の中にはどんな世界があるのだろうと、同行していた私はいつも思っていました。

　ジムの頭の中を直接覗くことはできませんが、ジムが実践してきたこと、考えてきたことが詰まっているこの本を日本の皆さまにも読んでもらいたい、そんな思いから、この本の翻訳・出版にあたりクラウドファンディング（ネット上での支援を募る方法）で支援を呼びかけました。驚くほどのスピードで多くの方からのご支援が集まり、当初はコストのかからないプリントオンデマンド（ネット上だけで販売する本）の予定だったものを、第二目標を掲げ、書店に並ぶ本を制作するための金額が集まりました。皆さまのご支援がなければこ

の本は日本語版として生まれることができませんでした。皆さまと共にこの本を出せることに深く感謝いたします。

　以下は、MAP（みやぎアドベンチャープログラム）研究会が心の復興に向けて作成した冊子に寺中祥吾（PAJトレーナー）が寄稿した文章を一部改編したものをご紹介します。この文章の中に、私たちPAJの思いが表現されています。
　アメリカで実践されてきたアドベンチャーベースドカウンセリング（ABC）を、日本の現状に合わせてどのように使っていけるか、「アイランズ・オブ・ヒーリング」とは何かを考えた5年間があったからこそ、この本を出版したいと思い続けることができました。これからも、日本でABCが活用されることを願い、私たちの実践を皆さまにお伝えしたいと思います。

>　始まりは、震災直後にジム・ショーエルから届いた一通のメールでした。ジムは、プロジェクトアドベンチャー（PA）の創設に大きく関わったカウンセラーです。「何かできることはないか」というジムの思いが日本に届けられ、ジムやPA Inc.とPAJとによる取り組みが動き出したのです。ジムはこの取り組みを、「しなやかに跳ね返る弾力性」と日本らしさを想起させる竹と重ね合わせ、「バンブーレジリエンス」と名づけました。
>　レジリエンスとは、極度のストレス状況や逆境に直面したとき、持ちこたえることができる力を表す心理学用語です。アドベンチャーベースドカウンセリングを通して、レジリエンスを促したり、レジリエンススキルを育てたりすることができるのか、ということに向き合いながら、宮城県での研修会を進めてきました。
>　その中で印象的ないくつかの言葉に出会いました。「誰かの回復に一生懸命に関わっていたら、癒されていた自分に気づいた」という言葉もそのひとつです。この5年間を通して私は、ケアやヒーリング（癒し）、レジリエンスは双方向的なものなんだということを経験しました。宮城を訪れ、精一杯現状と共にいる人たちと時間を過ごすことで、私はいつも勇気づけられ、励まされています。誰かの癒しに関わることが自分の癒しになるし、跳ね返っていく人の姿を見て「自分もやれるかも」と思える。これは、癒す人、癒される人という非対称な関係の中では、生まれない力だと思うのです。「グループ（コミュニティ）の力」を支えにしたヒーリングやレジリエンスが、ここにはあります。

「バンブーレジリエンス」の歩み

　簡単に、私たちが「バンブーレジリエンス」として取り組んできたことについて振り返ってみたいと思います。

　2011年11月、国立花山青少年自然の家にて第1回の研修会が開かれました。そのタイトルは、「アドベンチャーを使った子どものケア研修会」で「子どものケア」をテーマにした研修会だったのですが、思いっきり身体を動かしたり、竹の比喩を体感するために竹を編んでボールを作ったりする2日間を終えて参加者の皆さんから聞こえてきたのは、「"大丈夫、大丈夫"って言ってきたけど、やっと疲れたって言えた」「自分自身にケアが必要な状態なのかも、ということに気づいた」「ただ単純に楽しめた」という、自分自身の状態についての気づきでした。第1回目の研修会で、誰かのケアのためにもまず自分をケアすることについて、私たちは学びました。

　翌2012年の第2回は、沿岸部の宮城県志津川少年自然の家に場所を移し、「生きる力を育むアドベンチャー研修会〜バンブーレジリエンスを通した地域づくり、生きるちから」と名称を変えて実施しました。私たちは、「癒し合うコミュニティづくり」を支援したいと考え、南三陸町などの沿岸地域に住む人に限定して呼びかけました。この回に、これまで全く学校教育やPAとは関わりのない人たちが加わってくれました。その方々は、今なお、この取り組みをなすコミュニティの大切な一員です。

　第3回、第4回は、南三陸町の「さんさん館」という、もともと小学校だった宿泊施設で開催されました。バンブーレジリエンスが、「クラスを癒しのコミュニティに」という学校での実践にも力点を置いていたので、小学校の校舎で研修会ができることは、私たちにとって大きな意味がありました。研修会では、バンブーレジリエンスの視点を持って活動を吟味したり、ファシリテーションをし合ったりして、理解を深めていきました。私たちの取り組みは、体験者として自分自身のレジリエンスに目を向ける段階から、目の前の子どもたちや地域に対して「レジリエンスを育む癒しのクラス・コミュニティづくり」をどのように支援していけるか、という段階へと変化していきました。

　そのときに私たちを導いた考え方は、「バランス」です。バンブーレジリエ

ンスでは、「バランス」をプログラムの重要な視点にしています。私たちの感情も思考も行動も、何かひとつの捉え方に固定されるものではなく、まるで正反対に見えるような両極、裏表を行ったり来たりしながら、自分自身にとってのバランスの軸を見つけていくことを目指します。

　詳しくは、「バンブーレジリエンスにおけるフルバリューコントラクト」を読んでください[*1]。

　そして、ちょうど第3回が開催された2013年から、宮城県主催の「心の復興支援事業」に呼んでいただくようになり、MAP研究会の先生方と「MAPを通した心の復興」に向けた研修づくりや考え方の整理を進めていくことになります。

　第5回は、「バンブーレジリエンス研修会を石巻で!」と参加者の方から声をかけていただき、これまで参加していない人を対象にした「バンブーレジリエンス体験会」とともに、石巻市河北総合センター(ビッグバン)にて開催されました。バンブーレジリエンスという取り組みとそのコミュニティが、みんなの力で作られてきているのだということを実感する回となりました。

　そして2016年、第6回をMAP研究会と共催することができました。これは私たちにとって、とても嬉しいことでした。「本当に必要な支援ができているのだろうか」という疑問へのひとつの答えになったからです。研修会は、MAP研究会に所属している先生が震災時に在籍していて、震災のその日に子どもたちや先生方とひと晩を過ごした、亘理郡山元町の旧中浜小学校で始まりました。旧中浜小学校で聞いたそれぞれの震災当日の語りには、沿岸部で被災した人、内陸部で大きな被害はなかった人、被害が大きかった地域に住んでいてたまたま震災当日にいなかった人、それぞれの物語がありました。被害の多寡によらず、それぞれの苦しみや傷つき、そして克服がある。だからこそ、やっぱり癒しやレジリエンスは双方向的なものである必要があるんだと再確認したことを覚えています。

互いにケアし合える場をつくること

　この5年間を振り返ると、「思ったより疲れているんだなあ」「こうやって思いっきり楽しむ場って大事だなあ」「誰かとゆっくり話すだけで楽になるな

あ」という気づきは、いつのときも、2011年の第1回目とそんなに大きく変わらないのです。このことは、「自分の状態への気づき」や「何かに没頭すること、思いっきり楽しむこと」「誰かとのつながりを実感すること」が震災に関わらず、私たちに必要だけれどひとりではなかなかできないセルフケアだということを教えてくれます。この5年間の経験の中で、「双方向的な癒しの場」がそれを可能にすると感じています。ジムはそのことを「アイランズ・オブ・ヒーリング（癒しの島）」と呼びます。

　誰かを癒そうと、癒しを押しつけることは不自然なことです。誰かと前向きな共通体験を持つこと。達成する体験、葛藤を越える体験を積み重ねること。他者に支えられていることを感じること。他者を支えられる自分であることを知ること。そして、心も身体も開放して目一杯、楽しみ抜くこと。そういうPAがもともと持っている特性に、そのまま、自然な癒しが生まれる可能性があります。レジリエンスのためのヒーリング（癒し）に、PA（やバンブーレジリエンス）ができることが確かにあります。そして、癒されることにとどまらずにそこから一歩を踏み出すことは、アドベンチャーそのものです。

　バンブーレジリエンスの実践は、被災地以外の場でも使っていくことができます。バンブーレジリエンスは、ジムのABCの実践をもとに作られました。作られたと言うよりも、目の前の参加者とその人たちを囲む状況を目の当たりにしながら、その場での最善を尽くしながら生成されていきました。ジムにとっても新しい試みであるこのバンブーレジリエンスというアドベンチャーはABCをベースにして癒しも成長もレジリエンスも楽しさも、ごちゃ混ぜにして私たちにぶつけてくれます。

　この本に収められているABCの実践と理論が皆さんの現場で活かされていくことを祈っています。

＊1 「バンブーレジリエンスにおけるフルバリューコントラクト」と「バランス」という視点

　バンブーレジリエンスで特に強調されているのが、「バランス」の視点です。私たちは、知っていることも、知らないこともあります。今、できていることも、できていないこともあります。良いことも悪いこともあるし、悪いと思っていることが、実はそんなに悪いものではないということもあります。そして、不安の中に希望がきらめいています。何かひとつの見方に捉われるのではなく、いくつかの捉え方やまるで正反対に見えるような捉えの間で行ったり来たりしながら、その中でのバランスを考え続けていくことの大切さについて、6回の研修会を通して学んできました。

　その「バランス」という視点を考える手がかりは、「バンブーレジリエンスにおけるフルバリューコントラクト」です。これは、プロジェクトアドベンチャーの核となる考え方であるフルバリューコントラクトを、「レジリエンスを育むグループ」に位置づけなおしたものです。もともとあったフルバリューコントラクトの6要素にバランスの極を見出し、レジリエンスを育むための要素（「バンブーレジリエンス―フルバリューコントラクトの要素」）を加えました。

　活動を通して見える今の自分を、後述の6つの要素にある〈育まれるもの・こと〉に照らして、今自分はどんな状態なのかをふりかえり、自分がありたい状態の軸を見つけます。

バンブーレジリエンスにおけるフルバリューコントラクト

　フルバリューコントラクトは、アドベンチャーを使った学びとカウンセリングの基盤となるものです。ここでは、従来のフルバリューコントラクトに「レジリエンスを育む」という視点を加えた、バンブーレジリエンスでのフルバリューコントラクトの要素（BR-FV）を説明しています。

- **今ここに (Be Here)**
  〈Be Hereで育まれるもの、こと〉　他者といること／自分といること
  〈Be Hereを形作るもの〉
  【FVの要素】存在（すること）、参加（すること）、つながり、楽しさ
  【BR-FVの要素】癒しの関係を築く、その場でのつながりとコミットメント

- **安全に (Be Safe)**
  〈Be Safeで育まれるもの、こと〉　信頼すること／不信についての学び
  〈Be Safeを形作るもの〉
  【FVの要素】注意（を払うこと）と責任、コミットメント（約束・誓約）、境界（線を引く）、関係性
  【BR-FVの要素】希望の感覚を備えた安全な環境

- **目標に向かう (Commit to Goals)**
  〈Commit to Goalsで育まれるもの、こと〉　成功すること／失敗からの学び
  〈Commit to Goalsを形作るもの〉
  【FVの要素】自己認識、率先する（やり始める）、助けを求められることを知っている、評価する
  【BR-FVの要素】レジリエンススキルと自分がやること（タスク）を認識し、積み上げること

- ❖ **正直に(Be Honest)**
  〈Be Honestで育まれるもの、こと〉 理解すること／混乱すること
  〈Be Honestを形作るもの〉
  【FVの要素】アセスメント、フィードバック、勇気を持つこと
  【BR-FVの要素】現状を理解すること、覚えていること、嘆くことの実践

- ❖ **手放して前に進む(Let go and Move on)**
  〈Let go and Move onで育まれるもの、こと〉 違いを知ることと依存(頼ることと頼らないこと)、手放すことと受け入れること
  〈Let go and Move onを形作るもの〉
  【FVの要素】チャレンジ、リスク、受け入れることと許すこと、移行と変化
  【BR-FVの要素】新しい体験を取り入れる、グループとして苦難に耐えられること

- ❖ **自分も他者も大切にする(Care for Self and Others)**
  〈Care for Self and Othersで育まれるもの、こと〉 個人と社会の責任(健全な自己と世界)
  〈Care for Self and Others を形作るもの〉
  【FVの要素】セルフケア、共感と奉仕、精神性
  【BR-FVの要素】生きていくためのセルフケアスキル、コミュニティをつくることへの共感的な関わり

プロジェクトアドベンチャー関連書籍

「アドベンチャーグループカウンセリングの実践」（原題：Islands of Healing）ディック・プラウティ、ジム・ショーエル、ポール・ラドクリフ著、PAJ訳　みくに出版

「対立がちからに ── グループづくりに生かせる体験学習のすすめ」（原題：Adventures in Peacemaking）ウイリアム・J・クレイドラー、リサ・ファーロン著、PAJ訳　みくに出版

「グループのちからを生かす ── 成長を支えるグループづくり」PAJ著　みくに出版

「クラスのちからを生かす ── 教室で実践するプロジェクトアドベンチャー」PAJ著　みくに出版

「子どもたちが主役！　プロジェクトアドベンチャーでつくるとっても楽しいクラス」岩瀬直樹、甲斐﨑博史、伊垣尚人著、PAJ監修　学事出版

「せんせいのつくり方 ── "これでいいのかな"と考えはじめた"わたし"へ」岩瀬直樹、寺中祥吾著、PAJ監修　旬報社

「きょうしつのつくり方」岩瀬直樹原案、荻上由紀子絵、PAJ監修　旬報社

「クラス全員がひとつになる学級ゲーム&アクティビティ100」甲斐﨑博史著、PAJ協力　ナツメ社

「みんなのPA系ゲーム 243」諸澄敏之編著／イラスト、PAJ監修　杏林書院

『癒しと成長の場をつくる
—— 葛藤を抱える青少年のためのアドベンチャーベースドカウンセリング』
サポーター一覧

本書を出版するにあたって、クラウドファンディングでご支援を募りました。ここにお名前を記し、感謝の気持ちを表します。皆さまからのご支援と、さらにここにはお名前はありませんが多くの方のご協力により、この本を出版することができました。（ご支援金額順・五十音順、敬称略）

長尾彰、伴戸忠三郎

西多摩PACE・湘南PACE・大阪PACE・仙石PACE一同

山路歩

中野友博

秋山真一郎、遠藤安孝、小俣直由樹、金沢信幸、小暮昌子、坂本昭裕、新春ゲーム祭、二宮孝、本田（飯塚）陽志恵、松岡信之、宮城バンブーレジリエンス＆Podミーティング

庵原大輔、鈴木卓也、中島宏、村山純一

相原崇志、青山雄太、秋吉健司、秋吉梨恵子、安達章美、阿部正人、阿由葉恭代、新井雄太、伊垣尚人、伊倉康太、石川国広、石川翔大、石川雅嗣、井尻貴子、伊藤啓司、伊東峻志、井上孝之、今井清光、今村泰章、岩崎春徳、岩瀬直樹、畝本智美、馬野友之、江越喜代竹、江森真矢子、遠藤大輔、大谷忠宏、大日方隆幸、大山剛、岡田麻美、小川仁志、小倉祐司、甲斐﨑博史、

海藤史隆、葛西未来、片岡利允、金井聡、狩野花、鎌北淳子、喜井悠策、
北倉武昭、北原辰也、木原宏子、木邑優子、久木野真木子、小林翔大、
小林直樹、小林道正、小林隆介、小松敬、小松義直、近藤健太郎、栄利滋人、
櫻井直仁、佐藤順子、佐藤初雄、佐藤ひな子、佐藤洋司、椎名純代、塩野哲也、
柴原みどり、清水安夫、白川陽一、進藤丈直、神保匡孝、菅真利子、
杉村厚子、杉本祥規、鈴木翔、須藤昌俊、砂渡美紀、関智子、関田一彦、
瀬下洋一、仙波瑞己、高木幹夫、高塚俊郎、高梨美奈、髙野哲郎、高橋秀典、
高橋優、髙橋由紀子、田倉弘明、武石泉、竹下卓伸、田中稔彦、茶木知孝、
寺倉翔太、寺田英明、寺中美恵子、寺中義信、徳山郁夫、徳山美知代、
外崎吾郎、冨田明広、鳥村達郎、長尾守人、長坂京平、中澤健一、中島道成、
中西省太、西山信之、野澤奈緒子、野水美奈、萩原あゆみ、萩原裕作、
橋本貴、橋本朝之、服部裕樹、菱川慎司、日外亮、日野健太郎、平井拓斗、
平原三生、藤樫亮二、藤原智子、藤原雅子、堀江清二、
Eric & Naoko McDonald、松岡清貴、松澤毅、松下かおる、三浦資子、
水上静、水谷央、三角えみ、水村昌司、宮大二郎、宮秋多香子、望月奏、
本松雅丈、森脇正弘、八木和美、安修平、矢吹卓也、山内宏志、山下晃平、
山田美保子、山本智子、吉池京子、吉岡明子、渡辺直史、渡邉文絵

著者ジム・ショーエルとバンブーレジリエンスワークショップ参加メンバー（2013年9月）

著者・監修者・訳者紹介

Jim Schoel（ジム・ショーエル）
Ed. M, Harvard University。PA, Inc. 創始者のひとりとして、ハミルトン・ウェンハム高校にて自身のアイデアを発展させてきた。1960年代、ニューヨーク市のハーレムの貧困地帯のChurch of the Master's Street Academyで活動する。本書は、彼の実践「Behavior Management and Empowerment through Adventure」を基にして書かれている。

Dr. Richard S. Maizell（リチャード S. メイゼル）
1979年、PAのワークショップを受けたときにアドベンチャーの持つちからに感銘を受ける。Pace Universityにて学校/コミュニティ心理士として活動する中で、アドベンチャーの治療的な適用を心理学の世界に融合させてきた。教師、学校心理士、学校管理者、PA, Inc. の認定トレーナー。「Project Quest」（非行少年のためのコミュニティベースのグループ治療モデル）の創始者。

坂本昭裕（さかもと・あきひろ）
筑波大学体育系教授、臨床心理士。専門は、体育学、野外教育、臨床心理学。

プロジェクトアドベンチャージャパン（Project Adventure Japan）
1995年設立。Outward Bound（アウトワードバウンド）という冒険教育の実践と考え方を学校教育に持ち込むために生まれたプロジェクトアドベンチャー（PA）を日本において普及、展開している団体。PAは学校教育分野以外にも、企業研修、スポーツチームのプログラムなど、さまざまな分野で展開されている。「アドベンチャー」のちからを使って、人と人の信頼関係を築き、その土台の上で一人ひとりの成長をさせることで、「器の大きな社会の実現」を目指す。ホームページ：http://www.pajapan.com/

グループの中に癒しと成長の場をつくる
―― 葛藤を抱える青少年のためのアドベンチャーベースドカウンセリング

2017年7月28日　初版第1刷発行

著　者	ジム ショーエル　リチャード S.メイゼル
監　修	坂本昭裕
訳　者	プロジェクトアドベンチャージャパン（PAJ） 〒141-0031 東京都品川区西五反田7-8-11 五反田第三長岡ビル2F 電話 03-6417-3730　http://www.pajapan.com/
スタッフ	茶木知孝　阿部有希
イラスト	諸澄敏之
協力	高木幹夫　難波克己　冠木友紀子　前澤可奈子
カバーデザイン・DTP	山中俊幸（クールインク）

発行者	安　修平
発　行	株式会社みくに出版 〒150-0021 東京都渋谷区恵比寿西2-3-14 電話 03-3770-6930　FAX. 03-3770-6931 http://www.mikuni-webshop.com
印刷・製本	サンエー印刷

ISBN978-4-8403-0666-9 C0037
©2017 Printed in Japan
定価はカバーに表示してあります。